职业教育·道路运输类专业教材

高速公路机电系统集成与应用

闫晓茹　王　华　蒋永林　主　编
金正永　翟　波　饶建炜　副主编
　　　　　　何正友　主　审

人民交通出版社股份有限公司

北　京

内 容 提 要

本教材为职业教育·道路运输类专业教材,分为6个模块,分别为高速公路机电系统概述、高速公路供配电系统集成与应用、高速公路通信系统集成与应用、高速公路监控系统集成与应用、高速公路收费系统集成与应用、高速公路隧道机电系统集成与应用。

本教材将理论与实践紧密结合,系统介绍了高速公路各系统的作用、组成架构、工作原理、关键设备的性能要求及应用、设计和施工要求、工程应用案例分析,以及常见故障现象与故障分析。

本教材可作为应用型高等院校、高等职业院校智能交通技术专业及交通运输类相关专业的教学用书,也可作为从事高速公路机电系统设计、机电系统工程施工及管理、机电系统设施检测、机电系统运行维护及机电运维管理等岗位相关工作人员的参考学习资料。

本教材配套教学资源丰富,包括在线开放课程、课件、习题、教案及工程案例等。任课教师可加入"职教路桥教学研讨群"(QQ群:561416324)获取课件。

图书在版编目(CIP)数据

高速公路机电系统集成与应用/闫晓茹,王华,蒋永林主编. — 北京:人民交通出版社股份有限公司,2024.1

ISBN 978-7-114-18953-1

Ⅰ.①高… Ⅱ.①闫…②王…③蒋… Ⅲ.①高速公路—机电系统—系统集成技术—研究 Ⅳ.①U412.36

中国国家版本馆 CIP 数据核字(2023)第 160314 号

职业教育·道路运输类专业教材
Gaosu Gonglu Jidian Xitong Jicheng yu Yingyong

书　　名:	高速公路机电系统集成与应用
著　作　者:	闫晓茹　王　华　蒋永林
责任编辑:	杨　思
责任校对:	孙国靖　卢　弦
责任印制:	刘高彤
出版发行:	人民交通出版社股份有限公司
地　　址:	(100011)北京市朝阳区安定门外外馆斜街3号
网　　址:	http://www.ccpcl.com.cn
销售电话:	(010)59757973
总　经　销:	人民交通出版社股份有限公司发行部
经　　销:	各地新华书店
印　　刷:	北京印匠彩色印刷有限公司
开　　本:	787×1092　1/16
印　　张:	21.75
字　　数:	525千
版　　次:	2024年1月　第1版
印　　次:	2024年7月　第2次印刷
书　　号:	ISBN 978-7-114-18953-1
定　　价:	52.00元

(有印刷、装订质量问题的图书,由本公司负责调换)

前言

近年来，智能交通行业在我国得到了前所未有的快速发展。《交通强国建设纲要》提出"到本世纪中叶，全面建成人民满意、保障有力、世界前列的交通强国。"纲要强调大力发展智慧交通，而高速公路机电系统是高速公路实现智能化服务的关键设备，是高速公路智慧化运营管理的支撑系统。随着智慧高速公路的发展，高速公路机电方面新技术、新材料、新产品、新标准不断出现，高速公路机电设施也在发生变化。智慧高速公路的发展需要大批优秀的技术人才，为实现人才培养的目标，适应我国智能交通行业的发展需要，培养生产、建设、服务和管理一线需要的智能交通专业高素质技能型人才，编写了本教材。

本教材具有以下特点：

(1) 采用模块化设计，系统介绍了高速公路供配电系统、通信系统、监控系统、收费系统及隧道机电系统集成与应用。

(2) 注重产教融合，以能力培养为本位，各模块知识结构逻辑性强，从理论知识到实践工程应用，便于学习和理解。

(3) 资源丰富，配有在线开放课程资源，包含课程视频、教学课件、课程习题库、工程案例等。

(4) 校企合作开发，由有经验的教师及企业专家组成编写团队，增强教材内容的实用性。

本教材由闫晓茹（四川交通职业技术学院）、王华（四川交通职业技术学院）、蒋永林（四川交通职业技术学院）担任主编，由金正永（四川智慧高速科技有限公司）、瞿波（四川成渝高速公路股份有限公司）、饶建炜（广州维脉电子科技有限公司）担任副主编，参编人员有赵竹（湖南交通职业技术学院）、李勇（四川智慧高速科技有限公司）、许伟（江西交通职业技术学院）、陆莲芳（新疆交通职业技术学院）、张海亮（山西工程科技职业大学）、孙光明（河北交通职业技术学院）、牛亚莉（陕西交通职业技术学院）、徐刚（四川交通职业技术学院）、唐俊涛（四川交通职业技术学院）、何涛（四川交通职业技术学院）。本教材由西南交通大学何正友主审。

本教材在编写过程中参阅和引用了大量相关文献资料、网络资源、工程项目案例、行业标准等，有的引用资料在参考文献中未列出，在此向所有文献的作者表示由衷感谢。

现今,随着科学技术的飞速发展,智能交通技术的发展日新月异,研究成果层出不穷,由于编者水平有限,书中疏漏和不妥之处在所难免,恳请广大读者和同行专家给予批评和指正。

本教材配套在线开放课程,读者可扫描二维码登录"智慧职教MOOC"或"超星学习通"加入学习。

编　者
2023 年 5 月

数字资源索引

资源使用说明：

1. 扫描封面二维码，注意每个码只可激活一次；
2. 长按弹出界面的二维码关注"交通教育出版"微信公众号并自动绑定资源；
3. 公众号弹出"购买成功"通知，点击"查看详情"，进入后即可查看资源；
4. 也可进入"交通教育出版"微信公众号，点击下方菜单"用户服务—图书增值"，选择已绑定的教材进行观看。

序号	资源名称	序号	资源名称
模块1　高速公路机电系统概述			
1	课程介绍	7	国外高速公路机电系统的发展现状
2	高速公路基本概念和特点	8	国内高速公路机电系统的发展现状
3	国内外高速公路发展现状	9	典型高速公路机电系统的介绍
4	高速公路命名规则	10	智慧高速公路的定义和组成
5	高速公路机电系统的作用和特点	11	智慧高速公路的业务范围
6	高速公路机电系统的组成	12	国内智慧高速公路发展现状
模块2　高速公路供配电系统集成与应用			
1	高速公路供配电系统的作用与主要组成	13	无功功率补偿原理与方式
2	电力系统的组成	14	供配电设备的定义与分类
3	电力系统额定电压的规定	15	电弧及灭弧方式、灭弧器的选型
4	电力系统中性点运行方式	16	高压熔断器的分类、结构与选型
5	低压供配电系统的接地方式	17	高压断路器的分类、结构与选型
6	高速公路供电质量的主要指标	18	高压隔离开关的分类、结构与选型
7	电力负荷与负荷计算方法	19	高压负荷开关的分类、结构与选型
8	变电所的分类与组成及应用	20	低压熔断器的分类、结构与选型
9	变电所一二次接线方式	21	低压断路器的分类、结构与选型
10	供电线路传输方式与输送距离的选择	22	变压器的分类、结构与选型
11	电力系统继电保护概述与应用	23	互感器的分类、结构与选型
12	高低压配电网组成与接线方式	24	电线与电缆的选型

续上表

序号	资源名称	序号	资源名称
25	柴油发电机的结构与选型	30	接地装置的安装与布置
26	高压成套配电柜	31	防雷基础知识
27	低压成套配电柜	32	供配电系统防雷
28	备用电源系统	33	高速公路供配电系统概述
29	接地基础知识	34	高速公路供配电方案和要求
模块3 高速公路通信系统集成与应用			
1	计算机网络的定义与功能	10	TCP/IP 体系结构
2	计算机网络的分类	11	具有五层协议的体系结构
3	计算机网络的拓扑结构	12	通信系统的组成
4	计算机网络的组成设备	13	高速公路通信系统的组成
5	交换机的工作原理	14	高速公路通信网络现状
6	路由器的工作原理	15	网络安全基础
7	计算机网络体系结构的基本概念	16	高速公路网络安全要求
8	协议与划分层次	17	高速公路网络设备
9	OSI 体系结构	18	交换机基本配置
模块4 高速公路监控系统集成与应用			
1	高速公路监控系统的作用与发展	18	制作 T568B 直通线和电源线
2	高速公路监控系统的架构	19	网络高清枪机与网桥的连接操作
3	视频监控系统的设置	20	网络高清球机与光纤收发器的连接操作
4	监控系统点位设计与点位功能	21	无线网桥配置操作
5	监控系统摄像机性能要求	22	网络监控系统的基本配置
6	视频监控系统数据传输	23	网络监控点图像字符显示的配置
7	视频监控系统数据存储	24	网络监控系统图片及视频存储路径的配置
8	视频监控系统常见故障处理	25	网络监控系统的图片抓拍及录像的操作
9	检测并修复系统故障	26	硬盘录像机的连接操作
10	设计监控系统拓扑图	27	硬盘录像机的基本配置
11	制作 BNC 视频线及电源线	28	硬盘录像机的基本操作:添加网络高清摄像机
12	模拟监控球机拨码操作	29	硬盘录像机的基本操作:配置图像字符显示
13	模拟摄像机电源连接操作	30	硬盘录像机的基本操作:报警配置
14	模拟监控系统的 BNC 视频线连接	31	硬盘录像机的基本操作:巡航配置
15	模拟监控系统 485 控制线连接操作	32	硬盘录像机的基本操作:录像配置
16	视频矩阵及键盘的连接操作	33	互联网云存储摄像机的操作
17	模拟监控系统的配置	34	交通视频大数据分析处理软件的操作
模块5 高速公路收费系统集成与应用			
1	高速公路收费概述	4	公路收费系统的发展
2	车辆通行费收取的有关政策	5	收费车型分类
3	收费制式与特点	6	全国高速公路联网收费现状

续上表

序号	资源名称	序号	资源名称
7	联网收费系统架构	30	高速公路联网收费特情处理方案
8	高速公路联网收费系统组成	31	高速公路收费系统维护
9	联网收费制式	32	高速公路收费站雾灯工作原理与作用
10	稽查与信用	33	高速公路收费雨棚灯工作原理与作用
11	联网收费通信网络及网络安全	34	高速公路收费站通行灯工作原理与作用
12	ETC 专用车道系统概述	35	高速公路收费站栏杆机工作原理与作用
13	ETC 车道系统组成	36	高速公路收费站车辆检测器工作原理与作用
14	ETC 车道关键设备的性能及工作原理	37	高速公路收费站费额显示工作原理与作用
15	车道设备布局与接线图实例分析	38	高速公路收费站警报灯工作原理与作用
16	车道软件设计	39	高速公路收费站工控机连接工作原理与作用
17	收费系统中的监控	40	高速公路收费站字符叠加器工作原理与作用
18	ETC 卡和 OBU 应用管理	41	ETC 天线的安装
19	ETC 和 MTC 混合车道主要功能与组成	42	车道地感线圈的安装
20	ETC-MTC 收费车道系统组成现场	43	车辆分离器的安装
21	ETC 门架系统概述	44	MTC 收费流程
22	ETC 门架系统的构成与主要功能	45	ETC 收费流程
23	ETC 门架系统关键设备技术要求	46	路侧读写控制器结构原理认知
24	ETC 门架系统设计案例	47	电子标签结构原理认知
25	现场 ETC 门架收费系统	48	动态称重仪结构原理认知
26	高速公路称重检测系统概述	49	车辆分离器结构原理认知
27	高速公路称重检测系统组成及布设	50	车牌号码自动识别原理
28	高速公路称重检测系统业务流程	51	动态称重技术原理
29	称重检测车道功能要求及关键设备技术要求		
模块6 高速公路隧道机电系统集成与应用			
1	隧道的发展现状及隧道机电的意义	9	通风系统设备的选型与施工规范
2	隧道机电系统的组成及各部分的作用	10	隧道通风系统检修维护规范
3	公路隧道机电工程与附属设施等级标准	11	隧道照明的视觉现象与照明措施
4	隧道通风的目的与通风设计实施流程	12	隧道照明设置的规定
5	隧道通风的标准	13	公路隧道照明计算
6	通风方式的选择	14	照明灯具的布置及灯具选型
7	需风量的计算	15	隧道照明系统的组成与控制技术
8	隧道通风系统的构成与通风控制技术	16	隧道照明系统检修维护规范

续上表

序号	资源名称	序号	资源名称
17	隧道照明安全设计	26	隧道监控系统应用
18	隧道火灾特点、火灾分类及灭火方式选择	27	隧道监控系统检修维护规范
19	隧道火灾探测技术	28	隧道供配电系统概述
20	隧道火灾探测报警设施规范	29	隧道供配电设施特点与设计要求
21	隧道消防设施设置规范	30	接地与防雷设施规范
22	隧道紧急电话及广播系统	31	隧道供配电实例
23	隧道消防报警系统检修维护规范	32	隧道供配电系统检修维护规范
24	隧道监控的主要内容及要求	33	隧道机电系统实例
25	隧道监控设备配置		

目录

I | 数字资源索引

1 | 模块 1　高速公路机电系统概述
　　单元 1.1　高速公路机电系统组成及发展 …………………… 2
　　单元 1.2　智慧高速公路发展现状与发展方向 ……………… 9
　　在线答题 ………………………………………………………… 12

13 | 模块 2　高速公路供配电系统集成与应用
　　单元 2.1　电力系统基础知识 ………………………………… 14
　　单元 2.2　供配电系统高低压电气设备应用 ………………… 24
　　单元 2.3　供配电系统电气接线应用 ………………………… 44
　　单元 2.4　接地与防雷应用 …………………………………… 53
　　单元 2.5　高速公路供配电及照明系统应用
　　　　　　　与故障分析 ……………………………………… 59
　　技能训练 ………………………………………………………… 67
　　在线答题 ………………………………………………………… 67

68 | 模块 3　高速公路通信系统集成与应用
　　单元 3.1　计算机网络基础知识 ……………………………… 69
　　单元 3.2　通信系统基础知识 ………………………………… 77
　　单元 3.3　高速公路通信系统常用通信技术
　　　　　　　及通信设备 ……………………………………… 86
　　单元 3.4　高速公路通信系统应用案例分析 ………………… 94
　　单元 3.5　高速公路通信系统常见故障分析 ………………… 101
　　技能训练 ………………………………………………………… 102
　　在线答题 ………………………………………………………… 102

103 | 模块 4　高速公路监控系统集成与应用
　　单元 4.1　高速公路监控系统基础知识 ……………………… 104

单元 4.2　高速公路视频监控系统组成与应用 ············ 112
　　单元 4.3　高速公路交通状况检测及信息发布系统
　　　　　　组成与应用 ············ 125
　　单元 4.4　高速公路监控系统常见故障分析 ············ 135
　　技能训练 ············ 136
　　在线答题 ············ 136

137 | 模块 5　高速公路收费系统集成与应用

　　单元 5.1　收费系统基础知识 ············ 138
　　单元 5.2　高速公路联网收费系统架构与应用 ············ 143
　　单元 5.3　ETC 车道收费系统组成与应用 ············ 150
　　单元 5.4　ETC/MTC 混合车道收费系统组成与应用 ··· 175
　　单元 5.5　ETC 门架系统组成与应用 ············ 184
　　单元 5.6　高速公路称重检测系统组成与应用 ············ 195
　　单元 5.7　高速公路收费系统常见故障分析 ············ 208
　　技能训练 ············ 211
　　在线答题 ············ 212

213 | 模块 6　高速公路隧道机电系统集成与应用

　　单元 6.1　隧道机电系统基础知识 ············ 214
　　单元 6.2　隧道通风系统组成与应用 ············ 220
　　单元 6.3　隧道照明系统组成与应用 ············ 240
　　单元 6.4　隧道火灾报警与消防系统组成与应用 ············ 261
　　单元 6.5　隧道监控系统组成与应用 ············ 284
　　单元 6.6　隧道供配电系统组成与应用 ············ 296
　　技能训练 ············ 318
　　在线答题 ············ 318

319 | 参考文献

320 | 技能训练工作页

　　技能训练一　常用电气仪表使用 ············ 321
　　技能训练二　高速公路路段供配电图纸识读 ············ 322
　　技能训练三　光纤熔接技术 ············ 326
　　技能训练四　视频监控系统搭建及操作 ············ 327
　　技能训练五　ETC 车道收费系统天线调试 ············ 329
　　技能训练六　车道控制器应用及故障处理 ············ 332
　　技能训练七　隧道通风系统控制 ············ 335

模块1

高速公路机电系统概述

模块简介

高速公路机电系统是高速公路智能化管理的基本支撑。本模块主要讲述我国高速公路发展现状,高速公路机电系统的作用、特点、组成及发展现状;智慧高速公路的发展现状与发展方向。

学习目标

了解我国高速公路发展现状,了解高速公路机电系统的组成及发展现状,了解智慧高速公路发展现状与发展方向;理解高速公路机电系统的组成及各机电子系统的基本功能与构成。

建议学时

2学时

思政导语

通过线上线下学习,了解我国高速公路的发展历程及发展近况,学习偏远山区交通设施建设完善、交通助力脱贫等政策,以及《交通强国建设纲要》与"一带一路"倡议内涵,切身感受社会主义制度的优越性,厚植爱国情怀,激发对专业的责任感和使命感,树立正确的人生观和价值观。

单元1.1　高速公路机电系统组成及发展

1.1.1　高速公路发展现状

根据《"十四五"现代综合交通运输体系发展规划》,到2025年建成公路通车里程550万公里,其中高速公路建成里程19万公里。截至2022年底,全国公路通车总里程达535万公里,形成了以高速公路为骨架、普通干线为脉络、农村公路为基础的全国公路网,其中高速公路通车里程17.7万公里,稳居世界第一。

为贯彻落实《中华人民共和国国民经济和社会发展第十四个五年规划和2035年远景目标纲要》《交通强国建设纲要》《国家综合立体交通网规划纲要》,优化完善国家公路网络,有力支撑现代化经济体系和社会主义现代化强国建设,2022年7月,国家发展改革委、交通运输部联合印发了《国家公路网规划》,规划到2035年建成国家公路网总里程约46.1万公里,其中包括16.2万公里的国家高速公路和29.9万公里的普通国道,基本建成覆盖广泛、功能完备、集约高效、绿色智能、安全可靠的现代化高质量国家公路网,形成多中心网络化路网格局,实现国际省际互联互通、城市群间多路连通、城市群城际便捷畅通、地级城市高速畅达、县级节点全面覆盖、沿边沿海公路连续贯通。

国家高速公路由7条首都放射线、11条北南纵线、18条东西横线,以及6条地区环线、12条都市圈环线、30条城市绕城环线、31条并行线、163条联络线组成;普通国道由12条首都放射线、47条北南纵线、60条东西横线,以及182条联络线组成。

1.1.2　高速公路机电系统的作用及特点

高速公路机电系统分布于高速公路全线,贯穿于高速公路管理的各个环节,是路上信息跟踪、反馈和发布的主要手段,是发挥道路设施交通功能的主要辅助系统,是保证高速公路实现安全、快速、舒适功能的必要组成部分和必要手段。

1.高速公路机电系统的作用

1)提高通行能力和交通运行效率

(1)增加高速公路的总车辆行程数。

(2)提高行程速度,减少行程时间。

(3)缩短延误时间、事故判知时间。

(4)减少停车次数。

(5)增加车辆乘用率。

2)提高交通安全性

(1)减少交通事故和伤亡人数。

(2)降低二次事故的发生率。

(3)减少事故经济损失。

(4)缩短交通事故和其他交通事件的反应时间。

(5)减轻驾乘人员的疲劳程度。

3)降低交通能耗和交通对环境的污染

(1)提高汽车燃油的使用率,减少燃油消耗。

(2)减少汽车排放物和噪声对环境的污染。

4)提高运输生产能力

(1)行车速度的提高,将给运输企业和交通运输服务业带来更多经济效益,增加客货运量,降低运输成本。

(2)提高到达目的地和交货的及时性,吸引更多客户。

5)提高旅行的舒适和方便程度

(1)减轻驾乘人员的疲劳程度,增加行车的舒适性。

(2)增加旅行时间的可预知性,方便出行者事先安排出行计划。

6)加快资金回收速度

(1)增强通信能力,增加收费收入,加快资金回收速度。

(2)减少因作弊引起的通行费漏收、漏稽现象。

2. 高速公路机电系统的特点

1)技术集成度高

高速公路机电系统综合了电子技术、自动化控制技术、通信技术、闭路电视技术、计算机技术、交通工程技术、机械工程技术等多门学科技术,是一项技术高度密集的系统工程。

2)设备分布广

高速公路机电系统分布于高速公路沿线及各个收费站、各级管理中心、隧道和桥梁,点多、线长、面广。

3)多部门协调管理

高速公路机电系统的管理和养护涉及与很多其他行业的管理部门的交涉,如电力、电信、消防、环保、环卫、供水、气象等部门,它们都会对高速公路机电系统的管理和养护提出各种要求,并要进行相关的检查。

4)设备故障率高

高速公路机电系统在恶劣的环境下全天候连续不断运行,必然导致设备的故障率较高,使用寿命也较其他普通环境下的同类设备短。

5)技术和产品更新快

随着科学技术的发展,新技术、新产品、新标准、新工艺不断出现,高速公路机电系统的各种设施设备更新换代快。

1.1.3 高速公路机电系统的组成

高速公路机电系统由供配电系统、通信系统、监控系统、收费系统、隧道机电系统及照明系统等组成。

1. 高速公路供配电系统功能与构成

供配电系统是高速公路机电系统必不可少的辅助系统，为高速公路机电设备提供 24 h 无间断供应电源，包含正常供电（变电和配电）和紧急供电［柴油发电机、EPS（Emergency Power Supply，应急电源）及 UPS（Uninterrupted Power Supply，不间断电源）］。

高速公路供配电系统是采用集中或相对集中供电方式，电源从发电厂或从附近地区的高压电网引出 10 kV 或 35 kV 高压送至变电所，降压变压 220 V 或 380 V 的供电电压，由低压配电柜及输电线送至有关用电设备。供配电系统主要由高压配电柜、变压器、低压配电柜、EPS、UPS、交流稳压器、低压配电箱、高/低压电力电缆及电力监控系统构成。

2. 高速公路通信系统功能与构成

高速公路通信系统是高速公路现代化管理的重要支撑系统，实现准确及时地传输监控系统和收费系统的语音、数据和图像等信息，保持高速公路各管理部门之间业务联络通信的畅通，并为高速公路内部各部门和外界建立必要的联系；同时，高速公路通信系统作为交通专用通信网的重要组成部分，是交通信息的主要传输载体，为各种网络服务及会议电视系统提供传输通道。

高速公路通信设施由传输网系统、业务网系统、支撑网系统、通信光（电）缆、通信电源系统、通信管道等构成。通过通信系统把监控系统、收费系统等系统的业务需求（数据、语音和图像信息）逐级（站、分中心、总中心）进行连接，实现高速公路各管理部门之间信息传递的畅通，保障高速公路安全、舒适、快捷、高效地运营。

3. 高速公路监控系统功能与构成

高速公路监控系统对高速公路交通流状态和交通环境进行监测，在不增加交通道路、节约土地资源、降低建设成本的前提下，通过信息、控制等技术提高高速公路路网通行能力，解决高速公路交通运行中存在的交通拥挤、易发生交通事故等问题，保证车辆运行畅通、减少交通事故、降低事故的危害性。

高速公路监控系统的主要功能如下。

（1）准确及时地采集交通流、交通环境和主要交通设施的各种状态信息。

（2）根据已掌握的信息，通过交通流模型分析，迅速作出有针对性的处理和优化控制方案，并立即执行。

（3）建立多种信息发布渠道，为用户提供信息服务，通过驾驶人调整驾驶行为，使交通流动态平衡。

（4）进行专项监控，如用视频系统监视某大桥的车流通过情况，探测和确认交通事件，进行路面使用状态检测等。

（5）对交通事故作出快速响应，迅速排除事故根源和提供救援服务。

（6）建立道路交通数据库，用以支持道路运行状况评价，为改善道路运营和交通管理的决策提供数据支持。

高速公路监控系统主要由信息采集子系统、监控中心及信息提供子系统三大部分组成。信息采集子系统包括车辆检测器、气象检测器、紧急电话和巡逻车等。监控中心是高速公路全线路监控系统的最高层即控制中心，主要负责全线路范围内交通情况的监视和控制。信息提供子系统包括交通标志、标线和信息发布诱导屏等，是交通监控管理为汽车用户服务的主要形式。

4. 高速公路收费系统功能与构成

高速公路是经济高度发展的必然产物，是一项耗资巨大且建设周期较长的公共工程。不论是发展中国家还是发达国家，都面临着建设和养护高速公路系统资金缺乏的难题，单凭政府全部承担其费用变得越来越困难。通行费是高速公路最主要的经济收入，是完成运营管理、道路设备维修、还贷交税、建设新路的基本经济来源。高速公路收费系统是实现高速公路收费的保障，收费系统识别进入高速公路的每一辆车的车型并判定其所属类别，确认其出口地址，按通行费收费率计算费额和收费。

截至2019年底，全国已有29个省（自治区、直辖市）实现全国收费系统"一张网"。全国联网收费系统架构由部联网中心、省（自治区、直辖市）联网中心、省（自治区、直辖市）内区域/路段中心（路公司）、ETC（Electronic Toll Collection，电子不停车收费）门架、收费站、ETC车道、ETC/MTC（Manual Toll Collection，公路半自动车道收费）混合车道等组成。

5. 高速公路隧道机电系统功能与构成

高速公路隧道呈长管形状，具备一定的封闭性，大量的车辆排放物在密闭空间得不到扩散和稀释，有害污染物不断积聚，使隧道内空气污染严重，不但对人身健康产生损害，而且大量烟雾将降低隧道内能见度，影响车辆行驶安全。同时，隧道内一旦发生火灾，火势蔓延快，救援难度大，造成事故后果严重。隧道机电系统可改善隧道内行驶环境，提升交通安全与服务水平。

隧道机电系统主要由隧道监控系统、隧道通风系统、隧道照明系统、隧道消防报警系统及隧道供配电系统等组成。

6. 高速公路照明系统功能与构成

高速公路照明系统主要为高速公路行驶及服务区、停车区的停靠车辆提供优良的视野，避免在夜间造成行车事故。高速公路照明系统主要包括主车道照明、广场照明和隧道照明。在运输繁忙和重要路段设置主车道照明，改善夜间行车环境，减少事故发生；在立交和匝道连接点等事故多发点设置广场照明；隧道照明是隧道机电系统的重要组成部分。

1.1.4 我国高速公路机电系统的发展现状

1. 高速公路通信系统发展现状

随着交通行业总体的跨越式发展，国家高速公路网逐步成形，未来高速公路发展重点将逐渐从建设转移到管理领域,以"畅通主导、安全至上、服务为本、创新引领"为指导思想,通过切实更新观念,合理应用高新技术,实现"管理决策科学化、养护管理规范化、路网调度智能化、运营服务精细化、应急救援快速化、路段管理法治化"的目标。通信系统是高速公路网络化条件下的基础支撑系统。

随着高速公路规划总体调整、通信技术快速发展、交通行业信息化需求不断增加,高速公路专用通信网将由初期服务于高速公路监控、收费和日常运营管理业务,全面扩展到道路公共服务、应急救援和办公自动化等领域。

我国高速公路通信系统建设从 20 世纪 90 年代起步,伴随着通信技术的不断革新,其间经历了从 ATM(Asynchronous Transfer Mode,异步传输模式)、PDH(Plesiochronous Digital Hierarchy,准同步数字系列)、SDH(Synchronous Digital Hierarchy,同步数字体系)到全 IP(Internet Protocol,国际互联协议)技术的演变。单一网络技术均有各自的优势和缺点,于是出现了各种技术的互通结合,产生了各种重叠模型和集成模型,如 ATM Over SDH、IP Over ATM、IP Over SDH、IP Over WDM(Wavelength Division Multiplexing,波分复用)、IP Over DWDM(Dense Wavelength Division Multiplexing,密集波分复用)。

随着通信领域新技术层出不穷,ASON(Automatically Switched Optical Network,自动交换光网络)、PTN(Packet Transport Network,分组传送网)和软交换等新技术日渐成为主流,因此,这些也将成为未来高速公路通信系统技术的发展趋势。

2. 高速公路监控系统发展现状

随着我国高速公路建设的发展,交通监控系统得到了大力发展。按照监控系统应用的范围,高速公路监控主要包含道路交通监控、收费监控、隧道监控。监控技术的发展决定了高速公路监控系统的水平,近二十年我国高速公路监控系统的发展主要经历了模拟监控时期、数模混合监控时期和全数字监控时期。

2019 年 11 月,交通运输部办公厅发布《全国高速公路视频联网监测工作实施方案》和《全国高速公路视频联网技术要求》,全面加快推进"可视、可测、可控、可服务"的高速公路运行监测体系建设,不断提升服务能力和监管水平,更好地满足人民群众高品质出行需求。

近年来,全国各地陆续发布智慧高速公路建设相关文件,主要运用互联网、大数据技术,集中海量数据跨行业、跨部门高度共享,实现对高速公路透彻全面、实时智能地感知或趋势预测,使基础设施、生产组织、运输服务、监管执法、应急处置等实现可视化、智能化和精准化,高速公路建设管理法治化、智能化、专业化水平进一步提升。具体表现为高速公路交通事故风险有效降低,交通事故数和死亡人数明显减少,高速公路实现平安运行。

1)基于云计算服务于高速公路监控系统的发展

通过海量工业标准服务器,将高速公路交通状况、天气信息、车流量数据等存储在云系统中,通过存储和应用服务中心,利用云计算的分布式处理及网格计算,能够实现信息的高速处理分析,且可以随时更新数据,这样有利于合理选择行车路线,提升高速公路的行车安全性和通行能力。

高速公路通行车辆的所有数据将存储在接入互联网的计算机上,利用云计算,省去了服务器的运算过程,用户直接访问云端便可实时了解到高速公路上的路况信息,这样能够大幅降低交通风险。

2)基于物联网服务于高速公路监控系统的发展

物联网作为新一代信息技术的组成部分,近年来在高速公路视频识别和ETC门架及车道建设等方面得到了广泛应用。

未来,通过物联网技术可以将人、路、车、周边环境连接为一体,利用信息技术、通信技术和计算机技术等形成有序运行的整体系统。通过物联网技术的应用,实现了高速公路的高效运营,确保了通行车辆出行信息的准确性,以及出行人员的财产和生命安全。

3. 高速公路收费系统发展现状

自从收费设施引入高速公路以来,收费方式经历了从低级到高级、从功能简单到丰富完善的过程,具体包括人工收费、计算机系统收费、计算机联网收费、电子不停车收费(ETC)等方式。

1)人工收费方式

高速公路投入运营之初,计算机应用水平还不是很高,所以在这个阶段收费完全采用人工收费方式。人工收费方式是以纸质收费收据存根为收费员缴款依据,完全依靠人工进行收费操作和收费数据统计管理的收费方式。车辆驶入高速公路,首先要在入口的收费站口领取纸质的通行卡,到达目的站口后,收费人员根据车型和入口信息,比对收费标准,确定应交费金额,然后收费放行。人工收费方式计费校核工作量大,容易出错,统计查询不便,这也导致监督管理困难。

2)计算机系统收费方式

随着科学技术的发展,计算机逐步应用于各行各业,高速公路收费系统也开始实行计算机管理,实现了收费系统自动化。严格来讲,这一阶段应该称为计算机计费系统。车辆驶入高速公路,在驶入站口领取通行卡,到达驶出站口时,收费人员根据通行卡标识,在计算机操作终端输入车型以及上路口信息,系统会自动计算应缴费金额;收费放行后,计费信息会自动传入联网的财务中心系统。

计算机收费系统,具有自动计费、分类统计以及报表生成等功能,把收费员从繁重的计算费额以及统计费额工作中解脱出来,降低了收费员的劳动强度,提高了车辆通行效率,也减少了工作中的失误。计算机收费系统克服了人工收费的种种弊端,为现代化的收费管理提供了必要的技术条件。

3)计算机联网收费方式

20世纪末,计算机网络技术、数据传输以及IC卡(Integrated Circuit Card,集成电路卡)技术得到迅猛发展,计算机联网收费系统也逐步开始在高速公路中应用。在计算机联网收费的高速公路路段,车辆行驶进入高速公路路段,在驶入站口领取电子通行卡,该卡可记录车型、牌照号等车辆信息,在整个联网路段内,不再设有主线收费站,车辆可畅行无阻。到达目的站口后,计算机收费终端可自动辨识通行 IC 卡内相关信息，计算应缴费金额并出票，收费后放行车辆。

计算机联网收费系统同计算机计费系统相比有着本质的区别，计算机收费系统是计算机联网收费系统的节点，若干个收费节点形成网络，组成现代化的联网收费系统。联网收费系统在原有收费结构体系上增加收费结算中心，在上一个层面上对各条高速公路的运营收费进行协调和管理。计算机联网收费系统把多条高速公路的收费系统有机地结合在一起，结束了"一路一公司"独成体系的局面，撤销了各不同收费体系的主线收费站，大大提高了高速公路运输的通行效率，是现代化高速公路发展的必然趋势。

4）电子不停车收费方式

电子不停车收费方式以专用短程通信等先进技术为手段，无须人工参与，自动完成电子收费交易，实现在不停车条件下自动收取道路通行费，是高速公路收费系统智能化的体现。随着取消高速公路省界收费站等政策的施行，实现全国高速公路收费"一张网"，电子不停车收费方式是目前最常用的收费方式。

4. 高速公路隧道机电系统的发展现状

高速公路隧道机电系统是保证车辆安全通行的必要条件。改革开放以后，随着我国经济的迅速发展，公路建设日新月异，长大公路隧道大量涌现。据交通运输部发布数据，到 2021 年年末，我国公路隧道 23 268 处、2 469.89 万延米，其中特长隧道 1 599 处、717.08 万延米，长隧道 6 211 处、1 084.43 万延米。随着长大隧道的建设，设立完善的隧道机电系统是十分必要的。

我国公路隧道基数大、建设条件复杂、建设年代跨度大，不同建设时期采用的标准规范和状态差异大，设施设置标准不同。自 2014 年起，交通运输部陆续发布了多项隧道相关规范和行动方案。2018 年发布了《公路长大桥隧养护管理和安全运行若干规定》；2019 年开展公路隧道提质升级行动，发布了《促进公路隧道提质升级行动方案》，要求为期两年对包括隧道交通安全设施、通风、照明等设施和隧道土建提质升级。在加快建设交通强国的背景下，2021 年出台《交通运输领域新型基础设施建设行动方案（2021—2025 年）》《数字交通"十四五"发展规划》《公路"十四五"发展规划》多项文件都强调加强隧道信息化管理，特别是对隧道结构、机电设备、交通事件的监测与预警。

根据《2022 年中国高速公路隧道信息化市场研究报告》，在不断推进隧道政策和标准完善的同时，交通运输部加快推进新一代国家交通控制网和智慧公路试点，多个省（自治区、直辖市）先后开展对包含智慧隧道场景在内的智慧高速公路建设探索实践。在隧道信息化建设中，利用视频、激光雷达、毫米波雷达、雷视一体机等多种感知设备和人工智能、感知技术、数字孪生、车路协同等技术，打造数字孪生隧道系统，实现对隧道道路、设施设备等状态实时查看，更加直观地监测隧道环境。例如，百度基于 AI（Artificial Intelligence，人工智能）视频的数字孪生在惠清高速公路杨梅隧道试点应用；海康威视基于毫米波雷达+视频的数字孪生在连英高速公路金门隧道、浙江浙高运大梁山隧道项目中应用；万集科技基于激光雷达+视频的数字孪生在广明高速公路祈福隧道、秦岭隧道群项目中应用。

单元1.2 智慧高速公路发展现状与发展方向

1.2.1 智慧高速公路发展现状

当前，"智慧高速公路"的概念并没有统一。业内对智慧高速公路的阐释是借助移动通信和互联网、大数据、云计算、人工智能等新一代信息技术，实现高速运输系统的协同与创新应用服务，其中包括智能设施、智能决策、智能服务和智能管控等，从而进一步促进我国高速公路网的科学管理、高效运行和优质服务。

智慧高速公路的建设，是为了促进人、车、路与环境之间的深度融合，实现高速公路建设、管理、养护、运营，以及服务生命周期的数字化和智能化。智慧高速公路的特点主要体现在智能、高效、绿色和安全四大方面。

1. 智慧高速公路发展历程

智慧高速公路作为智能交通领域的新型数字基础设施，是世界交通强国争相加快部署的热点，在"十三五"期间，我国相继发布一系列政策规划以推动智慧高速公路的建设。2016年，交通运输部印发的《交通运输信息化"十三五"发展规划》指出，要在高速公路和中心城市开展新一代交通控制网示范应用，实现交通运输网络化、智能化控制，提高运行效率和交通运输安全水平。2018年，交通运输部发布了《关于加快推进新一代国家交通控制网和智慧公路试点的通知》，划定北京、河北、吉林、江苏、浙江、福建、江西、河南及广东9个智慧公路试点地区，确定了基础设施数字化、路运一体化车路协同、北斗高精度定位综合应用、基于大数据的路网综合管理、"互联网+"路网综合服务、新一代国家交通控制网6个试点主题。

2020年是"十三五"收官之年，2021年是"十四五"开局之年。针对智慧高速公路未来发展规划和方向，国家又相继出台了一系列纲要与政策,中共中央、国务院印发了《国家综合立体交通网规划纲要》。随着国家政策的不断推进，各省(自治区、直辖市)纷纷响应号召，加快研究制定智慧高速公路的顶层设计，为智慧高速的建设提供强有力的保障。目前，浙江、江苏、山东、四川、宁夏等地方政府都已出台了智慧高速公路建设的指导性文件。

2020年3月，浙江省交通运输厅印发《智慧高速公路建设指南(暂行)》，提出加大基本应用建设，包括实时交通信息监测系统、多网融合通信系统、云控平台、伴随式信息服务系统、车道级交通控制系统、桥隧安全提升系统、服务区智能化系统、自由流收费系统、基础配套系统。四大创新应用建设包括准全天候通行、货车编队行驶、全寿命周期智能养护、自动驾驶支持。

2020年11月，江苏省交通运输厅印发《江苏省智慧高速公路建设技术指南》，提出了智慧高速公路的发展目标、建设原则、总体架构和主要内容。明确每一部分的功能要求、性能要求和实施要求,重点强调5G(第五代移动通信系统)、北斗卫星导航系统、云计算、高分辨率遥感、人工智能等新技术在高速公路的典型应用。

2021年2月,宁夏回族自治区交通运输厅印发《宁夏公路网智能感知设施建设指南(试行)》,首次明确了全区域桥隧健康监测、路网监测和超限超载非现场执法3个方面的智能感知设施建设的基本标准和要求。

2021年6月,山东省交通运输厅印发《智慧高速公路建设指南(试行)》,提出智慧高速公路是基于业务需求,以数据为核心,充分利用现代技术,提升多源感知、融合分析及决策支持能力,促进人、车、路、环境的深度融合,实现建设、管理、养护、运营、服务全过程数字化和智能化的高速公路。

2021年7月,四川省交通运输厅印发《四川省平安智慧高速公路建设指导方案》,提出建设以稳定的通信网、集约高效的管理服务信息系统和高科技安防设施设备为技术核心,以智能感知、趋势预测、资源共享为应用重点。运用互联网、大数据技术,集中海量数据跨行业、跨部门高度共享,实现对高速公路透彻全面、实时智能的感知或趋势预测,使基础设施、生产组织、运输服务、监管执法、应急处置等实现可视化、智能化和精准化,高速公路建设管理法治化、智能化、专业化水平进一步提升,实现交通事故风险有效降低的平安交通。

2. 国内智慧高速公路建设现状

目前,国内各地都在加速推进智慧高速公路建设,整体来看,我国智慧高速公路发展已达到了一个新的阶段,体现了我国智慧高速公路建设的高水平,比较有代表性的智慧高速公路有京雄高速公路、延崇高速公路、杭绍甬高速公路、都安高速公路(云雾收费站是国内第一个虚拟收费站),以及成宜高速公路。

(1)京雄高速公路全长96.462 km,双向八车道,是秉承"科技引领、智慧先行"的理念,采用新技术、新设备、新工艺全面打造的智慧高速公路。在信息化、智能化、车路协同上积极探索,综合运用北斗定位、窄带物联网、大数据、人工智能等新一代信息技术,提供车路协同、准全天候通行、全媒体融合调度、智慧照明、综合运维等智能服务,实现管理决策科学化、路网调度智能化、出行服务精细化、应急救援高效化。

(2)延崇高速公路全长116 km,作为交通运输部智慧公路试点项目,延崇高速公路河北段利用摄像机、雷达、高清卡口、特征识别单元及气象监测站等手段,实现交通运行状态、车辆状态、环境信息的全面感知,能够自动发现、跟踪、分析事件,并通过车载智能单元、路测智能基站通信和服务平台统一决策等,实现安全、效率等两类、十三项应用场景的数据互通,为车辆提供交通保障。

(3)杭绍甬高速公路规划全长161 km,双向六车道。智慧公路建设包含实时交通信息监测系统、多网融合通信系统、云控平台、伴随式信息服务系统、车道级交通控制系统、桥隧安全提升系统、服务区智能化系统、自由流收费系统、基础配套系统、准全天候通信、货车编队行驶、全寿命周期智能养护和自动驾驶支持等。

(4)都安高速公路全长276 km,于2021年6月28日建成通车,同年10月13日,中国首个虚拟收费系统在其云雾收费站正式运行。虚拟收费站通过后台技术的升级,将原来的多套后台系统整合为一个系统,比原来的系统具有更高的车道数据传输率和交易率,大大提升了稳定性,提高了车辆的通行效率。虚拟收费系统取消收费亭及亭内工控机,极大地降低了施工难度及建设成本。

(5)成宜高速全长157 km,2020年底通车,是四川首条智慧高速公路,也是"样板工程"。成宜高速全线共铺设273根雷视融合智慧杆,每一根智慧杆都安装了9个外场监测设备,实现全线路段空间100%全覆盖、车辆全线轨迹融合还原,对道路拥堵、异常停车、天气能见度等进行实时和可视化的智能监测,对人、车、路、环境进行全要素感知,实现了高速公路的数字化、精细化服务。成宜高速上线国内首个车路协同高精度导航——蜀道·高德行业版App,可充分调用"路端智能",把更清晰的路面状况投射到导航界面上,是智慧的路服务"普通"的车的首次落地实践,是国内首个将智慧高速数据与车机导航融合的应用。

1.2.2 智慧高速公路的发展阶段及发展方向

1. 智慧高速公路的发展阶段

自2018年国内智慧高速公路试点工作开展以来,基础性的探索阶段已经结束。"十四五"期间,智慧高速公路将进入规模建设阶段。智慧高速公路发展一般将经历以下三个阶段。

第一阶段,基础设施数字化。主要提升高速公路的感知能力,构建高速公路主体及附属设施监测、交通运行状态监测和公路气象环境监测;融合应用多种监测设备实现人、车、路、环境的状态感知;采集道路数据、车辆行驶数据、环境数据,为全方位服务、全业务管理、车路协同与自动驾驶提供数据支撑。

第二阶段,服务与管理智能化。在数字化基础上,高速公路实现立体感知和整体协同化,通过数据分析赋能车主信息服务、车道级管控服务、全天候通行、自由流收费、智慧服务区等。

第三阶段,构建车路协同一体化应用体系。面向未来自动驾驶服务。

2. 智慧高速公路的发展方向

基于各地对智慧高速公路的探索试验,智慧高速公路尚未形成标准定义和功能框架,但"设施数字化、运输自动化、管理主动化、服务个性化"的发展理念已基本确立并加速成熟,主要呈现的发展特点如下。

1)全要素、全时空感知

借助高清视频、北斗定位、专用传感器等多类型监测设备,搭建全要素、全时空感知体系,对高速公路数据进行高质量采集、高可靠传输,是推动伴随式信息服务、实时交通管理等应用的关键。

2)精细化管控提升高速公路效率

基于高速公路智能感知、动静态运行数据分析,可以精准识别或预判关键匝道、瓶颈路段、主流量通道,可以有力赋能动态匝道控制、路肩控制、车道控制、费率调整等主动控制策略,实现车流提前引导及管控,极大地提升高速公路通行及事件应急处置能力。

3）新技术打开新商业空间

面向未来，基于大数据、人工智能、融合感知、自动驾驶、车路协同等新技术，编队驾驶、无线充电、订阅服务等新商业模式将迎来爆发式增长，极大地拓展智慧高速公路的商业空间。

《在线答题》

1. 请同学们扫描封面二维码，注意每个码只可激活一次。
2. 长按弹出界面的二维码关注"交通教育出版"微信公众号并自动绑定资源。
3. 公众号弹出"购买成功"通知，点击"查看详情"，进入后选择绑定的图书，即可进行在线答题。
4. 也可进入"交通教育出版"微信公众号，点击下方菜单"用户服务—图书增值"，选择已绑定的教材进行在线答题。

模块2

高速公路供配电系统集成与应用

模块简介

高速公路供配电系统为高速公路机电系统提供电力支撑,是保证机电系统安全运营的基础。本模块主要学习电力系统基础知识、供配电常用电气设备及特点、供配电线路电气接线、接地与防雷组成与应用、高速公路供配电及照明系统应用与常见故障分析。

学习目标

了解电力系统组成、额定电压、中性点运行方式、低压配电系统接地方式,电能质量指标;掌握供配电系统常用高低压电气设备的应用;掌握供配电系统的电气接线;掌握接地与防雷的应用;掌握高速公路供配电及照明系统应用与故障分析。

建议学时

7学时

思政导语

通过线上线下学习,熟悉我国电力系统的发展,了解我国新能源的发展现状以及西电东送的伟大工程,拓展国际视野,培养全局思维,理解"治大国如烹小鲜";收集安全用电案例,树立安全意识,小心谨慎,遵守规章制度。

单元2.1 电力系统基础知识

2.1.1 电力系统的组成

电能的生产、输送、分配和消费在同一时间完成,但不能大量存储,因此各个环节必须连接成一个整体。由电力线路将发电厂、变电所和电能用户联系起来的一个发电、输电、变电、配电和用电的整体,称为电力系统。电力系统组成如图2.1.1所示。

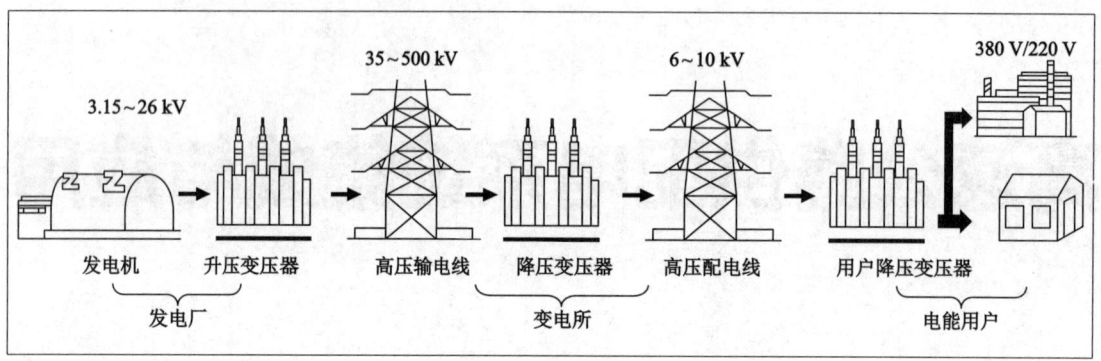

图2.1.1 电力系统组成

1.发电厂

发电厂将一次能源转换成电能。根据一次能源的不同,可分为火力发电厂、水力发电厂、核能发电厂、风力发电厂、地热发电厂、潮汐发电厂和太阳能发电厂等。

2.变电所

变电所的功能是接收电能、变换电压和分配电能。变电所按用途分为升压变电所和降压变电所;按变电所地位和作用的不同,分为枢纽变电所、区域变电所和用户变电所;按结构形式分为户外变电所和户内变电所;按地理条件分为地上变电所和地下变电所。

升压变电所实现将发电厂发出的电能进行升压,便于大功率和远距离传输。降压变电所对电力系统的高电压进行降压,便于电气设备的使用。枢纽变电所起到对整个电力系统各部分的纽带连接作用,负责整个系统中电能传输和分配。区域变电所将枢纽变电所送来的电能做一次降压后分配给电能用户。用户降压变电器接收区域变电所的电能,将其降压为满足用电设备电压要求的电能,并合理地分配给各用电设备。

3.电力线路

电力线路将发电厂、变电所和电能用户连接起来,担负输送电能和分配电能的任务。电力线路分为输电线路和配电线路。

输电线路指将发电厂、变电所或变电所之间连接起来的送电线路。通常将1 000 kV及以上的输电线路称为特高压输电线路,330~750 kV的输电线路称为超高压线路,66~220 kV的输电线路称为高压输电线路,3~35 kV的输电线路称为中压输电线路。

配电线路指将电能从区域变电所经降压后输送到电能用户,对电网电能进行降压、分配和输送的线路。1 kV 以下的配电线路称为低压配电线路,1～35 kV 的配电线路称为高压配电线路。输电线路与配电线路如图 2.1.2 所示。

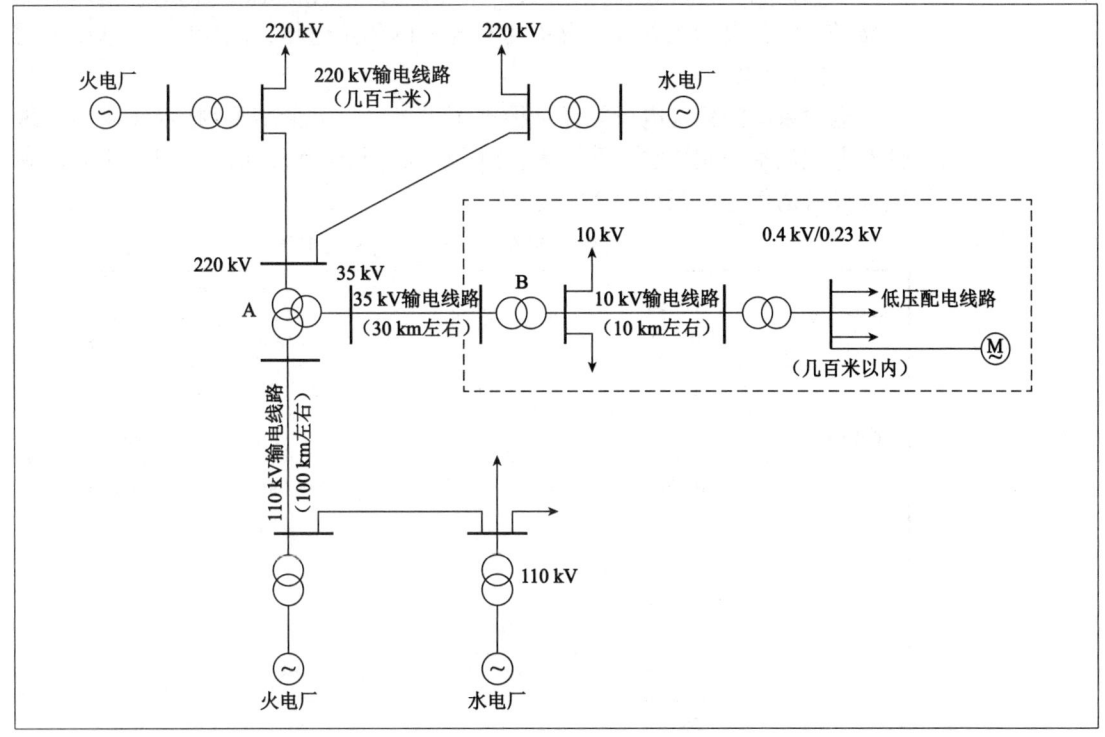

图 2.1.2　输电线路与配电线路

4.电能用户

电能用户也称为电力负荷,所有消耗电能的用电设备或用电单位均称为电能用户。电能用户按行业可分为工业、农业、交通运输业等国民经济各部门和市政、生活用电等场所。

与电力系统相关联的概念还有动力系统和电力网。动力系统指由电力系统加上发电厂的动力部分及其一次能源系统的整体;电力网简称电网,是电力系统的一部分,是联系发电和用电设施及设备的统称。电力网主要由连接成网的高压输电线路、低压输电线路、变配电所等组成,属于输送和分配电能的中间环节。电力网、电力系统及动力系统组成如图 2.1.3 所示。

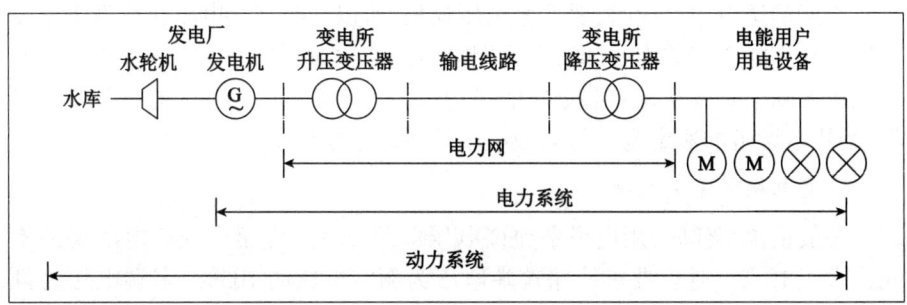

图 2.1.3　电力网、电力系统及动力系统组成

2.1.2 电力系统的额定电压

额定电压又称标称电压,是指电气设备的正常工作电压,是在保证电气设备规定的使用年限,能达到额定功率下的长期安全、经济运行的工作电压。变压器、发电机、电动机等电气设备均有规定的额定电压,而且在额定电压下运行,其经济效果最佳。

电力系统的额定电压等级是根据国民经济发展的需要、技术经济的合理性及电气设备的制造水平等因素,由国家统一制定和颁布。我国交流电网和电气设备的额定电压见表2.1.1。

我国交流电网和电气设备的额定电压　　　　表2.1.1

电压等级	电网和用电设备额定电压	发电机额定电压	变压器额定电压	
			一次绕组	二次绕组
低压(V)	220/127	230	220/127	230/133
	380/220	400	380/220	400/230
	660/380	690	660/380	690/400
高压(kV)	3	3.15	3及3.15	3.15及3.3
	6	6.3	6及6.3	6.3及6.6
	10	10.5	10及10.5	10.5及11
	—	13.8,15.75,18,20	13.8,15.75,18,20	—
	35	—	35	38.5
	110	—	110	121
	220	—	220	242
	330	—	330	363
	500	—	500	550
	750	—	750	

注:表中"/"左边数字为三相电路线电压,右边数字为相电压。

1. 电网和用电设备的额定电压

电网(线路)的额定电压只能选用国家规定的额定电压,它是确定各类电气设备额定电压的基本依据。

电网输送电力负荷时,要产生电压损失,所以线路首端电压往往高于末端电压。允许电压偏差为±5%,电力网电压的变化如图2.1.4所示。电网的额定电压实际上是线路首末端电压的平均值。为使各用电设备的电压偏差差异不大,用电设备的额定电压与同级电网的额定电压相同。

2. 发电机的额定电压

一般正常工作时,用电设备允许电压偏差±5%,即整个线路电压偏差不允许大于10%。这就要求线路首端电压为额定电压的105%,末端电压为额定电压的95%。因此,发电机的额定电压为线路额定电压的105%。

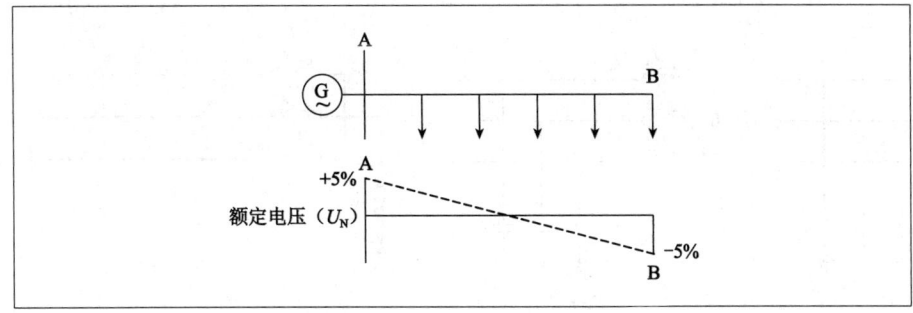

图 2.1.4 电力网电压的变化

3.变压器的额定电压

变压器的一次绕组接电源,相当于用电设备。与发电机直接相连的升压变压器一次绕组的额定电压应与发电机额定电压相同。连接在线路上的降压变压器相当于用电设备,其一次绕组的额定电压应与线路的额定电压相同。

变压器二次绕组向负荷供电,相当于发电机。二次绕组的额定电压应比线路的额定电压高5%,考虑变压器自身的电压损失为5%,因此,当线路较长(或35 kV及以上高压线路)时,变压器二次绕组的额定电压应比相连线路的额定电压高10%;当线路较短(直接向高低压设备供电,或是10 kV及以下线路)时,二次绕组的额定电压应比相连线路的额定电压高5%。

如图2.1.5所示,变压器T1的一次绕组与发电机相连,一次侧的额定电压为发电机的额定电压,比线路10 kV高5%,T1的二次绕组,长距离传输,电压高于线路额定电压的10%;变压器T2的一次绕组与线路相连,额定电压与线路额定电压相同,T2的二次绕组直接与用电设备相连,短距离传输,额定电压高于线路的额定电压5%。

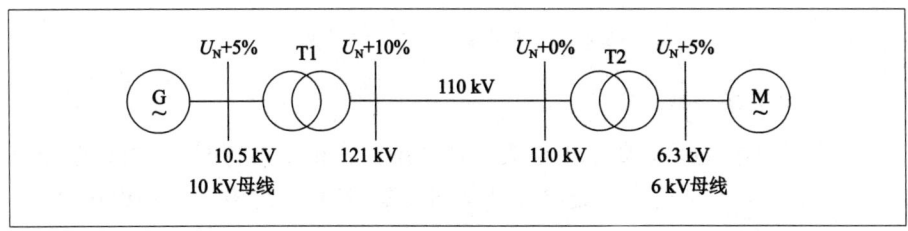

图 2.1.5 变压器电压要求

2.1.3 电力系统中性点的运行方式

在电力系统的三相四线供电体系中,三相电源绕组的尾端连接点称为中性点。我国电力系统中性点运行方式有中性点直接接地、中性点不接地和中性点经消弧线圈接地,如图2.1.6所示。

电力系统中性点的运行方式对电力系统的安全运行有很大意义,主要取决于单相接地时电气设备对绝缘的要求和对供电可靠性的要求,它关系到绝缘水平、通信干扰、继电保护及自动装置的正确动作等方面。

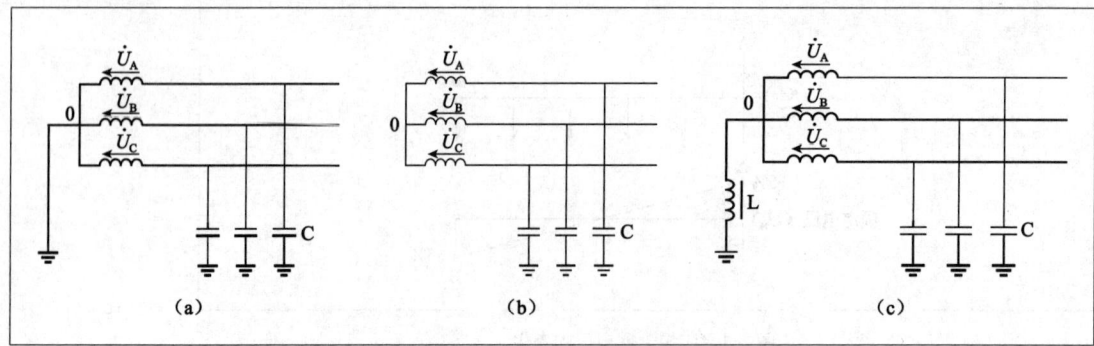

图2.1.6 电力系统中性点运行方式
(a)中性点直接接地;(b)中性点不接地;(c)中性点经消弧线圈接地

1.中性点直接接地

中性点直接接地系统属于大电流接地系统,当发生一相对地绝缘破坏时,故障相直接经过大地形成单相短路,如图2.1.7所示,开关跳闸,供电中断,供电可靠性会降低。但非故障相对地电压不变,电气设备绝缘可按相电压考虑,降低设备绝缘要求。在中性点直接接地的低压配电系统中,如三相四线制供电系统,可提供380 V/220 V两种电压,供电方式灵活。

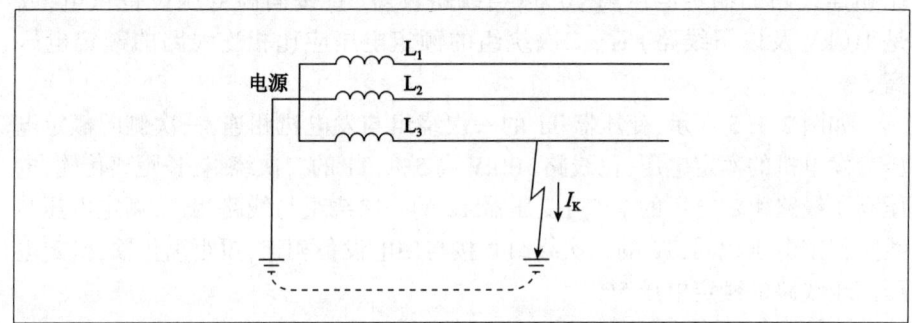

图2.1.7 中性点直接接地单相故障

2.中性点不接地

中性点不接地系统属于小电流接地系统。在正常运行时,各相对地分布电容相同,三相对地电容电流对称且其和为零,各相对地电压为相电压,中性点对地电压为零。

当系统发生单相接地故障时,如图2.1.8所示,接地相对地电压为零,非接地相对地电压升高为线电压,即为相电压的$\sqrt{3}$倍;接地相的电容电流为零,非接地相的对地电流也增大为$\sqrt{3}$倍,接地电流为正常运行时每相的对地电容电流的3倍。因此,电气设备的绝缘要按线电压来选择。

该系统的最大优点在于发生单相接地时,线间电压不变,不能构成短路回路,系统中没有短路电流,系统仍可继续运行。为了防止单相接地扩大为两相或三相弧光短路,规定单相接地故障运行时间最多不超过2 h。

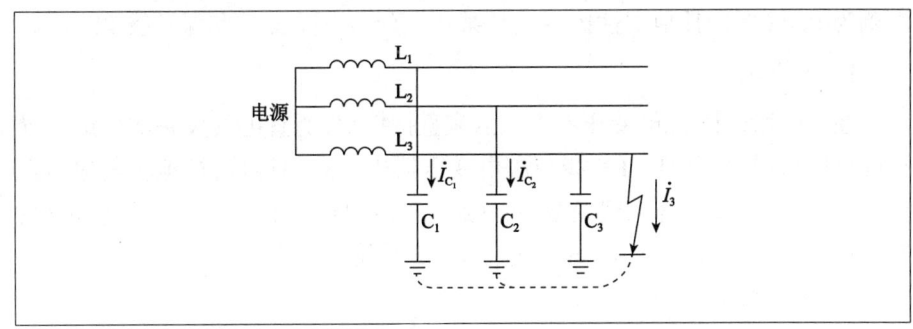

图 2.1.8 中性点不接地单相故障

3. 中性点经消弧线圈接地

当中性点不接地系统的单相接地电流超过规定值(6～10 kV 线路为 30 A,35 kV 线路为 10 A)时,为了避免产生电弧引起过电压或造成短路,中性点应经消弧线圈接地。消弧线圈产生的电感电流补偿单相接地电容电流,以使通过接地点的电流减少,达到自动灭弧。中性点经消弧线圈接地单相故障如图 2.1.9 所示。

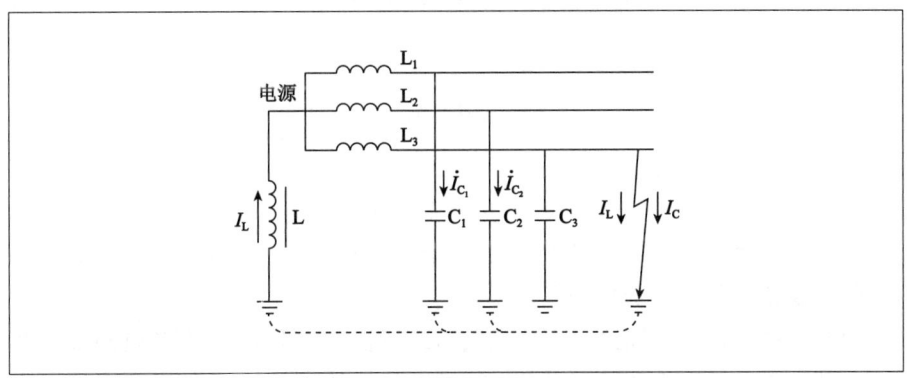

图 2.1.9 中性点经消弧线圈接地单相故障

目前,在我国电力系统中对 110 kV 以上高压系统,多采用中性点直接接地运行方式,以降低设备绝缘要求;对 6～35 kV 中压系统,为提高供电可靠性,首选中性点不接地运行方式,当接地电流不满足要求时,可采用中性点经消弧线圈或电阻接地的运行方式;对低于 10 kV 的低压供配电系统,考虑到单相负荷的使用,通常采用中性点直接接地运行方式。

2.1.4 低压配电系统的接地方式

按照 IEC 60364 规定,低压配电系统的接地方式分为三类五种方式,分别为 TN(TN-C、TN-S、TN-C-S)系统、TT 系统、IT 系统。其中,第一个字母表示电源中性点的对地关系,T 表示直接接地,I 表示不接地或一点经电阻接地;第二个字母表示电气装置保护线的对地关系,N 表示与电力系统的接地点直接电气连接,T 表示对地直接电气连接,与电力系统的任何接地点无关;第三个字母表示电源中性线与保护线的组合关系,C 表示中性线 N 与保护线 PE 合二为一(PEN 线),S 表示中性线 N 与保护线 PE(保护导体)分开,C-S 表示在电源侧为 PEN(保护接地中性体)线,从某一点分为中性线 N 和保护线 PE。

1. TN 系统

在 TN 系统中,配电变压器中性点应直接接地,所有电气设备的外露可导电部分应采用 PE 线或 PEN 线与配电变压器中性点相连接,接地位置应靠近配电变压器,且应在进入建筑物处接地。按照中性线和保护线的组成情况,TN 系统分为 TN-C 系统、TN-S 系统、TN-C-S 系统。

1) TN-C 系统

TN-C 系统为三相四线制低压配电系统,如图 2.1.10 所示。发生接地短路故障时,故障电流大,可采用过流保护电器瞬时切断电源,以保证人员生命和财产安全。

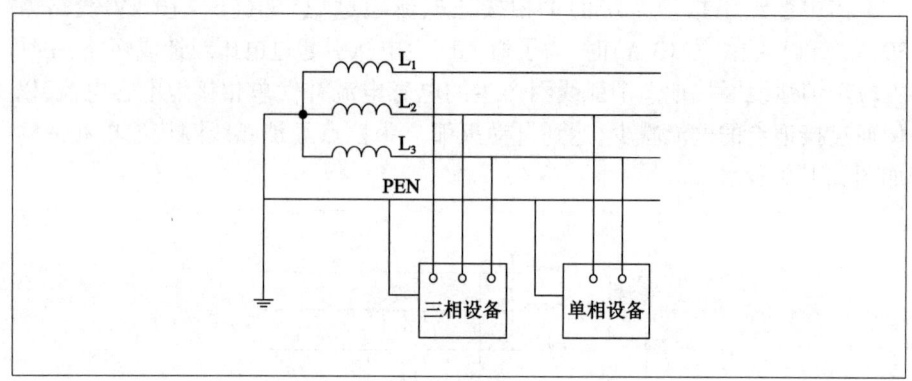

图 2.1.10 TN-C 系统

TN-C 系统优点是方案易于实现,节省了一根导线,且保护电器可节省一极,降低设备的初期投资费用。

TN-C 系统缺点是线路中有单相负荷或三相负荷不平衡,以及电网中有谐波电流时,PEN 线中有不平衡电流,电气设备的外壳和线路金属套管间有压降,对敏感性电子设备不利,不适用于有爆炸危险的环境。PEN 线断线或相线对地短路时,会呈现相当高的对地故障电压,会引发人身触电危险,且会造成有的相电压升高而烧毁单相用电设备,可能扩大事故范围,绝缘故障时不能有效地对人身和设备进行保护。

TN-C 系统在低压配电系统中应用普遍,适用于三相负载基本平衡,对安全及抗电磁干扰要求不高的场所。

2) TN-S 系统

TN-S 系统为三相五线制低压配电系统,如图 2.1.11 所示。在一相接地故障时,过电流保护装置动作,将切除故障线路。

TN-S 系统的优点是正常运行时,PE 线不通过负荷电流,所有设备之间不会产生电磁干扰;PE 线断线时,正常情况不会使 PE 的设备外露可导电部分带电;适用于数据处理和精密电子仪器设备,也可用于爆炸危险场合。

TN-S 系统缺点是由于增加了中性线,初期投资较高;相对地短路时,对地故障电压较高。

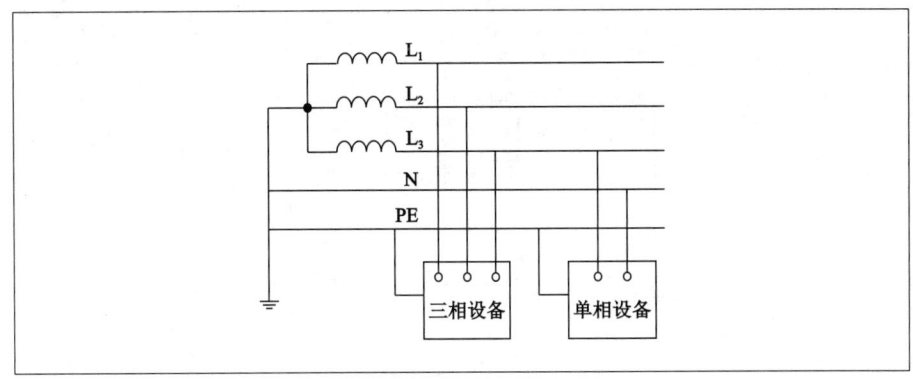

图 2.1.11　TN-S 系统

TN-S 系统适用于对安全或抗电磁干扰要求高的场所,常用于变压器设在用电建筑物中的民用建筑供电。

3)TN-C-S 系统

TN-C-S 系统为三相五线制低压配电系统,如图 2.1.12 所示,是 TN-C 系统与 TN-S 系统的组合。在系统某一点,PEN 线分为保护线和中性线,设备外露可导电部分接 PEN 线或 PE 线,PEN 线分开后,二者不能再相连。

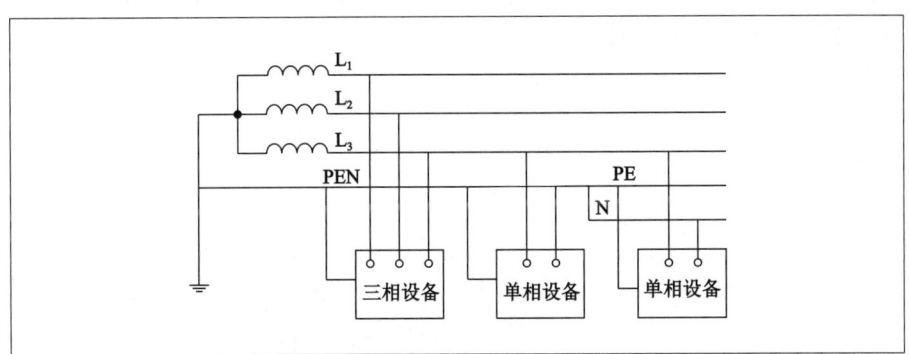

图 2.1.12　TN-C-S 系统

TN-C-S 系统的优点是运行方式灵活,兼有 TN-C 与 TN-S 系统的优势。

TN-C-S 系统的缺点是由于 PEN 线重复接地,线路能量损耗大。

TN-C-S 系统广泛应用于分散的民用建筑中,特别适合一台变压器供几幢建筑物用电的系统,或用于配电系统末端环境条件较差,且要求无电磁干扰的数据处理或具有精密检测装置等设备的场所。

2. TT 系统

在 TT 系统中,配电变压器中性点应直接接地,如图 2.1.13 所示。电气设备的外露可导电部分采用保护体与共用的接地网或保护接地母线、总接线端子连接。

TT 系统的优点是各设备的 PE 线之间无电磁联系,互相之间无电磁干扰;电气设备的外壳与电源的接地无电气联系,故障时对地故障电压不会蔓延;接地短路时受电流接地电阻和电气设备接地电阻的限制,短路电流较小,可减小危险。

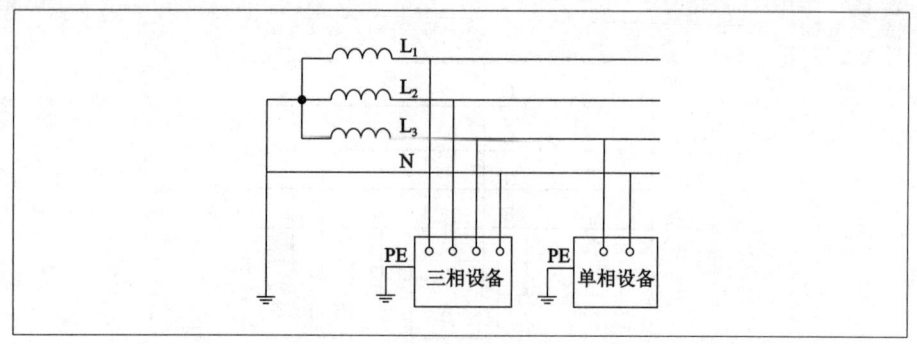

图 2.1.13 TT 系统

TT 系统的缺点是短路电流小,发生短路时,短路电流保护装置不会动作,易造成电击事故。

TT 系统适用于抗电磁干扰要求高的场所及分散的用电系统,适用于对电位敏感的数据处理设备和精密的电子设备。

3. IT 系统

IT 系统为三相三线制低压配电系统,如图 2.1.14 所示,所有带电部分对地绝缘或配电变压器中性点通过足够大的阻抗接地,电气设备外露可导电部分可单独接地或成组接地。

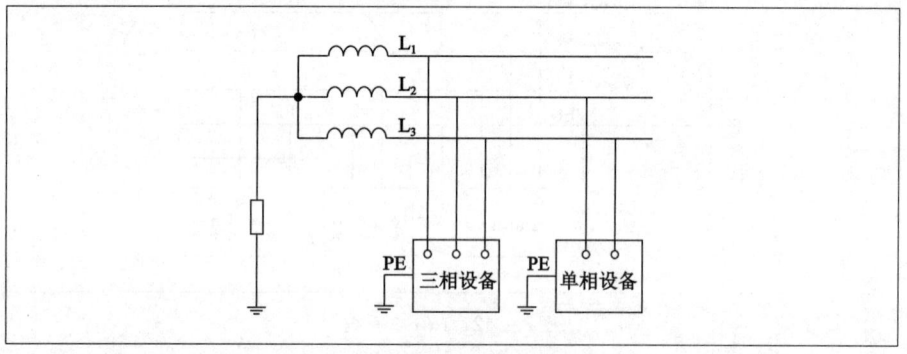

图 2.1.14 IT 系统

IT 系统的优点是设备经各自 PE 线直接接地,互相之间无电磁干扰;一相接地故障时,故障电流小,不切断电源,三相设备仍能继续工作。

IT 系统的缺点是没有 N 线,不适用于接相电压的单相设备。

IT 系统适用于对连续供电要求高,设有数据处理、精密检测装置的场所及有易燃易爆品的危险场所。

2.1.5 电能的质量指标

电能的质量直接影响电能用户的工作质量,同时也影响电力系统自身设备的效率和安全。电能的质量指标通常包括电压质量、频率质量和供电可靠性。

1. 电压质量

电压质量由电压偏差、电压波动与闪变和电压波形来衡量。

1）电压偏差

电压偏差是电压偏离额定电压的幅度,一般以百分数表示,如式(2.1.1)所示,式中 $\Delta U(\%)$ 为电压偏差百分数,U 为实际电压,U_N 为额定电压。

$$\Delta U(\%) = \frac{U - U_N}{U_N} \times 100\% \quad (2.1.1)$$

产生电压偏差的主要因素是系统滞后的无功负荷所引起的系统电压损失。供电线路及用电设备电压允许偏差值见表2.1.2。

供电线路及用电设备电压允许偏差值 表2.1.2

类别		允许电压偏差
供电线路	35 kV 及以上	电压正、负偏差绝对值之和为10%
	20 kV 及以下	±7%
	220 V 单相供电	+7%,-10%
用电设备	照明	一般场所为±5%;远离变电所的小面积一般工作场所,难以满足上述要求时,可为+5%,-10%;应急照明、道路照明和警卫照明等为+5%,-10%
	电动机及其他用电设备	±5%

2）电压波动与闪变

电压波动是指电压在某一段时间内急剧变化而偏离额定值的现象,电压变化的速率大于每秒1%即为电压急剧变化。电压波动程度以电压最大值与最小值之差或其百分数来表示,如式(2.1.2)所示,式中 $\delta U(\%)$ 为电压波动百分数;U_{max}、U_{min} 分别为电压波动的最大值、最小值(kV);U_N 为额定电压(kV)。

$$\delta U(\%) = \frac{U_{max} - U_{min}}{U_N} \times 100\% \quad (2.1.2)$$

《电能质量 电压波动和闪变》(GB/T 12326—2008)规定,在35 kV 以下中低压电网中,波动负荷在电力系统公共点产生的电压波动限值分别为4%(电压变动频度 $r \leq 1$ 次/h)、3%(1 次/h $< r \leq 10$ 次/h)、2%(10 次/h $< r \leq 100$ 次/h)和1.25%(100 次/h $< r \leq 1\ 000$ 次/h)。

3）电压波形

电压波形的质量是以正弦电压波形畸变率来衡量的。在理想情况下,电压波形为正弦波,但电力系统中有大量的非线性负荷,使电压波形发生畸变,除基波外,还有各项谐波。《电能质量 供电电压偏差》(GB/T 12325—2008)规定,额定电压0.38 kV 的公用电网电压(相电压)总谐波畸变率允许值为5%,额定电压6 kV 和10 kV 总谐波畸变率为4%。

2. 频率质量

频率质量是以频率偏差来衡量的。我国采用的额定频率为50 Hz,在正常情况下,频率的允许偏差是根据电网的装机容量而定的;事故情况下,频率允许偏差更大。《电能质量 电力系统频率偏差》(GB/T 15945—2008)规定,电力系统正常频率偏差允许值为±0.2 Hz,当系统容量较小时,偏差允许值可放宽到±0.5 Hz。非正常情况运行,偏差允许值±1.0 Hz。

3. 供电可靠性

供电可靠性是指供电系统持续供电的能力,应根据负荷等级来保证供电系统的可靠性。供电可靠性是以对用户停电的时间及次数来衡量的,常用供电可靠率 K 表示,即用实际供电时间与统计期全部时间的比值的百分数表示,如式(2.1.3)所示,式中 T_W 为统计期实际供电时间之和(h);T_t 为统计期全部时间(h);T_S 为统计期内停电时间之和(h);t_i 为统计期内每次停电时间(h),停电时间应包括事故停电、计划检修停电及临时性停电时间。

$$K = \frac{T_W}{T_t} \times 100\% \tag{2.1.3}$$

式中:$T_W = T_t - T_S$,$T_S = \sum_{i=1}^{n} t_i$。

单元2.2 供配电系统高低压电气设备应用

2.2.1 供配电系统电气设备定义与电弧

1. 供配电系统电气设备定义与分类

供配电系统电气设备是指用于发电、输电、变电、配电和用电的所有相关电气设备。供配电系统电气设备按电压等级可分为高压设备和低压设备,通常高压设备是指用于交流 50 Hz、额定电压 1 200 V 以上及直流、额定电压 1 500 V 以上场合的电气设备,低压设备是指用于交流 50 Hz、额定电压 1 200 V 以下和直流、额定电压 1 500 V 以下场合的电气设备。

2. 电气设备中的电弧

电弧是指电气设备运行过程中出现的一种强烈的电游离现象,如电气开关(特别是高压开关)在切断正常负荷电流或过负荷电流瞬间,开关触点之间所产生的高温电弧。电弧产生的根本原因在于开关触点自身及其周围的介质(一般为空气)中含有大量可被游离的电子,当分断的触点之间存在足够大的外施电压时,就可以形成强烈的电游离而出现电弧,即开关触点自身及触点之间气体分子中的电子被游离。电弧的温度极高(中心温度5 000~13 000 ℃),不仅会烧毁开关设备的触点及附近的其他部件,而且会引起电路的弧光短路,引起爆炸危及人身和设备安全。此外,电弧还会使已经分开的触点之间仍存在以电弧形式继续流通的电流,而未能断开电路,这一现象持续直至电弧熄灭。因此,在切断电路时应尽可能使电弧迅速熄灭。在选用电气设备时,要根据需要考虑设备的灭弧性能。

2.2.2 常用低压电气设备

1. 低压熔断器

1)低压熔断器的工作原理与结构

熔断器是利用当通过的电流超过规定值时,以本身产生的热量使熔体熔断,而自动断开电路的一种电器。低压熔断器主要是实现低压配电系统的短路保护及严重过载。

熔断器主要由熔体和安装熔体的熔管(或熔座)组成,其中熔体是控制熔断特性的关键元件。熔体采用熔点较低的铅、锡或铝锡合金等制作成丝状或片状;熔管是熔体的外壳,通常由陶瓷或玻璃纤维制成,在熔体熔断时兼有灭弧的作用。

低压熔断器的类型很多,按照结构不同可以分为开启式熔断器、半封闭式熔断器和封闭式熔断器,其中封闭式熔断器又分为无填料管式熔断器、有填料管式熔断器和有填料螺旋式熔断器等;按工作特性不同可分为一般熔断器、快速熔断器、有限流作用的自复用熔断器等。低压配电系统中常用的熔断器如图2.2.1所示。

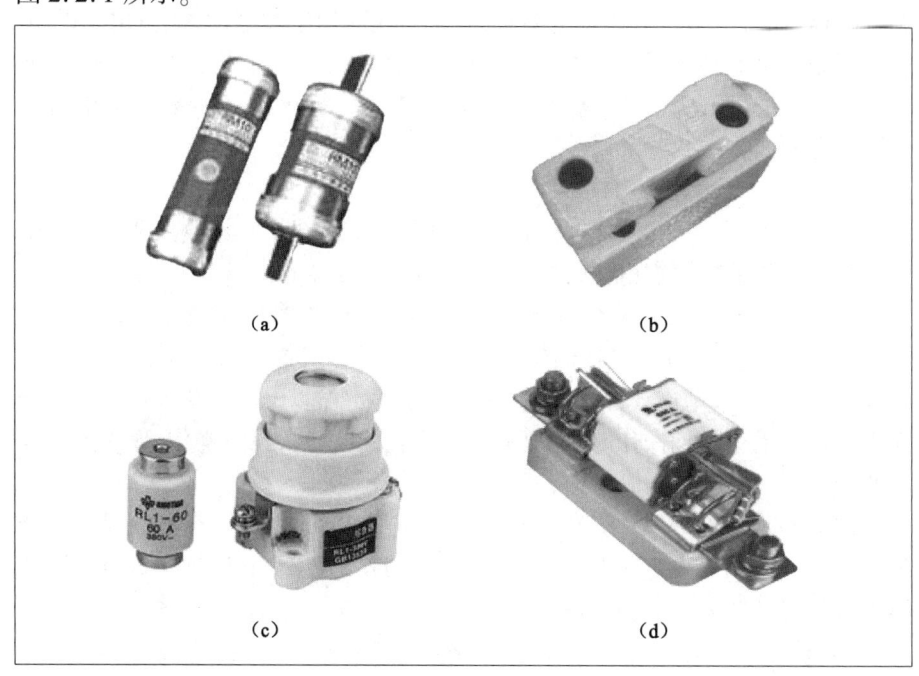

图2.2.1 低压配电系统中常用的熔断器
(a)RL1型有填料螺旋式熔断器;(b)RC1A型瓷插式熔断器;(c)RM10型无填料管式熔断器;
(d)RT0型有填料管式熔断器

2)低压熔断器的常用技术参数

(1)分断能力:指熔断器能够分断的最大短路电流的能力。它取决于熔断器的灭弧能力,而与熔体的额定电流大小无关。一般熔管内有填料的熔断器分断能力较强,通常在数千安培至数十千安培之间。

(2)临界电流:又称最小熔化电流,指熔断器通过此电流时,经长时间以后能够使熔体熔化的电流最小值。

(3)熔化系数:指熔断器临界电流与熔体额定电流之比,通常为1.5~2,它反映了熔断器不同的保护特性。在实际应用中,如果被保护的设备为电动机,则熔化系数应该大一些,以避免电动机启动时熔体熔化,而影响电动机正常工作;反之,如果使熔断器能够保护小的过载电流,则熔化系数应该小一些。

(4)额定电压:指熔断器长期工作所能承受的电压。

(5)额定电流:熔断器的额定电流取决于熔断器各部分长期工作所允许的温升,该数值根据被保护电器、电路的容量确定。

3)熔断器和熔体的选择

由于熔断器的额定电流与熔体的额定电流是不同的,并且某一额定电流等级的熔断器可以装入几个不同额定电流的熔体,所以选择熔断器作为线路和电气设备的保护时,首先要选定熔体的规格,然后根据熔体选择熔断器。

2.低压刀开关

1)低压刀开关的结构与作用

低压刀开关也称为低压隔离开关,是一种结构简单,带有刀刃楔形触点的开关电器,通常安装在低压配电系统的前端,主要用于配电设备中的电源隔离或不频繁地接通与分断额定电流以下的负载电流,一般不具备切断故障电流的能力。由于刀开关①具有敞开式结构,有明显的断开点,因此断开时能有效地隔离电源。

2)低压刀开关的常用技术参数

(1)额定电压:刀开关在长期工作时所能承受的最大电压。目前我国生产的常用刀开关的额定电压一般为 AC 380 V 或 DC 440 V。

(2)额定电流:刀开关在闭合位置允许长期通过的最大电流。

(3)分断能力:刀开关在额定电压下能够可靠开断的最大电流。刀开关在有灭弧罩,并采用连动杆操作时,允许开断额定值以下的负荷电流;反之,若无灭弧罩或采用手柄操作时,一般只能在无负荷或小负荷下操作,作为隔离开关使用。

(4)电动稳定性电流:刀开关通以某一最大短路电流时,若不会因其所产生电动力的作用而发生变形、损坏或触刀自动弹出等现象,则这一短路电流的峰值就是刀开关的电动稳定性电流。

(5)热稳定性电流:当发生短路事故时,如果刀开关能在一定时间(通常为1 s)内通过某最大短路电流,而且此时刀开关并不会因温度的急剧升高而发生熔焊现象,则这一短路电流就是刀开关的热稳定性电流。

3)低压刀开关的分类

低压刀开关的类型很多,按合闸方向分为单投刀开关和双投刀开关;按极数分为单极刀开关、双极刀开关和三极刀开关;按灭弧结构分为不带灭弧罩刀开关和带灭弧罩刀开关;按操作方式可分为手柄直接操作刀开关、杠杆操作刀

---

① 本节所述的刀开关一般指的是低压刀开关。

开关、气动操作刀开关和电动操作刀开关。不带灭弧罩的刀开关一般只能在无负荷或小负荷下操作,作隔离开关使用。此外,还有带熔断的隔离开关、负荷隔离开关等。常用刀开关如图2.2.2所示。

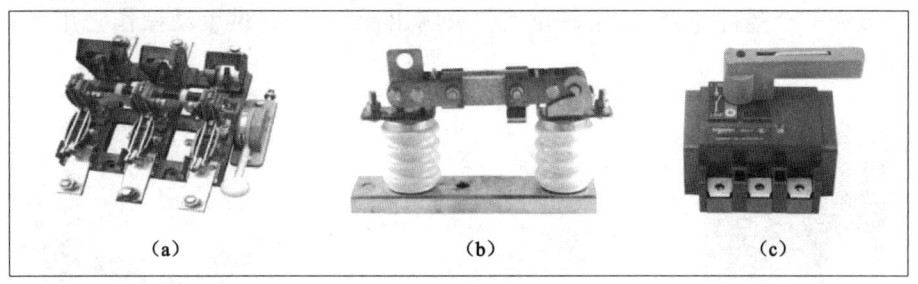

图2.2.2 常用刀开关
(a)带灭弧罩的隔离开关;(b)带熔断的隔离开关;(c)负荷隔离开关

3. 低压断路器

1)低压断路器的工作原理与结构

低压断路器是具有完善的触点系统、灭弧系统、传动系统、自动控制系统及紧凑牢固的整体结构的开关。低压断路器的工作原理如图2.2.3所示,当线路上出现短路故障时,其过流脱扣器动作,使断路器跳闸;当出现过负荷时,其串联在一次线路的加热电阻丝加热,使双金属片弯曲,也使断路器跳闸;当线路电压严重下降或失压时,其失压脱扣器动作,同样使断路器跳闸。如果按下脱扣按钮,可使断路器远距离跳闸。

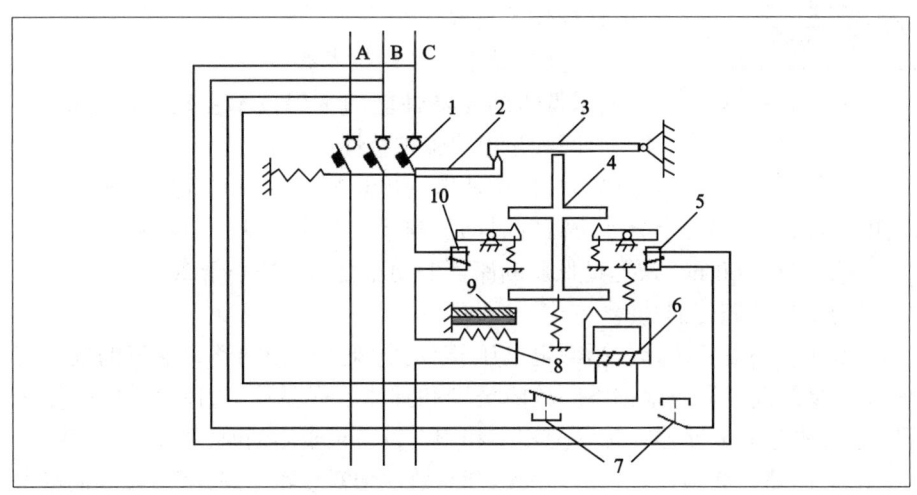

图2.2.3 低压断路器工作原理

1-主触点;2-锁键;3-锁扣;4-杠杆;5-分励脱扣器;6-失压脱扣器;7-脱扣按钮;8-加热电阻丝;9-热脱扣器双金属片;10-过电流脱扣器

2)低压断路器的分类

低压断路器按灭弧介质分类,有空气断路器和真空断路器等;按用途分类,有配电用断路器、电动机保护用断路器、照明用断路器和漏电保护用断路器等;按照全部断开时间分类,有一般型低压断路器和快速型低压断路器两类;按结构分类,有框架式低压断路器和小型低压断路器,框架式低压断路器又称万能式低压断路器,小型低压断路器又称装置式低压断路器,可分为塑料外壳式低压断路器和微型式低压断路器两种。

塑料外壳式低压断路器又称装置式自动开关,其全部机构和导电部分都装设在一个塑料外壳内,仅在壳盖中央露出操作手柄,供手动操作之用,如图2.2.4所示。

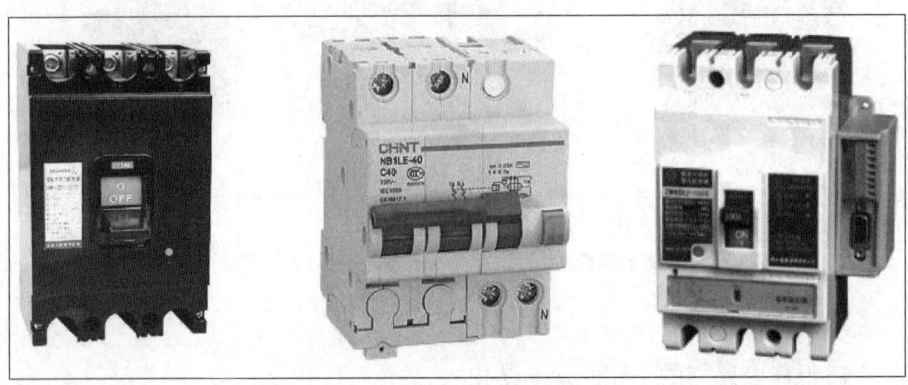

图2.2.4　部分塑料外壳式低压断路器

图2.2.5　DW10型框架式低压断路器

框架式低压断路器是敞开地装设在金属框架上的,保护方案和操作方式较多,装设地点也较灵活,故名"框架式"或"万能式",常见的DW10型框架式低压断路器如图2.2.5所示,它具有较为完备的灭弧罩,断流能力较强,并且合闸操作方式多,除直接手柄操作外,还有杠杆、电磁、电动操作等方式。

3)低压断路器的常用技术参数

衡量低压断路器性能的常用技术参数有额定电压、额定电流、分断能力、动作时间和过电流保护特性。

动作时间也称为全分断时间,指从电网出现短路的瞬间开始至触点分离后电弧熄灭,电路完全分断所需的时间。框架式和小型低压断路器的动作时间一般为30～60 ms;快速型低压断路器的动作时间一般小于20 ms。

4)低压断路器的选择

低压断路器的选择包括额定电压、额定电流及脱扣器整定电流的选择与确定。低压断路器应根据不同故障类别和具体工程要求,选择相适应的保护形式,要求达到断路器在正常使用中和用电设备正常启动时,所装设的保护不应动作;断路器必须在规定的时间内能有效地切断故障电路,满足规范最基本的要求;低压配电系统各级断路器的保护动作特性应能彼此协调配合,要有选择性地工作,即发生故障时,应靠近故障点的断路器首先切断,尽可能地缩小断电范围。

4. 低压交流接触器

低压交流接触器是用来频繁接通和断开电路的自动切换电器,它具有手动切换电器所不能实现的遥控功能,同时还具有欠电压、失电压保护的功能,但不具备短路保护和过载保护功能。其主要控制对象是电动机。

1)低压交流接触器的工作原理与结构

低压交流接触器的结构如图 2.2.6 所示,其工作原理为当给低压交流接触器的线圈通入交流电时,在铁芯上会产生电磁吸力,克服弹簧的反作用力,将衔铁(动铁芯)吸合,衔铁的动作带动动触桥运动,使主触点闭合,常开辅助触点闭合,常闭辅助触点打开。当电磁线圈断电后,铁芯上的电磁吸力消失,衔铁在弹簧的作用下回到原位,各触点也随之回到原始状态。触点用于切断或接通电气回路的部分,是接触器的执行元件。有主触点和辅助触点之分,主触点用以通断主回路(大电流电路),为常开触点,而辅助触点则用来通断控制回路(小电流回路),起电气联锁或控制作用,所以又称为联锁触点。

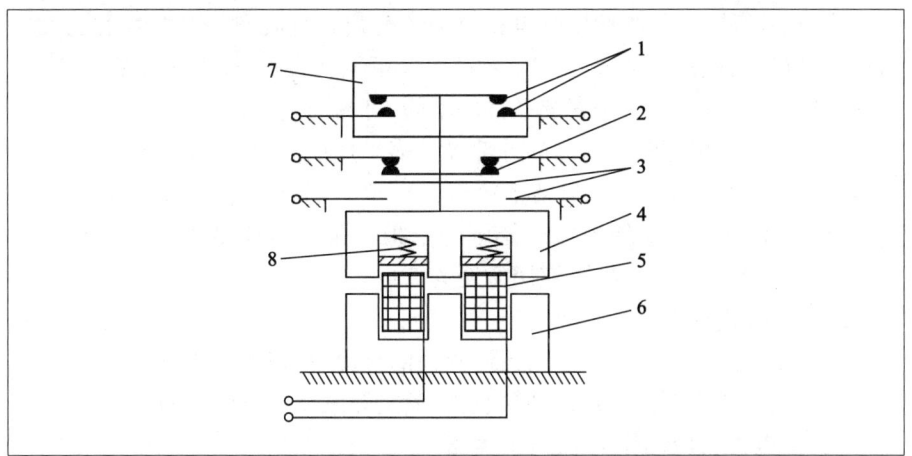

图 2.2.6 低压交流接触器结构

1-主触点;2-常闭辅助触点;3-常开辅助触点;4-动铁芯;5-电磁线圈;6-静铁芯;7-灭弧罩;8-弹簧

2)低压交流接触器的常用技术参数

(1)额定电压:指在规定条件下,能保证电器正常工作的电压值,即主触点的额定电压。接触器额定工作电压标注在接触器的铭牌上。低压交流接触器的额定电压有 127 V、220 V、380 V、500 V。

(2)额定电流:指主触点的额定电流,由工作电压、操作频率、使用类别、外壳防护形式、触点寿命等决定。低压交流接触器的额定电流有 5 A、10 A、20 A、40 A、60 A、100 A、150 A、250 A、400 A、600 A。

(3)励磁线圈额定电压:指接触器电磁线圈额定电压。低压交流接触器的励磁线圈额定电压有 36 V、110(127) V、220 V、380 V。

(4)操作频率:指接触器在每小时内可能实现的最高操作循环次数,对接触器的寿命、灭弧罩的工作条件和电磁线圈的温升有直接的影响。低压交流接触器的额定操作频率有 300 次/h、600 次/h 及 1 200 次/h。

(5)寿命:包括机械寿命和电寿命。低压交流接触器的机械寿命以其在需要维修或更换机械零件前所能承受的无载操作循环次数来表示。

3)低压交流接触器的选择

低压交流接触器应根据负载性质选择:额定电压应大于或等于主电路工作电压;额定电流应大于或等于被控电路的额定电流,对于电动机负载还应根据其运行方式适当增大或减小；线圈的额定电压与频率要与所控制电路的选用电压和频率相一致。

5. 低压配电柜

1) 低压配电柜的组成及分类

低压配电柜是将低压电路所需的开关设备、测量仪表、保护装置和辅助设备等，按一定的线路方案安装在金属柜内构成的一种组合式电气设备，也称为低压成套设备，用于对系统进行监控、保护、计量、电能分配。低压配电柜适用于发电厂、变配电所和电能用户，作为额定工作电压不超过 380 V 低压系统中的动力、配电装置。

按外部设计的不同，低压配电柜可分为开启式、前面板式和封闭式，而封闭式又分柜式、柜式组合式、台式、箱式和多箱组合式等；按安装位置的不同，可分为户外式和户内式；按安装条件的不同，可分固定式和移动式等。

目前国产低压配电柜产品的外部设计多采用前面板式（低压配电屏）、柜式（包括多柜组合）和箱式（包括多箱组合），也有部分产品（如开关柜中的控制中心）采用抽屉式柜的形式。低压配电柜通常可以满足各种主接线的要求，且具有占地面积小，安装、使用方便等特点。

2) 低压配电柜的技术要求

(1) 配电柜的布置和导体、电器、架构的选择，应满足在当地环境条件下正常安全运行的要求，其布置与安装还应满足短路及过电压时的安全要求。

(2) 配电设备应动作灵活，工作可靠。

(3) 配电柜各回路的相序应一致，并应有相色标示。

(4) 室内配电柜间隔内的硬导体及接地线应留有接触面和连接端子。

(5) 充油电气设备的布置应满足在带电时可以安全、方便地观察油位、油温及抽取油样的要求。

3) 常用低压配电柜

我国目前生产的低压配电柜基本可以分为固定式和手车式两大类，其基本结构方式分为焊接式和组合式两种。目前被广泛采用的主要类型有 PGL 型低压配电柜、GGD 型低压配电柜和 GCK 型低压配电柜，如图 2.2.7 所示。

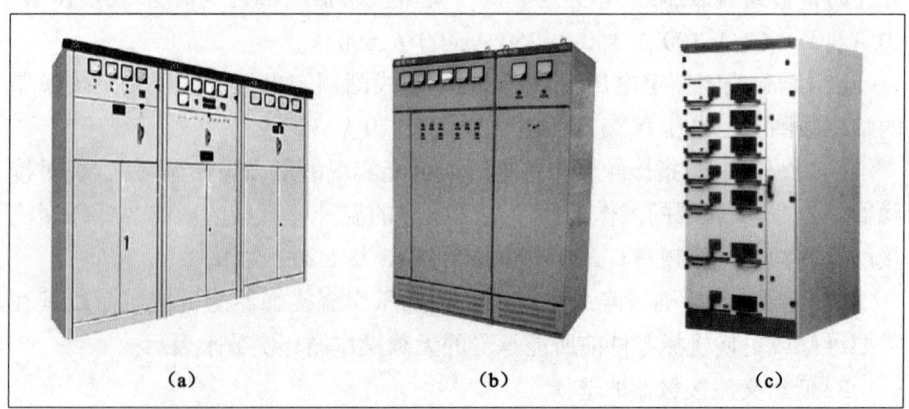

图 2.2.7 常见低压配电柜
(a) PGL 型低压配电柜；(b) GGD 型低压配电柜；(c) GCK 型低压配电柜

PGL 型低压配电柜为户内开启式、双面维护(离墙安装)结构,通常采用的有 PGL1 型和 PGL2 型。

GGD 型低压配电柜用于电能用户的动力、照明及配电设备的电能转换、分配与控制,具有分断能力强、热稳定性好、接线方案灵活、组合方便、结构新颖、外壳防护等级高等优点。

GCK 型低压配电柜是一种用标准模件组合成的低压成套开关设备,分动力配电中心(Power Control, PC)柜、电动机控制中心(Motor Control Center, MCC)柜和功率因数自动补偿柜。柜体采用拼装式结构,各功能室严格分开,主要有功能单元室、母线室、电缆室等,一个抽屉为一个独立功能单元,各单元的作用相对独立,且每个抽屉单元均装有可靠的机械联锁装置,只有在开关分断的状态下才能被打开。

2.2.3 常用高压电气设备

1. 高压熔断器

1) 高压熔断器的工作原理与结构

高压熔断器一般由熔管、熔体、灭弧填充物、动静接触座、绝缘支持物及指示器等组成,在供配电系统中,是用来防止高压电气设备发生短路和长期过载的保护元件,主要用于 35 kV 及以下的小容量输、配电线路及电力变压器、电压互感器等设备的过负荷和短路保护。高压熔断器的工作原理与低压熔断器相同,当通过短路电流或长期过载电流时它能够自行熔断,保护电气设备。

2) 高压熔断器的常用技术参数

(1) 额定电压:高压熔断器必须在额定的电压下工作,要依照其最大额定电压。考虑到熔断器起弧时的开关电压,熔断器不能无限制地在低于额定电压下使用。

(2) 分断电流:也叫作额定最大分断电流,它显示了能被熔断器切断的最大电流。该电流必须要比通过熔断器的最大短路电流要大。

(3) 最小分断电流:也叫作额定最小分断电流,表示从该电流开始,熔断器能够切断故障电流。

(4) 功率损耗:高压熔断器的功率损耗是根据其额定电流而定的。使用高压熔断器保护时,工作电流一般只是额定电流的二分之一。

(5) 操作电压:由于高压熔断器起到限流作用,短路电流在上升时就应该被限制并且减弱,这就要求一个高于系统电压的操作电压来迫使电流归零。该操作电压须在允许的范围内,不超过最大额定电压峰值的 2.2 倍。

3) 高压熔断器的分类与常用类型

高压熔断器按使用场所的不同可分为户内式和户外式两类。户内式高压熔断器是限流型熔断器,其主要部分为熔管和熔体,熔管内配置有瓷柱,瓷柱上等间距绕有熔体,熔管的两端配置有压帽,其间填充有石英砂。图 2.2.8 所示为 RN 型户内式高压熔断器。户外式高压熔断器主要指跌落式高压熔断器,主要用于对输电线路和配电变压器的保护,由固定的支架和活动的熔管组成,熔管由树脂层卷纸板制成,中间衬以石棉。图2.2.9所示为RW型户外式高压跌落式熔断器。

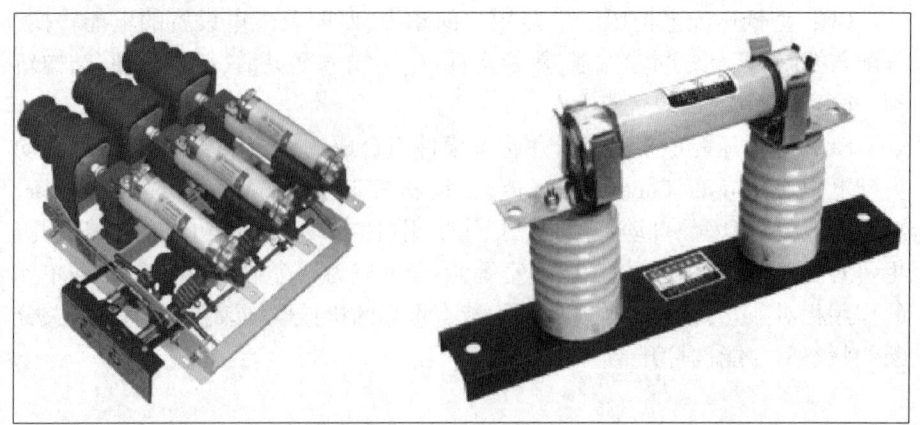

图2.2.8 RN型户内式高压熔断器

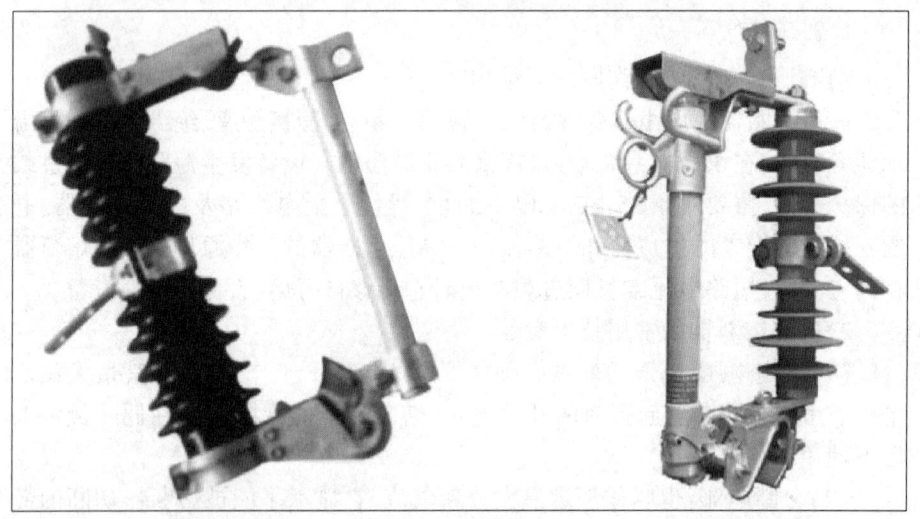

图2.2.9 RW型户外式高压跌落式熔断器

2. 高压断路器

1)高压断路器的作用

高压断路器也称高压开关,不仅可以切断或闭合高压电路中的空载电流和负荷电流,而且在系统发生故障时,通过继电器保护装置的作用,还可以切断正常负荷电流和短路电流,具有完善的灭弧罩结构和足够的断流能力。

2)高压断路器的常用技术参数

(1)额定电压:指断路器工作的某一级系统的额定电压,在三相系统中指的是线电压,在单相系统中则为相电压。它表明断路器所具有的绝缘水平及其灭弧能力。

(2)额定电流:指断路器在额定电压下可以长时期通过的最大工作电流,此时导体部分的温升不能超过规定的允许值。它是表征断路器通过长期电流能力的参数,即断路器允许连续长期通过的最大电流。

(3)额定开断电流:在额定电压下,断路器能保证可靠开断的最大电流。

当工作电压低于额定电压时,其开断电流可以增大,但不能超过断路器的极限开断电流。

(4)电动稳定电流:断路器在合闸状态下或关合瞬间允许通过的电流最大峰值,称为电动稳定电流,又称为极限通过电流。它表征断路器在冲击短路电流作用下,所能承受的电动力。

(5)热稳定电流:指在规定时间内允许通过断路器的最大短路电流,它表征了断路器承受短路电流热效应的能力。国家标准规定,断路器的额定热稳定电流等于额定开断电流,额定热稳定电流的持续时间为 2 s,需要大于 2 s 时,推荐 4 s。

(6)合闸时间与分闸时间:不同类型的断路器的分、合闸时间不同,但都要求动作迅速。合闸时间是指从断路器操作机构合闸线圈接通到主触点接触这段时间;分闸时间包括固有分闸时间和熄弧时间两部分,固有分闸时间是指从操作机构分闸线圈接通到触点分离这段时间,熄弧时间是指从触点分离到各相电弧熄灭为止这段时间。

3)高压断路器的分类与常用类型

高压断路器的类型很多,根据使用场合可分为户内式和户外式两种;根据断路器采用的灭弧介质不同分为油断路器(分多油断路器、少油断路器)、压缩空气断路器、六氟化硫(SF_6)断路器、真空断路器、自产气断路器和磁吹断路器等。下面就重点常用的加以介绍。

油断路器是指以绝缘油作为介质的断路器,对于少油断路器,油介质起着灭弧和触点间绝缘的作用,此时断路器外壳通常是带电的。而对于多油断路器,油介质起着灭弧作用,同时还兼有带电体与对地接地油箱之间的绝缘和散热介质的作用,此时断路器外壳通常是不带电的。油断路器如图 2.2.10 所示。

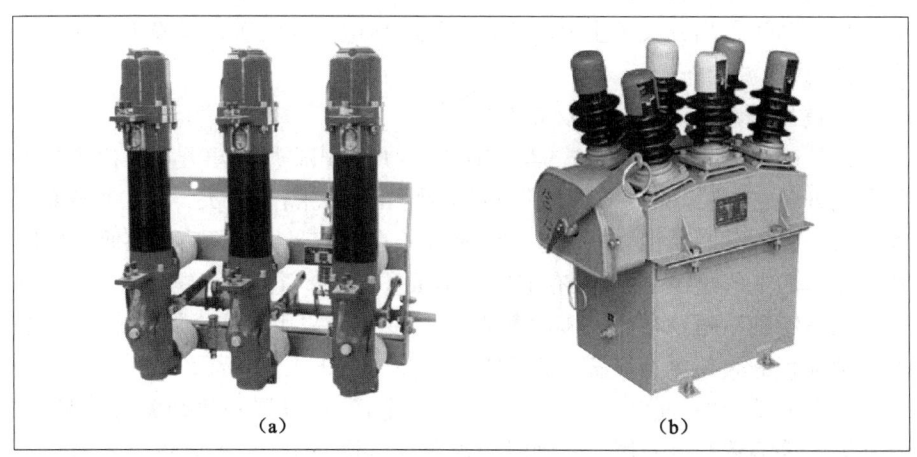

图 2.2.10 油断路器
(a)少油断路器;(b)多油断路器

真空断路器是指利用真空灭弧的一种断路器。这里的真空不是绝对的真空,而是真空度范围为 $10^{-12} \sim 10^{-8}$ Pa 的稀薄气体。真空断路器的灭弧原理是高真空介质中的高绝缘强度和稀薄气体中电弧产物具有很高扩散速度的特性,能够使电流过零后电弧暂时熄灭,触点周围的金属蒸气迅速扩散,触点间隙介质的高绝缘强度迅速恢复,而实现触点分离。真空断路器具有体积小、质量轻、灭弧能力强、能够防火防爆等优点,适用于要求频繁操作的场合。真空断路器如图2.2.11(a)所示。

六氟化硫断路器,是利用气体SF_6作灭弧和绝缘介质的一种断路器。六氟化硫断路器的特点是分断能力强、噪声小且无火灾危险,适用于频繁操作。户内式六氟化硫断路器如图2.2.11(b)所示。

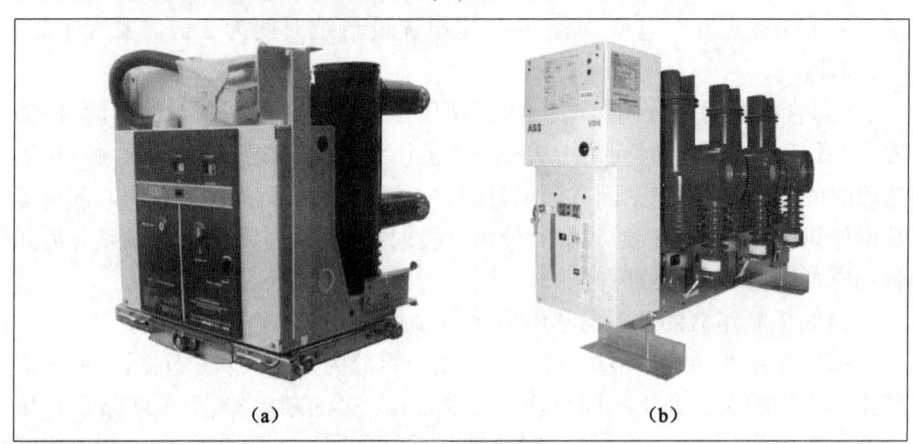

图 2.2.11 高压断路器
(a)真空断路器;(b)户内式六氟化硫断路器

3.高压隔离开关

1)高压隔离开关的作用

高压隔离开关简称刀闸,没有专门的灭弧装置,所以不能用于接通和切断负荷电流及短路电流。因隔离开关具有明显的分断间隙,故通常与断路器配合使用。高压隔离开关的主要功能是保证高压电器及装置在检修工作时的安全,起隔离电源的作用。

2)高压隔离开关的分类及应用

高压隔离开关按安装方式的不同可分为户外式高压隔离开关与户内式高压隔离开关;按绝缘支柱结构的不同可分为单柱式隔离开关、双柱式隔离开关、三柱式隔离开关。其中,单柱式隔离开关在架空母线下面直接将垂直空间用作断口的电气绝缘,因此具有节约占地面积、减少引接导线的优点,同时分合闸状态特别清晰。在超高压输电情况下,变电所采用单柱式隔离开关后,节约占地面积的效果更为显著。高压隔离开关如图2.2.12所示。

在电力系统中,通常为了保证操作的安全性,应设置隔离开关与断路器、接地刀闸等装置配合使用。合闸时应首先合上隔离开关,最后再合上断路器等;拉闸切断电路时,应首先断开断路器等,最后再断开隔离开关。上述操作顺序不允许颠倒,否则会发生严重事故,这是由于如果采用隔离开关切断负荷电流或短路电流,将会产生强烈的电弧,而又无法熄弧,这不仅会烧毁隔离开关,而且很长的开弧会造成多相短路或母线短路等故障。

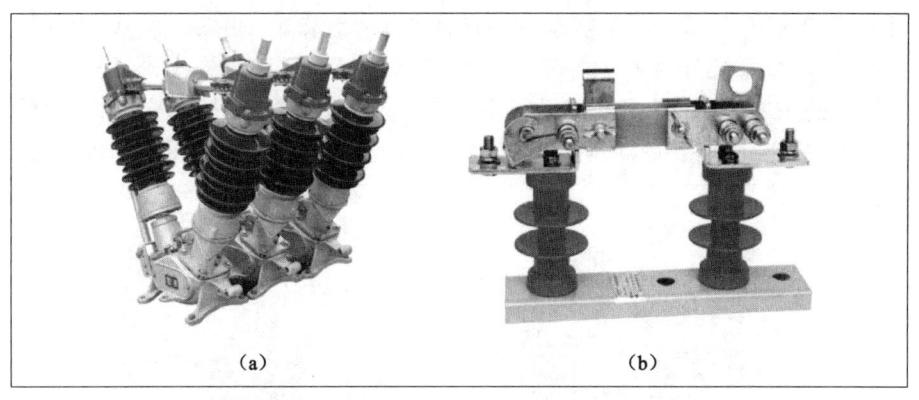

图 2.2.12　高压隔离开关
(a)GW 型户外式高压隔离开关;(b)GN 型户内式高压隔离开关

4.高压负荷开关

高压负荷开关是一种介于隔离开关和断路器之间的结构简单,具有简单的灭弧装置的高压电器。高压负荷开关能通断规定范围内的负荷电流,但不能分断短路电流,因此,它一般与高压熔断器串联使用,借助熔断器来进行短路保护。

高压负荷开关按照灭弧方式的不同可分为固体产气式、压气式、真空式和SF_6式等;按安装地点的不同可分为户内式和户外式两大类。高压负荷开关如图 2.2.13 所示。

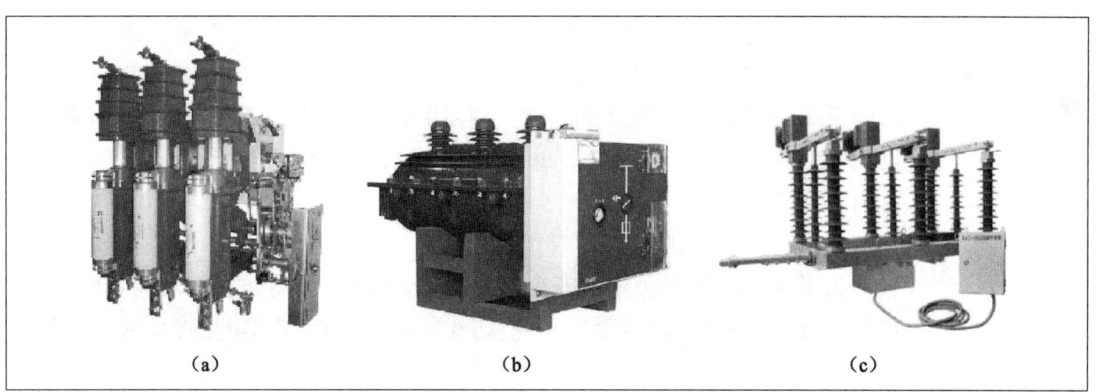

图 2.2.13　高压负荷开关
(a)户内式高压压气式负荷开关;(b)户内式高压 SF_6 式负荷开关-熔断器组合;(c)户外式高压真空式负荷开关

5.高压配电柜

1)高压配电柜的组成与分类

高压配电柜也称高压开关柜,是按不同用途和使用场合,将所需一次、二次设备按一定的线路方案组装而成的一种成套配电设备,用于供配电系统中的馈电、受电及配电的控制、监测和保护,主要包括高压开关电器、保护设备、监测仪表和母线、绝缘子等。

高压开关柜的种类很多,也有很多种分类方法,按主要设备的安装方式分为固定式和移开式(手车式),如图 2.2.14 所示;按柜体结构形式的不同分为开启式和封闭式;按开关柜隔室的构成形式分为铠装式、间隔式、箱式、半封闭式等;按母线系统分为单母线式、单母线带旁路母线式和双母线式;按一次电路安装的主要元器件和用途分为断路器柜、负荷开关柜、高压电容器柜、电能计量柜、高压环网柜、熔断器柜、电压互感器柜、隔离开关柜、避雷器柜等。

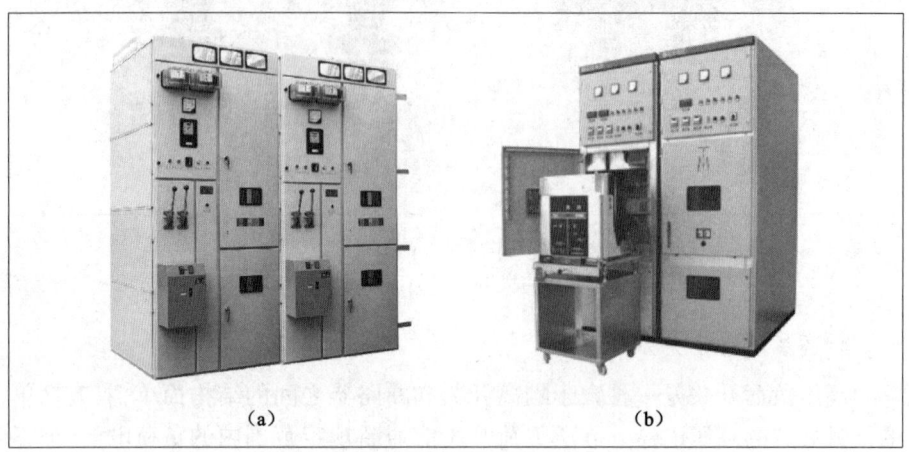

图2.2.14 高压开关柜
(a)固定式;(b)手车式

我国设计生产的新型固定式高压开关柜有HXGN系列的固定式高压环网柜、XGN系列的箱型固定式金属封闭高压开关柜、KGN系列的固定式交流金属铠装高压开关柜等。

手车式高压开关柜是将成套高压配电装置中的某些主要电气设备固定在可移动的手车上,当手车上安装的电气设备发生故障或需检修、更换时,可以随同手车一起移出柜外,再把同类备用手车(与原来的手车同设备、同型号)推入,就可立即恢复供电。手车式高压开关柜的主要新产品有JYN系列、KYN等系列。

2)高压开关柜的"五防"功能

为了保证高压开关柜的安全操作,一般要求其具有防止带负荷合闸、防止带接地线合闸、防止误入带电间隔、防止带电挂接地线和防止带负荷拉刀闸的"五防"功能。

(1)防止带负荷合闸,高压开关柜内的真空断路器小车在试验位置合闸后,小车断路器无法进入工作位置。

(2)防止带接地线合闸,高压开关柜内的接地刀在合位时,小车断路器无法进行合闸。

(3)防止误入带电间隔,高压开关柜内的真空断路器在合闸工作时,盘柜后门用接地刀上的机械将柜门闭锁。

(4)防止带电挂接地线,高压开关柜内的真空断路器在工作时合闸,合闸接地刀无法投入。

(5)防止带负荷拉刀闸,高压开关柜内的真空断路器在工作合闸运行时,无法退出小车断路器的工作位置。

2.2.4 电力变压器

1. 电力变压器的基本工作原理与组成

电力变压器是用来将某一数值的交流电压(电流)变成频率相同的另一种或几种数值不同的电压(电流)的设备。电力变压器的基本工作原理如图 2.2.15 所示,其主要由铁芯和绕组组成,当一次绕组通以交流电时,就产生交变的磁通,交变的磁通通过铁芯导磁作用,就在二次绕组中感应出交流电动势。该感应电动势的高低与一次、二次绕组的匝数有关,即电压大小与匝数成正比,与电流成反比。电力变压器主要作用是传输电能,因此,额定容量是它的主要参数。

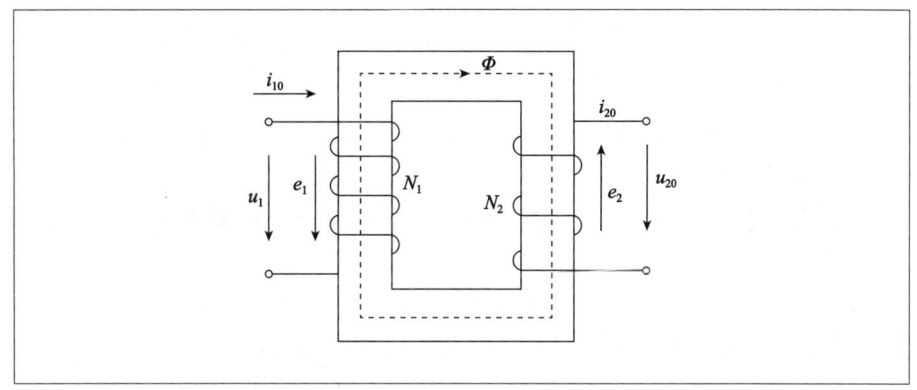

图 2.2.15 电力变压器的基本工作原理

2. 电力变压器的分类

电力变压器的分类方法很多,按功能分为升压变压器和降压变压器;按相数分为单相变压器和三相变压器;按绕组导体的材质分为铜绕组变压器和铝绕组变压器;按绕组形式分为双绕组变压器、三绕组变压器和自耦式变压器;按安装地点分为户内式和户外式;按冷却方式和绕组绝缘分为油浸式、干式和充气式(SF_6)等;按容量系列分 R8 容量系列和 R10 容量系列。所谓 R8 容量系列,是指容量等级是按 $R8 = \sqrt[8]{10} \approx 1.33$ 的倍数递增的,如容量等级为 100 kV·A、135 kV·A、180 kV·A、240 kV·A、320 kV·A、420 kV·A 的变压器;R10 容量系列指容量等级是按 $R10 = \sqrt[10]{10} \approx 1.26$ 倍数递增的,如容量等级为 100 kV·A、125 kV·A、160 kV·A、200 kV·A、250 kV·A、315 kV·A 的变压器。目前我国大多采用 R10 容量系列来确定电力变压器的容量。

常见电力变压器如图 2.2.16 所示。油浸式电力变压器是以油作为变压器主要绝缘手段,并依靠油作为冷却介质(如油浸自冷、油浸风冷、油浸水冷及强迫油循环等)。干式电力变压器是指以空气作为铁芯和绕组的冷却介质,并依靠其对流进行冷却的变压器,一般用于对安全防火要求较高的场合;干式电力变压器按其结构的不同,通常可以分为开启式、封闭式和浇注式。

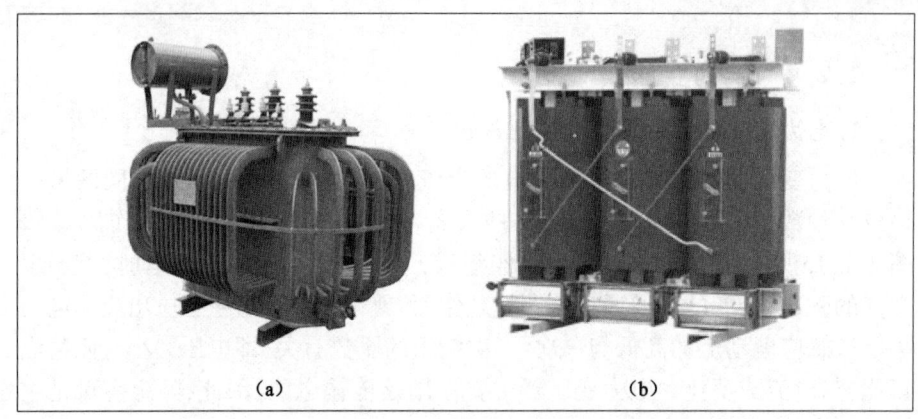

图 2.2.16 常见电力变压器
(a)三相油浸式电力变压器;(b)三相环氧树脂浇注式干式电力变压器

3.电力变压器的常用技术参数

电力变压器在规定的使用环境和运行条件下,主要技术参数一般标注在铭牌上,具体如下。

(1)额定容量(kV·A):额定电压、额定电流下连续运行时,能输送的容量。

(2)额定电压(kV):变压器长时间运行时所能承受的工作电压。

(3)额定电流(A):变压器在额定容量下,允许长期通过的电流。

(4)空载损耗(kW):当以额定频率的额定电压施加在一个绕组的端子上,其余绕组开路时所吸取的有功功率。空载损耗与铁芯硅钢片性能、制造工艺及施加的电压有关。

(5)空载电流(%):当变压器在额定电压下二次侧空载时,一次绕组中通过的电流,一般以额定电流的百分数表示。

(6)负载损耗(kW):把变压器的二次绕组短路,在一次绕组额定分接位置上通入额定电流,此时变压器所消耗的功率。

(7)阻抗电压(%):把变压器的二次绕组短路,在一次绕组慢慢升高电压,当二次绕组的短路电流等于额定值时,此时一次侧所施加的电压,一般以额定电压的百分数表示。

(8)相数和频率(Hz):三相开头以 S 表示,单相开头以 D 表示;我国电力变压器标准频率为 50 Hz。

(9)温升(℃):变压器绕组或上层油温与变压器周围环境的温度之差,称为绕组或上层油面的温升。

(10)绝缘水平:绝缘等级标准。绝缘水平的表示,如高压额定电压为 35 kV 级,低压额定电压为 10 kV 级的变压器绝缘水平表示为 LI200AC85/LI75AC35,该变压器高压雷电冲击耐受电压为 200 kV,工频耐受电压为 85 kV;低压雷电冲击耐受电压为 75 kV,工频耐受电压为 35 kV。

(11)连接组标号:根据变压器一次、二次绕组的相位关系,把变压器绕组连接成各种不同的组合,称为绕组的连接组。为了区别不同的连接组,常采用时钟表示法,即把高压侧线电压的相量作为时钟的长针,固定在 12 上,低压侧线电压的相量作为时钟的短针,看短针指在哪一个数字上,就作为该连接组的标号。例如,Dyn11 连接组标号变压器的绕组接线图和相应的相量图,如图 2.2.17 所示。D 表示一次三相绕组采用三角形连接,y 表示二次三相绕组采用星形连接,n 表示二次三相绕组引出中性线,11 表示高、低压侧相互对应的线电压相位相差 30°,且高压侧线电压超前低压侧线电压 30°。

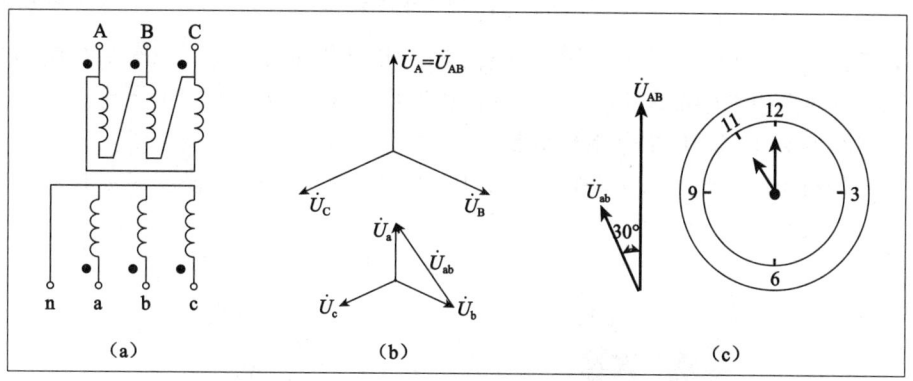

图 2.2.17　Dyn11 连接组标号变压器的绕组接线图和相应的相量图
(a)变压器一次、二次绕组接线图;(b)变压器一次、二次侧电压相量图;(c)时钟示意图

2.2.5　互感器

互感器又称为仪用变压器,是一种特殊变压器,能将高电压变成低电压、大电流变成小电流,用于量测或保护系统。其功能主要是将高电压或大电流按比例变换成标准低电压(100 V)或标准小电流(5 A 或 1 A),以便实现测量仪表、保护设备及自动控制设备的标准化、小型化。同时,互感器还可用来隔开高电压系统,以保证人身和设备的安全。互感器分为电压互感器和电流互感器两大类。

1. 电压互感器

1)电压互感器的基本原理

电压互感器的结构特点是一次绕组匝数很多,二次绕组匝数较少,相当于降压变压器,如图 2.2.18 所示。

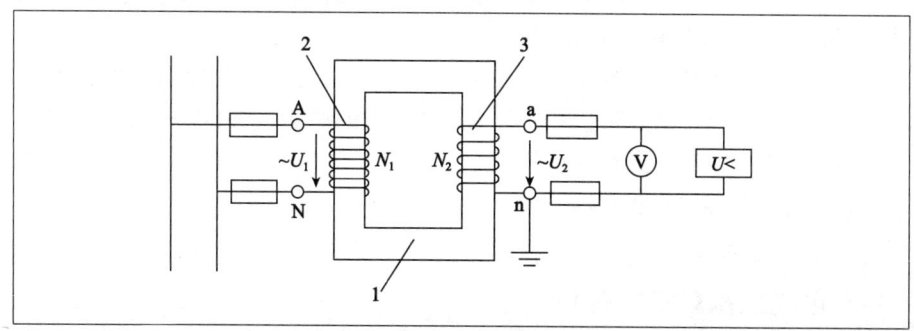

图 2.2.18　电压互感器的结构特点
1-铁芯;2-一次绕组;3-二次绕组

我国统一规定电压互感器二次侧电压的额定值为100 V。电压互感器工作时,一次绕组并联在一次电路中,二次绕组与仪表、继电器等电器的电压线圈并联。由于这些电器电压线圈的阻抗一般很大,所以电压互感器工作时二次侧接近于空载状态。于是,电压互感器一次、二次侧电压之间的关系如式(2.2.1)所示:

$$U_1 \approx \frac{N_1}{N_2}U_2 \approx K_V U_2 \qquad (2.2.1)$$

式中:U_1、U_2 为一次、二次侧电压;N_1、N_2 为电压互感器一次、二次绕组的匝数;K_V 为电压互感器的电压比,一般表示为其一次、二次侧额定电压比。

2) 常见 JDZJ-10 型电压互感器

JDZJ-10 型电压互感器如图 2.2.19 所示。这种电压互感器为单相三绕组、环氧树脂浇注绝缘的户内型互感器。

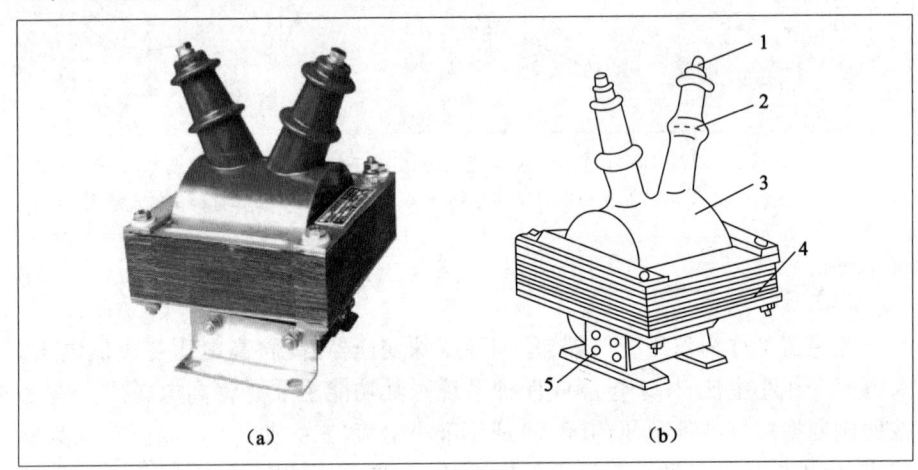

图 2.2.19　JDZJ-10 型电压互感器
(a)外形;(b)结构

1-一次接线端子;2-高压绝缘;3-一次、二次绕组(树脂浇注);4-铁芯;5-一次接线端子

3) 电压互感器的使用注意事项

(1) 电压互感器工作时其二次侧不得短路。电压互感器一次、二次绕组都是在并联状态下工作的,如果二次侧短路,将产生很大的短路电流,有可能烧毁互感器,甚至影响一次电路的安全运行。因此,电压互感器的一次、二次侧都必须装设熔断器进行短路保护。

(2) 电压互感器的二次侧有一端必须接地。这与电流互感器二次侧有一端接地的目的相同,也是防止一次、二次绕组间的绝缘击穿时,一次侧的高电压窜入二次侧,危及人身和设备的安全。

(3) 电压互感器在连接时注意其端子的极性。

2. 电流互感器

1) 电流互感器的基本原理

电流互感器是将高电压系统中的电流或低压系统中的大电流变换成一定标准小电流的电气设备。为了便于测量仪表、继电器及自动装置的系列化、标准化生产制造,我国统一规定电流互感器二次侧电流的额定值为 5 A 或 1 A (适用于弱电控制系统)。

电流互感器的结构特点是一次绕组匝数很少,而二次绕组匝数很多,如图 2.2.20所示。有时还可以没有一次绕组,如母线式电流互感器,利用穿过其铁芯的一次电路(即母线)作为一次绕组,此时相当于匝数为 1。工作时,一次绕组应串联在一次电路中,而二次绕组与仪表、继电器等的电流线圈串联构成闭合回路。由于电流线圈的阻抗一般很小,所以电流互感器工作时,其二次回路接近于短路状态。

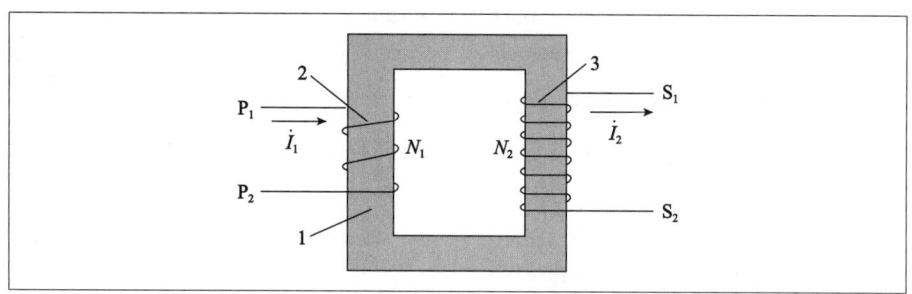

图 2.2.20　电流互感器的结构特点
1-铁芯;2-一次绕组;3-二次绕组

电流互感器一次、二次侧电流之间的关系为式(2.2.2)。

$$I_1 \approx \frac{N_2}{N_1}I_2 \approx K_I I_2 \tag{2.2.2}$$

式中:I_1、I_2 为电流互感器一次、二次侧电流;N_1、N_2 为电流互感器一次、二次绕组的匝数;K_I 为电流互感器的电流比,即电流互感器二次、一次绕组的匝数比。

2)电流互感器的分类与常用类型

电流互感器按用途分为测量用电流互感器与保护用电流互感器;按绝缘介质分为干式、浇注式、油浸式、气体绝缘式;按电流变换原理分为电磁式、光电式;按安装方式分为贯穿式、支柱式、套管式。常用 LQJ-10 型户内高压电流互感器如图 2.2.21 所示,LMZJl-0.5 型户内低压电流互感器如图 2.2.22 所示。

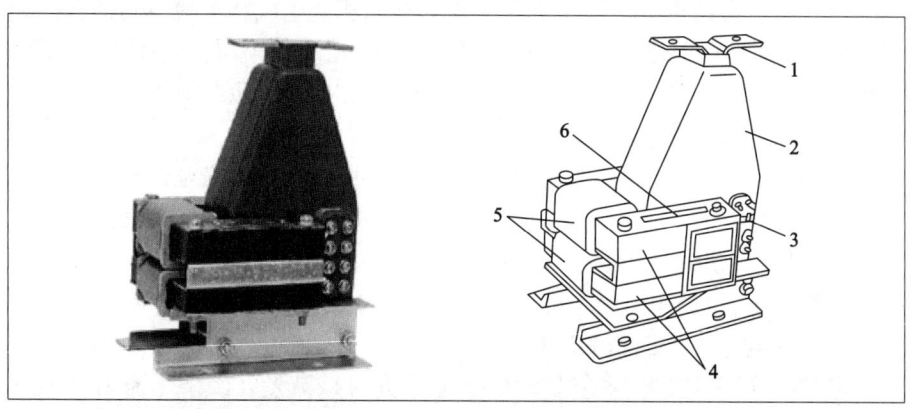

图 2.2.21　LQJ-10 型户内高压电流互感器
1-一次接线端子;2-一次绕组(树脂浇注);3-二次回路端子;4-铁芯;5-二次绕组;6-警示牌

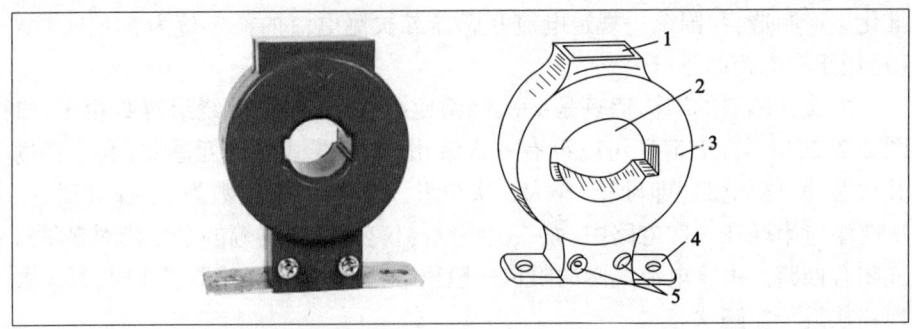

图 2.2.22 LMZJ1-0.5 型户内低压电流互感器
1-铭牌;2-次母线穿孔;3-铁芯;4-安装板;5-二次回路端子

3）电流互感器的使用注意事项

（1）电流互感器在工作时其二次侧不得开路，否则会产生高电压，危及人身和设备的安全。

（2）电流互感器的铁芯及二次绕组的一端必须可靠接地，以避免在绝缘损坏时带电，危及人身和设备的安全。

（3）电流互感器在连接时，要注意其端子的极性。

2.2.6 电线与电缆

1. 电线与电缆的概念

电线与电缆担负着输送和分配电能的作用。电线与电缆并没有严格的界限。通常将芯数少、产品直径小、结构简单的产品称为电线；将由几根或几组导线绞合在一起，且每根导线之间相互绝缘，整个外面包有高度绝缘覆盖层的产品称为电缆。电力系统采用的产品主要有架空裸线、汇流排（母线）、电力电缆（塑料线缆、油脂电力电缆、橡套线缆、架空绝缘线缆）、分支电缆（取代部分母线）、电磁线及电力设备用电线电缆等。其中，裸电线因自身没有绝缘层，散热性好，仅用于户外架空线路；电缆因自身带有绝缘层，多用于户内。

2. 电线与电缆的选择

电线与电缆的选择主要是选择类型和截面积。电线和电缆所用的有色金属（铝、铜）都是经济建设需求量很大的物资，因此，在保障电力系统安全可靠运行的前提下，要考虑经济效益，充分利用电线和电缆的负载能力。

1）电线与电缆类型的选择

选择电线电缆时，既要考虑用途和敷设条件，又要考虑安全性等因素。例如，根据用途不同，可选用电力电缆、架空绝缘电缆、控制电缆等；根据敷设条件不同，可选用塑料绝缘电缆、钢带铠装电缆、钢丝铠装电缆、防腐电缆等；根据安全性要求，可选用阻燃电缆、无卤阻燃电缆、耐火电缆等。

2）电线与电缆截面积的选择

电缆截面积可按照电缆机械强度、电缆允许载流量及经济电流密度等进行选择。按机械强度选择电线与线缆的最小截面积，架空线在运行中除了承受自身重力，还要承受温度变化及冰、雪、风等的影响。为了保证安全，使电缆具有一定的抗拉强度,避免断线故障,需要电缆的截面积不能小于某一规定值。按机械强度要求规定的电线与电缆的最小截面积如表2.2.1所示。

按机械强度要求规定的电线与电缆的最小截面积(mm^2)　　表2.2.1

电线与电缆的类型	3~10 kV 线路		0.4 kV 线路	接户线路
	居民区	非居民区		
铝绞线及铝合金线	35	25	16	绝缘线6.0
钢芯铝绞线	25	16	16	—
铜线	16	16	8	绝缘铜线4.0

按允许载流量选择电线与电缆截面积,当电线与电缆线路通过长期最大负荷电流时,温度不应超过其连续发热最高允许温度,对铝导线一般为70 ℃,铜导线为70~85 ℃,电缆为60~80 ℃。根据温度与电流关系的公式,选择电线与电缆截面积。

按经济电流密度选择电线与电缆的截面积。经济电流密度指线路上通过的电流和截面积之比的常数,因此,线路最大负荷电流与经济电流密度比为电缆截面积。各国根据其具体国情都规定了各自的电线与电缆的经济电流密度,我国电线与电缆的经济电流密度如表2.2.2所示。

我国电线与电缆的经济电流密度(A/mm^2)　　表2.2.2

线路类型	导电材质	年最大有功负荷利用时长		
		3 000 h 以下	3 000~5 000 h	5 000 h 以上
电线线路	铜	3.00	2.25	1.75
	铝	1.65	1.15	0.90
电缆线路	铜	2.50	2.25	2.00
	铝	1.92	1.73	1.54

2.2.7　无功功率补偿

在供配电系统中,包含了大量的交流电动机、变压器、荧光灯等典型的阻感性用电设备,它们在正常运行时要消耗无功功率。这使供配电系统的功率因数下降,增大了供配电系统的线路损耗,增大了变送电设备的输出容量。因此,在供配电系统中应进行适当的无功功率补偿,提高功率因数,从而达到供电的要求。

1.无功功率和功率因数的概念

在电力系统中,由电源供给负载的电功率有两种,一种是有功功率,另一种是无功功率。有功功率是保持用电设备正常运行所需的电功率,也就是将电能转换为其他形式能量(机械能、光能、热能)的电功率。在电力系统的负载中,只有电阻才消耗有功功率。无功功率是指在具有电抗的交流电路中,电场或磁场在一周期的一部分时间内从电源吸收能量,另一部分时间则释放能量,在整个周期内平均功率是零,但能量在电源和电抗元件(电容、电感)之间不停地交换,交换率的最大值即为无功功率。对于电动机、变压器等电气设备,如果没有这部分功率,就不能建立感应磁场,也就不能运转。

在正弦交流电路中,电路的功率有有功功率、无功功率、视在功率。其中,视在功率为电压(U)、电流(I)的有效值的乘积,用 S 表示,如式(2.2.3);有功功率 P 由式(2.2.4)计算,φ 为电压和电流的相位差;无功功率 Q 由式(2.2.5)计算;视在功率 S、有功功率 P 和无功功率 Q 之间的关系如式(2.2.6);功率因数为有用功率 P 和视在功率 S 的比值,功率因数用 λ 表示,如式(2.2.7)。

$$S = UI \tag{2.2.3}$$

$$P = UI\cos\varphi \tag{2.2.4}$$

$$Q = UI\sin\varphi \tag{2.2.5}$$

$$S^2 = P^2 + Q^2 \tag{2.2.6}$$

$$\lambda = \frac{P}{S} = \frac{UI\cos\varphi}{UI} = \cos\varphi \tag{2.2.7}$$

2. 无功功率的补偿方法

虽然无功功率是电气设备或系统正常工作必需的,但在电网中传输时,会造成增大输电线路电压降,加大输电线路的电能损耗等不良影响。因此,按照国家电力部门对用户功率因数的一般要求,高压供电的用户,其功率因数不能小于 0.9;低压供电的用户,其功率因数不能小于 0.85。

在实际运行的电力系统中,大部分负载是感性的,因此补偿无功功率的方法主要是采取并联电容器。按电容安装位置的不同,可以分为集中式补偿、分组式补偿和就地式补偿三种。

集中式补偿是指将电容器组集中装设在地方总降压变电所的母线上,用以提高整个降压变电所的功率因数,使该变电所的供电范围内无功功率基本平衡,通常应用于 6~10 kV 母线上。分组式补偿也称为分散式补偿,是指将电容器组分别装设在功率因数较低的终端变电所低压母线上的无功功率的补偿方法。就地式补偿是指将电容器或电容器组装设在感性负载设备附近,实现对该负载设备无功功率的补偿。

单元2.3 供配电系统电气接线应用

2.3.1 变电所电气主接线

变电所电气主接线又称一次接线或一次系统,是电能从电源分配给用电设备的主要电路,是由变压器、高低压配电装置及相互之间的连接导线组成的整体。配电装置指母线、开关设备、保护和测量电器等组成的受电和配电整体。

1. 变电所电气主接线图认识

变电所的主接线有系统式主接线和配置式主接线两种表示形式。系统式主接线仅表示电能输送和分配的次序和相互的连接,不反映相互位置,主要用于主接线的原理图中。配置式主接线按高压开关柜或低压配电柜的相互连接和部署位置绘制,常用于变电所的施工图中。

变电所电气主接线应满足安全、可靠、灵活及经济性的基本要求。主接线的设计应符合国家标准有关技术规范的要求,能充分保证人身和设备的安全;满足用电单位对供电可靠性的要求;能适应各种不同的运行方式,操作检修方便。在满足以上要求的前提下,主接线设计应简单,投资少,运行管理费用低,一般情况下,应考虑节约电能和有色金属消耗量。

由于三相交流电力装置中三相连接方法相同,为清晰起见,电气主接线图通常以单线来表示三相系统。某变电所电气主接线图如图2.3.1所示,系统式主接线,6~10 kV的电源进线,进入高压进线柜(包括负荷开关、熔断器、避雷器)接入主变压器柜,经过降压后接入低压主开关柜,经过低压母线分配到各低压动力柜、低压照明柜,同时对母线进行低压电容补偿。相关的电气符号,如表2.3.1所示。

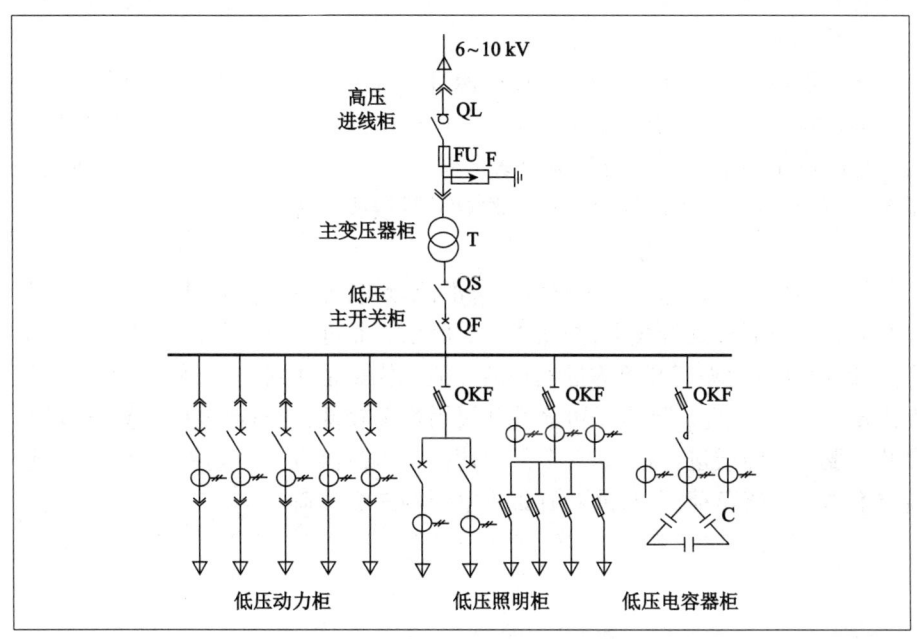

图 2.3.1　某变电所电气主接线图

相关的电气符号　　　　表 2.3.1

序号	图形符号	电气符号	说明
1		QF	断路器
2		QS	隔离开关
3		F	避雷器
4		CT	电流互感器
5		QL	负荷开关
6		FU	熔断器

续上表

序号	图形符号	电气符号	说明
7	⊗	T	变压器
8		QKF	熔断器式隔离开关
9		X	电缆终端

2. 变电所常用主接线

在供配电系统中,通常是将 6~10 kV 的高压降为一般用电设备所需的低压 380 V/220 V 的终端变电所,常用的主接线基本形式有母线制接线、线路-变压器接线和桥式接线三种类型。

1) 母线制接线

母线即汇流排,是从配电变压器或电源进线到各条馈出线路之间的电气主干线,它起着从电源接收电能和给各馈出线分配电能的作用。母线材料常用扁铜或扁铝。母线制是指电源进线与各馈出线之间的连接方式。常用母线制接线主要有单母线不分段接线、单母线分段接线和双母线接线三种。

(1) 单母线不分段接线。

单母线不分段接线的特点是只设一条汇流母线,电源线和负载线均通过一只隔离开关和断路器接到母线上,如图 2.3.2 所示。靠近线路的隔离开关称线路隔离开关,靠近母线的隔离开关称母线隔离开关。优点是接线简单、使用设备少、经济性比较好、便于扩建。缺点是可靠性和灵活性都较低,当电源线路、母线或母线隔离开关发生故障或进行检修时,全部负荷都将中断供电。一般用于对供电连续性要求不高的三级负荷用户,或者有备用电源的二级负荷。

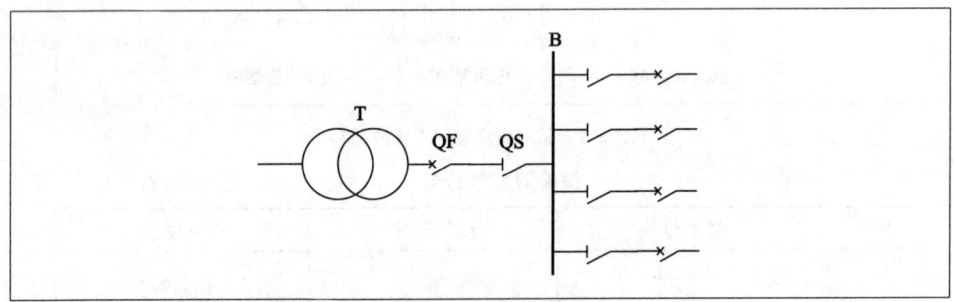

图 2.3.2 单母线不分段接线

(2) 单母线分段接线。

在两回路电源进线时,宜采用单母线分段接线,如图 2.3.3 所示。母线分段开关可采用隔离开关分段或断路器分段,当分段开关需要带负荷操作或继电保护和自动装置有要求时,采用断路器分段。单母线分段接线可以分段单独运行,也可以并列同时运行。

单母线分段接线优点是可靠性和灵活性较高,负荷开关有继电保护功能,能自动分、合闸,切断故障段线路,可满足二类负荷和部分一类负荷的供电要求。此外,检修也可采用分段检修方式,不引起全部负荷供电中断。缺点是某分段上的母线或母线隔离开关发生故障或检修时,该段母线上的负荷将中断供电,而且电源只能通过一路进线供电,供电功率较低。一般用于具有两路电源进线时,可对一、二级负荷供电。

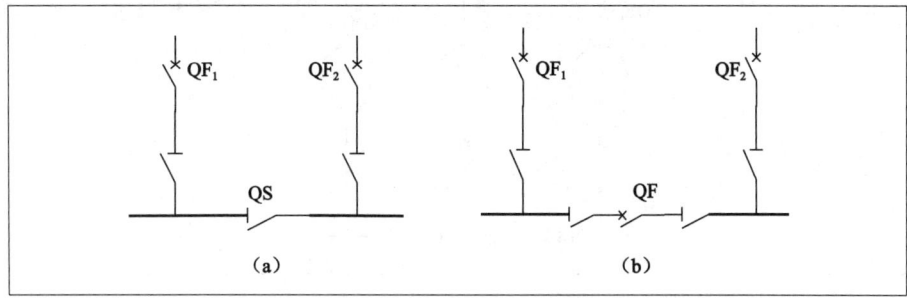

图 2.3.3　单母线分段接线
(a)隔离开关分段;(b)断路器分段

(3)双母线接线。

为克服单母线分段隔离开关检修时该段母线上所有设备都要停电的缺点,采用双母线接线,如图 2.3.4 所示。图中 B_1 为工作母线,B_2 为备用母线,每一条进线或馈线经由一个断路器和两个隔离开关接于双母线上。优点是轮流检修母线或母线隔离开关,不致引起供电中断;在工作母线发生故障时,通过备用母线能迅速恢复供电。缺点是开关数目增多,联锁机构复杂,切换操作烦琐,造价高。在高速公路供配电系统中不推荐采用双母线接线。

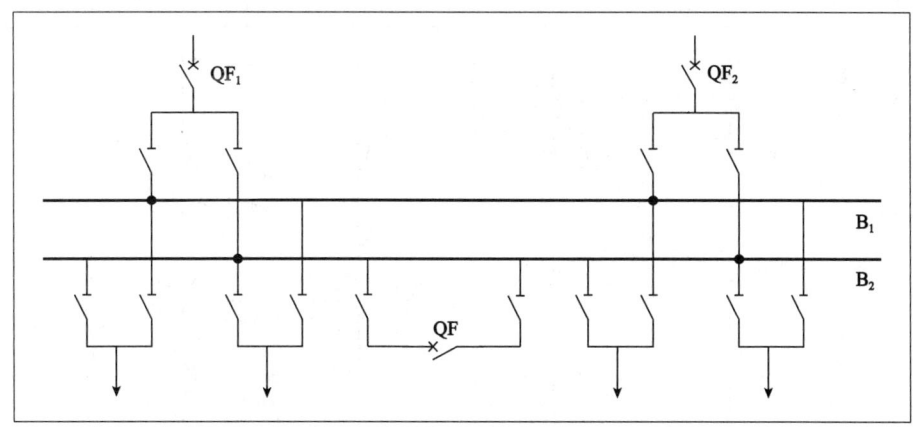

图 2.3.4　双母线接线

2)线路-变压器接线

只有一路电源供电线路且只装一台主变压器的变电所,高压侧一般采用无母线的线路-变压器接线方式,如图 2.3.5 所示。根据变压器高压侧情况的不同,可以选择不同的开关电器。当电源侧继电保护装置能保护变压器且灵敏度满足要求时,变压器高压侧可只装设隔离开关;当变压器高压侧短路容量不超过高压熔断器断流容量,而又允许采用高压熔断器保护变压器时,变压器高压侧可装设跌开式熔断器或负荷开关熔断器;一般情况下,在变压器高压侧装设隔离开关和断路器。当高压侧装负荷开关时,变压器容量不大于 1 250 kV·A;当高压侧装设隔离开关或跌开式熔断器时,变压器容量一般不大于 630 kV·A。

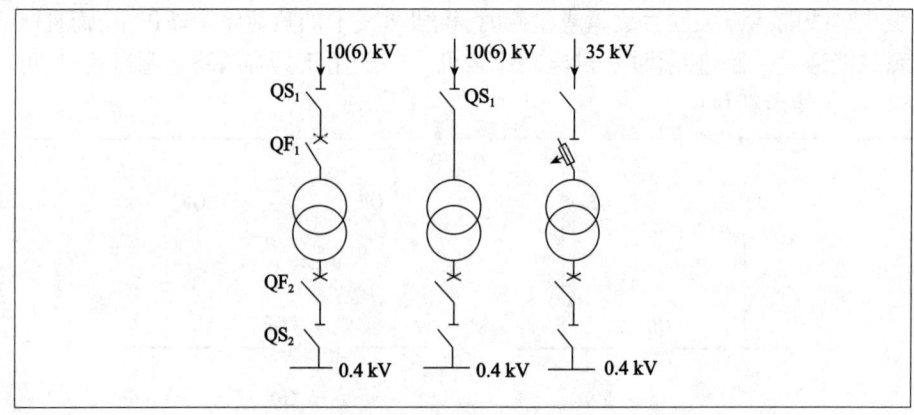

图 2.3.5 线路-变压器接线

线路-变压器接线优点是接线简单,所用电气设备少,配电装置简单,节约投资;缺点是该单元中任一设备发生故障或检修时,变电所全部停电,可靠性不高。适用于小容量三级负荷、小型企业或非生产性用户。

3) 桥式接线

桥式接线是指在两线路变压器接线的高压侧间连接一个断路器,如"桥"一样跨接在两线路之间。按跨接断路器的位置不同,桥式接线有内桥式接线和外桥式接线两种,如图 2.3.6 所示。内桥式接线,指断路器跨接在进线断路器的内侧,靠近变压器;外桥式接线,指断路器跨接在进线断路器的外侧,靠近电源侧。

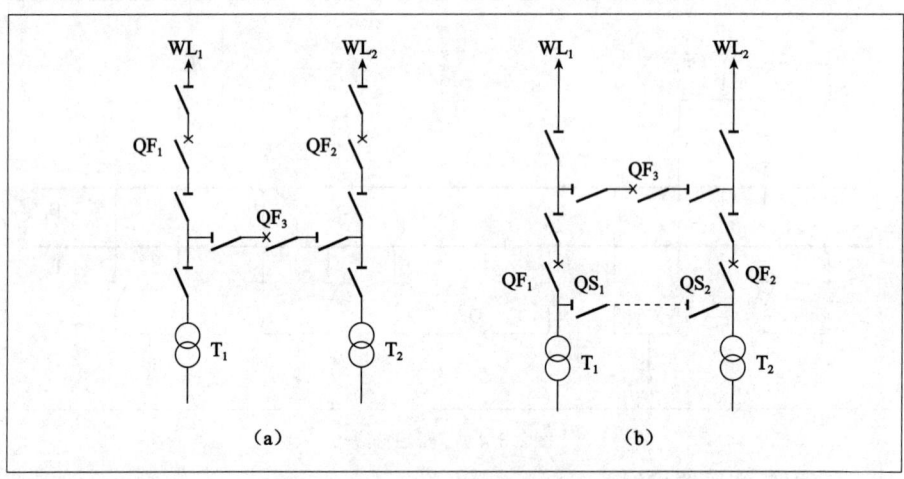

图 2.3.6 桥式接线
(a) 内桥式接线;(b) 外桥式接线

内桥式接线适用于电源进线线路较长,负荷比较平稳,变压器不需要经常操作,没有穿越功率的终端总降压变电所。所谓穿越功率,是指某一功率由一条线路流入并穿越横跨桥又经另一线路流出的功率。外桥式接线适用于电源进线线路较短,负荷变化大,变压器操作频繁,有穿越功率流经的中间变电所。桥式接线具有接线简单、经济安全、可靠性高、操作灵活等特点,适用于对供电可靠性要求高的一、二级负荷供电。

2.3.2 变电所二次回路

1. 变电所二次回路的作用与组成

供电系统和电气设备在运行时,由于自然或人为的原因,如绝缘老化、外力破坏、雷击、设备制造缺陷及工作人员误操作等,不可避免地会发生各种形式的故障或出现不正常工作状态。二次回路是对一次系统和设备的运行状态进行测量、监视、控制和保护的回路。二次回路的任务是反映一次系统的工作状态,控制和调整一次设备,并在一次系统发生故障时,使故障部分退出运行。变电所二次回路与一次接线的关系如图 2.3.7 所示。

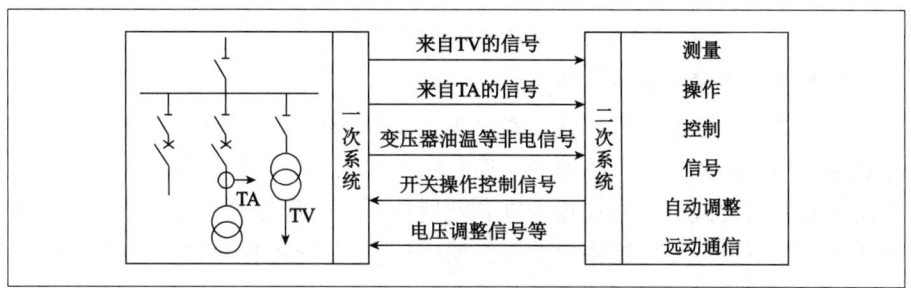

图 2.3.7 变电所二次回路与一次接线的关系

二次回路设备包括电压、电流和电能的测量仪表,继电保护装置及各类开关的操作控制设备,信号指示设备,自动装置与远动装置等。二次回路按功能可分为操作电源回路、测量与监测回路、断路器的控制和信号回路、中央信号回路、继电保护回路。

2. 二次回路的电源

操作电源是向二次回路提供所需用电的电源。操作电源按电源的性质分为直流操作电源和交流操作电源两大类。直流操作电源主要用于大、中型变配电所,按电源性质可分为蓄电池组供电的独立直流电源和交流整流后的直流电源;交流操作电源一般用于小型变电所,包括向站用主变压器供电的交流电源和由仪用互感器供电的交流电源。

二次回路电源在正常情况下提供信号、保护、自动装置、断路器跳合闸及其他二次设备的操作控制电源;在事故状态下,当电网电压下降甚至消失时,应能提供继电保护跳闸和应急照明电源,避免事故扩大。操作电源按电压等级可分为 220 V、110 V、48 V 和 24 V。

3. 测量与监测回路

测量与监测回路由各种测量仪表、监测装置、切换开关及其相关回路构成,其作用是指示或记录主要电气设备与输电线路的运行状态与参数,作为生产调度和值班人员掌握主系统的运行情况,进行经济核算和处理故障的主要依据。

一般而言,每段配电母线上应装设电压表,每条进线和出线应装设电流表,电源进线和有电能要求的出线应装设电能表。6～10 kV 线路电气测量仪表接线原理图如图 2.3.8 所示。

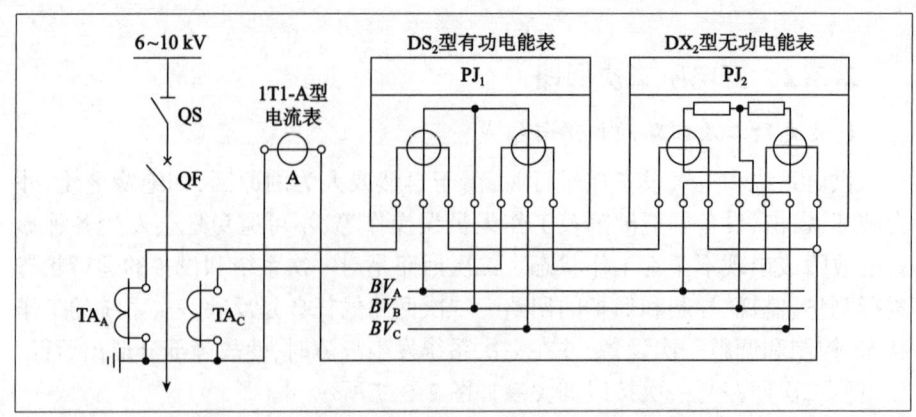

图 2.3.8　6～10 kV 线路电气测量仪表接线原理图

4. 断路器的控制和信号回路

断路器的控制和信号回路一般分为控制保护回路、合闸回路、事故信号回路和预告信号回路等。断路器控制回路的主要功能是控制断路器的合、分闸。断路器的控制方式可分为远程控制和就地控制。远程控制就是操作人员在变电所主控制室或单元控制室内对断路器进行合、分闸控制；就地控制是在断路器附近对断路器进行合、分闸控制。

断路器控制回路是由发出跳、合闸命令的控制机构（如控制开关、按钮等），传递跳、合闸命令的中间传输机构（如继电器、接触器触点、控制电缆等），以及执行跳、合闸命令的断路器的操作机构组成。采用电磁操作机构的控制回路，其原理可用如图 2.3.9 所示的原理框图表示。

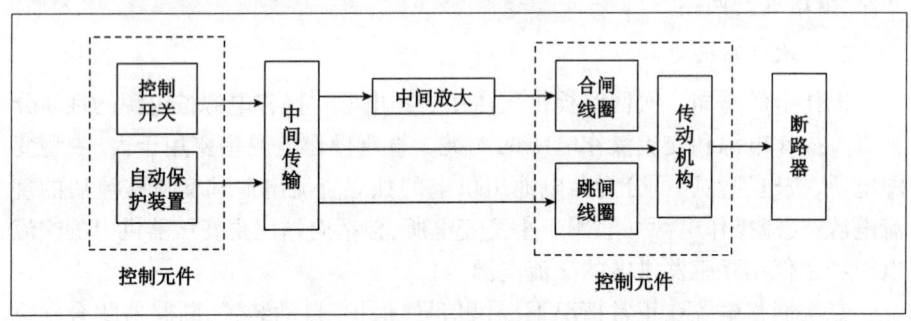

图 2.3.9　采用电磁操作机构的控制回路原理

5. 中央信号装置

中央信号装置是装设在变电所值班室或控制室中的信号装置，主要用来警示和显示电气设备的工作状态，以便运行人员及时了解设备运行状态并对设备进行控制。

信号装置的信号按形式分为灯光信号（信号灯、光字牌）和音响信号（蜂鸣器、警铃），按用途可分为事故信号、预告信号、位置信号、指挥信号及联系信号。事故信号表示供电系统在运行中发生了某种故障而使继电保护动作的信号，如高压断路器因线路发生短路而自动跳闸后给出的信号。预告信号表示供电系统运行中发生了某种异常情况，但并不要求系统中断运行，只要求给出信号,通知值班人员及时处理,如变压器保护装置发出的变压器过负荷信号即为预告信号。位置信号用以指示电气设备的工作状态,如断路器的合闸指示灯、跳闸指示灯的发光和熄灭均为位置信号。指挥信号及联系信号,主要用于主控制室向其他控制室发出操作命令和控制室之间的联系。

6. 继电保护回路

继电保护回路是对电力系统中发生的故障或异常情况进行检测,从而发出报警信号,或直接将故障部分隔离、切除的一种重要措施。其基本任务是当电力系统发生故障或异常工况时,在可能实现的最短时间和最小区域内,自动将故障设备从系统中切除,或发出信号由值班人员消除异常工况根源,以减轻或避免因设备的损坏对相邻地区供电的影响。继电保护回路要求满足选择性、速动性、灵敏性和可靠性的基本要求。如图 2.3.10 所示,当 k-1 点发生短路时,应使断路器 QF_1 动作跳闸,切除电动机,而其他断路器都不跳闸,满足这一要求的动作称为"选择性动作"。故障后,能够迅速感知故障并迅速切除故障部分,使故障范围最小,提高可靠性。

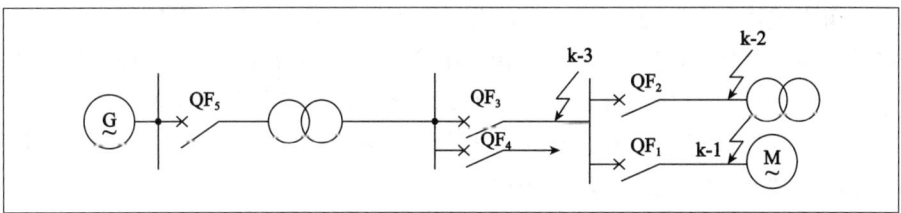

图 2.3.10 继电保护回路

继电保护的类型很多,按被保护对象分为输电线保护和主设备保护(如发电机、变压器、母线、电抗器、电容器等保护);按保护功能分为短路故障保护和异常运行保护;按保护装置进行比较和运算处理的信号量分为模拟式保护和数字式保护;按保护动作原理分为过电流保护、低电压保护、过电压保护、距离保护、差动保护、瓦斯保护等。

2.3.3 高低压配电网接线方式

配电网主要完成电压的分配。高压配电网主要实现电源端到变电所之间的电能连接,低压配电网主要实现电源到用电负荷之间的电能连接。

1. 高压配电网的接线方式

高压配电网常用的接线方式有放射式接线、树干式接线和环式接线三种。

1)放射式接线

放射式接线如图 2.3.11 所示,由高压配电所 6~10 kV 母线上引出的线路直接向每一个变电所单独供电,没有分支接点,多用于设备容量大或对供电可靠性要求高的设备配电。放射式接线的优点是线路敷设简单,操作方便,故障影响范围小,保护较简单,便于实现自动控制。缺点是配电线路和高压开关数量多,投资大;线路发生故障或检修时,所有供电的负荷都要停电。

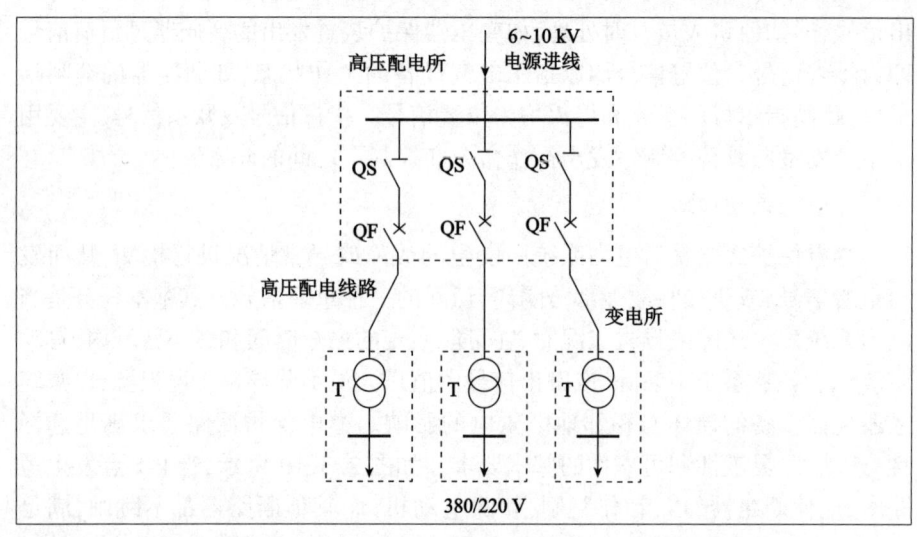

图 2.3.11 放射式接线

2）树干式接线

树干式接线如图 2.3.12 所示，由高压配电所引出的每路高压配电干线架空敷设，各变电所都从该干线上直接接出分支供电。为减小干线故障时的停电范围，每条线路连接的变压器台数不宜超过 5 台，总容量不超过 3 000 kV·A。树干式接线的优点是变配电所的出线少，线路损耗小，投资小，结构简单。缺点是可靠性差，线路故障影响范围大。

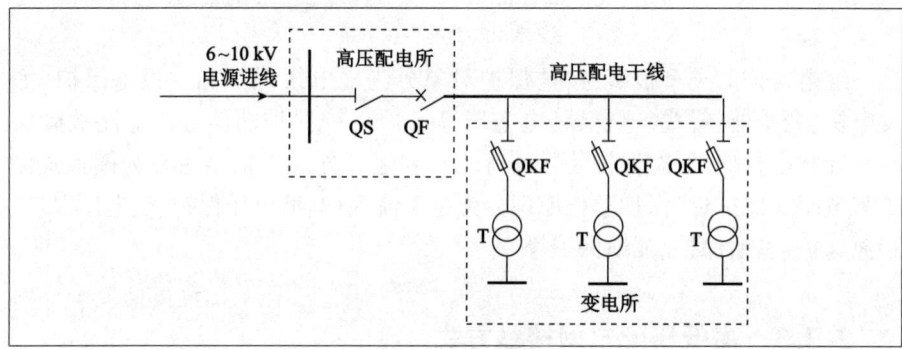

图 2.3.12 树干式接线

3）环式接线

环式接线如图 2.3.13 所示，实质上是两端供电的树干式接线。环式接线的优点是供电可靠性较高，运行方式灵活。当环中任一点发生故障时，只要查明故障点，经过短时停电"倒闸操作"断开故障点两侧隔离开关，便可对其余的变电所恢复供电。

2. 低压配电网的接线方式

低压配电网常用的接线方式有放射式接线、树干式接线和链式接线三种，如图 2.3.14 所示。放射式接线多用于设备容量大、对供电可靠性要求高及不宜设置配电保护的现场设备配电。图 2.3.14(a)中，干线 1 由变电所低压侧引出，接至用电设备或主配电箱 2，再以支线 3 引到分配电箱 4 后接到用电设备上。树干式常用于负荷较集中、负荷与配电室距离不远的场合，实际上多采用放射式接线与树干式接线两种形式的组合,即混合式接线。链式接线特点与树干式接线相似,适用于距配电柜较远而彼此相距又较近的不重要的小容量用电设备。

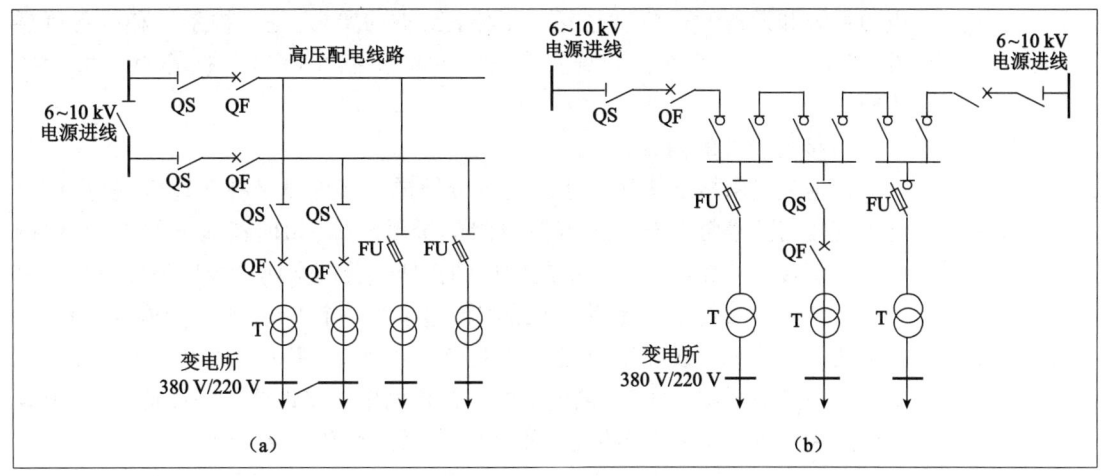

图 2.3.13 环式接线
(a)双干线供电;(b)两端供电

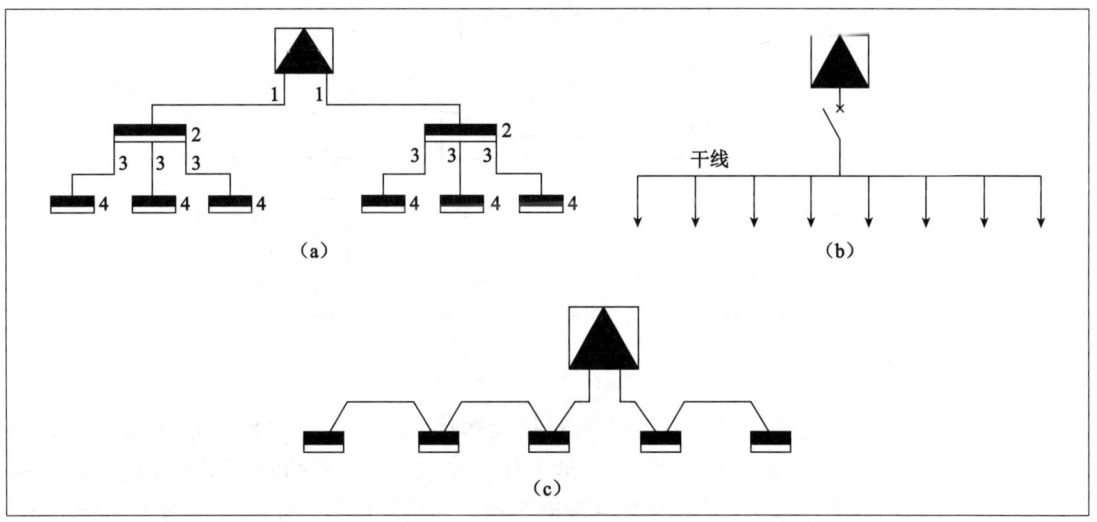

图 2.3.14 低压配电网的接线方式
(a)放射式接线;(b)树干式接线;(c)链式接线
1-干线;2-主配电箱;3-支线;4-分配电箱

单元 2.4 接地与防雷应用

2.4.1 接地应用

1. 接地基础知识

1)接地的含义

接地是任何电气设备或系统能够安全稳定工作的重要措施,不仅关系到人身安全,而且关系到装置和设备的安全,影响电力系统的正常运行。电力系统接地指将电力系统或建筑物电气装置、设施过电压保护装置用接地线与接地体连接,提供故障电流及雷电流的泄流通道,稳定电位。接地的目的是满足电力系统和设备的正常稳定运行及安全防护的要求,是维护系统和设备可靠性、稳定性,保护设备和人身安全,防止危害,制止电磁干扰等必不可少的措施。

2) 接地装置的构成

接地装置由接地体和接地线两部分组成。接地体又称接地极,是指埋入地下直接与土接触并有一定流散电阻的金属导体,如埋置地下的钢管、角钢等。连接接地装置与电气设备或构件的接地部分的金属导线称为接地线。由若干接地体在大地中相互用接地线连接起来的一个整体,称为接地网。其中,接地线又分接地干线和接地支线,如图2.4.1所示,多个电气设备4通过接地支线3与接地干线2相连,接地干线与接地网中的接地体1相连接,接地干线一般应采用不少于两根导体在不同地点与接地网相连接。

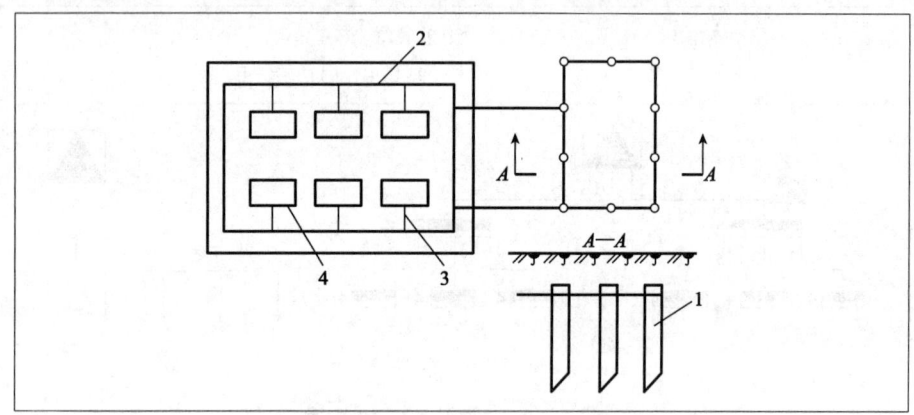

图2.4.1 接地网示意图
1-接地体;2-接地干线;3-接地支线;4-电气设备

接地体可分为人工接地体和天然接地体。人工接地体指人为地把金属管、角钢、圆钢或扁钢等埋入地下作为接地体。天然接地体指利用建筑物的钢筋混凝土基础、埋地的金属管道及与大地接触的各种金属构件等作为接地体。人工接地体有垂直埋设和水平埋设两种,如图2.4.2所示。最常用的垂直接地体为直径50 mm、长2.5 m的钢管;水平接地体一般用扁钢,其截面积不小于48 mm^2,厚度不小于4 mm;采用圆钢时,直径不小于8 mm。为了减小外界温度变化对散流电阻的影响,埋入地下的接地体,其顶端离地面不宜小于0.6 m。

接地线一般采用钢质导线,其截面积应符合载流量、短路时自动切除故障及热稳定性要求。接地线在设备、装置正常运行情况下没有电流,但在故障情况下要通过接地故障电流。

3) 接地电阻

接地体的对地电阻和接地线电阻的总和,称为接地装置的接地电阻。接地电阻的数值等于接地装置对地电压与通过接地体流入地中电流的比值。接地电阻的大小反映了接地装置流散电流和稳定电位能力的高低及保护性能的好坏,接地装置的接地电阻越小,其稳定电位能力和保护性能就越好,但工程投资费用会增大。在实际工程中,为了确保接地装置在系统运行时能够发挥应有的作用,我国规定了不同的电力装置工作接地电阻的值。

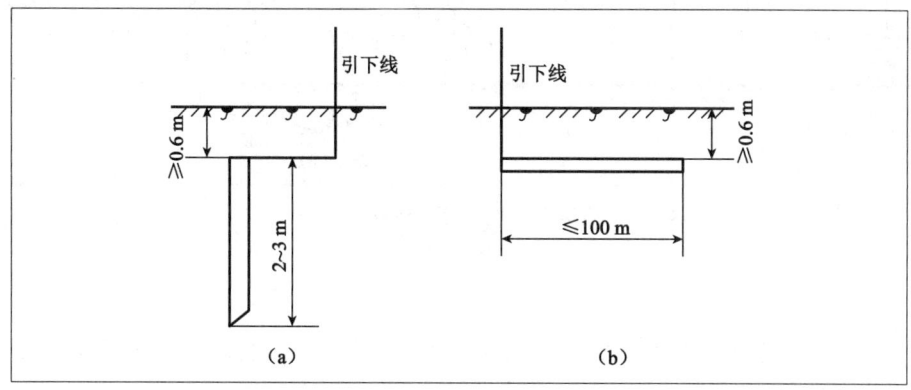

图 2.4.2 人工接地体
(a)垂直埋设的管形或棒形接地体;(b)水平埋设的带形接地体

2.接地分类及应用

接地按其功能可分为工作接地、保护接地、防雷接地和电磁兼容接地四类。

1)工作接地

工作接地是指保证电气系统及设备正常工作要求而进行的接地,如电力系统中性点接地、高压消弧线圈接地和设备防雷采取的接地等。供电系统一般规定工作接地电阻 $R \leq 4 \ \Omega$。

2)保护接地

保护接地是指电气装置正常情况下不带电的金属部分与接地装置连接起来,以防止该部分在故障情况下突然带电而对人体造成伤害的接地方式。在电力系统中,电气装置绝缘老化、磨损或被过电压击穿等原因,都会使原来不带电的部分带电,或者使带低压电的部分带上高压电,这些意外的不正常带电将会引起电气设备损坏和人身触电伤亡事故。为了避免事故,通常采用保护接地的防护措施。

例如,在中性点不直接接地的供电系统中,当电气设备的某处绝缘损坏而发生碰壳带电时,如果电气设备没有保护接地,则人体接触到外壳就会遭受电击,如图 2.4.3(a)所示;反之,如果电气设备存在保护接地,则当人体接触及带电外壳时,接地电流将同时沿着保护接地和人体两条并联路径流通。如果此时保护接地电阻值很小,则流经人体的电流就会大大减小,甚至可以接近于零。此时,就相当于保护接地装置将人体短接,从而使人体免遭触电的危险,如图 2.4.3(b)所示。

3)防雷接地

为了防止雷电对供电系统、电气设备及人身安全造成危害,一般要采用避雷针、避雷线及避雷器等保护设备,而这些设备都必须与合适的接地装置相连,以保证雷电流泄入大地,这种接地就称为防雷接地。

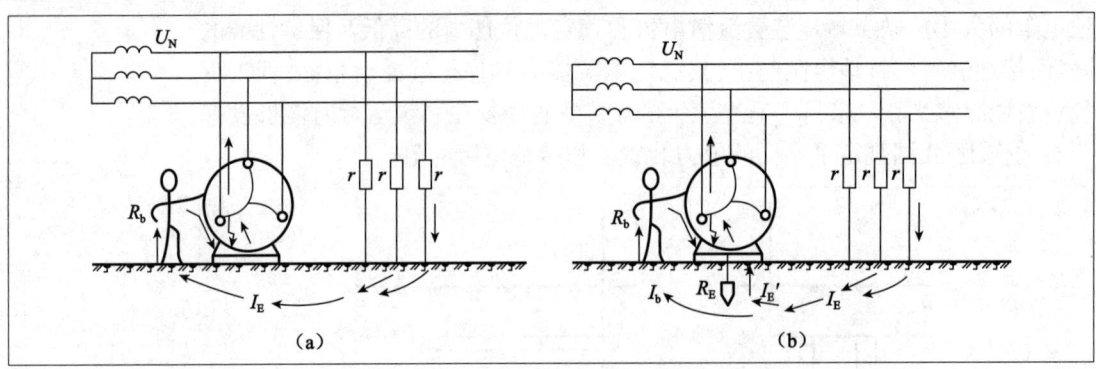

图 2.4.3　中性点不直接接地的供电系统保护接地
(a)无保护接地;(b)有保护接地

4)电磁兼容接地

为降低电磁干扰水平或提高抗干扰度所设置的接地,如将电子设备外壳及设备内外的屏蔽线或所穿金属管进行接地,称为电磁兼容接地。电磁兼容接地的目的是为电磁干扰能量提供泄入大地的通道。

2.4.2　防雷应用

1.雷电形成与危害

当空中的雷云靠近大地时,雷云与大地之间形成一个很大的雷电场。由于静电感应作用,地面出现与雷云的电荷极性相反的电荷,如图 2.4.4 所示。当雷云与大地之间在某一方位的电场强度达到 25~30 kV/cm 时,雷云就会开始向这一方位放电,形成一个导电的空气通道,称为雷电先导。大地的异性电荷集中的上述方位尖端上方,在雷电先导下行到离地面 100~300 m 时,也形成一个上行的迎雷先导,产生雷电。

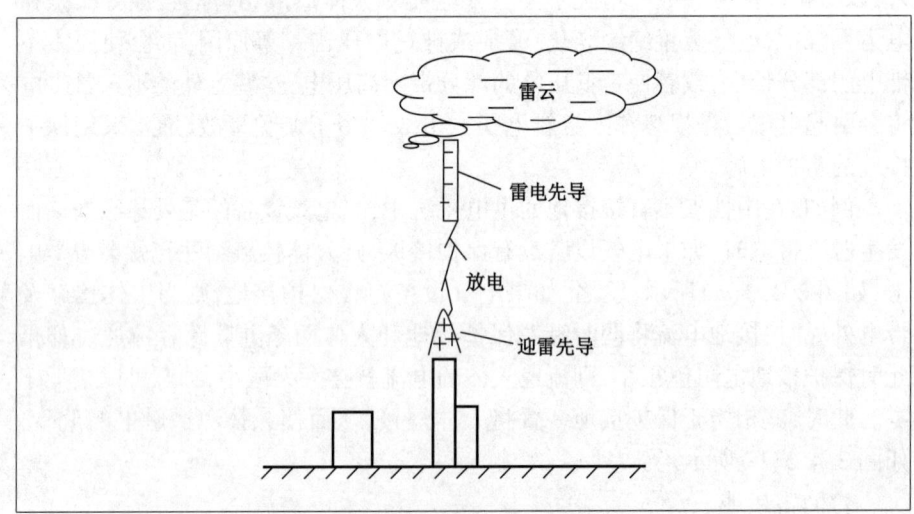

图 2.4.4　雷云对大地放电示意图

雷电产生强大电流,瞬间通过物体时产生高温,引起燃烧、熔化;触及人畜时,会造成人畜伤亡。电力线路受雷击产生高压,会使电气设备损坏。

2.防雷设备

1)接闪器

接闪器是专门用来接收雷电的金属物体。接闪的金属杆,称为避雷针;接闪的金属线,称为避雷线或架空地线;接闪的金属带,称为避雷带;接闪的金属网,称为避雷网。

(1)避雷针。

避雷针一般采用镀锌圆钢(针长1 m以下时直径不小于12 mm,针长1~2 m时直径不小于16 mm)或镀锌钢管(针长1 m以下时内径不小于20 mm、针长1~2 m时内径不小于25 mm)制成。它通常安装在电杆(支柱)或构架、建筑物上,它的下端要经引下线与接地装置相连。

由于避雷针高出被保护物,又和大地直接相连,当雷电先导接近时,它与雷云之间的电流最大,因而可将雷云放电的通路吸引到避雷针本身,然后经与避雷针相连的引下线和接地装置,将雷电流泄放到大地中去,使被保护物体免受雷击。

(2)避雷线。

避雷线的功能和原理与避雷针基本相同。避雷线一般采用截面积不小于35 mm^2 的镀锌钢绞线,架设在架空线路的上方,以保护架空线路或其他物体免遭直接雷击。由于避雷线既要架空,又要接地,因此又称为架空地线。

(3)避雷带和避雷网。

避雷带和避雷网主要用来保护建筑物,特别是高层建筑物,使之免遭直接雷击和雷电感应。避雷带和避雷网宜采用圆钢或扁钢,优先采用圆钢。圆钢直径应不小于8 mm;扁钢截面积应不小于48 mm^2,其厚度应不小于4 mm。

2)避雷器

避雷器用来防止雷电过电压波沿线路侵入变配电所或其他建筑物内,危及被保护设备的绝缘,或防止雷电电磁脉冲对电子信息系统造成电磁干扰。

避雷器应与被保护设备并联,且安装在被保护设备的电源侧,如图2.4.5所示。当线路上出现危及设备绝缘的雷电过电压时,避雷器的火花间隙就被击穿,或由高阻抗变为低阻抗,使雷电过电压通过接地引下线对大地放电,从而保护了设备的绝缘,或消除了雷电电磁干扰。避雷器的类型有阀式避雷器、排气式避雷器、保护间隙避雷器、金属氧化物避雷器和电涌保护器等。

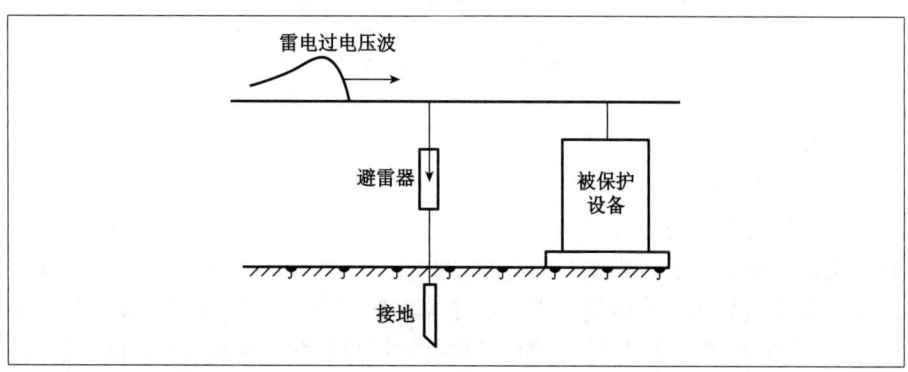

图2.4.5 避雷器的连接

3. 供配电系统防雷

1) 架空线路的防雷保护

在供配电系统中,对架空线路采取的防雷保护,通常有以下几种措施。

(1) 架设避雷线。

这是防雷的有效措施,但由于造价较高,所以通常只用于 660 kV 及以上电压等级的线路上沿全线路架设。对于 35 kV 的架空线路,则一般只在进出变配电所的一段线路上架设。而对于 10 kV 及以下的线路一般不架设。

(2) 提高线路自身的绝缘等级。

该措施可以通过采用木横担、瓷横担或高一级电压的绝缘子实现线路防雷水平的提高,是 10 kV 及以下架空线路防雷基本措施。

(3) 个别绝缘薄弱地点加装避雷器。

对于架空线路上个别绝缘薄弱地点,如跨越杆、转角杆、分支杆、带拉线杆及木杆线路中个别金属杆处等,可以加装排气式避雷器或保护间隙。

(4) 利用三角形排列的定线兼作防雷保护线。

由于 3~10 kV 供配电系统一般是中性点不接地系统,因此,可以在三角形排列的顶端线路绝缘子上部加装保护间隙,如图 2.4.6 所示。当线路上出现雷电过电压时,顶端绝缘子上的保护间隙将会被击穿,于是雷电冲击电流将会通过其接地引下线泄入大地,从而实现对其下面两根导线的保护。

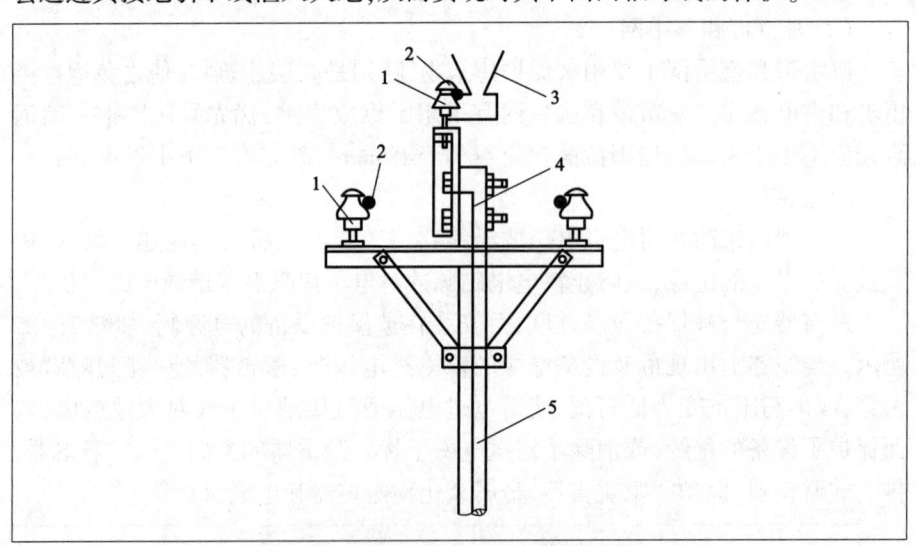

图 2.4.6 顶端线路绝缘子上部加装保护间隙
1-绝缘子;2-架空导线;3-保护间隙;4-接地引下线;5-电杆

2) 变配电所的防雷措施

(1) 装设避雷针。

室外配电装置应装设避雷针来防护直击雷。如果变配电所处在附近更高的建筑物上防雷设施的保护范围之内,则可不必再考虑直击雷的防护。独立避雷针宜设独立的接地装置。在非高土壤电阻率地区,其工频接地电阻 $R_E \leqslant$ 10 Ω,当设独立接地装置有困难时,可将避雷针与变配电所的主接地网相连接,但避雷针与主接地网的地下连接点至 35 kV 及以下设备与主接地网的地下连接点之间,沿接地线的长度不得小于15 m。

独立避雷针及其引下线与变配电装置在空气中的水平间距不得小于5 m,当独立避雷针的接地装置与变配电所的主接地网分开时,则它们在地中的水平间距不得小于3 m,防止雷电过电压对变配电装置进行反击闪络。

(2)装设避雷线。

处于峡谷地区的变配电所,可利用避雷线来防护直击雷。在35 kV及以上的变配电所架空进线上,架设1~2 km的避雷线,以消除一段进线上的雷击闪电,避免其引起的雷电侵入波对变配电所电气装置造成危害。

(3)装设避雷器。

为了防止雷电侵入波对变配电所电气装置,特别是对主变压器造成危害,可在变压器两侧都装设避雷器。

单元2.5 高速公路供配电及照明系统应用与故障分析

2.5.1 高速公路供配电系统应用与故障分析

1.高速公路供配电系统特点与配电要求

1)高速公路用电负荷分类

参照《高速公路交通工程及沿线设施设计通用规范》(JTG D80—2006),交通工程及沿线设施用电设备的电力负荷分为三级,如表2.5.1所示。一般情况下一级负荷和二级负荷采用市电+柴油发电机的双电源供电方案,一级负荷中的重要负荷,采用不间断电源(UPS)作为备用电源。

交通工程及沿线设施用电设备的电力负荷 表2.5.1

用电设备	电力负荷级别
监控系统、收费系统、通信系统的控制室紧急报警系统,隧道等重要设施的消防系统、应急照明系统	一级负荷
管理中心的照明、服务区综合楼的照明、一般设施的消防系统	二级负荷
其他设施	三级负荷

2)高速公路供配电系统的特点

高速公路供配电系统主要为高速公路沿线各机电和建筑设施提供可靠的供电。高速公路供配电系统主要特点如下。

(1)供电线路长,常跨供电区域运行,不宜集中供电。

(2)道路沿线用电负荷多、散、小,多为低压单相小容量设备,线路压降和线路损耗较大。

(3)道路交通用电设备大多为一、二级负荷,对供电质量和可靠性要求较高。

(4)道路交通用电设备工作环境较差,对环境的适应性要求较高,如照明、监控等户外设备要承受风雨雷电、严寒酷暑等气候变化及环境污染,隧道内的照明、监控等设备要适应烟雾大、透明度低、空气湿度大、腐蚀性气体浓度高等恶劣环境。

(5)沿线设施如交通监控设备、车辆检测器等对电磁干扰要求严格,应采取防干扰措施。

3)高速公路供配电要求

按照《高速公路交通工程及沿线设施设计通用规范》(JTG D80—2006),对供配电系统要求如下。

(1)为保证交通工程及沿线设施用电的电压质量,应在沿线适当的地点设置变电所。

(2)变电所的高压电源就近采用10 kV电源,若电压质量不能满足用电设备要求,应采取相应的措施。

(3)变电所的电力应进行监控。变压器的出线开关应装设通信模块,以实现遥测遥控。柴油发电机的容量除满足一、二级负荷用电外,还应满足最大一台电动机启动的要求。

(4)配电室内设有封闭式的干式变压器和低压配电柜时,为确保安全,10 kV高压进出线应采用全封闭的环网开关柜。

(5)自变压器输出侧至用电设备之间的低压配电级数不宜超过三级。

(6)低压配电柜和各级配电箱的备用回路,宜为总回路数的25%。

(7)由树干式系统供电的配电箱,其进线开关应选带保护的开关;由放射式系统供电的配电箱,进线开关可采用隔离开关。

2.高速公路供配电系统应用

高速公路供配电系统主要供电方式为10 kV线路市电+变压器、柴油发电机、UPS三种,即"一用、一备、一应急"。在市电正常情况下,发电机处于关闭状态,UPS处于浮充状态;当市电断电时,由市电切换至柴油发电机为一级负荷和二级负荷供电;当市电恢复后,将切换至市电侧,发电机在随后自动延时停止供电(或手动关闭)。在发电机启动完成前,不允许中断供电的计算机系统、存储设备、ETC门架等由UPS提供不间断供电。发电机启动稳定后或市电恢复后UPS自动切换至浮充状态,由市电或发电机为UPS同步充电。某高速公路变电所供电系统如图2.5.1所示。

高速公路供配电系统主要由10 kV高压线路、高压配电柜(包含高压进线柜、高压互感柜、高压计量柜、高压出线柜等)、变压器、低压配电柜(包含低压进线柜、低压馈线柜、双电源切换柜、无功补偿柜等)、UPS、柴油发电机、组合式箱式变电所、防雷接地等设备设施构成。某高速公路变配电室布局图如图2.5.2所示,图中AH表示高压配电柜,AA表示低压配电柜,TD表示变压器,图示单位为毫米(mm)。

1)10 kV高压线路

10 kV高压线路主要实现10 kV电能的引入及计量,由导线、杆塔、绝缘子、金具、杆塔基础、拉线、接地装置、真空断路器等组成,通过架空线路将电能输送至用户所在地高压进线柜。

2)高压配电柜

高压配电柜主要实现将引入的10 kV电能进行保护、测量并接入变压器。高压配电柜柜型分为高压环网柜和高压开关柜等类型。

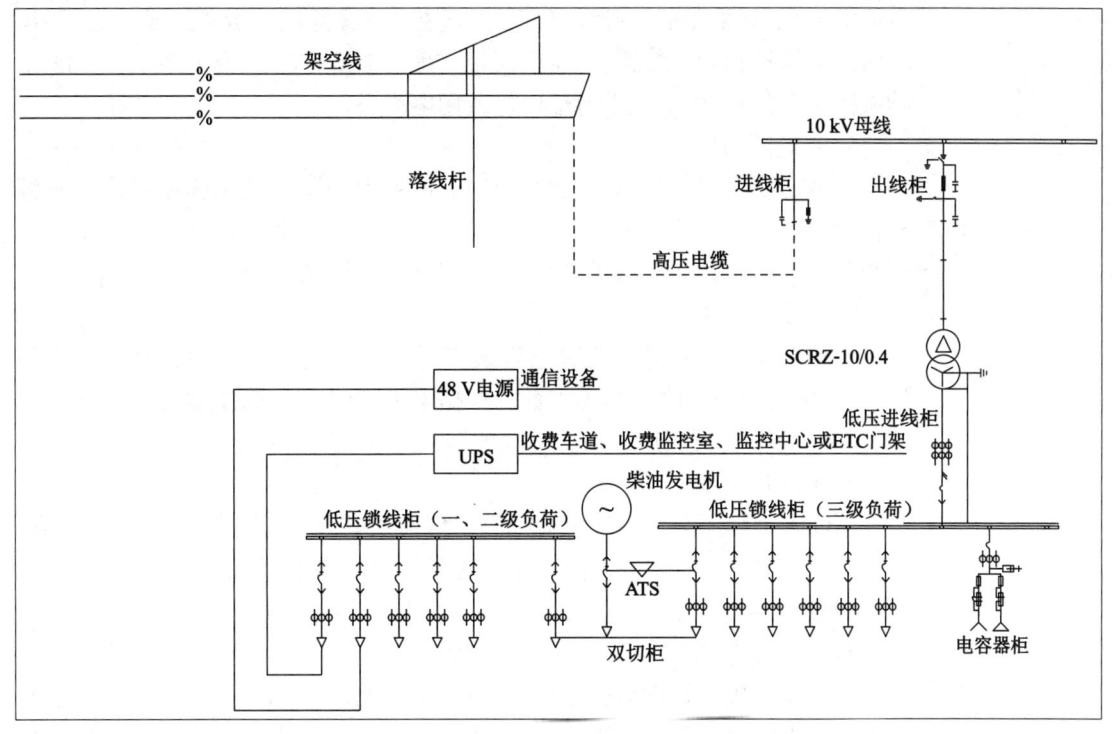

图 2.5.1 某高速公路变电所供电系统

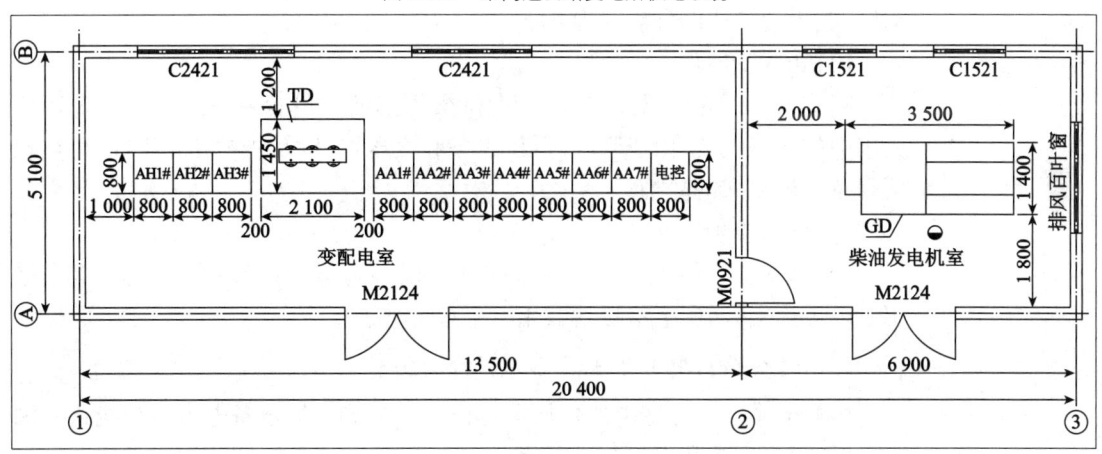

图 2.5.2 某高速公路变配电室布局图

3）高压计量柜

高压计量柜实现电力部门对该电能用户电费的计量，结合当地电力部门的要求设置。

4）变压器

变压器实现 10 kV 高压电能变换至可供一般低压设备使用的 380 V/220 V 电能，另外在外电不稳定或场区内负荷有季节性或阶段性波动时，可调节电压，保证高速公路用电的稳定性。因此，高速公路用变压器一般为有载调压干式变压器。

5）低压开关柜

低压开关柜包括低压进线柜和低压馈线柜，低压进线柜实现变压器输出电能的分配,其采用低压母线与变压器连接,设置低压计费考量设施,为各出线回路的保护和测量装置;低压馈线柜实现电能的分配,一般设置有8~11个抽屉回路,将电能配送至下游配电箱或用电设备。

6) 双电源切换柜

双电源切换柜主要由双电源自动切换装置组成,可根据需要在常用电源与备用电源之间自动或手动切换,保证供电的可靠性和连续性。一般采用市电和柴油发电机并联的形式接入,配置有显示面板,能够准确显示供电类型。

7) 无功补偿柜

无功补偿柜主要通过并联电容实现对无功负荷进行集中或自动分组补偿,达到电力部门要求的功率因数。根据电力部门有关要求,高压用户的功率因数不低于0.9,低压用户的功率因数不低于0.85。

8) 不间断电源

不间断电源主要为一级负荷中重要负荷供电,由主路、旁路、电池等组成。当市电停电时,为一级负荷中的重要负荷不间断供电,保证计算机系统不掉线,存储设备不宕机。

9) 柴油发电机

柴油发电机主要作为应急供电设备,当市电供电线路发生故障时,柴油发电机替代市电对收费站一级负荷、二级负荷进行应急发电。柴油发电机有自动模式、手动模式两种启动模式。

10) 箱式变电所

箱式变电所在互通立交区、特大桥梁等不便于设置变电所且用电负荷较为集中的区域设置,由成套高、低压设备和变压器,以及防护外壳组成,可实现雨雪及高温高寒的防护。

11) 防雷接地

配电室应进行防雷接地,须按国标明确接地标识(黄绿色),发电机室采用等电位连接,与配电室接地共用一个接地体。

3. 高速公路供配电系统设备工程检测要求

供配电系统中心变电所低压配电设备及外场电力设备电力电缆线路实测项目,如表2.5.2及表2.5.3所示。

中心变电所低压配电设备实测项目 表2.5.2

检查项目	技术要求		检查方法
室内设备、列架的绝缘电阻	交流配电箱(柜)	符合设计要求,无要求时应大于或等于2 MΩ(设备安装后)	用500 V兆欧表在设备内布线和地之间测量
	直流配电箱(柜)		
	交流稳压器		
	不间断电源		
△安全接地电阻	≤4 Ω		接地电阻测量仪
△联合接地电阻	≤2 Ω		接地电阻测量仪
设备安装的水平度	≤2 mm/m		量具实测
设备安装的垂直度	≤3 mm/m		用铅锤和量具实测

续上表

检查项目	技术要求	检查方法
发电机组控制柜接地电阻	≤4 Ω	接地电阻测量仪
发电机组容量测试	符合设计要求	查出厂测试报告
发电机组相序	与机组输出标志一致	相序指示器测试
发电机组输出电压稳定性	符合设计要求	查出厂测试报告和实际测量
自动发电机组自启动转换功能测试	市电掉电后,机组能自动启动,稳定后送入规定的线路上,可手动优先切换	实际操作或查有效的历史记录
△机组供电切换对机电系统的影响	机电系统所有设备不因受到机组电源切换,而工作出现异常	实际操作或查有效的历史记录
△电源室按地装置施工质量检查	接地体的材质和尺寸、安装位置及埋深;接地体引入线与接地体的连接及防腐处理等符合设计要求	实际操作或查有效的历史记录

注:表中标注△项目为关键项目。

外场电力设备电力电缆线路实测项目　　　　　表2.5.3

检查项目	技术要求	检查方法
配电箱基础尺寸及高程	符合设计要求	用量具测量
配电箱涂层厚度	符合设计要求,无要求时按GB/T 18226—2015	用涂层测厚仪实测
电缆埋深	符合设计要求	查验隐蔽工程记录或实测
△电源箱、配电箱、分线箱安全接地电阻	≤4 Ω	用接地电阻测量仪实测
△配线架对配电箱的绝缘电阻	≥10 MΩ	用兆欧表实测
△相线对绝缘防尘罩的绝缘电阻	≥2 MΩ(全程)	用兆欧表实测

注:表中标注△的项目为关键项目。

4.供配电系统安全操作要求

为保证工作人员人身安全及电力系统、供配电设备的安全运行,进入配电房工作应遵守以下安全操作要求。

(1)非配电房工作人员及无关人员,严禁进入配电房。进入配电房作业,须正确佩戴安全帽,着绝缘鞋。

(2)配电房工作人员须持证上岗,并具备必要的电工知识,熟悉安全操作规程,熟悉供电系统和配电房各种设备的性能原理和操作方法。

(3)配电房工作人员要有高度的工作责任心和安全意识,每天检查消防设施、应急设施、绝缘工具是否完好,电工工具及检测设备是否齐全完好。

(4)每天对配电房设备运行情况进行巡视检查,保持电气设备柜内的电气元件和各种仪器仪表完好运行,不得带病工作,并做好供配电系统运行状况记录。

(5)电气设备停电后在未拉开刀闸和做好安全措施以前,应视为有电,不得触及设备和线排,以防触电。

(6)设备停电检修必须切断各回线可能来电的电源,至少回线上有一个明显的断开点。与停电设备有关的变压器和电压互感器必须从高、低压两侧断开,防止停电设备反送电,并悬挂"禁止合闸,有人工作"的标示牌。

(7)用绝缘棒拉合高压开关或经传动机构合高压刀闸和油机开关都应戴绝缘手套。雨天操作室外高压设备时,应穿绝缘鞋。雷雨天气禁止进行倒闸操作。

(8)停电拉闸操作必须按照由开关(或负荷开关等)负荷侧刀闸、母线侧刀闸依次操作,送电反之。

(9)高压柜操作时必须两人在场,一人操作,一人监视,严防操作错误。

(10)在带电的电流互感器二次回路上工作时,要严防电流互感器二次侧开路产生高压,必须使用短路线在电流互感器二次侧的专用端子上短路。

(11)设备检修结束后,必须清点所带工具、零件,以防遗失和留在设备内造成事故,并清洁工作场地卫生。

(12)发生人身触电和火灾警情时,值班人员应立即断开有关设备的电源,进行抢救,而后通知主管部门和生产部门。

(13)电气设备发生火灾时,应用四氯化碳、二氧化碳和干粉灭火器进行扑救。应立即断开着火的电源,严禁在带电情况下使用泡沫灭火器进行扑救。

(14)随时保持配电房、低压室、高压室内卫生清洁,定期清扫电气设备柜内外的灰尘。

(15)确保配电房内各项安全措施、安全标志及安全工器具布置齐全,摆放位置正确,功能正常。

5.供配电系统常见故障及故障原因

高速公路供配电系统各部分常见故障现象及故障原因如表2.5.4所示。

高速公路供配电系统各部分常见故障现象及故障原因　　　　表2.5.4

故障项目	故障现象	故障原因
10 kV 高压线路	市电供电中断	断线、绝缘子击穿、树木触碰等导致线路接地,电杆倾倒、油机开关三相短路等导致短路跳闸
高压配电柜	市电供电中断	不能合闸、分闸、突然跳闸、高压熔断器等电气故障,操作机构等机械故障,避雷器损坏等接地故障
干式变压器	市电供电中断	温控仪、风机异常,或变压器高低压线圈故障、铁芯受潮接地、夹件松动、绝缘子老化、低压铜排烧毁等设备故障
低压配电柜	市电供电中断	绝缘、电气元件老化,防鼠措施不到位,操作机构、开关等设备故障造成短路或不能正常供电
双电源开关柜	市电供电中断	开关进线端发热、绝缘不良引起短路,造成市电进线控制设备跳闸
	市电、发电机同时供电中断	接线柱接触不良或负荷较大产生高温造成开关短路,进线端和出线端双向短路
	市电中断后发电机无法自动切换	传感器接线松动,二次回路短路导致控制器损坏,无法自动切换
低压开关柜	单路供电中断	断路器功能异常,抽屉柜推进机构、连接线短路造成开关故障

续上表

故障项目	故障现象	故障原因
无功补偿柜	补偿功能失效	电容器密封不严,电容器鼓肚变形,电力电缆及电流、电压互感器损坏,断路器损坏等位置故障,导致补偿功能失效
UPS	市电供电中断	配电房 UPS 供电电缆,UPS 输入端、输出端的接线绝缘不良;硬件故障、主机内部高温、输出负载不均匀、主机告警、电池组等位置故障造成供电异常
柴油发电机	发电机无法启动	蓄电池电压不足、控制面板失效、空载电压不稳定、启动后抖动、负载电压低等故障,造成发电机运行异常,导致发电机无法启动
防雷与接地	防雷接地不达标	防雷、过流保护模块故障,雷击导致部件损坏,相关参数达不到防雷接地要求,导致防雷接地数值不达标

2.5.2 高速公路照明系统应用及故障分析

1. 高速公路照明系统功能

高速公路照明主要为高速公路行驶及服务区、停车区的停靠车辆提供优良的视野,避免在夜间造成行车事故,包括收费广场照明、劝返车道照明、互通区照明、特大桥照明、隧道照明、服务区停车场照明等。

2. 高速公路照明系统组成及技术要求

高速公路照明主要采取灯杆照明,分为中杆灯照明和高杆灯照明,中杆灯照明目前一般采用中等功率的中色温发光二极管(Light Emitting Diode,LED)灯具,显色性好、调光方便、光效较高、寿命长,可有效节约用电成本;高杆灯照明目前主要采用大功率高压钠灯灯具,光效高、透雾能力强、配光成熟,可在较大区域内实现高效、安全的照明。

1) 中杆灯照明

中杆灯照明主要为宽度较小区域提供照明,包括低于 12 个车道的收费广场、劝返车道、特大桥、隧道引线等照明,灯杆高度 8～14 m。

LED 灯具可采用与驱动器一体组装,LED 驱动器内置在灯具内,并且有独立的电源控制,接口处及配线入(出)口应有密封器件。灯具须配备 10 kV 电涌保护器(Surge Protective Device,SPD),对电源进行保护,且 SPD 须与驱动电源和灯具为同一品牌,保证原厂品质。灯具防尘防水等级不低于 IP66。整体光衰 3 000 h 不超过 4%(光输出维持率达 96% 以上)。使用寿命大于 50 000 h(不含驱动电源,其寿命另行规定)。

2) 高杆灯照明

高杆灯照明主要实现宽度或范围较广区域的照明,包括互通立交区、匝道汇流口、服务区停车区停车场照明,以及较大收费广场照明等。高杆灯一般高度为 25～30 m,设置有升降系统,方便灯具维护。

照明灯具效率大于 0.7,灯具防护等级为 IP65,带有散热器。功率因数低的应加电容补偿,补偿后功率因数应大于 0.9。反光率应大于 85%,照明设备的灯具、部件的结构和强度应能经受住风速要求,所有灯具应能在额定电压 220 V 波动范围的 -8%～5% 内启动并运行。所有灯具应能在 -25～60 ℃ 环境温度下正常使用。

3) 照明配电箱

收费广场靠近场区门口位置设置照明配电箱，实现广场照明设施、互通区照明设施的控制，目前主要采用微型计算机自动控制，可手动干预。

照明箱壳体采用 5 mm 厚的薄钢板、冷轧板或工程塑料聚碳酸酯并经玻璃纤维加强材料制成，防护等级为 IP55，电缆进出箱体处，应有防水电缆密封装置，应具备防腐蚀和阻燃技术条件。

3. 高速公路照明系统控制

高速公路的照明控制方式采用定时程序控制，或时控加光控双控制模式。对各个照明回路分时顺序开闭，并随季节的不同调整程序参数。同时，照明控制亦可手动干预。

高杆灯照明控制采用手动和定时控制两种方式，还应自带半夜关闭一半灯的功能。照明控制装置安装在高杆灯杆体内，应设有时控开关。

4. 高速公路照明系统工程验收及技术要求

高速公路照明系统工程中，工程验收的检查项目、技术要求及检查方法如表 2.5.5 所示。

照明系统工程验收的检查项目、技术要求及检查方法　　　表 2.5.5

检查项目	技术要求	检查方法
△灯杆基础尺寸	符合设计要求	长、宽用量具测量，埋深查隐蔽工程验收记录或实测
△灯杆壁厚	符合设计要求	金属灯杆用超声波测厚仪测量，混凝土灯杆隐蔽工程验收记录
△灯杆、避雷针(接闪器)高度、凸缘和地脚几何尺寸	符合设计要求	用全站仪测量灯杆和避雷针高度，用量具测量其他尺寸
△金属灯杆防腐涂层壁厚	镀锌：≥85 μm，其他涂层符合设计要求	涂层测厚仪测量
灯杆垂直度	≤5 mm/m	经纬仪
灯杆横纵向偏差	符合设计要求	经纬仪
△照明设备控制装置的接地电阻	≤4 Ω	接地电阻测试仪
△灯杆接地电阻	≤10 Ω	接地电阻测试仪
高杆灯灯盘升降功能测试	符合设计要求	实际操作
路段直线段照度及均匀度	符合设计要求	照度计
路段弯道段照度及均匀度		
大桥桥梁段照度及均匀度		
立交桥面段照度及均匀度		
收费广场照度及均匀度		
收费天棚照度及均匀度		

续上表

检查项目	技术要求	检查方法
自动、手动两种方式控制全部或部分照明器的开闭	可控	实地操作
亮度传感器与照明器的联动功能	可控	模拟遮挡光探头
定时控制功能	可控	设定时间,观察

注:表中标注△的项目为关键项目。

5. 照明系统常见故障及故障分析

照明系统中直流电源、灯管、LED 灯珠、镇流器、触发器等设备损坏,常导致单灯不能正常照明。照明系统主要故障及故障分析如表 2.5.6 所示。

照明系统主要故障及故障分析　　　　表 2.5.6

设备名称	故障类型	故障原因	预防、处理方法
灯具	开启后,灯具不亮	输入电压不足	定期检查电压,故障时维修
		直接电源输出电压不足	定期检查电压,故障时更换
		LED 灯珠不亮	定期检修 LED 灯珠,故障时更换
		镇流器烧坏	故障时更换
		触发器损坏	故障时更换
		灯管损坏	故障时更换

······《 技能训练 》······

请同学们完成本模块技能训练,见教材配套技能训练一、技能训练二。

······《 在线答题 》······

1. 请同学们扫描封面二维码,注意每个码只可激活一次。

2. 长按弹出界面的二维码关注"交通教育出版"微信公众号并自动绑定资源。

3. 公众号弹出"购买成功"通知,点击"查看详情",进入后选择绑定的图书,即可进行在线答题。

4. 也可进入"交通教育出版"微信公众号,点击下方菜单"用户服务—图书增值",选择已绑定的教材进行在线答题。

模块3

高速公路通信系统集成与应用

模块简介

高速公路通信系统是高速公路交通工程的重要组成部分,为公路运营管理部门及收费、监控等系统提供可靠的通信服务,是保障高速公路安全、畅通、高效运营及现代化管理不可缺少的手段。本模块主要讲述计算机网络基础知识、通信系统基础知识、高速公路通信系统常用通信技术及通信设备、高速公路通信系统应用案例分析及高速公路通信系统常见故障分析。

学习目标

了解计算机网络基础知识、通信系统基础知识、高速公路常见故障,掌握高速公路通信系统的组成、架构及信息传输方式,掌握高速公路通信系统常用设备及应用。

建议学时

7学时

思政导语

通过线上线下学习,回顾我国移动通信产业走过的"1G空白、2G跟随、3G突破、4G并跑、5G引领"的发展历程和取得的辉煌成就,激发民族自豪感和历史使命感,坚定"四个自信",秉承光荣传统,立志科技报国,在伟大梦想中成就个人理想,为实现中华民族伟大复兴的中国梦而不懈奋斗。

单元 3.1　计算机网络基础知识

3.1.1　计算机网络的定义与组成

1. 计算机网络的定义

计算机网络是指将位于不同地理位置并具有独立功能的多台计算机系统通过通信设备和线路系统连接起来，并配以完善的网络软件（网络协议、信息交换方式以及网络操作系统等）来实现网络通信和软硬件资源共享的计算机集合。计算机网络示意图如图 3.1.1 所示。

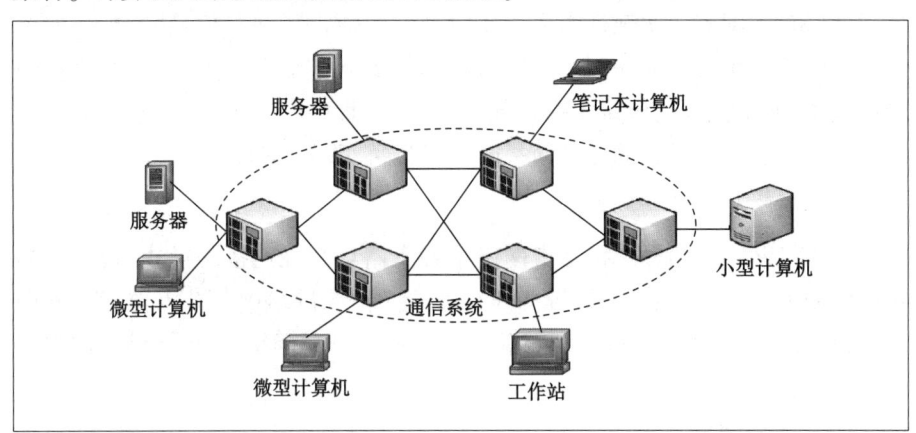

图 3.1.1　计算机网络示意图

2. 计算机网络的组成

计算机网络由硬件系统和软件系统组成。硬件系统包含服务器、工作站、通信设备、传输介质。服务器是网络的核心设备，担负数据处理任务；工作站是共享网络资源的计算机，是用户进行信息交换的界面，要运行网络操作系统的客户端软件；通信设备包括网卡及其中间连接设备；传输介质是计算机网络中发送方和接收方之间的物理通道，通常有双绞线、同轴电缆、光纤、无线传输介质（如微波、红外线及激光）和卫星线路。

软件系统包含网络操作系统和网络应用服务系统，网络操作系统主要包括网络适配器驱动程序、子网协议和应用协议；网络应用服务系统中请求服务的应用系统是客户端，为其他应用提供服务的系统称为服务器，二者组成客户端/服务器计算机模式。

3.1.2　计算机网络的分类

计算机网络依据不同的条件有不同的分类方法，常用的分类依据有根据网络覆盖的范围、网络的拓扑结构、网络协议、管理性质、交换方式、传输介质、网络操作系统、传输技术等。下面就重点的分类加以介绍。

1. 按网络覆盖范围分类

按网络覆盖范围的大小，计算机网络可以分为局域网（Local Area Network，

LAN)、城域网(Metropolitan Area Network,MAN)、广域网(Wide Area Network,WAN)。

局域网的覆盖范围从几百米到几千米,通常用于连接一个房间、一层楼或一座建筑物。局域网传输速率高,可靠性好,适用各种传输介质,建设成本低。

城域网的覆盖范围一般为几千米至几十千米,通常在一个城市内。城域网的特点是传输介质相对复杂、数据传输距离相对局域网要长、信号容易受到外界因素的干扰、组网较复杂,并且组网成本高等。

广域网覆盖范围一般为几百千米至几千千米的广阔地理范围,可以跨区域、跨城市、跨国家。实现远距离计算机之间的数据传输和信息共享,其通信线路大多要借用公共通信网络。广域网的特点是传输介质极为复杂,且传输距离较长,使得数据的传输速率较低、在传输过程中容易出现错误,所采用的技术也最为复杂。最大的广域网是国际互联网,即 Internet。

2. 按网络拓扑结构分类

计算机网络的拓扑结构是指网络中各个站点相互连接的形式,也指在局域网中服务器、工作站和电缆等的连接形式。按照网络中各节点位置和不同布局,计算机网络可分为总线型网络、星形网络、环形网络、树形网络和网状网络等网络类型。

1)总线型网络

总线型网络是指采用一条中央主电缆连接多个节点,在电缆两端加装终结器匹配而构成的一种网络类型。其拓扑结构如图 3.1.2 所示。

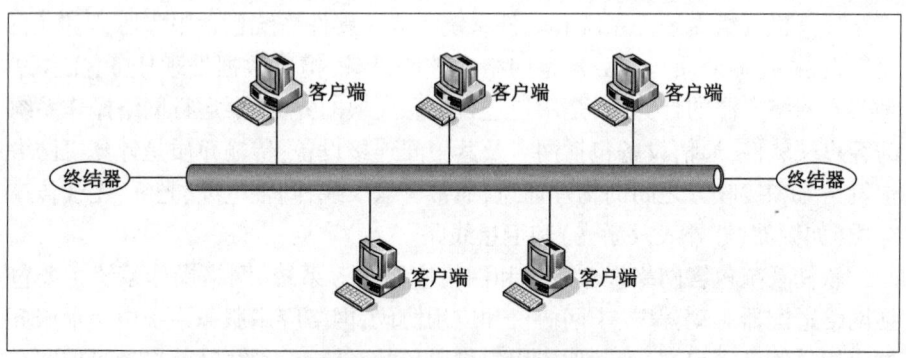

图 3.1.2 总线型网络拓扑结构

在总线型网络中,所有计算机都必须使用专用的硬件接口直接连接在总线上。任何一个节点的信息都能沿着总线向两个方向进行传输,并且能被总线上的任何一个节点接收。由于总线型网络中的信息向四周传播,类似于广播电台,所以总线型网络也被称为广播式网络。

由于总线负载能力的影响,其长度是有一定限制的,因此,一条总线只能连接一定数量的计算机。总线型网络具有结构简单灵活、便于扩展、网络可靠性高、网络响应速度快、资源共享能力强等优点。

2）星形网络

星形网络的拓扑结构由中央节点和其他从属节点构成,中央节点可以与其他节点直接进行通信,而其他节点间则要通过中央节点通信。在星形网络中,中央节点通常是指集线器或交换机等设备。例如,使用集线器组建而成的局域网便是一种典型的星形网络,如图3.1.3所示。

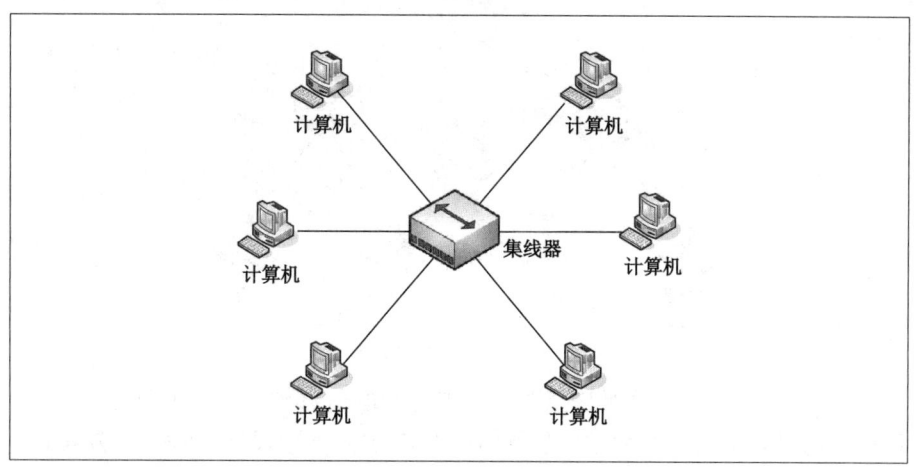

图 3.1.3　星形网络拓扑结构

在星形网络中,任何两台计算机要进行通信都必须经过中央节点,所以中央节点需要执行集中式的通信控制策略,以保证网络的正常运行。这使得中央节点的负担往往较重,并且一旦中央节点出现故障,将会导致整个网络的瘫痪。

3）环形网络

在环形网络中,各节点首尾相连形成一个闭合型的环形线路,如图3.1.4所示。其信息的传递是单向的,即沿环的一个方向从一个节点传到另一个节点。在这个过程中,由环形网络内的各节点(信息发送节点除外)通过对比信息流内的目的地址来决定是否接收该信息。由于信息在环形网络内沿固定方向流动,并且两个节点间仅有唯一通路,因此简化了路径选择的控制。环形网络还具有结构简单、建网容易、便于管理等优点。环形网络的缺点是当节点过多时,将影响传输效率,不利于网络扩充等。

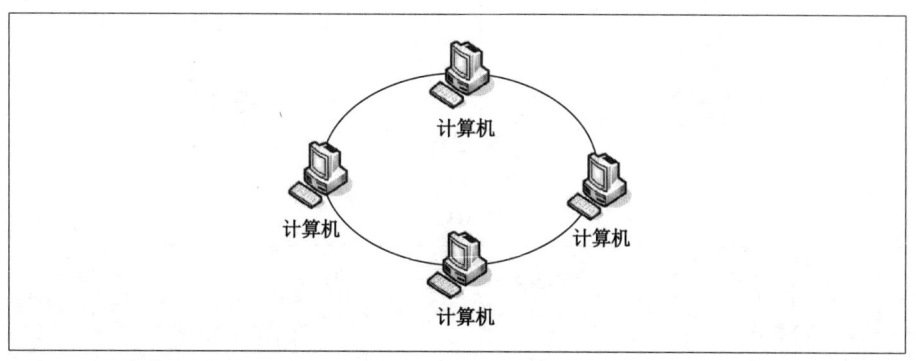

图 3.1.4　环形网络拓扑结构

4)树形网络

树形网络是星形网络的拓展,它具有一种分层结构,包括最上层的根节点和下面的多个分支,各节点间按层次进行连接,数据主要在上、下节点之间进行交换,相邻节点或同层节点之间一般不进行数据交换,如图3.1.5所示。

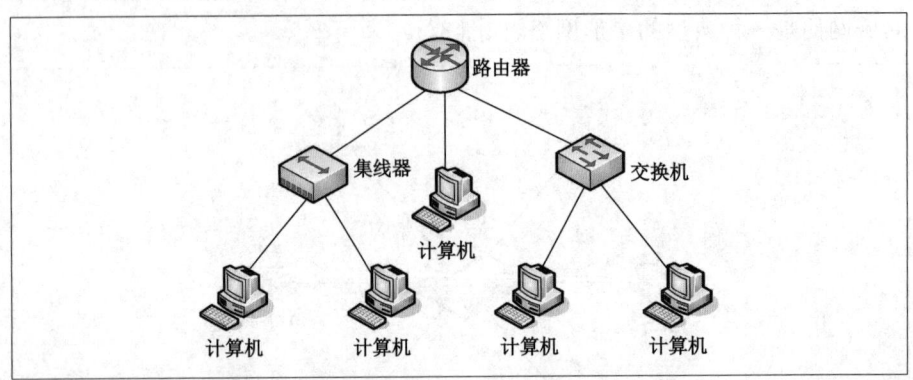

图3.1.5 树形网络拓扑结构

在树形结构的网络中,任意两个节点之间的信息传输不产生回路,每条通路都支持双向传输。这种结构的优点是具有扩充方便灵活、成本低、易推广、易维护等;缺点是资源共享能力较弱,可靠性较差,任何一个节点或链路的故障都会影响整个网络的运行,对根节点的依赖过大等。

5)网状网络

网状网络也称为分布式网络,由分布在不同地点的计算机系统互相连接而成,如图3.1.6所示。网络中无中心主机,网络上的每个节点都有多条(两条以上)线路与其他节点相连。网状网络的优点是具有可靠性高,节点共享资源容易,可改善线路的信息流量分配及均衡负载,可选择最佳路径,传输时延小等;缺点是控制和管理复杂,软件亦复杂,布线工程量大,建设成本高等。

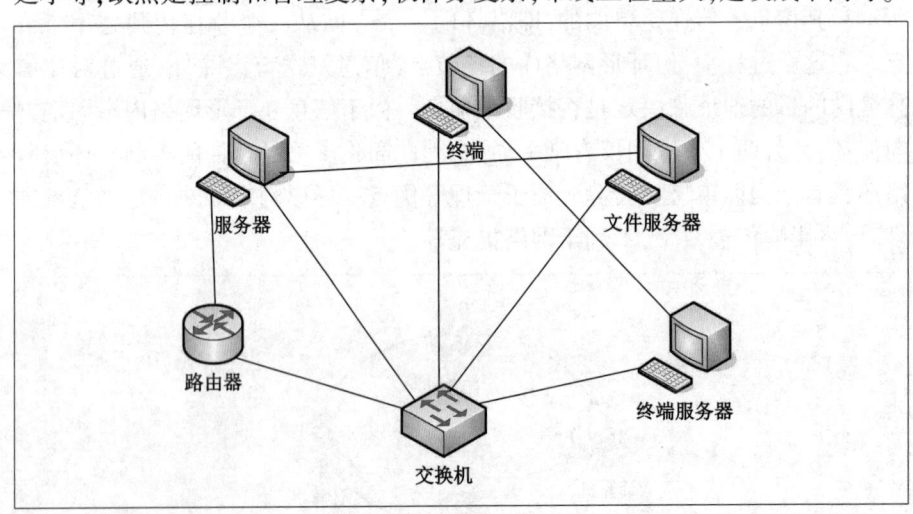

图3.1.6 网状网络拓扑结构

3.按传输介质分类

传输介质是指通信网络中数据发送方和接收方之间的物理媒介。按照传输介质的物理形态,计算机网络可分为有线网和无线网两大类。

有线网络一般采用双绞线、同轴电缆、光纤作传输介质。采用双绞线和同轴电缆连成的网络经济且安装简便,但传输距离相对较短,一般双绞线点到点的通信距离不超过100 m,同轴电缆传输视频信号,细缆不超过200 m,粗缆可达1 000 m;以光纤为介质的网络传输距离远,传输率高,抗干扰能力强,安全好用,但成本稍高,传输距离最远甚至可达到几十千米。

无线网络主要以无线电波或红外线为传输介质,联网方式灵活方便。蜂窝型网络是无线局域网中常用的结构,它以无线传输介质,如微波、卫星、红外线等,以点到点和多点传输为特征,适用于城市网、校园网和企业网。蜂窝型网络由于构成网络覆盖的各通信基地台的信号覆盖呈六边形,从而使整个网络像一个蜂窝而得名,如图3.1.7所示。

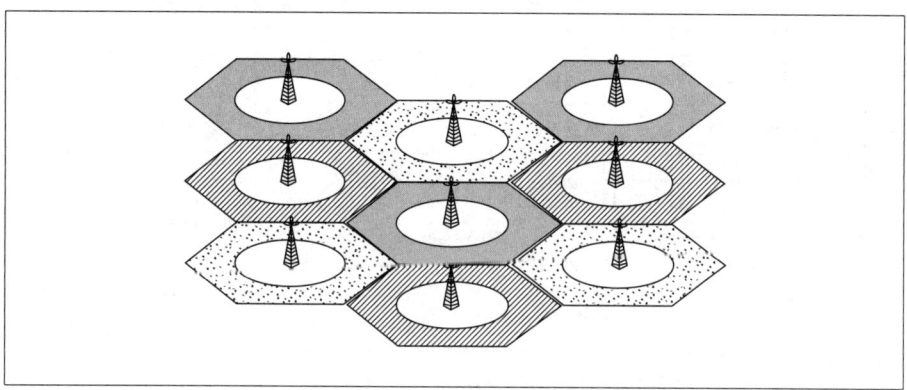

图3.1.7 蜂窝型网络结构

3.1.3 计算机网络体系结构

1. 计算机网络体系结构的基本概念

在计算机网络中,为了完成计算机间的通信合作,把每台计算机互联的功能划分成有明确定义的层次,并规定了同层次进程通信的协议及邻层之间的接口与服务,这些同层次进程间通信的协议及相邻层的接口统称为计算机网络体系结构。

关于计算机网络体系结构目前有两大标准,一是国际标准化组织(International Standards Organization,ISO)提出的开放系统互联参考模型(Open System Interconnection/Reference Model,OSI/RM),它是国际公认的全球标准;另一个是传输控制协议/因特网互联协议(Transmission Control Protocol/Internet Protocol,TCP/IP)参考模型,被称为计算机网络事实上的标准或工业标准。

2. OSI体系结构

OSI具有七个层次的框架,如图3.1.8所示,自底向上分别是物理层、数据链路层、网络层、传输层、会话层、表示层和应用层。

OSI的特点是每个层次的对应实体之间都通过各自的协议通信,各个计算机系统都有相同的层次结构,不同系统的相应层次有相同的功能,同一系统的各层次之间通过接口联系,相邻的两层之间,下层为上层提供服务,同时上层使用下层提供的服务。图3.1.8中的虚线框部分是通信子网,它和网络硬件的关系密切,而且通信手段是一个传一个的连接方式,而从传输层开始向上,不再涉及通信子网的细节,只考虑最终通信者之间的端到端的通信问题。

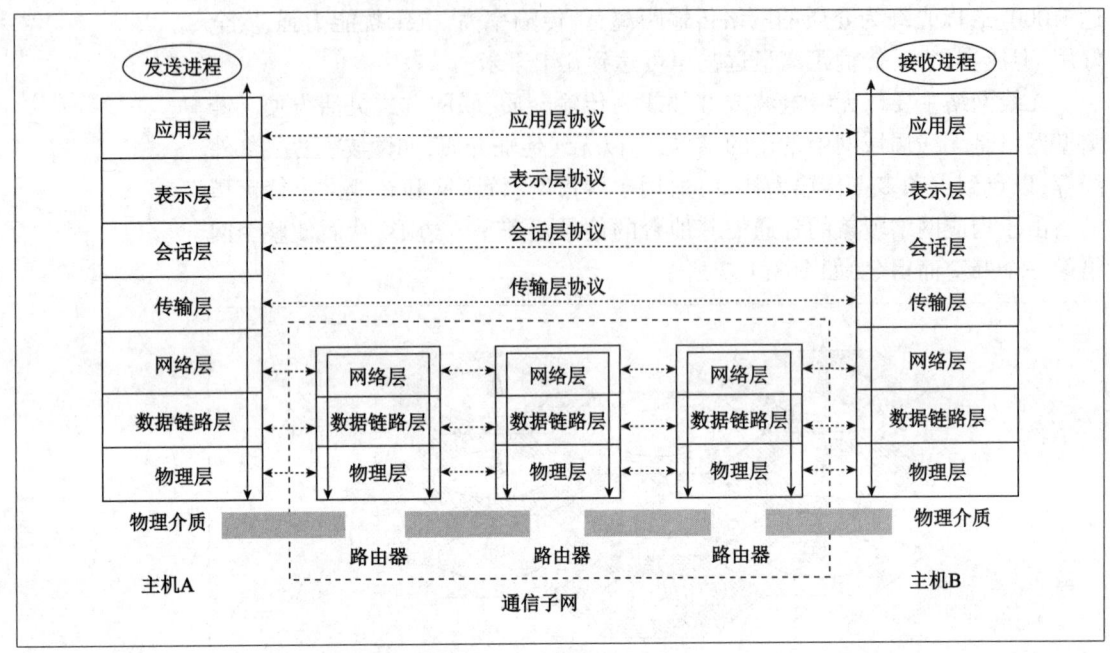

图3.1.8　OSI体系结构示意图

1)物理层(Physical Layer)

物理层定义为传输介质的机械、电气特性,以及物理设备和接口传输数据的过程与功能,实现相邻计算机节点之间比特流的透明传送,尽可能屏蔽掉具体传输介质和物理设备的差异。

2)数据链路层(Data Link Layer)

数据链路层简称链路层,是OSI中极其重要的一层,为网络层提供服务。负责在节点到节点之间可靠地传输以"帧"为单位的数据,也就是走通每一个节点,对线路进行控制管理,把不可靠的线路变成可靠的链路。本层将把物理层传输来的比特流进行分帧,再交给网络层处理。

3)网络层(Network Layer)

网络层是通信子网与用户资源子网之间的接口,负责在源端与目标端之间寻找最佳路径,将本地端发出的分组数据经各种途径送到目的端,所以网络层是控制通信子网、处理端对端数据传输的最底层。网络层的主要功能是路由选择、流量控制、传输确认、中断、差错及故障的恢复等。

4)传输层(Transport Layer)

传输层也叫运输层,负责在源端和目标端之间无差错地传输整个报文。在源端和目标端之间进行差错控制和流量控制,保证将网络层传输的分组形成正确的报文。本层简称端到端的协议,也可以认为本层的功能是找到对方的主机。

传输层下面的物理层、数据链路层和网络层均属于通信子网,可完成有关的通信处理,向传输层提供网络服务。传输层上面的会话层、表示层和应用层完成面向数据处理的功能,并为用户提供与网络之间的接口。因此,传输层在七层网络模型中起到承上启下的作用,是整个网络体系结构中的关键部分,是唯一负责总体数据传输和控制的一层。

5) 会话层(Session Layer)

会话层是在传输层的基础上建立双方主机内部的用户进程(通信实体)之间的逻辑连接,负责两进程之间的报文交换,还负责通信方式的选择。

6) 表示层(Presentation Layer)

表示层负责协议的语法问题,即数据表示的格式与规则问题,包括格式转换、字符转换、加密解密、压缩解压等。OSI 中,表示层以下的各层主要负责数据在网络中传输时不出错,但数据的传输没有出错并不代表数据所表示的信息不会出错,表示层专门负责有关网络中计算机信息表示方式的问题。

7) 应用层(Application Layer)

应用层是用户与网络的界面,为用户提供应用程序,包含系统管理员管理网络服务所涉及的所有问题和基本功能,如文件传送存取和管理协议、虚拟终端协议、简单网络管理协议等。

七层参考模型的功能可以简单概括为,物理层正确利用设备和传输介质,数据链路层走通每个节点,网络层选择最佳路由,传输层找到对方主机,会话层找到真正的对话者,表示层确定用什么语言交流,应用层确定办什么具体的事情。

3. TCP/IP 参考模型

OSI 只是一个理论模型,在实际应用中,主要采用 TCP/IP 参考模型。

TCP/IP 参考模型从更实用的角度出发,形成了高效率的四层体系结构,即主机-网络层(也称网络接口层)、网络层(IP 层)、传输层(TCP 层)和应用层,它把 OSI 冗繁的会话层、表示层、应用层合并为应用层,把数据链路层、物理层合并为网络接口层。图 3.1.9 为 OSI 参考模型和 TCP/IP 参考模型的对应关系。

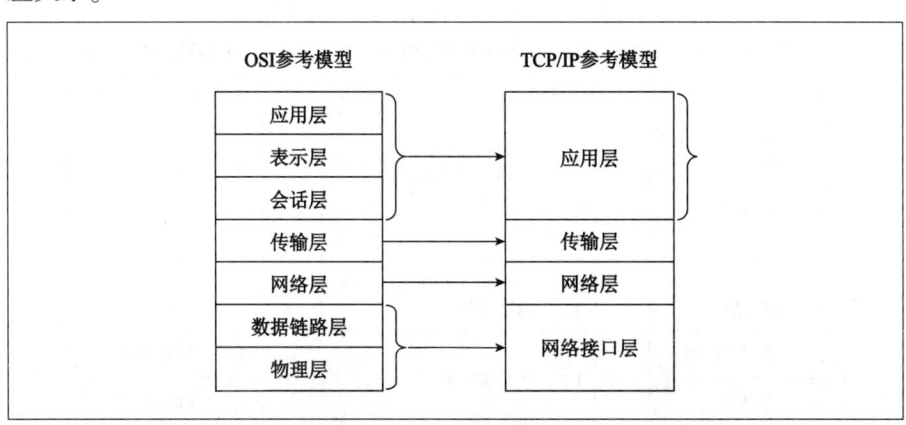

图 3.1.9 OSI 参考模型与 TCP/IP 参考模型的对应关系

1) 网络接口层(Internet Interface Layer)

网络接口层是 TCP/IP 参考模型中的最底层,负责将数据包送至电缆,是实际的网络硬件接口,对应于 OSI 参考模型的物理层和数据链路层。

2) 网络层(Network Layer)

网络层与 OSI 参考模型的网络层相当,是整个 TCP/IP 参考模型的关键部分。网络层的主要功能如下。

(1) 处理来自传输层的分组发送请求。在收到分组发送请求之后,将分组装入 IP 数据报,填充报头,选择好发送路径,然后将数据报发送到相应的网络输出端。

(2) 处理接收的数据报。在接收到其他主机发送的数据报之后,检查目的地址,如需要转发,则选择发送路径,转发出去;如目的地址为本节点 IP 地址,则除去报头,将分组交送传输层处理。

(3) 处理互联的路径选择、流量控制与拥堵问题。

3) 传输层(Transport Layer)

在 TCP/IP 参考模型中,传输层是第三层,也称为应用程序到应用程序层,与 OSI 参考模型体系结构的传输层类似,主要负责应用程序到应用程序之间的端对端通信。传输层的主要功能是在互联网中源主机与目的主机的对等实体间建立用于会话的端对端连接。传输层主要有两个协议,即传输控制协议(TCP)和用户数据报协议(User Datagram Protocol,UDP)。

4) 应用层(Application Layer)

应用层是 TCP/IP 参考模型中的最高层,包括了所有高层协议,并且总是不断有新的协议加入。

4. 五层协议体系结构

OSI 的七层协议体系结构的概念清楚,理论也较完整,但并不实用。TCP/IP 是一个四层的体系结构,已得到广泛的应用。为了便于对各层次的功能进行分类,在实际使用时,对 TCP/IP 参考模型做了更进一步的划分,成为五层协议体系结构。OSI 体系结构、TCP/IP 体系结构及五层协议体系结构的对应关系,如图 3.1.10 所示。

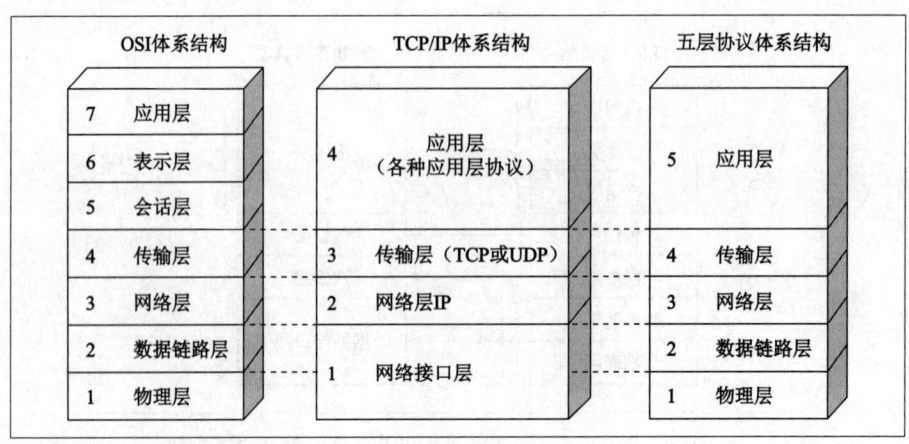

图 3.1.10 OSI 体系结构、TCP/IP 体系结构及五层协议体系结构的对应关系

单元3.2 通信系统基础知识

3.2.1 通信系统的定义与组成

通信就是把信息从一地向另一地传输,完成信息的传递和交换。通信系统一般由发送端(信源、发送设备)、信道(传输媒介)和接收端(接收设备、信宿)等组成,一般通信系统的组成框图如图3.2.1所示。

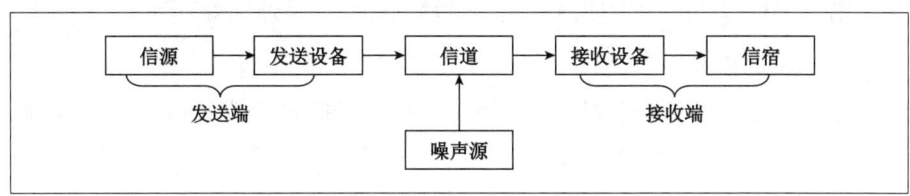

图3.2.1 一般通信系统的组成框图

信源是指信息源,信息的发送者;发送设备与接收设备对信号进行相应的处理,又称为通信设备;信道是信号传输的通路,其作用是将来自发送端的信号发送到接收端,传输介质有双绞线、同轴电缆、光导纤维、无线信道等;信宿与信源相对应,对传输过来的电信号进行还原。噪声源是在信息传输过程中,信号受到的各种干扰。

通信过程是来自信源的消息(语音、文字、图像或数据)在发送端先由末端设备(如电话机、电传打字机、传真机等)变换成电信号,然后经发送设备编码、调制、放大并发射后,把基带信号变换成适合在传输媒介中传输的形式;经传输媒介传输,在接收端经接收设备进行反变换恢复成消息,提供给接收者。

3.2.2 通信系统的分类

按照不同的条件,通信系统有不同的分类方式,如按照通信业务、调制方式、信号特征、传输媒介、工作波段、信号复用方式等分类。

1.按通信业务分类

通信系统按通信业务分为话务通信和非话务通信。话务即电话业务,它在电信领域中一直占主导地位。近年来,非话务通信发展迅速。非话务通信主要有分组数据业务、计算机通信、数据库检索、电子信箱、电子数据交换、传真存储转发、可视图文、会议电视及图像通信等。由于话务通信最为发达,因而其他通信常常借助于公共的电话通信系统进行。综合业务数字通信网中各种用途的消息都能在一个统一的通信网中传输。此外,还有遥测、遥控、遥信和遥调等控制通信业务。

2.按调制方式分类

通信系统根据是否采用调制,可以分为基带传输和频带(调制)传输。基带传输是将未经调制的信号直接传送,如音频市内电话。频带传输是对各种信号调制后进行传输。

3. 按信号特征分类

通信系统按照信道中所传输的是模拟信号还是数字信号,相应地分成模拟通信系统和数字通信系统。

4. 按传输媒介分类

通信系统按传输媒介可分为有线通信系统和无线通信系统两大类。有线通信以传输线缆作为传输的媒介,包括电缆通信、光纤通信等;无线通信通过无线电波在自由空间中传播信息,包括微波通信、卫星通信等。

5. 按工作波段分类

通信系统按通信设备的工作频率(波段)不同,可分为长波通信、中波通信、短波通信、远红外线通信等。

6. 按信号复用方式分类

传输多路信号有三种复用方式,即频分复用、时分复用、码分复用。频分复用是用频谱搬移的方法使不同信号占据不同的频率范围;时分复用是用抽样或脉冲调制方法使不同信号占据不同的时间区间;码分复用是用互相正交的码型来区分多路信号。传统的模拟通信中大都采用频分复用,如广播通信。随着数字通信技术的发展,时分复用通信系统得到了广泛的应用。码分复用在现代通信系统中也获得了广泛的应用,如卫星通信系统、移动通信系统等。

3.2.3 通信方式分类

通信系统的通信方式,从不同角度有不同的分类方法,如按消息传送的方向与时间分类、按数字信号排序方式分类、按通信网络形式分类等。

1. 按消息传送的方向与时间分类

对于点对点之间的通信,按消息传送的方向与时间,通信方式可分为单工通信、半双工通信及全双工通信三种,如图3.2.2所示。

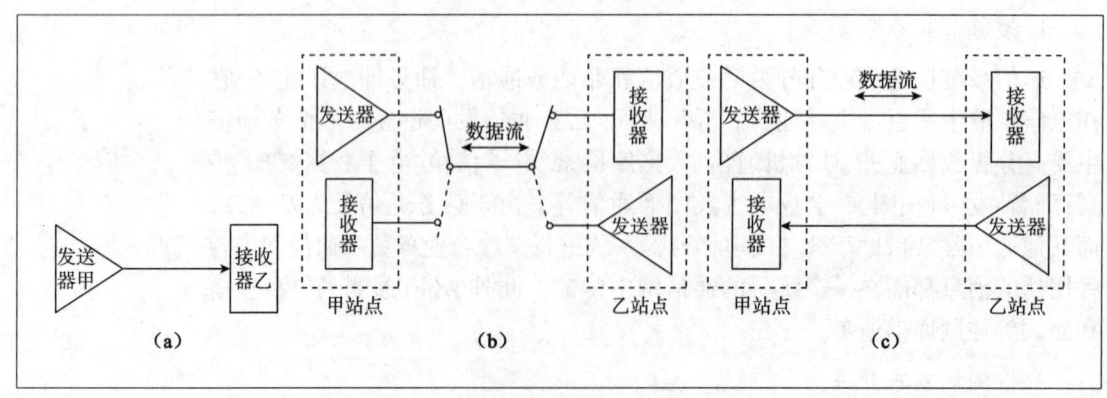

图3.2.2 按消息传送的方向与时间分类
(a)单工通信;(b)半双工通信;(c)全双工通信

单工通信是指消息只能单方向进行传输的一种通信方式,其中一边只能发送,另一边只能接收,如广播、遥控、无线寻呼等。

半双工通信方式是指通信双方都能收发消息,但不能同时进行收和发的工作方式,如对讲机、收发报机等。

全双工通信是指通信双方可同时进行双向传输消息的工作方式,即双方都可同时进行收发消息,如普通电话、手机等。

2. 按数字信号排序方式分类

在数字通信中,按数字信号排序的方式,可将通信方式分为串行通信和并行通信。只使用一个传输信道,按位串行排列成数据流,如图 3.2.3(a)所示,称为串行通信。数据的每一位各占用一条信道,即数据的每一位放在多条并行的信道上同时传送,如图 3.2.3(b)所示,称为并行通信。并行通信的速率高于串行通信,但并行通信的线路多,比串行通信的成本高;一般串行通信适用于长距离传输,并行通信适用于短距离传输。

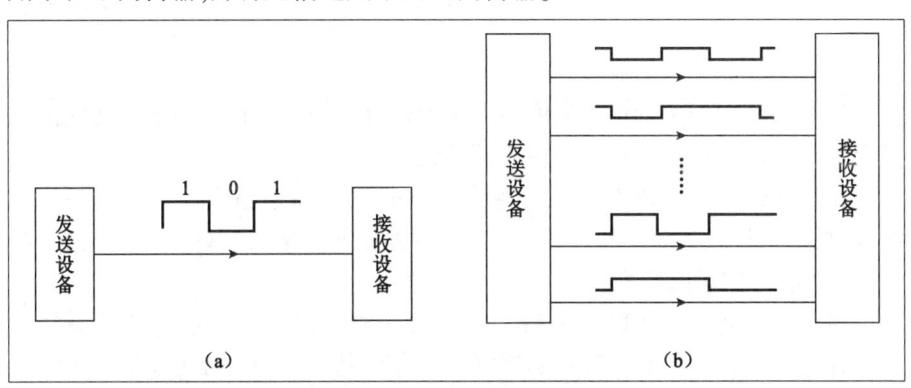

图 3.2.3　按数字信号排序方式分类
(a)串行通信;(b)并行通信

3. 按通信网络形式分类

按通信网络形式,通信方式通常可分为直通方式、分支方式和交换方式三种。直通方式是通信网络中最为简单的一种通信方式,终端 A 与终端 B 之间的线路是专用的;分支方式是多个终端经过转接站相互连接,此时,终端之间不能直通信息,必须经过转接站转接;交换方式是终端之间通过交换设备灵活地进行线路交换的一种通信方式,即把要求通信的两终端之间的线路接通(自动接通),或者通过程序控制实现消息交换,即通过交换设备先把发送方来的消息储存起来,然后再转发至接收方。这种消息转发可以是实时的,也可以是延时的。

3.2.4　高速公路通信系统构成

高速公路通信系统遵循"统筹规划、统一标准、联网运行、分级管理、逐步完善"的原则,实现省(自治区、直辖市)内通信系统的互联互通,为高速公路使用者和管理者提供大容量网络传输平台和高质量语音、数据、图像等信息交换服务。

1. 高速公路通信系统管理架构

在省域范围内,通信系统管理架构应与省(自治区、直辖市)联网收费系统、监控系统管理架构综合考虑,一般采用"省级通信中心—路段通信分中心—基层无人通信站"三级管理架构,如图3.2.4所示。

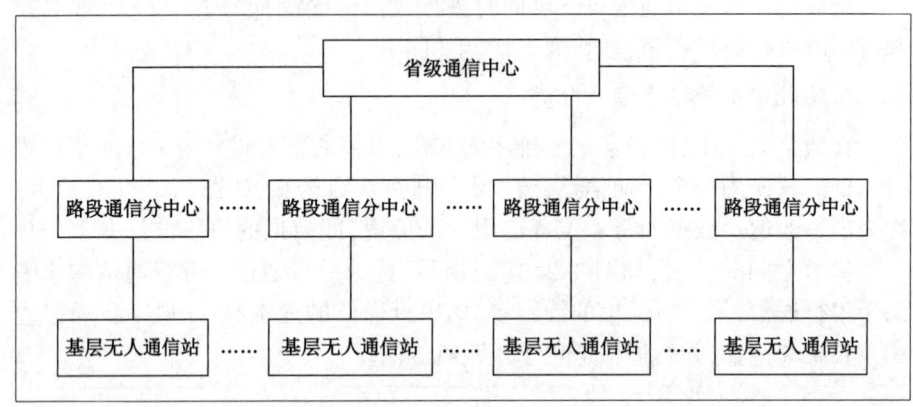

图3.2.4 通信系统管理架构

省级通信中心负责组织调度各路段通信分中心与省级通信中心之间的信息交换,一般与省级收费、监控中心同址设置。

路段通信分中心负责路段内通信业务的汇集和相邻路段通信业务的交换,并按要求接入省域干线传输网,实现与省级通信中心联网,一般与路段收费、监控分中心同址设置。

基层无人通信站能以无人值守的方式完成路段内基础信息的传输和接入,与高速公路沿线的收费站、隧道管理站、服务区、养护工区等同址设置。

2. 高速公路通信系统组成

高速公路通信系统由传输网系统,业务网系统,支撑网系统,通信光、电缆,通信电源系统,通信管道等组成。

1) 传输网系统

传输网系统由省域干线传输网(简称"干线网")和路段接入网(简称"接入网")两层传输系统组成。

省域干线网实现各路段通信分中心与省级通信中心之间的通信,能有效地覆盖全省(自治区、直辖市)高速公路网,为全路网的语音、数据、图像等综合业务信息提供高速传输通道。干线网一般采用同步数字体系/多业务传送平台(Synchronous Digital Hierarchy/Multi-Service Transport Platform,SDH/MSTP)系统组件,或基于SDH的智能光网络。干线网一般采用环形、网状网络拓扑结构;边缘支链部分采用链形、树形网络拓扑结构。干线网一般采用1 550 nm或1 310 nm工作波长。

路段接入网是在路段内将语音、数据、图像等各种管理业务信息进行传输的实体。接入网的传输制式应与干线网的技术体制相适应,一般采用SDH/MSTP综合业务接入网,或PTN分组传输网、以太网等技术。综合业务接入网由设置在路段通信分中心的光纤线路终端(Optical Line Terminal,OLT)设备、基层无人通信站光纤网络单元(Optical Network Unit,ONU)设备及相应的维护设备组成;综合业务接入网根据站址的分布情况组成自愈环、相切环及环带链网络结构。

2)业务网系统

按照承载业务功能,高速公路业务网系统由语音业务网、数据传输网、图像传输网、会议电视网、呼叫服务中心、紧急电话系统、有线广播系统、无线通信系统等组成。

(1)语音业务网。

语音业务网即电话交换网,由本地电话网、省域长途电话网及交通运输部省际长途电话网三级体系构成。省级通信中心设置一级交换中心,主要职能是转接本地网的长途终端话务,以及省际长途来去话务。本地网主要负责本局所辖范围内的终端话务交换和出入市话交换,以及部分局间话务交换。主要完成高速公路通信网内业务电话、指令电话和传真等业务。网内数字程控交换机均采用 E1(2 Mbit/s)数字中继接口,局间信令采用 No.7 信令方式。

(2)数据传输网。

数据传输网主要为高速公路监控数据、收费数据、养护信息数据、路政信息数据、办公自动化数据,以及公路网运行监测与服务数据、交通信息化数据等数据业务提供传输通路。

(3)图像传输网。

高速公路图像(闭路电视)传输网从应用上主要包括交通监控图像传输系统和收费图像传输系统。从传输层次划分,包括外场摄像机至路段监控、收费分中心,以及路段监控、收费分中心至省级监控中心两层。省域视频联网系统应在省级中心与各路段分中心间建立标准信令控制、视音频传输、网管控制传输通道,各类信息交互应遵循统一的通信协议。数字压缩图像采用国际视频编码标准 ITU-T H.264。

(4)会议电视网。

高速公路会议电视网由全省(自治区、直辖市)统一规划设置,由省级会议电视系统和路段会议电视系统构成。省级中心设主会场,配置多点控制单元(Multipoint Control Unit,MCU)和会议终端设备;路段分中心设分会场,配置会议终端设备,各终端通过 10 M/100 M 以太网传输通道接入 MCU,构建省级会议电视系统。

路段内可设置路段会议电视系统,路段分中心设主会场,配置 MCU 和会议终端设备;收费站、隧道管理站、桥梁管理所等基层管理单元设分会场,配置会议终端设备,各终端通过 10 M/100 M 以太网传输通道接入 MCU,构建路段会议电视系统。同时,路段分中心 MCU 与省级中心 MCU 应能进行级联组网和控制,实现全省会议电视的召开。

会议电视系统在逻辑上主要由用户接入层、交换层和支撑层三大部分组成。用户接入层由会议终端和传输通道组成,其他会场设备包括视频输入输出设备、音频输入输出设备等;交换层主要包括 MCU 和多用户网守;支撑层由计算机终端及业务和资源管理、网络管理软件等组成。会议电视系统采用

ITU-T H.323 及国家标准、通信行业相关标准组建,能兼容 ITU-T H.320 标准,会议电视视频采用 H.264 编码格式,图像分辨率应不低于 720 p。

(5)呼叫服务中心。

高速公路呼叫服务中心由全省(自治区、直辖市)统一规划设置,省(自治区、直辖市)内采用统一的高速公路救援电话号码。

高速公路呼叫服务中心采用省级呼叫服务中心、路段呼叫服务分中心两级结构。省级呼叫服务中心设置排队机(Automatic Call Distribution,ACD)/用户交换机(Private Branch Exchange,PBX)或软交换服务器;路段呼叫服务分中心设置远端座席,通过 10 M/100 M 以太网传输通道接入省级呼叫服务中心。根据实际需要,路段分中心也可设置独立的呼叫服务分中心,配置排队机(ACD)/用户交换机(PBX)或软交换服务器,并应能与省级呼叫服务中心协同工作,实现高速公路车辆救援服务、信息发布等功能。呼叫服务中心体系架构如图 3.2.5 所示,由呼叫请求、呼叫中心客服系统及后台支撑系统组成。

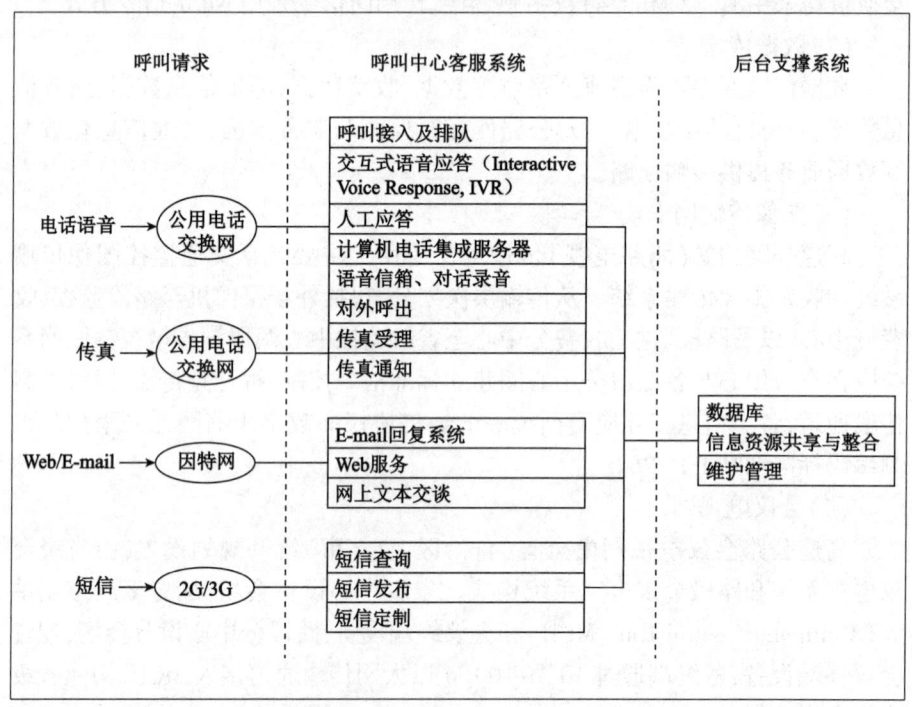

图 3.2.5 呼叫服务中心体系架构

(6)紧急电话系统。

紧急电话系统包括紧急电话主控设备、紧急电话分机和传输介质等。紧急电话主控设备设置在路段监控分中心或隧道管理站、桥梁管理所;高速公路两侧应合理设置紧急电话分机,在每个避险车道处应设置一部紧急电话分机。

(7)有线广播系统。

有线广播系统包括有线广播主控设备、功放设备、扬声器和传输介质等。有线广播主控设备设置在路段监控分中心或隧道管理站、桥梁管理所,一般与紧急电话主控设备共用一套软硬件平台;高速公路沿线应合理设置有线广播系统。

(8)无线通信系统。

高速公路无线通信系统是高速公路通信网的重要组成部分,是高速公路范围内实现宽带无线接入的支撑系统。主要业务包括车辆的自动识别,电子不停车收费,道路、桥梁、隧道等基础设施监测,车辆与路侧系统的数据交互等。

3)支撑网系统

高速公路通信系统支撑网系统由同步网、公共信令网、网络管理网组成。

(1)同步网。

高速公路同步网采用分布式多基准钟控制的组网方式,同步区原则上按照省(自治区、直辖市)来划分,各同步区内采用主从同步方式;同步基准分配的主体架构为分层定时平台的结构,网络结构如图3.2.6所示。全国基准时钟(Primary Reference Clock,PRC)为省际高速公路通信网提供同步源;在省内设置区域基准时钟(Local Primary Reference,LPR),为省内高速公路干线通信网提供同步源,构成省内定时平台;在路段内通信网设置同步供给单元(Synchronization Supply Unit,SSU),为路段内接入同步源,构成本地定时平台,路段内通信网从本地定时平台上获取同步信号。同步网系统作为时间同步源为高速公路监控、收费等系统提供时间同步服务,时间同步源相对精度为100～1 000 ms。

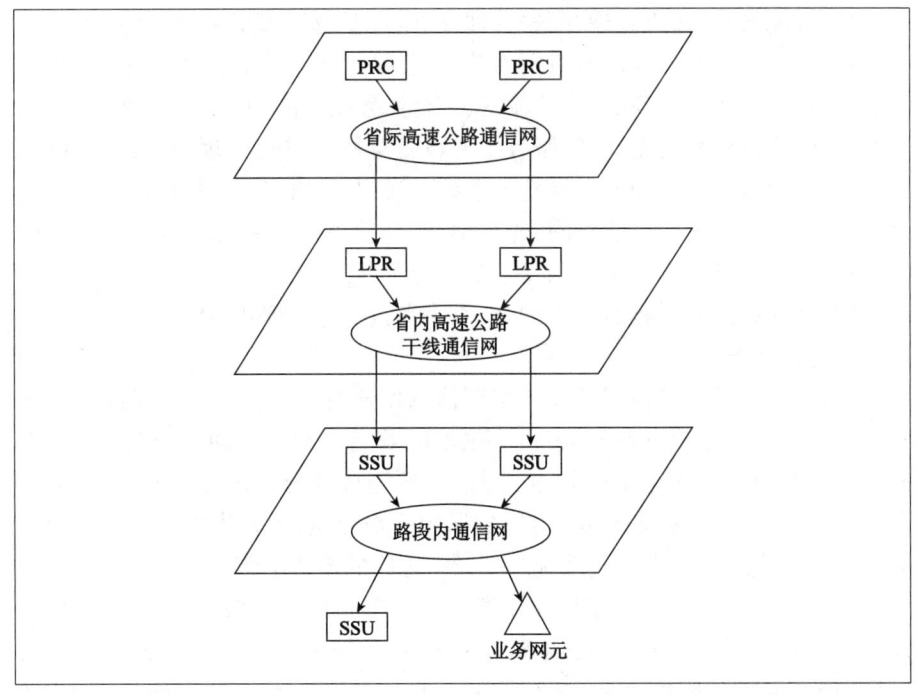

图3.2.6　高速公路同步网网络结构

(2)公共信令网。

公共信令网采用No.7信令方式,由信令转接点(Signalling Transfer Point,STP)、信令点(Signalling Point,SP)和信令链路组成。No.7信令网主要完成省域长途电话网及省际长途电话网的自动、半自动电话接续。No.7 信令网的网络等级分为省级通信中心及信令点集中的分中心设置 STP 和路段通信分中心设置 SP 两级。

省级通信中心 STP 与备份 STP 之间应设置两条信令链路,并尽可能分配在完全分开的物理路由上;SP 至省级通信中心 STP、备份 STP 之间可各设置一条信令链路,采用固定连接方式,两条信令链路组间采用负荷分担的方式工作;两个 SP 之间在话务量足够大时,可设置直达信令链路,此时应包括两条信令链路。信令网结构示意图如图 3.2.7 所示。STP 设备信令链路数量应不小于 256 条,信令处理能力不小于 40 000 消息/s。

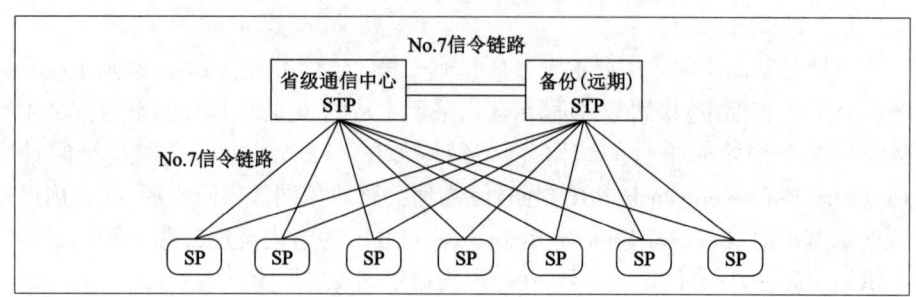

图 3.2.7　信令网结构示意图

(3)网络管理网。

网络管理网实现对网络、设备、业务的运行状态、性能进行监视、监测和控制,具有性能管理、故障管理、配置管理、统计管理、安全管理等五项功能。

网络管理网分为路段、省级网络管理网;路段通信分中心设置网元级管理系统,对所辖的程控交换机、光传输网、综合业务接入网、通信电源、紧急电话、有线广播、会议电视设备、呼叫服务中心设备等网元进行管理;省级通信中心设置子网级管理系统,与网元级管理系统互联,对省内多厂家提供的子网级管理系统互联,对省内语音业务网、光传输网、通信电源、时钟同步网络、会议电视设备、呼叫服务中心设备及网管系统进行管理,即通过一套网管软硬件管理平台对互联的不同网络运行、维护、操作等实施各种管理和控制。

4)通信光、电缆

通信光、电缆为传输网及业务网等信息传输提供传输介质。光缆线路是指通信站内光缆终端设备到相邻通信站的光缆终端设备之间的光缆路由及由外场设备至通信站的光缆路由,由光缆、光纤连接及分歧设备构成,用于通信网络(干线网、接入网)和外场图像、数据的传输介质,可分为主干光缆和辅助光缆。电缆线路主要指通信系统终端设备之间的连接电缆。

光传输网中使用单模光纤,短距离通信选用 1 310 nm 波长,长距离通信选用 1 550 nm 波长。光缆采用管道敷设方式,特殊情况可采用直埋或架空方式,光缆中光纤数量的配置应充分考虑联网需求、网络冗余要求、未来预期等因素。

5)通信电源系统

通信电源系统由交流供电系统、直流供电系统、防雷接地系统、电源管理系统等构成。交流供电系统采用不间断电源(UPS)供电系统对通信网络中的各种网管、维护和计费等终端及其他必要设备提供不间断交流电;直流供电系统是通信站用直流基础电源电压-48 V,为传输、接入及程控交换等通信设备提供直流电。电源管理系统对通信电源设备、通信机房的环境等进行智能集中监控,实现对通信电源的遥控、遥测、遥信功能。

交流电源由市电和自备发电机电源组成,直流电源由整流配电设备和蓄电池组成,对通信设备采用集中的供电方式供电。

6)通信管道

高速公路通信管道主要由主干管道、分歧管道、人(手)孔及其他辅助性材料等组成,为高速公路机电工程、交通信息化敷设光缆和信号电缆的设施。

通信管道为隐蔽工程,与主体工程同步建设;高速公路整体式路基段的通信管道敷设位置优先选择在中央分隔带下,也可选择路肩、边坡、护坡道等位置,同时应与路基路面排水设施、绿化、安全设施等协调配合;高速公路分离式路基段的干线通信管道路由宜选择在上、下行路基一侧;隧道通信电缆沟设置在隧道左、右洞行车方向的右侧;通信管道的中心线应平行于道路中线。高速公路干线通信管道容量,一般四车道建2个公路交通专用管道,2个备用管道;六、八车道及以上配3个专用管道,3个备用管道;备用管道为国家高速公路通信系统干线联网及远期扩容专用。

管道设置在中央分隔带时,管道埋深(管道顶部高程至中央分隔带表面设计高程之间的距离)不小于0.6 m;管道设置在土路肩或道路排水沟两侧时,土质地段不小于0.6 m,石质地段不小于0.4 m,并用水泥砂浆封沟;管道横穿道路时,应设置保护防尘罩,埋深不小于0.7 m;通信管道埋设在护栏柱埋深以下时,通信管道顶部至护栏底部的间距不小于15 cm。

通信管道的段长设置:采用牵引法敷设光(电)缆时,干线通信管道的段长不大于160 m;在匝道的小半径路段,不大于120 m;采用气吹法敷设时,管道段长不大于1 200 m。

3.高速公路通信系统特点

1)专用性强

高速公路通信系统属于高速公路专用系统,范围仅限于高速公路内部,专用性强。

2)技术领先

高速公路通信系统中所选用的光传输和交换等设备,采用了最新的计算机及通信技术,技术上具有先进性。

3)开放性

高速公路通信系统采用的是目前国际上通行的标准接口和协议,具有开放性,能与其他有相同标准和接口的设备互联,兼容性较好。

4)网络结构较复杂

随着高速公路网的逐步建设和完善,高速公路通信系统也将随着路网结构形成一个自己的专有通信网络。网络结构基本上以省级通信中心为核心,以高速公路各通信站点(收费站、服务区等)为链状分支结构,由于路网的复杂从而形成了高速公路通信系统网络结构的复杂性。

5)业务类型丰富、通信方式多样

高速公路通信系统需承载的业务类型丰富,业务种类包括语音、数据、视频、图像及电视电话会议等。如今,语音通信占高速公路整个业务量的比重已很小,大部分业务为数据、图像和视频,针对不同的业务,高速公路通信系统所采用的通信方式有很多,如光纤通信、程控数字电话、移动通信、微波通信和卫星通信等。

6)业务流向为星形分布

高速公路多实行分段管理,各路段内的数据先汇集到各自通信分中心,然后通信分中心再将数据上传到省级通信中心和高速公路管理中心。各通信站点相互之间距离长、业务接入分散。

7)可靠性要求高

高速公路通信系统中对不同类型和等级的业务,相应的可靠性要求也不同。一般来说,语音通话要求实时、延时小和接通率高;指令信号要确保准确、及时;监控视频图像要保证图像传输失真小和实时性高;数据业务传输则要保证数据传输的误码率低,并且能应对突发性的大数据流,其中收费数据还需确保数据传输的连续性;另外,考虑到高速公路特殊的地理和气象地质条件,要求通信系统具有较强的抗干扰、恢复及备份的功能,以便能应用于各种不同的恶劣环境中。

单元 3.3 高速公路通信系统常用通信技术及通信设备

3.3.1 高速公路通信系统常用通信技术

1. 常用通信技术概述

目前常用的通信系统,包括卫星通信系统、移动通信系统、光纤通信系统、程控交换系统等。

1)卫星通信系统

卫星通信就是地球上(包括地面和低层大气中)的无线电通信站间利用卫星作为中继而进行的通信。卫星通信系统由卫星和地球站两部分组成。卫星主要是转发器和天线,并且一颗通信卫星可以有多个转发器,通常这些转发器会共用一部或少量几部天线;地球站主要是大功率的无线电发射机、高灵敏度接收机和高增益天线等,一颗卫星可以与多个地球站进行通信。

卫星通信的特点是通信范围大,只要在卫星发射的电波所覆盖的范围内,从任何两点之间都可进行通信;不易受陆地灾害的影响,可靠性高;只要设置地球站电路即可开通,开通电路迅速;同时可在多处接收,能实现广播、多址通信;电路设置非常灵活,可随时分散过于集中的话务量;同一信道可用于不同方向或不同区间。

2)移动通信系统

移动通信系统主要有蜂窝系统、集群系统、Ad-Hoc(点对点)网络系统、分组无线网、无绳电话系统、无线电传呼系统等。

移动通信系统的特点是必须利用无线电波进行信息传输,通信是在复杂的干扰环境中进行的。

蜂窝系统是覆盖范围最广的陆地公用移动通信系统。在蜂窝系统中,覆盖区域一般被划分为类似蜂窝的多个小区。每个小区内设置固定的基站,为用户提供接入和信息转发服务。移动用户之间、移动用户和非移动用户之间的通信均需通过基站进行。基站一般通过有线线路连接到主要由交换机构成的骨干交换网络。蜂窝系统是一种有连接网络,一旦一个信道被分配给某个用户,通常此信道可一直被此用户使用。

3) 光纤通信系统

光纤通信是利用光导纤维传送光信号的通信方式。光纤通信系统由光发送机、光接收机、光中继器、光纤等组成,如图3.3.1虚线所示。光发送机把电发送机送来的电信号转换成光信号送入光纤,光纤负责光信号的传输,光中继器完成光信号的放大后将其送入下一段光纤继续传输,光接收机接收光纤上传送来的光信号,将光信号转换成电信号。

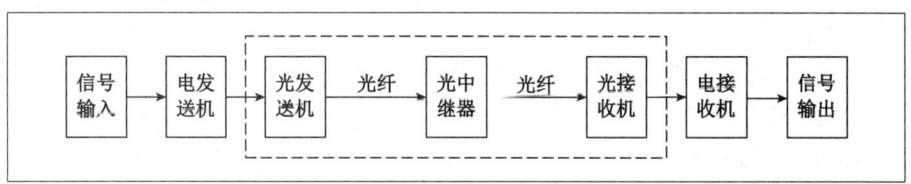

图 3.3.1 光纤通信系统组成

光纤通信优点:光纤是电绝缘的,它可将发送端和接收端隔离;光纤不受电磁辐射的影响,它可以在充满噪声的环境中进行通信而不受电磁波干扰;一条光缆中的多根光纤之间几乎没有相互干扰;光的频率极高,因此有很大的传输带宽,如果能充分开发 $1.3 \sim 1.8\ \mu m$ 波段,则一根光纤将可能传送几亿路数字电话。

4) 程控交换系统

通过电子计算机按预先编制的程序控制接续的自动电话交换机,其全称为存储程序控制电话交换机,通常分为空分程控电话交换机和时分程控电话交换机。空分程控电话交换机是通过交叉点的连通,将某条线上的空隙话音信息传递到另一条线上;时分程控电话交换机是将时分复用线上的某一时隙话音信息传递到另一时分复用线上。时分程控交换机按其传递的话音信号形式,又分为传递脉幅调制信号的模拟时分程控电话交换机和传递脉码调制信号或增量调制信号的数字时分程控电话交换机。

程控电话交换机由硬件和软件组成。硬件包括话路部分、控制部分和输入输出部分。话路部分用于收发电话信号、监视电路状态和完成电路连接,主要包括用户电路、中继电路、交换网络、服务电路(包含收号器、发号器、振铃器、回铃音器、连接器等)、扫描器和驱动器等部件。控制部分用于运行各种程序、处理数据和发出驱动命令,主要包括处理机和主存储器。输入输出部分用于提供维护和管理所需的人机通信接口,主要包括外存储器、键盘、显示器、打印机等部件。

软件包括程序部分和数据部分。程序部分包括操作系统程序和应用程序。操作系统程序用于任务调度、输入输出控制、障碍检测和恢复处理、障碍诊断、命令执行控制等；应用程序用于实施各种电话交换事件与状态处理、硬件资源管理、用户服务类别管理、话务量统计、服务观察、软件维护和自动测试等。数据部分包括系统数据、交换框架数据、局数据、路由数据和用户数据，主要用于表征交换系统特点、电话站及周围环境特点、各用户的服务类别等。

2. 高速公路通信系统通信技术

高速公路通信网从逻辑功能上主要由业务网、传输网和支撑网组成。传输网主要有 SDH、PTN、OTN、ASON 等类型。

1）同步数字体系（SDH）传输网

SDH 是一种传输体制，是由一些 SDH 的网络单元组成的，在光纤上进行同步信息传输、复用和交叉连接的网络。SDH 有全世界统一的网络节点接口，能简化信号的互通；有一套标准化的信息结构等级，规范的数字信号帧结构；有标准的光接口，允许不同厂家的设备互通；有一套特殊的复用结构，具有兼容性和广泛的适应性。

SDH 信号由一个或多个不同阶的同步传送模块（SDM-N）信号组成，其中 N 为正整数，国际标准化 N 的取值为 1、4、16、64、256；高阶模块（STM-N）信号的比特率是基本模块 STM-1 信号速率的 N 倍。SDH 信号的比特率如表 3.3.1 所示。

SDH 信号的比特率 表 3.3.1

同步传送模块	比特率（kbit·s^{-1}）
STM-1	155 520
STM-4	622 080
STM-16	2 488 320
STM-64	9 953 280
STM-256	39 813 120

2）分组传输网（PTN）

PTN 是一种能够面向连接、以分组交换为内核的、承载电信级以太业务为主，兼容传统 TDM（Time Division Multipleing，时分复用）、ATM（Asynchronous Transfer Mode，异步转移模式）等业务的综合传送技术。它是针对分组业务流量的突发性和统计复用传送的要求而设计的，在 IP 业务和底层光传输媒介层之间构建了一个层面，以分组业务为核心，同时秉承光传输的高可靠性、高带宽及服务质量保障的技术优势，以解决城域传输网汇聚层和接入层上 IP RAN 及全业务的接入、传送问题。PTN 的优势如下。

（1）PTN 支持多种基于分组交换业务的双向点对点连接通道，具有适合各种粗细颗粒业务、端到端的组网能力。

（2）提供了更加适用于 IP 业务特性的"柔性"传输管道；点对点连接通道的保护切换可以在 50 ms 内完成，可以实现传输级别的业务保护和恢复。

（3）继承了 SDH 技术的操作、管理和维护机制，具有点对点连接的完整

OAM(Operation,Administration and Maintenance,操作、管理和维护),保证网络具备保护切换、错误检测和通道监控能力;完成了与 IP/MPLS(多协议标签交换)多种方式的互联互通,无缝承载核心 IP 业务。

(4)网管系统可以控制连接信道的建立和设置,实现了差异化业务服务质量的区分和保证,灵活提供 SLA(Service Level Agreement,服务级别协议)等优点。

(5)具有完善的 OAM 机制,精确的故障定位和严格的业务隔离功能,最大限度地管理和利用光纤资源,保证了业务安全性,在结合 GMPLS(通用多协议标志交换协议)后,可实现资源的自动配置及网状网的高生存性。

3)光传输网(Optical Transport Network,OTN)

OTN 是以波分复用(Wavelength Division Multiplexing,WDM)技术为基础、在光层组织网络的传输网,是新一代的骨干传输网。OTN 与传统 SDH 传输网的区别在于在 SDH 传输网的电复用段层和物理层之间加入光层,这样客户层业务是以光波的形式在光网络上复用、传输、选路等,实现光域上的分插复用和交叉连接,为客户信号提供有效和可靠的传输。OTN 主要优势如下。

(1)可提供多种客户信号的封装和透明传输。支持多种客户信号的映射和透明传输,如 SDH、ATM 和以太网等。

(2)大颗粒的带宽复用和交叉调度能力。电层带宽粒子为光路数据单元,以波长作为光层的带宽粒子,使得复用和交叉的粒子比较大,可以进一步提高传输效率。

(3)提供强大的保护恢复能力。OTN 采用光层和光链路保护相结合的方式,可有效保护网络,而自愈环网技术的加入使 OTN 能够在故障时完成自动恢复。

(4)强大的开销和维护管理能力。除了提供类似于 SDH 的开销管理功能,还可以提供串联监控(Tandem Connection Monitoring,TCM)等功能,使 OTN 在组网时可以通过端到端、多频段组合的方式监控网络性能。

(5)增强了组网能力。OTN 技术引入了具有可重构功能的光分插复用器,大大提高了其组网能力。

4)智能光网络(ASON)

ASON 的概念是国际电信联盟在 2000 年 3 月提出的,基本设想是在光传输网中引入控制平面,以实现网络资源的按需分配,从而实现光网络的智能化。智能光网络也称自动交换光网络,是一种具有灵活性、高可扩展性的,能够在光层上按用户请求自动进行光路连接的光网络基础设施。它不仅能够为客户提供更快、更灵活的组网方式和对新业务提供支持,还能够提供多厂家、多运营商的互操作环境和网络保护与智能管理能力。

ASON 包括传送平面、控制平面和管理平面。控制平面是 ASON 的核心,与现有光网络相比,ASON 可实现光层的动态业务分配,缩短了业务提供时间,提高了网络资源的利用率;具有端到端的网络监控保护、恢复能力,使网络可根据客户层信号的业务等级来决定所需要的保护等级;具有分布式处理能力,实现控制平台与传送平台的独立,使所传送的客户信息的速率和采用的协议彼此独立,可支持多种客户层信号。

3.3.2　高速公路通信系统主要通信设备及技术要求

1. 交换机

交换机其实是一种开关，用于将电信号转换成网络信号，可以接入任何两个网络节点，并且提供专门的电信号通路。交换机工作在 OSI 参考模型的数据链路层的 MAC(Medium Access Control，介质访问控制)子层，在以太网交换机上有许多高速端口，这些端口分别连接不同的局域网网段或单台设备，以太网交换机负责在这些端口之间转发帧。

1) 交换机工作流程

(1) 当交换机从某个端口收到一个数据包时，它先读取包头中的源 MAC 地址，从而得知源 MAC 地址的机器是连在哪个端口上的，如果源 MAC 地址不在转发表中，就在转发表中登记 MAC 地址对应端口。

(2) 读取包头中的目的 MAC 地址，并在地址表中查找相应的端口。

(3) 如果表中有与该目的 MAC 地址对应的端口，就把数据包直接复制到该端口上。

(4) 如果表中找不到相应的端口则把数据包广播到所有端口上，当目的机器对源机器回应时，交换机又可以学习到一个目的 MAC 地址与哪个端口对应。在下次传送数据时就不再需要对所有端口进行广播了，不断地循环这个过程，对于全网的 MAC 地址信息都可以学习到。二层交换机就这样建立和维护其转发表。

2) 交换机的数据交换模式

交换机的数据交换模式有直通转发、存储转发、准直通转发及智能交换。

(1) 直通转发模式是指交换机在输入端口收到一帧，立即检查该帧的帧头，获取目的 MAC 地址，查找自己内部的转发表，找到相应的输出端口，在输入和输出的交叉处接通，数据被直通到输出端口。直通转发模式如图 3.3.2 所示。

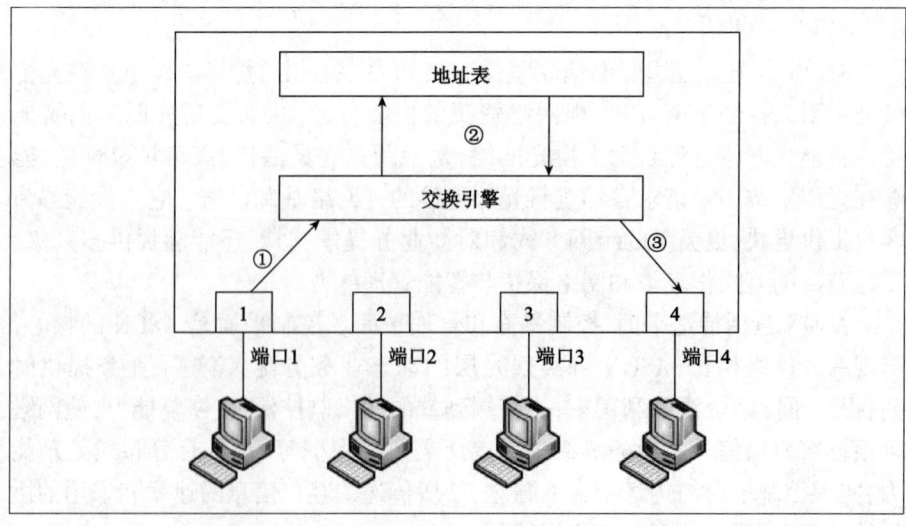

图 3.3.2　直通转发模式

（2）存储转发模式是指交换机将输入的帧缓存起来，首先校验该帧是否正确，如果不正确，则将该帧丢弃，如果该帧是长度小于64字节的残缺帧也将它丢弃，只有该帧校验正确，且是有效帧，才取出目的MAC地址，查转发表，找出其对应的端口并将该帧发送到该端口。存储转发模式的优点是能进行错误检测，并且由于缓存整个帧，能支持不同速度端口之间的数据交换；其缺点是时延较大。

（3）准直通转发模式是指只转发长度至少为512 bit(64字节)的帧。由于所有残帧的长度都小于512 bit，因此该转发模式自然也就避免了残帧的转发。

（4）智能交换模式是指交换机能够根据所监控网络中错误包传输的数量，自动智能地改变转发模式，如果堆栈发觉每秒错误少于20个，将自动采用直通转发模式，如果堆栈发觉每秒错误大于20个，将自动采用存储转发模式，直到返回的错误数量每秒低于20个时，再切换回直通转发模式。

3) 三层交换机

三层交换机和路由器同在网络层工作。三层交换机除了具有二层交换机的功能，还具有路由的功能。不过三层交换机仅具有路由器的路由功能，不具有路由器的其他功能，因此，三层交换机不能代替路由器，但三层交换机的路由速度较快。

三层交换机可以看作路由器的简化版，是为了加快路由速度而出现的一种网络设备。路由器的功能虽然非常完备，但完备的功能使得路由器的运行速度变慢，而三层交换机则将路由工作接过来，并改为由硬件来处理（路由器是由软件来处理路由的），从而达到了加快路由速度的目的。因此，三层交换技术就是二层交换技术 + 三层路由转发技术。

在传统网络中，路由器实现了广播域隔离，同时提供了不同网段之间的通信，如图3.3.3所示，3个IP子网分别为由C类IP地址构成的网段，根据IP网络通信规则，只有通过路由器才能使3个网段相互访问，即实现路由转发功能。传统路由器是依靠软件实现路由功能的，同时提供了很多附加功能，因此分组交换速度较慢。若用二层交换机替换路由器，将其改造为交换式局域网，不同子网之间又无法访问，只有重新设定子网掩码，扩大子网范围，如图3.3.3所示的子网，只要将子网掩码改为255.255.0.0，就能实现相互访问，但同时又产生新的问题：逻辑网段过大、广播域较大、所有设备需要重新设置。若引入三层交换机，并基于IP地址划分VLAN(Virtual Local Area Network，虚拟局域网)，既可以实现广播域的控制，又可以解决网段划分之后网段中子网必须依赖路由器进行管理的局面，既解决了传统路由器低速、复杂所造成的网络瓶颈问题，又实现了子网之间的互访，提高了网络的性能。

2. 路由器

路由选择指网络中的节点根据通信网络的情况（可用的数据链路、各条链路中的信息流量等），按照一定的策略（传输时间、传输路径最短），选择一条可用的传输路径，把信息发往目的地。路由器就是具有路由选择功能的设备，它工作于网络层，从事不同网络之间的数据包的存储和分组转发，是用于连接多个逻辑上分开的网络（所谓逻辑网络是代表一个单独的网络或者一个子网）的网络设备。

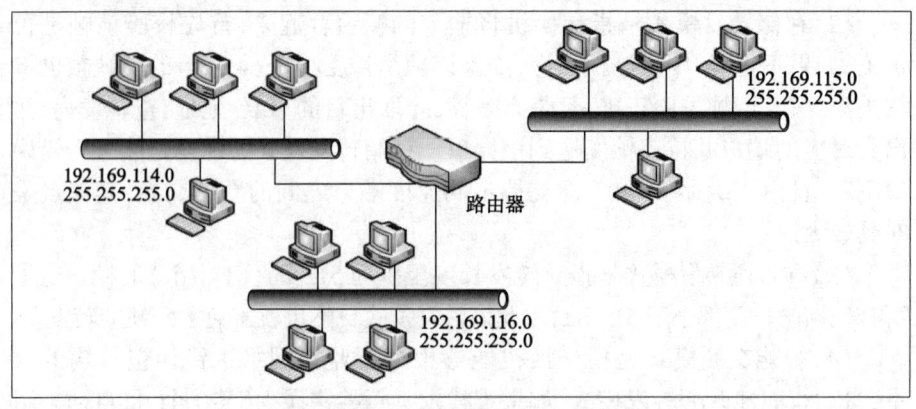

图 3.3.3 传统以路由器为中心的网络结构

按照不同的条件,路由器可分为不同的类型,按性能档次可分为高端路由器(背板交换能力大于 40 Gbit/s)、中端路由器(背板交换能力为 25～40 Gbit/s)和低端路由器(背板交换能力小于 25 Gbit/s)。按结构分为模块化路由器和非模块化路由器。按网络位置分为:核心层(骨干级)路由器,位于网络中心,要求高速可靠(热备份/双电源/双数据通路等),用于实现企业级网络的互联;分发层(企业级)路由器,中大型企业和因特网服务供应商(Internet Service Provider,ISP)或分级系统中的中级系统;访问层(接入级)路由器,位于网络边缘,应用最广泛,主要用于中小企业和大型企业分支机构中。按功能分为通用路由器和专用路由器。

在互联网络中,路由器的功能类似邮局。它负责接收本地网络的所有 IP 数据报,然后再根据它们的目的 IP 地址,将它们转发到目的网络。当到达目的网络后,再由目的网络传输给目的主机。

与交换机类似,路由器当中也有一张非常重要的表——路由表。路由表用来存放目的地址及如何到达目的地址的信息。互联网包含成千上万台计算机,如果每张路由表都存放到达所有目的主机的信息,不但需要巨大的内存资源,而且需要很长的路由表查询时间,这显然是不可能的。所以路由表中存放的不是目的主机的 IP 地址,而是目的网络的网络地址。当 IP 数据报到达目的网络后,再由目的网络传输给目的主机。

一个通用的 IP 路由表通常包含许多(M,N,R)三元组。M 表示子网掩码,N 表示目的网络地址(注意是网络地址,不是网络上普通主机的 IP 地址),R 表示到网络 N 路径上的"下一个"路由器的 IP 地址。图 3.3.4 显示了用 3 台路由器互联 4 个子网的简单实例。

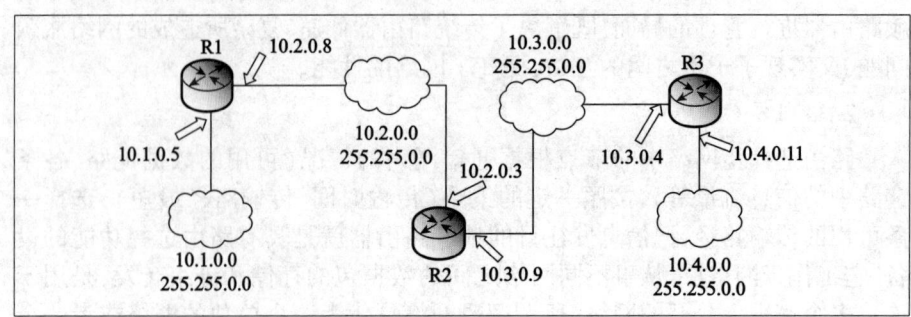

图 3.3.4 用 3 台路由器互联 4 个子网的简单实例

表 3.3.2 中,如果路由器 R2 收到一个目的地址为 10.1.0.28 的 IP 数据报,它在进行路由选择时,首先将 IP 地址与自己路由表的第一个表项的子网掩码进行"与"操作,由于得到的结果 10.1.0.0 与本表项的网络地址 10.2.0.0 不同,说明路由选择不成功,需要与下一表项一起进行运算操作,直到进行到第三个表项,得到相同的网络地址 10.1.0.0,说明路由选择成功。于是,R2 将 IP 数据报转发给指定的下一路由器 10.2.0.8。如果路由器 R3 收到某一数据报,其转发原理与 R2 类似,也需要查看自己的路由表决定数据报去向。

路由器 R2 的路由表　　　　　　　　　　　表 3.3.2

子网掩码	要到达的网络	下一路由器
255.255.0.0	10.2.0.0	直接投递
255.255.0.0	10.3.0.0	直接投递
255.255.0.0	10.1.0.0	10.2.0.8
255.255.0.0	10.4.0.0	10.3.0.4

3. 光传输网设备

高速公路通信系统光传输网设备主要分为干线网设备和接入网设备。图 3.3.5 为烽火 OTN 系列光传输设备,图(a)为 FONST 1000 U 系列,可实现边缘/接入网的接入;图(b)为 FONST 6000 U20,可实现城域/汇聚网的接入;图(c)为 FONST 6000 N32 可实现骨干/核心网的接入。

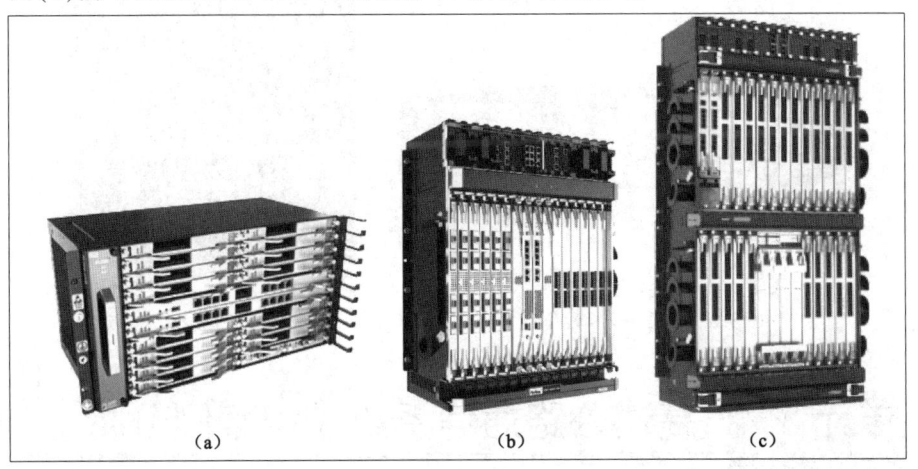

图 3.3.5　烽火 OTN 系列光传输网设备
(a) FONST 1000 U 系列;(b) FONST 6000 U20;(c) FONST 6000 N32

PTN 传输设备以分组为内核具有高速率、多业务、体积小、容量大和高性能的大型接入层分组承载设备,如图 3.3.6 所示,适用于移动回传超大容量和复杂业务接入场景的应用。

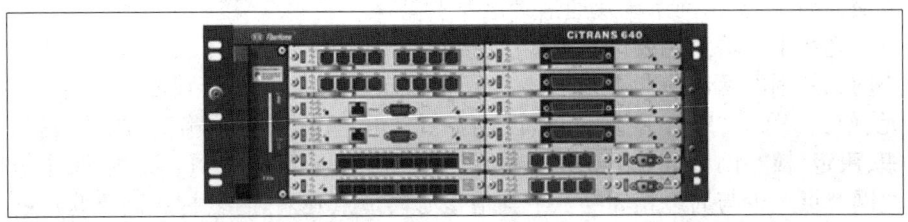

图 3.3.6　PTN 传输设备

4. 语音交换设备

随着软交换技术的标准、技术和产品的成熟,该技术已在电信、移动等运营商网络中得到普遍的应用,和传统的 SDH + 数字程控交换机的模式相比,软交换技术在满足传统程控交换机使用要求的基础上,还具有成本低、组网灵活、业务集中、安装便利等优势,并能与传统程控交换机友好兼容,保护设备投资。语音交换系统设备的基本要求为能与现有市话网和长途网内各种制式的交换机及现行的各种标准信号方式密切配合工作,并且不改动现有交换设备或中继电路接口;语音交换系统具备 No.7 中继信令,并能方便地增加某些业务子系统等要求。语音交换设备实物如图 3.3.7 所示。

5. 视频会议设备

视频会议设备能够提供可视化的多媒体业务,用户可实现多方参与的交互式的视频、音频通信,可方便地跨越地理空间距离,节省宝贵的时间及费用等,可为公路运营管理提高业务管理水平提供手段。如图 3.3.8 所示,视频会议设备全面支持 ITU-T H.323、H.320 协议,提供最大 32 路(384 kbit/s),完成视、音频编码及混音,可通过不同网络[IP、ISDN(Integrated Services Digital Network,综合业务数字网)、DDN(Digital Data Network,数字数据网络)、SDH、ATM、卫星等]接入用户终端,并组织召开视频会议。

图 3.3.7　语音交换设备实物　　　　图 3.3.8　视频会议设备实物

单元 3.4　高速公路通信系统应用案例分析

本单元以四川省高速公路通信系统为参考案例,了解高速公路通信系统总体规划、接入网要求,以及路段管理处组成的通信环网中数据传输系统组成。

1. 高速公路通信系统总体规划

该案例的高速公路通信系统主要包括光数字传输系统、无线通信系统、业务交换系统、支撑网系统及通信管道和光缆等。

光数字传输系统设计为干线层、接入层两层结构,其中干线层又划分为核心网和外围网两部分。干线层核心网节点分别是成都(2 套设备)、绵阳、广元、南充、遂宁、广安、达州、内江、自贡、泸州、宜宾、乐山、雅安、西昌、马尔康、康定,核心网节点如图 3.4.1 所示。干线层核心网采用网状结构,每个核心网节点至少与周边相邻的三个其他核心网节点建立连接,构成高度联通的网状网络。

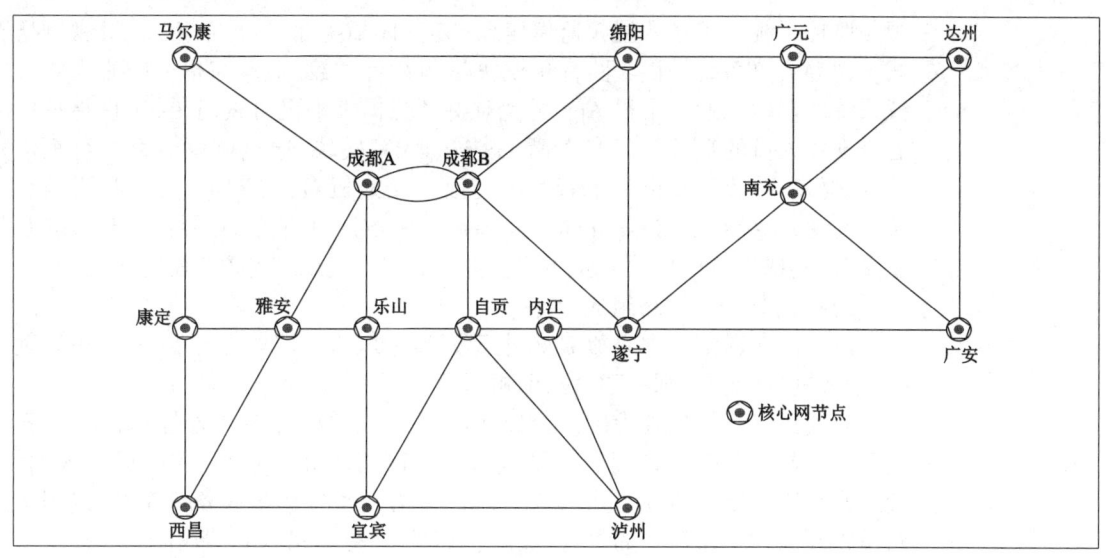

图 3.4.1　四川省高速公路干线层核心网

2. 通信网络案例分析

1）通信系统组成

以汶马高速某路段通信系统为例，高速公路通信系统采用融合通信系统，主要结构如图 3.4.2 所示。融合通信系统整合通信业务、视频业务、数据业务，满足高速公路安全监管工作的日常联络与突发事件应急处置时，各相关部门间安全、可靠、通畅的通信。

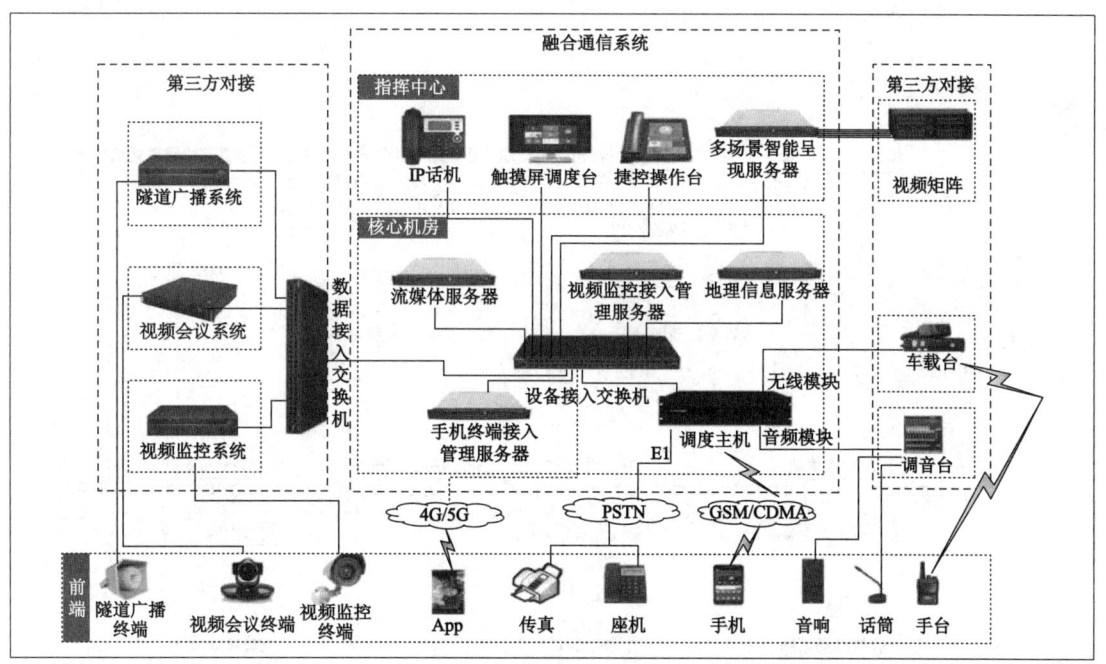

图 3.4.2　融合通信系统（部分系统未标示）

融合通信系统"指挥中心""核心机房"设备部署在内网，"设备接入交换机"用于接入融合通信系统各个设备。"数据接入交换机"接入视频监控系统、视频会议系统、隧道广播系统数据。隧道广播系统提供互联接口接入隧道广播、报警电话，实现报警系统的统一管理与定位，同时与视频监控系统联动，视频监控系统可以接入视频监控信息,支持 H.264、MPEG、MPEG-4 等视频格式。视频会议系统提供 2 路音频模块与调音台对接,实现与指挥中心视频会议系统的互联互通。手机 App 可视对讲系统提供手机可视对讲,实现指挥中心对现场人员的调度。短信配置 GSM/CDMA 模块,通过调度台可进行短信单发、群发、接收等功能。语音系统与语音交换机对接(E1),实现与通信系统的互通;二维 GIS(Geographic Information System,地理信息系统)提供 GIS 互联接口,实现与 GIS 互联互通,并可在此基础之上实现对视频监控的点位标注。

2)通信分中心网络组成

汶马高速通信分中心覆盖汶川路段管理处、理县路段管理处、马尔康管理处,接入网按管理范围构建为三个相切环。

以汶川路段管理处为例,汶川通信分中心设置综合接入网光线路终端,各收费站、服务区、隧道管理所设置接入网光网络单元设备,共同构成接入网。接入网采用基于 PTN 分组传输网技术的传输设备构建多业务传输网,以满足路段管理、收费、监控等的语音、数据、图像等业务的接入和传输需求。接入网传输速率等级为 10 GE[①],网络拓扑为环形,采用隔站跳接方式构成 10 GE 级光纤自愈环传输网。

汶川路段管理处通信站与克枯通信站、薛城通信站、汶川通信站、桃坪通信站、桃坪服务区通信站、理县通信站组成环网,并与理县路段管理处通信站相切,收费数据传输网如图 3.4.3 所示,监控数据传输网如图 3.4.4 所示,语音数据传输网如图 3.4.5 所示,办公自动化及会议电视数据传输网如图 3.4.6 所示。

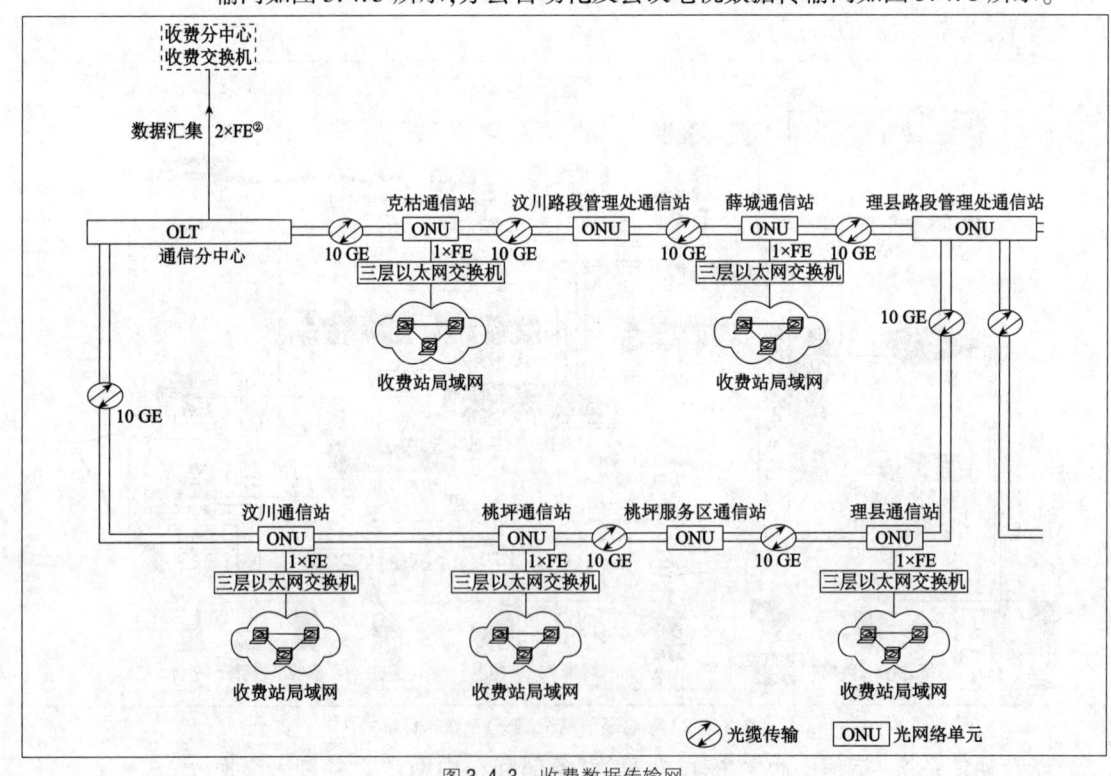

图 3.4.3 收费数据传输网

---

① GE 即千兆以太网。
② FE 表示快速以太网。

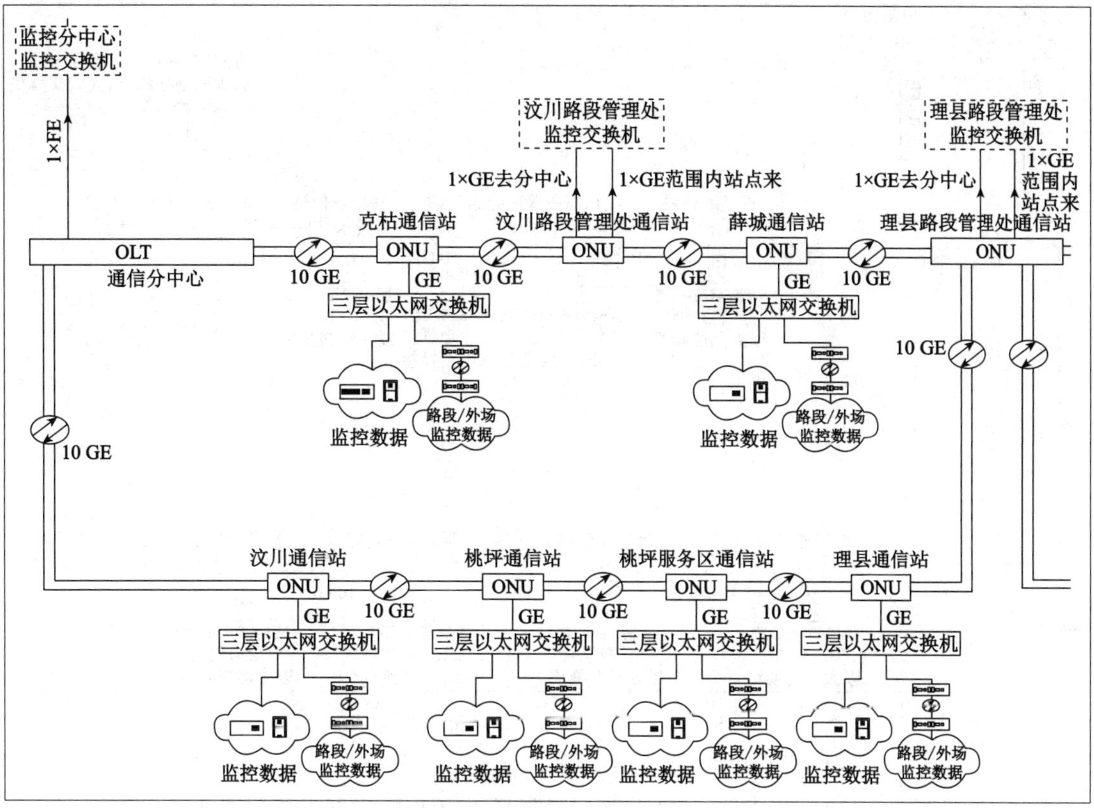

图 3.4.4 监控数据传输网

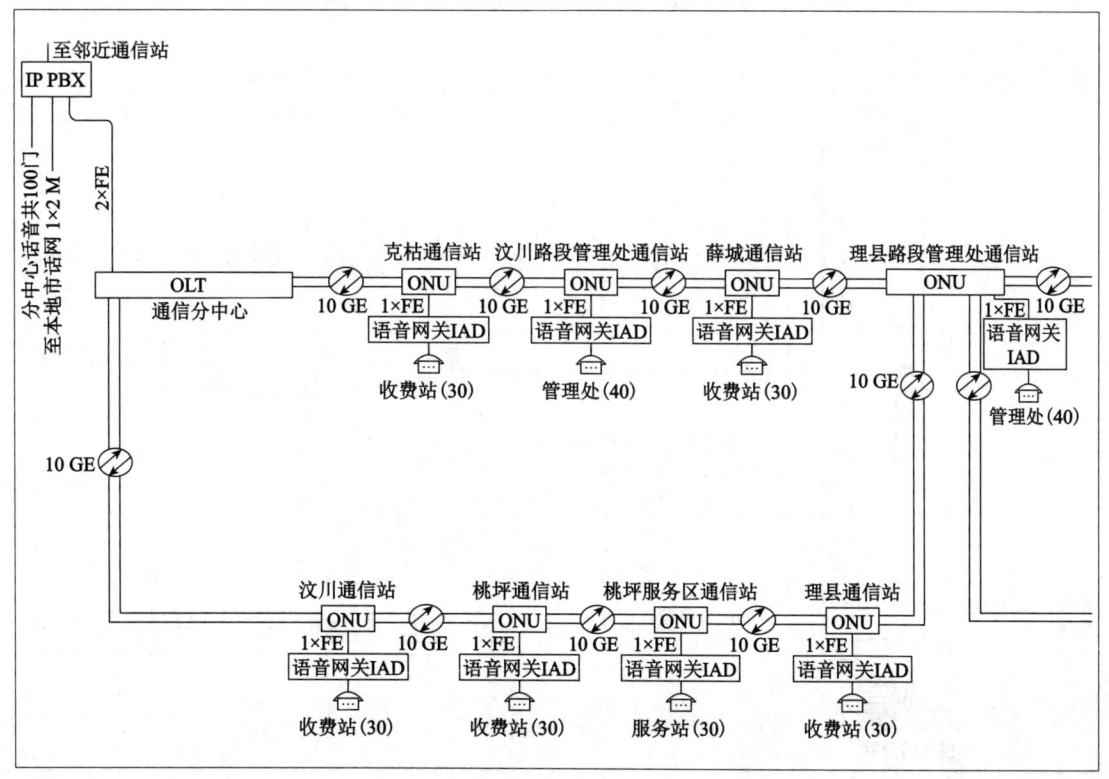

图 3.4.5 语音数据传输网

模块3 高速公路通信系统集成与应用

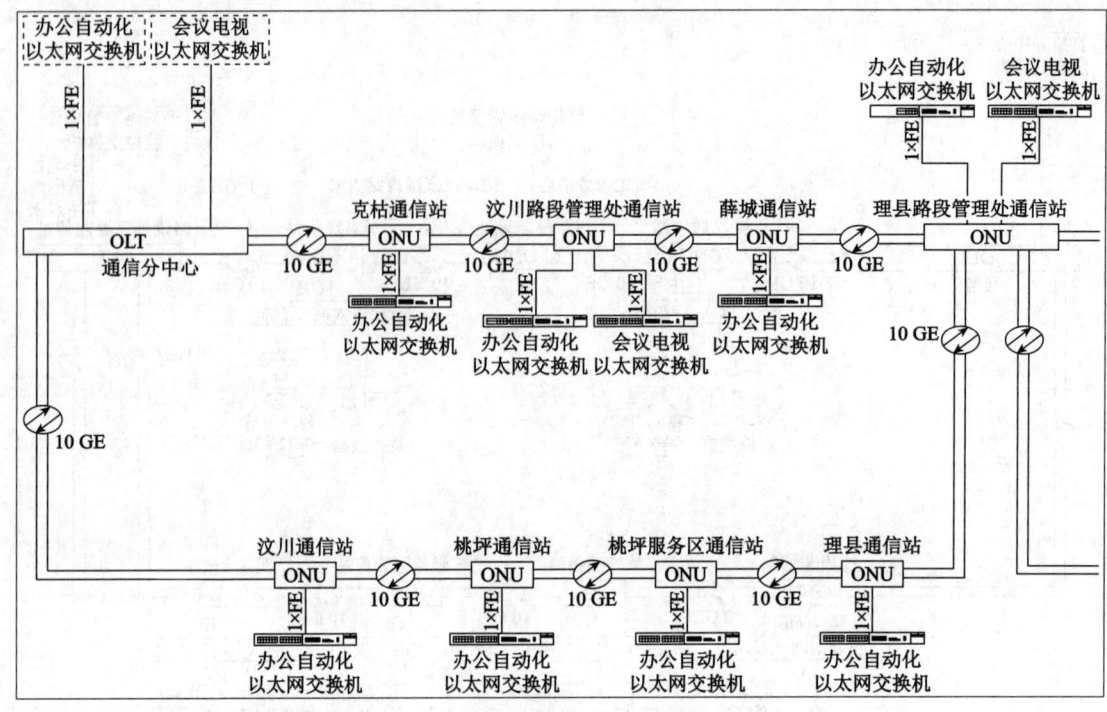

图 3.4.6 办公自动化及会议电视数据传输网

3）通信分中心通信站设备连接

通信分中心 OLT 设备配置包括 10 GE 以太网光接口模块；100 M/1 000 M 以太网接口板及光接口模块；光连接器、尾纤及其附属材料等。通信分中心设备连接如图 3.4.7 所示。

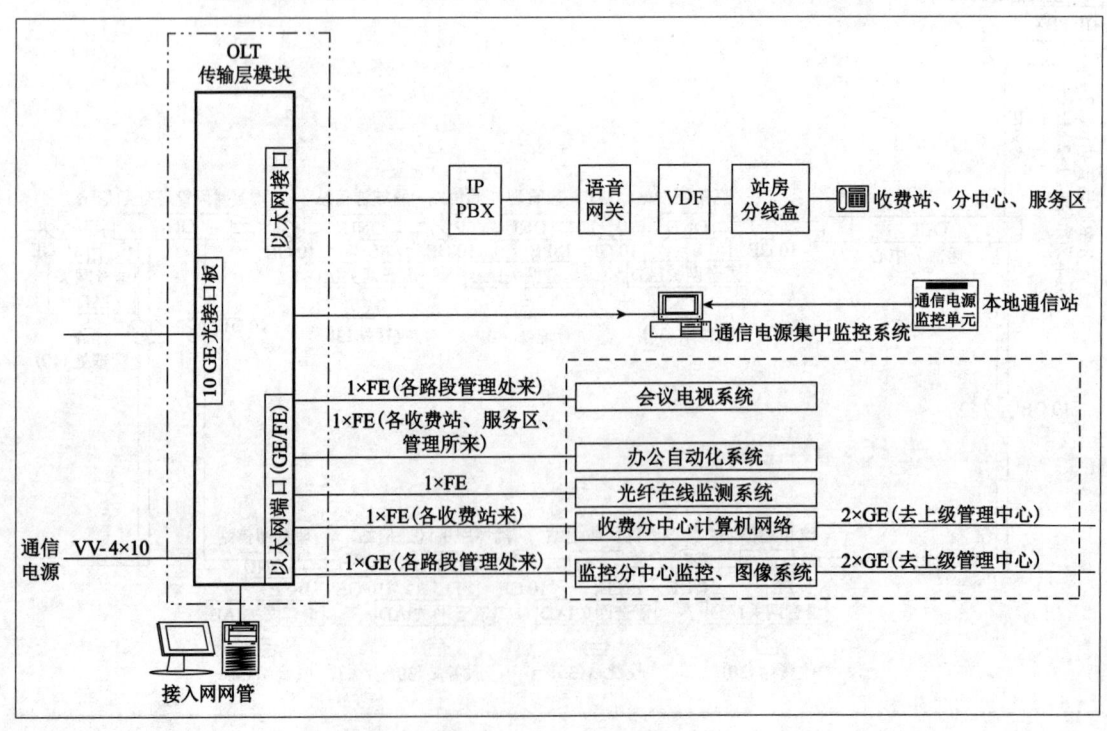

图 3.4.7 通信分中心设备连接

4)通信站设备连接

通信站 ONU 设备配置包括 10 GE 以太网光接口模块;100 M/1 000 M 以太网接口板及光接口模块;光连接器、尾纤及其附属材料等。通信站设备连接如图 3.4.8 所示。

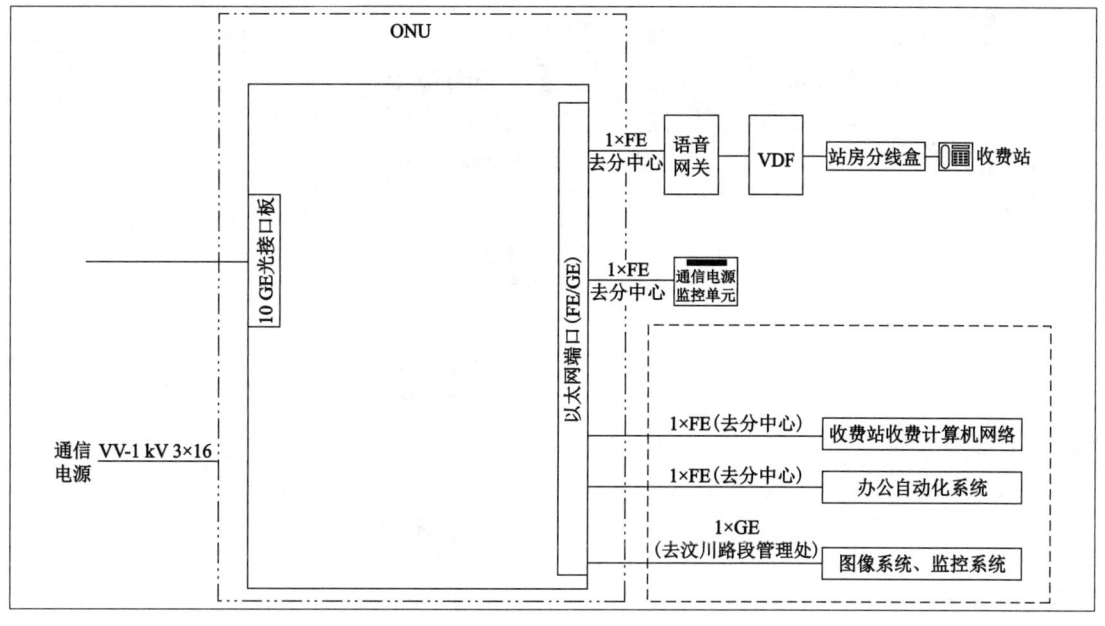

图 3.4.8　通信站设备连接

5)指令电话系统

指令电话系统为高速公路管理调度服务,它为监控站值班员与沿线各值班员之间建立起交通管理指挥专用通信通道。本路段在各无人通信站设置指令电话分机,负责各站点指令电话接收,指令电话分机采用普通免提式双音多频话机。由汶川通信分中心的数字话机作为指令电话控制台,指令电话控制台通过网络接口与省中心软交换机相连;可以对指令电话分机进行单呼、组呼、全呼,并具有录音功能。指令电话分机之间不具有选叫功能;分机可以直接呼叫控制台。指令电话系统结构如图 3.4.9 所示。

6)通信电源系统

通信电源系统主要是为沿线各通信站的通信设备提供用电。本工程中各站均配置 −48 V 高频开关整流模块的通信电源设备。通信电源系统设计采用 −48 V 高频开关整流模块电源(整流模块采用 $N+1$ 备份,并实现负荷分担),它将交流配电、直流配电、高频开关整流器、集中监控模块设置于一个机架,该机架也可与通信系统的交换、传输设备置于同一机架。核心网通信电源结构如图 3.4.10 所示,为保证通信设备的正常工作,要求各通信站所在地的专用变电所配电室提供 1 路 380 V、50 Hz 稳定可靠的交流电源至通信站电力进线室交流配电柜;直流供电方式采用浮充制,各站均设两组蓄电池,平时由整流器与蓄电池并联浮充供电。每组蓄电池容量按 8 h 放电计算。整流器选用高频开关型,并且与交流配电单元、直流配电单元和监控单元组合,构成高频开关型组合电源。

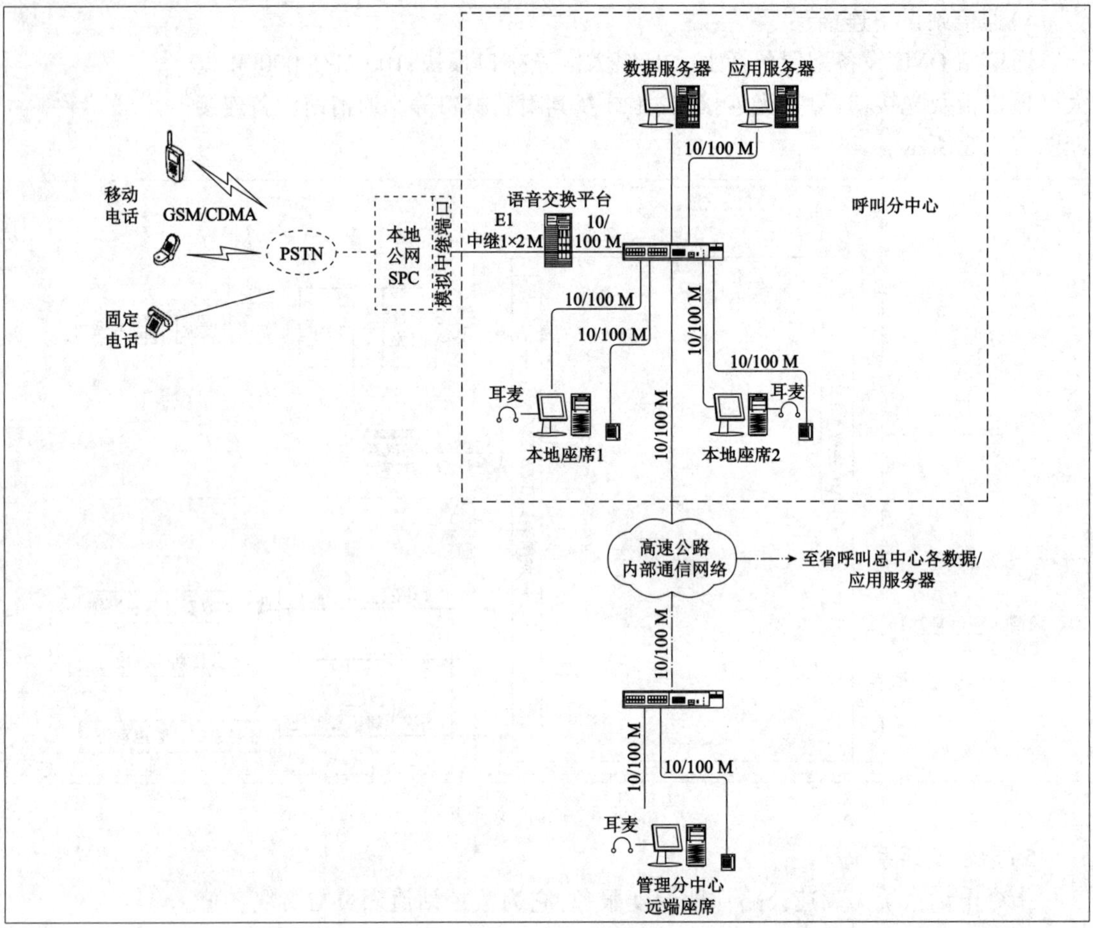

图3.4.9 指令电话系统结构

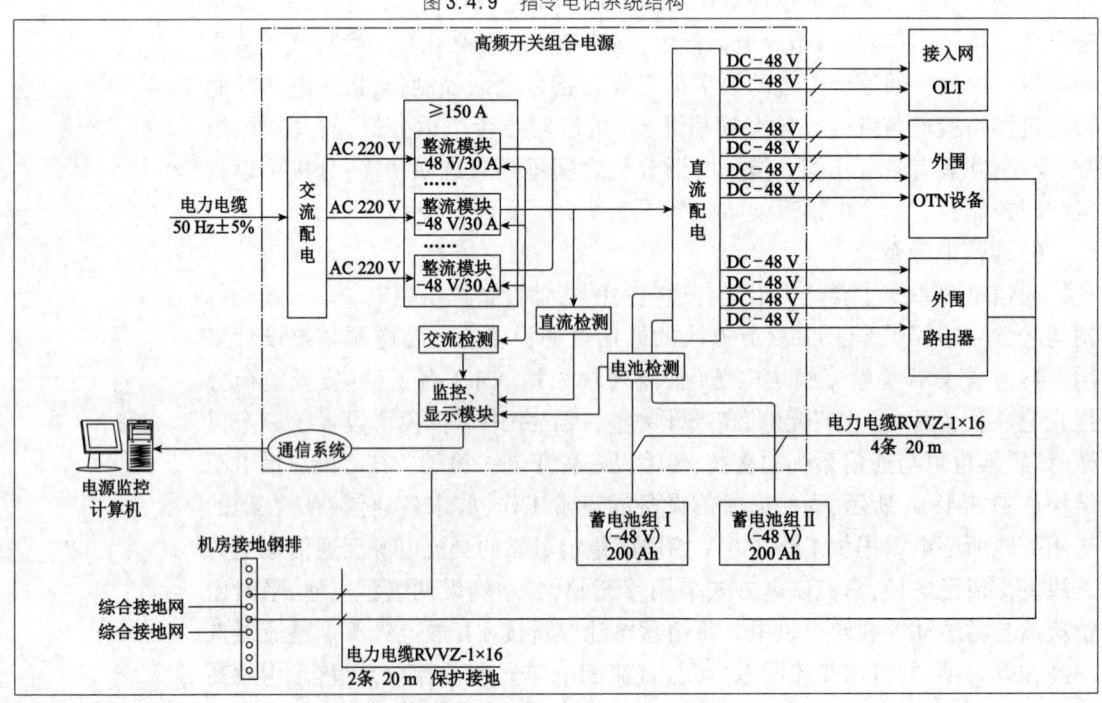

图3.4.10 核心网通信电源结构

单元3.5 高速公路通信系统常见故障分析

1. 光传输系统故障现象与分析

光传输系统设备和网管系统放置在通信分中心,日常巡查维护可通过网管系统查询设备运行状态;光传输系统故障多由光缆盗割、机房温度过高、火灾、雷电等因素造成,会引起分中心到省中心链路中断,收费数据、监控图像无法上传。

出现故障后首先到通信机房查看设备、网管等情况,根据网管系统提示的告警信息进行判断,确定故障根源后(光缆原因、设备原因等),采取相应措施对系统进行修复。

光缆原因:确定光路告警方向,采用光时域反射仪(Optical Time Domain Reflectometer,OTDR)和光功率计相结合的方法,测出光路区间内的衰耗或通断情况,按照相应的手段进行处理。

设备原因:系统发生故障时,监控单元将视故障情况发出告警信号,所有故障均有声光告警及文字提示,应根据告警提示逐一排查相关设备。

系统的整流模块、监控单元均有充分的内部保护设计,在单个模块发生故障时不影响系统运行。各整流模块出现故障时,将自动退出工作;监控单元发生故障时,整流模块一直维持在浮充状态,系统仍能正常工作。

当系统有告警产生时,监控单元会立刻发出声光报警信号,无论监控单元处于任何界面,用户都可按"告警"快捷键切换到告警显示界面。维护人员应立即根据监控单元提示的告警信息检查相应设备,确定故障类型及位置,并采取相应对策。

2. 接入网系统故障现象与分析

接入网系统故障,常见有语音业务故障和网络故障,通常通信系统网管客户端都设在通信分中心机房,当故障发生时,首先要全面了解故障现象和故障范围,如果全路段业务瘫痪,通常是中心的OLT层设备硬件故障或业务数据丢失;如果个别站点故障,则可能是光路问题;如果单个站点不通,通常是故障节点设备供电问题或该节点处光缆出现了问题。常见的故障情况可以通过通信网关的具体告警内容来判断。

3. 语音交换系统故障现象与分析

语音交换系统出现故障会导致分中心、站级内线电话无法使用,如果分中心和站级内线电话全部无法使用,通常判断为分中心设备故障,需查看分中心设备网管和设备自身告警情况,找出故障的板块或线路进行处理;如果分中心内线电话通,但站级内线电话无法使用,则应查看程控交换机链路情况,找出具体的故障链路并对其进行修复。

4. 通信电源故障现象与分析

当通信电源系统有告警产生时,维护人员应立即根据监控单元提示的告警信息检查相应设备,确定故障类型及位置,并采取相应对策。

5. 网络故障现象与分析

如出现网络中断的情况，应首先查看设备是否断电和光纤的连接情况，查看设备光路是否告警，查看三层交换机的状况。如果是光路的问题，则根据网络图查找故障原因，分析哪个链路出现问题、光纤连接情况等，同时可采用光功率计和 OTDR 测量光纤的方式。如果是网线的问题，则需要重新连接网线，查看网线到计算机之间、到交换机之间的连接是否完好。

技能训练

请同学们完成本模块技能训练，见教材配套技能训练三。

在线答题

1. 请同学们扫描封面二维码，注意每个码只可激活一次。
2. 长按弹出界面的二维码关注"交通教育出版"微信公众号并自动绑定资源。
3. 公众号弹出"购买成功"通知，点击"查看详情"，进入后选择绑定的图书，即可进行在线答题。
4. 也可进入"交通教育出版"微信公众号，点击下方菜单"用户服务—图书增值"，选择已绑定的教材进行在线答题。

模块4

高速公路监控系统集成与应用

模块简介

高速公路监控系统作为高速公路机电系统的重要组成部分,对高速公路路网实现实时监测和交通诱导。本模块主要讲述高速公路监控系统基础知识,视频监控系统组成与应用,交通状况检测及信息发布系统组成与应用,以及高速公路监控系统常见故障分析。

学习目标

了解高速公路监控系统功能及意义、监控系统配置要求、监控系统常见故障及处理,掌握高速公路视频监控系统的组成、摄像机选型与应用,掌握交通状况检测与信息发布系统各设备组成及应用。

建议学时

7学时

思政导语

通过探索我国交通监控的发展历程以及交通监控的作用,讨论云存储、云计算、大数据、人工智能、数字孪生等新技术在交通行业的应用,体会新技术给我们的学习生活带来的变化,养成良好的学习习惯,主动学习新知识,提高自主学习积极性。

单元 4.1 高速公路监控系统基础知识

4.1.1 高速公路监控系统组成与功能

高速公路监控系统对高速公路路网实现实时监测和交通诱导。在现有的道路和环境条件下,通过对采集的信息进行实时分析、处理和存储,采取有效的交通诱导手段,预防可能发生的交通事件、事故和阻塞,以防止对路网交通产生更大的影响,进而提高路网运行的利用效率和安全性,为高速公路快速、安全、舒适、高效通行提供保障。

高速公路监控系统由信息采集、数据传输与存储、信息处理和信息发布等子系统组成,具有监测、处理和信息发布等功能。信息采集指实时地采集变化着的道路交通状态,包括交通信息、气象信息及交通异常事件信息等。数据传输与存储指监控系统各子系统设备采集和运行过程中所产生的数据,按照一定的规程,通过数据链路,实现信息传输、交换和存储。信息处理包括对交通运行状态正常与否的判断、交通异常事件严重程度的确认、交通异常状态的预测、已经发生或可能发生的异常事件处置方案的确定等。信息发布包括对高速公路正在行驶着的驾驶人提供道路交通状况信息,对行驶车辆发出限制、诱导指令,为交通事故和其他异常事件的处理部门提供处置依据,向信息媒体或社会提供更广泛应用的高速公路路况信息。

4.1.2 高速公路监控系统分类

高速公路的管理设施等级为 A 级,A 级管理设施应为用路者提供清晰、完整、明了、准确的公路信息;为公路管理者提供科学、先进的技术手段,保障高速公路运行的安全、舒适与高效。

按照《高速公路交通工程及沿线设施设计通用规范》(JTG D80—2006)规定,高速公路监控系统应具备信息采集、信息处理与决策、信息发布与控制功能,且同高速公路路网、当地路政管理、交通管理、养护、急救等部门建立紧密联系,以实时掌握交通流运行状态,增进交通安全,提高服务质量和运行效率。高速公路监控系统按照车道及服务水平分为不同的类型,如表 4.1.1 所示;不同类型对监控设施配置要求有所不同,如表 4.1.2 所示。

高速公路监控系统分类   表4.1.1

分类	A2		A1	
	A22 系统配置	A21 系统配置	A12 系统配置	A11 系统配置
适用范围	四、六车道高速公路服务水平达到一、二级的路段	四、六车道高速公路服务水平达到二级下限的路段	八车道高速公路服务水平达到一、二级的路段。四、六车道高速公路特大桥、特长隧道等特殊区段	八车道高速公路服务水平达到二级下限的路段。六车道高速公路服务水平低于二级的路段

各类监控系统对监控设施配置要求　　　　　　　　表4.1.2

分类	信息采集配置	信息处理与决策配置	信息发布与控制配置
A22	(1)信息采集主要以交通巡逻车、服务信息等设施为主。 (2)在互通式立交等重点区段,宜设置少量车辆检测器、摄像机等设施。 (3)设置气象检测器	(1)监控中心、分中心宜配置监控计算机、闭路电视、服务信息等控制设施,并可设置图像显示设施。 (2)监控软件能辅助人工进行交通异常分析判断。 (3)备有应急处理预案	(1)可在重点路段设置小型可变信息标志、可变限速标志等设施。 (2)应向用路者提供重点路段服务信息和发布相关的警告、禁令告示。 (3)应向交通广播电台、交通信息网站等及时提供交通服务信息以向用路者发布
A21	(1)信息采集宜采用检测器、闭路电视、服务信息和紧急报警设施等。 (2)在互通式立交、长大桥、中长隧道等重点区段,应设置车辆检测器、摄像机等设施;交通量大的路段可连续设置摄像机等设施,以进行重点监视。 (3)设置气象检测器。 (4)宜设置交通信息网站、紧急报警设施	(1)监控中心、监控分中心应设置监控计算机、闭路电视、服务信息和紧急报警等控制设施,并宜设置图像显示设施。 (2)监控软件能配合人工进行交通异常分析判断,监视偶发性交通拥挤或交通事件,实行交通诱导或主线控制。 (3)备有多种应急处理预案	(1)在全线需要控制的路段应设置小型或大型可变信息标志、可变限速标志等设施。 (2)应向用路者提供全线基本服务信息和发布必要的控制指令。 (3)应向交通广播电台、交通信息网站等及时提供交通服务信息以向用路者发布
A12	(1)信息采集应以检测器、闭路电视、服务信息和紧急报警设施等为主。 (2)在互通式立交、特大桥、特长隧道等重点区段,应设置一定数量车辆检测器,连续设置摄像机等设施;交通量大的路段宜连续设置摄像机等设施,以进行重点监控。 (3)设置气象检测器。 (4)应设置交通信息网站、紧急报警设施	(1)监控中心、监控分中心应设置监控计算机、闭路电视、服务信息和紧急报警等控制设施,并应设置图像显示设施。 (2)监控软件能与人工干预相结合进行交通异常分析判断,对偶发性交通拥挤或交通事件实行交通诱导或主线控制;可对重要路段实施匝道控制。 (3)特大桥、特长隧道等设置的监控系统应具备主线控制基本功能和手段,并纳入主线监控系统,实行系统集成。 (4)备有齐全的应急处理预案	(1)重点路段应布设较完善的可变信息标志、可变限速标志等设施。 (2)常发性交通拥挤等路段应连续设置车道控制标志。 (3)应向用路者提供重点路段较完善的服务信息和发布控制指令。 (4)应向交通广播电台、交通信息网站等实时提供交通服务信息以向用路者发布
A11	(1)信息采集应由检测器、闭路电视、服务信息和紧急报警设施等构成完善的系统。 (2)全路段应连续设置车辆检测器、摄像机等设施,实行全路段监控。 (3)设置气象检测器。 (4)应设置交通信息网站和完善的紧急报警设施	(1)监控中心、监控分中心应设置完善的监控计算机、闭路电视、服务信息和紧急报警等控制设施,并应设置图像显示设施。 (2)监控软件应具备应对多种交通条件的交通异常自动判断功能,能针对常发性和偶发性交通拥挤实行主线控制,必要时可实行通道控制或匝道控制。 (3)备有反应迅速、完善的应急处理预案	(1)应布设满足及时诱导或疏导常发性交通拥挤所必需的可变信息标志、可变限速标志等设施。 (2)交通量大的等路段应连续设置车道控制标志。 (3)应向用路者实时提供全线和路网的服务信息,并发布相应控制指令。 (4)应向交通广播电台、交通信息网站等实时提供交通服务信息以向用路者发布

4.1.3 高速公路监控系统的管理架构

高速公路监控系统管理架构可分为三层,即高速公路省级监控中心、路段监控分中心和基层监控单元(隧道管理站、桥梁管理站等),如图4.1.1所示;也可分为四级管理架构,即高速公路省级监控中心、路段监控分中心、路段管理处分中心和基层监控单元,如图4.1.2所示。下面简要介绍三级管理架构。

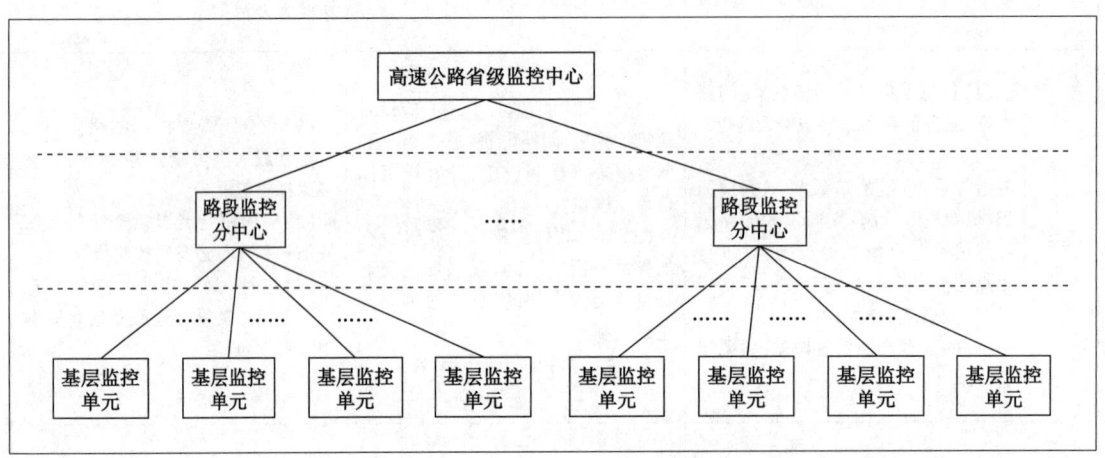

图4.1.1　高速公路监控系统三级管理架构

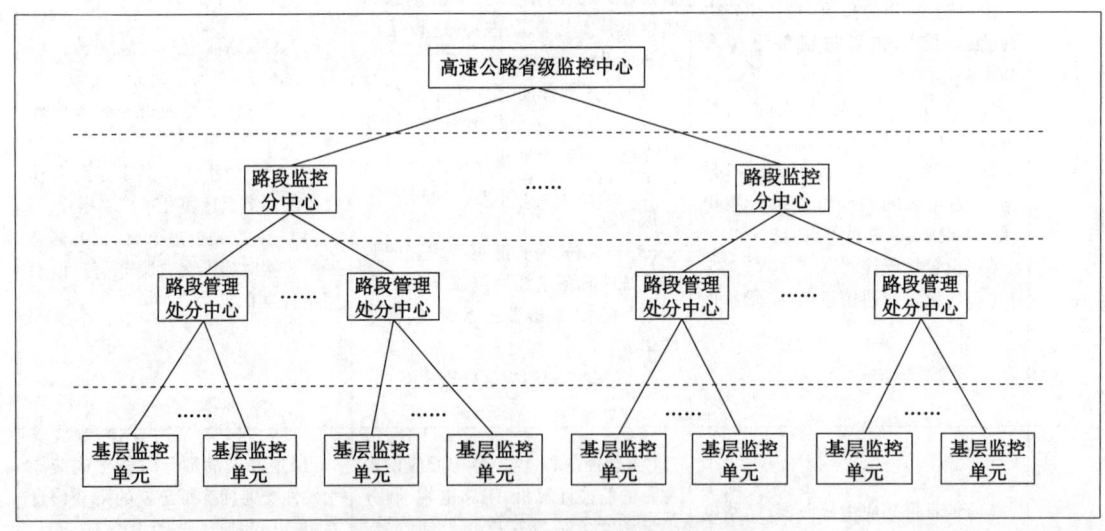

图4.1.2　高速公路监控系统四级管理架构

1. 省级监控中心

省级监控中心是整个高速公路监控系统的中心节点,负责全省(自治区、直辖市)高速公路网的综合监控和管理。汇集各路段监控分中心上传的有关道路状况、交通流状况、气象状况、设备运行状况及事故告警等信息,实现全省高速公路交通状况的监视、数据汇总、统计,协调路段监控分中心之间的管理和应急处置工作。省级监控中心主要由计算机系统、网络安全系统、闭路电视系统、综合控制台、电源系统等构成。

2.路段监控分中心

高速公路基本为"一路一公司"的管理架构，路段公司是路段管理的主体，路段监控分中心负责路段内收费站、隧道、外场各监控设备的接入和管理，实现日常的道路运行监控和运营管理。通过视频上墙系统实现路段内道路和车辆的实时监控管理，保障高速公路的畅通；通过智能化分析系统，对路段内车辆的异常行驶行为进行实时管控；通过卡口抓拍系统，记录车辆的车牌、车型、车标等数据信息，提供车流量分析、过车记录查询、车辆轨迹识别等业务应用。

路段监控分中心主要采集交通流量信息（交通量、速度、车行方向等），道路沿线气象检测器信息，外场设备、管理部门设备的工作状态，收费系统交通量、车道工作状态等信息，收集管辖范围内的视频图像，接收下级管理部门上传的信息，接收省级监控中心下达的信息等。

路段监控分中心主要由计算机系统、闭路电视系统、综合控制台等构成，如图4.1.3所示。

1）计算机系统

路段监控分中心计算机系统包括监控数据服务器、交通监控、图形控制、视频处理、信息发布、事件监测等工作站，外围设备有彩色喷墨打印机、激光打印机、三层交换机及其他网络连接设备等。路段监控分中心计算机系统构成如图4.1.4所示。

2）闭路电视系统

闭路电视系统用于紧急事件现场的辅助应急管理，主要由监视墙、视频传输控制系统组成。路段监控分中心的视频图像均可在监视墙上切换显示。闭路电视系统构成如图4.1.5所示。

3）综合控制台

综合控制台设置于监控大厅，用于摆放收费管理工作站、稽查管理工作站、视频管理工作站、数据管理工作站、紧急电话工作站、12122客户等监控操作席位。综合控制台设备布局图如图4.1.6所示。

3.基层监控单元

基层监控单元是高速公路监控系统最基层的监控管理单元，包括隧道管理站（有人值守隧道管理站和无人值守隧道管理站）、桥梁管理站及监控外场设备等。一般长度大于6 km的特长隧道要求必须设置有人值守隧道管理站，长度为3~6 km且隧道监控等级为A及以上的特长隧道可设置有人隧道管理站，可在隧道口或距离隧道洞口约10 km以内，与沿线其他管理部门合并设置；长度为2~3 km且隧道监控等级为A及以上的长隧道，可在隧道变电所或沿线其他管理部门内设置无人值守隧道管理站，或与附近隧道群统一设置有人值守隧道管理站。一般跨大江、大河、海湾等特大桥，可设置桥梁管理站。

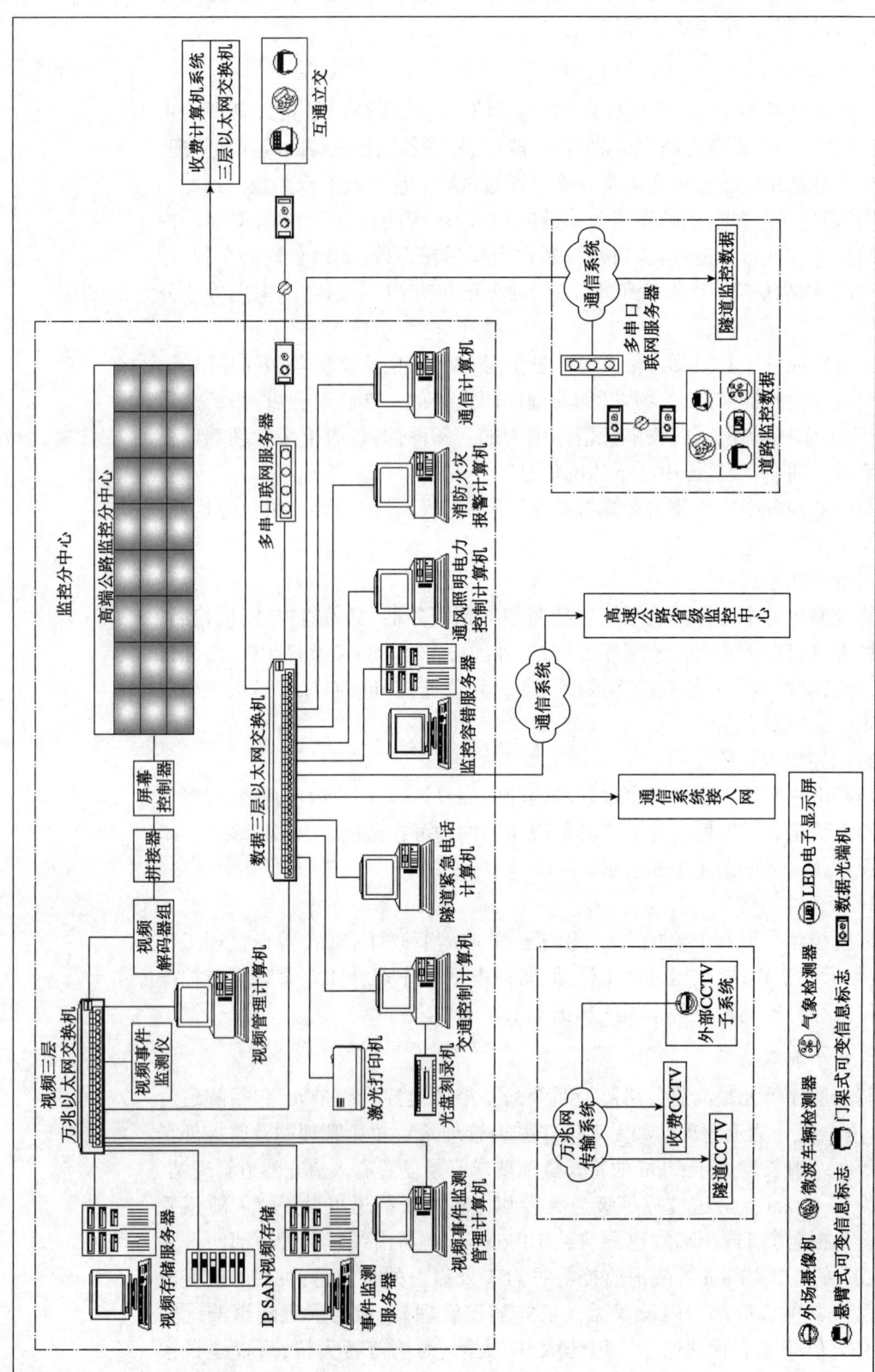

图 4.1.3 路段监控分中心构成

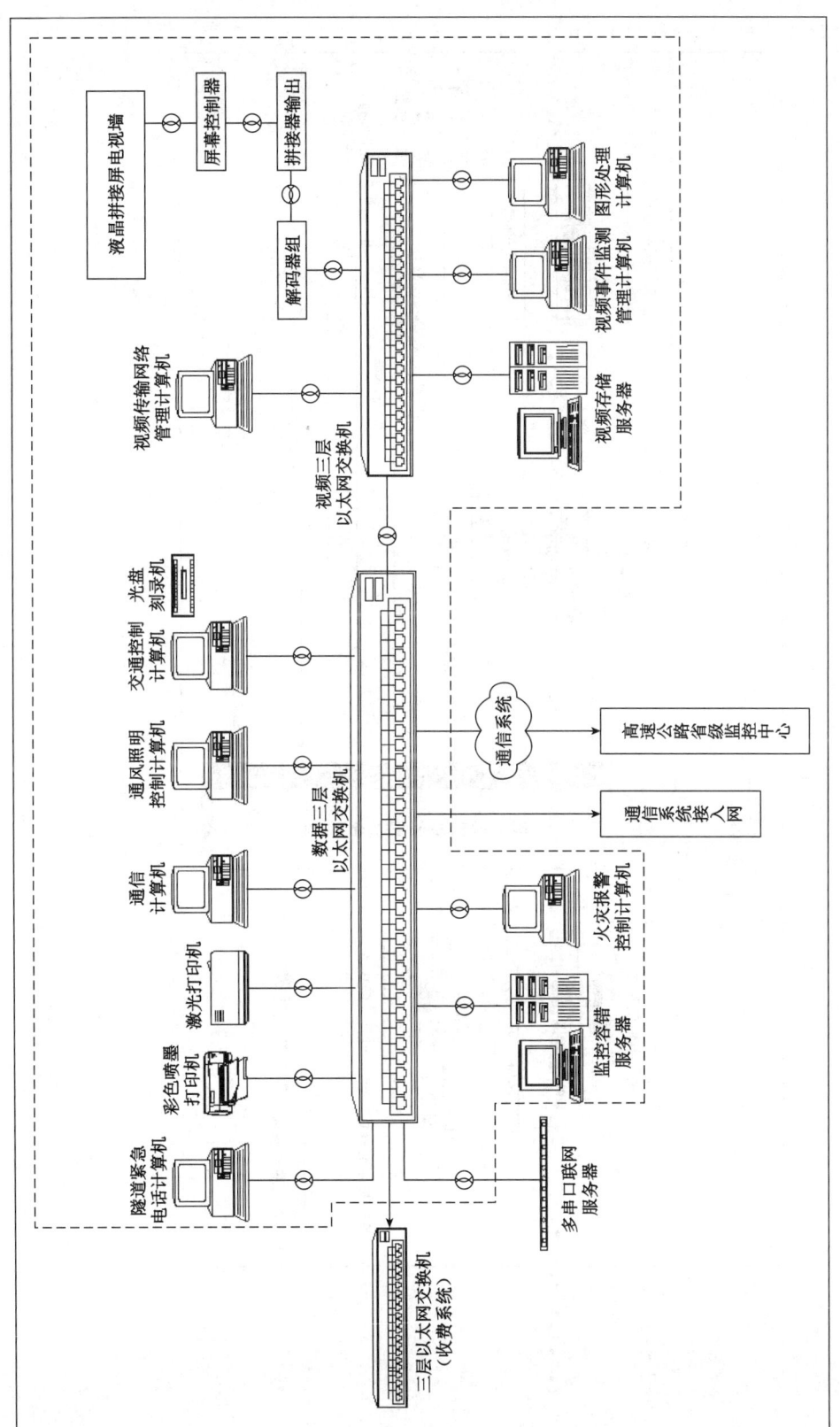

图4.1.4 路段监控分中心计算机系统构成

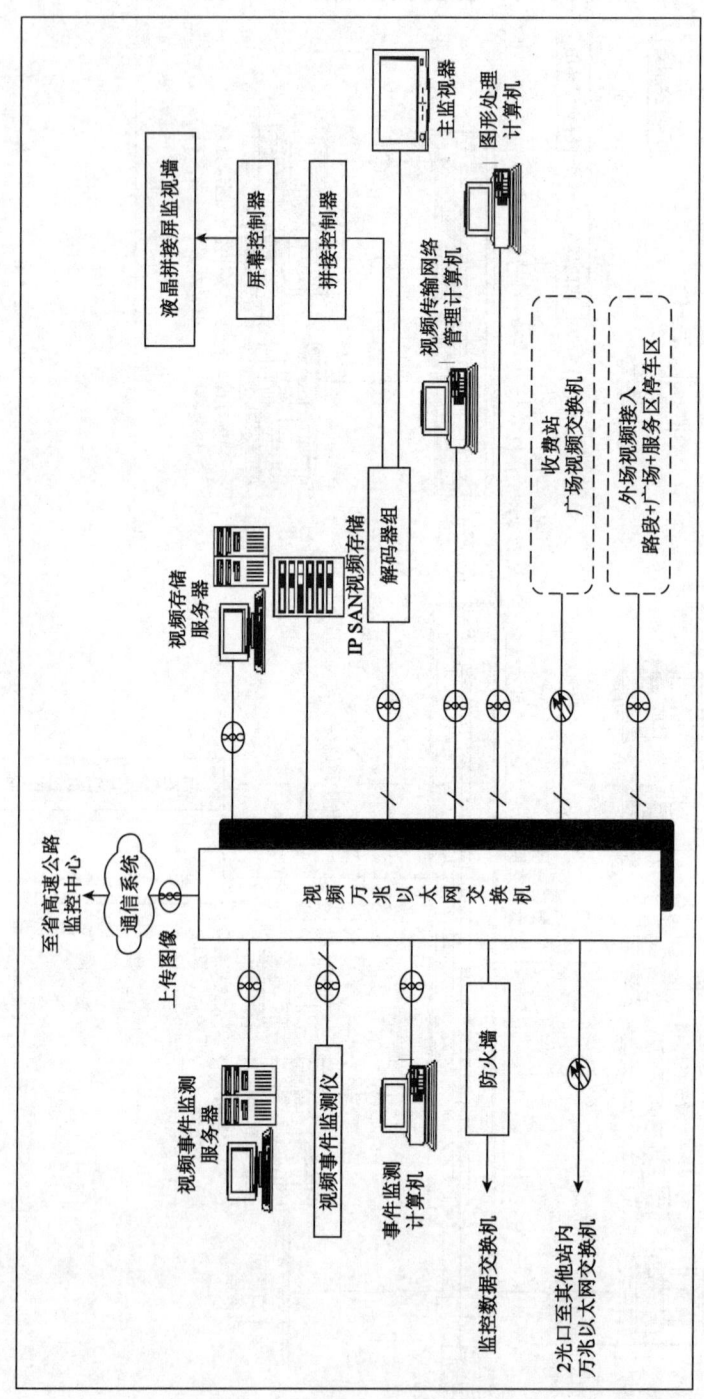

图4.1.5 闭路电视系统构成

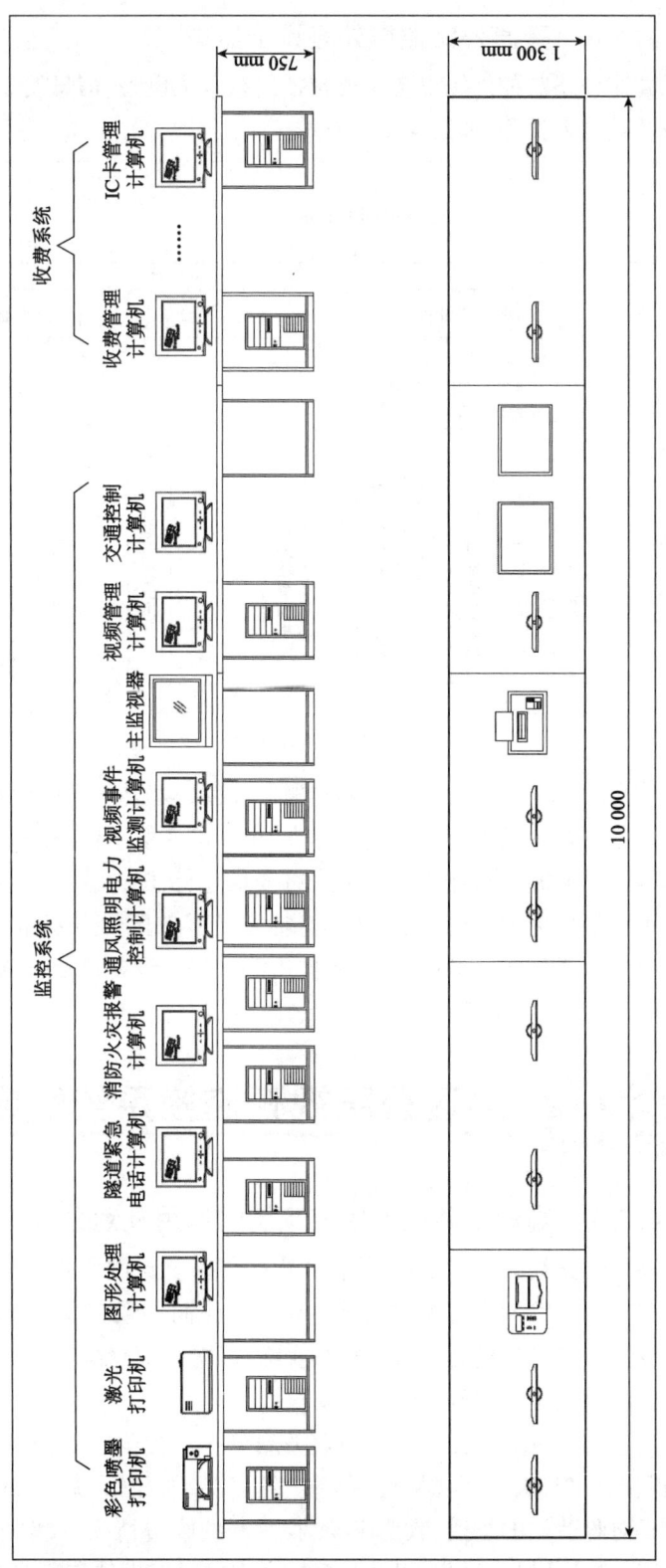

图 4.1.6 综合控制台设备布局图

4.1.4 高速公路监控外场设备组成

高速公路监控外场设备主要包括信息采集设备、信息发布设备、视频监控设备及其他设备等,如图4.1.7所示。

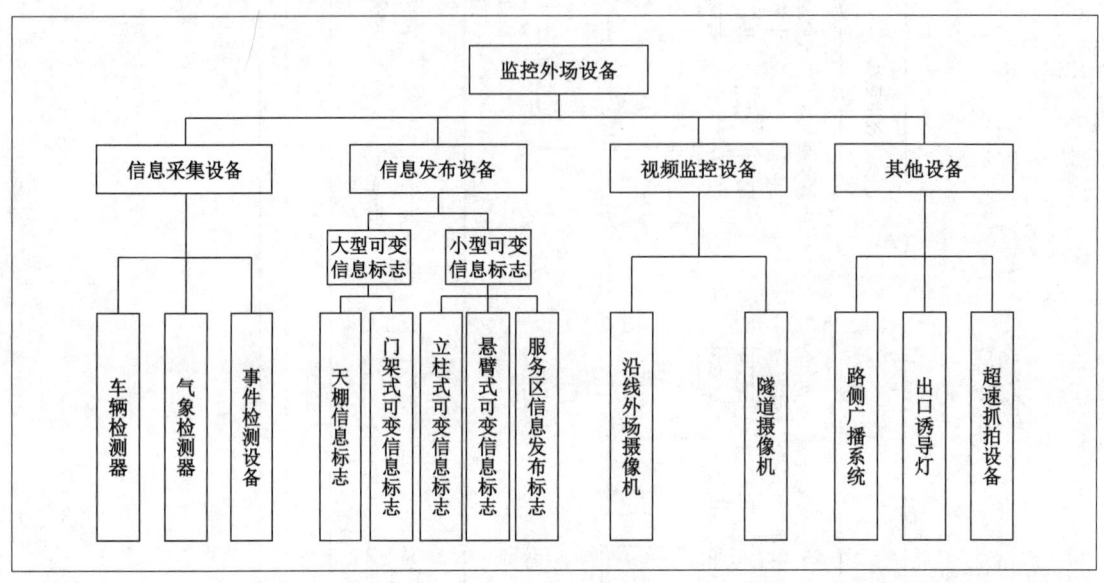

图4.1.7 监控外场设备组成

信息采集设备主要包括车辆检测器、气象检测器、事件检测设备等。信息发布设备主要包括大型可变信息标志、小型可变信息标志。其中,大型可变信息标志包括天棚信息标志及门架式可变信息标志;小型可变信息标志包括立柱式可变信息标志、悬臂式可变信息标志及服务区信息发布标志。视频监控设备包括沿线外场摄像机、隧道摄像机等。其他设备包括路侧广播系统、出口诱导灯、超速抓拍设备等。

单元4.2 高速公路视频监控系统组成与应用

4.2.1 高速公路视频监控系统的作用及划分

高速公路视频监控系统的作用是对高速公路网实现实时监控和交通控制。当出现突发性交通事故或道路环境变化而导致交通阻塞时,通过系统及时发现并采取有效措施进行缓解和排除,以防止对路网交通产生更大的影响,进而提高路网运行的利用效率和安全性。

高速公路视频监控系统按照业务划分一般分为收费视频监控系统、外场视频监控系统、服务区视频监控系统、隧道视频监控系统。收费视频监控系统主要是对收费站的车道、收费广场、收费亭的收费情况,收费车道通过的车辆类型、收费员的操作过程,以及收费过程中的突发事件和特殊事件进行观察和记录,实施有效的监督。外场频监控系统主要是对高速公路干线、互通立交等高速公路重点路段进行监视,掌握高速公路交通状况,及时发现交通阻塞路段、违章车辆,及时予以引导,保证高速公路的安全通畅。服务区视频监控系统主要对高速公路的服务区出入口、服务区停车场及休息大厅进行全天监控,保障进出服务区的车辆及人员的安全。隧道视频监控系统对隧道全路段进行视频监控,直观了解隧道运行情况。

4.2.2　高速公路视频监控系统传输形式

高速公路视频监控系统在全线设置了一定数量的摄像机,各摄像机的视频信号均要传至监控分中心。通信系统负责为摄像机的视频信号传输提供传输通道,视频图像经通信系统汇聚后上传至路段监控分中心。图4.2.1为某管理处路段监控传输网络系统图。

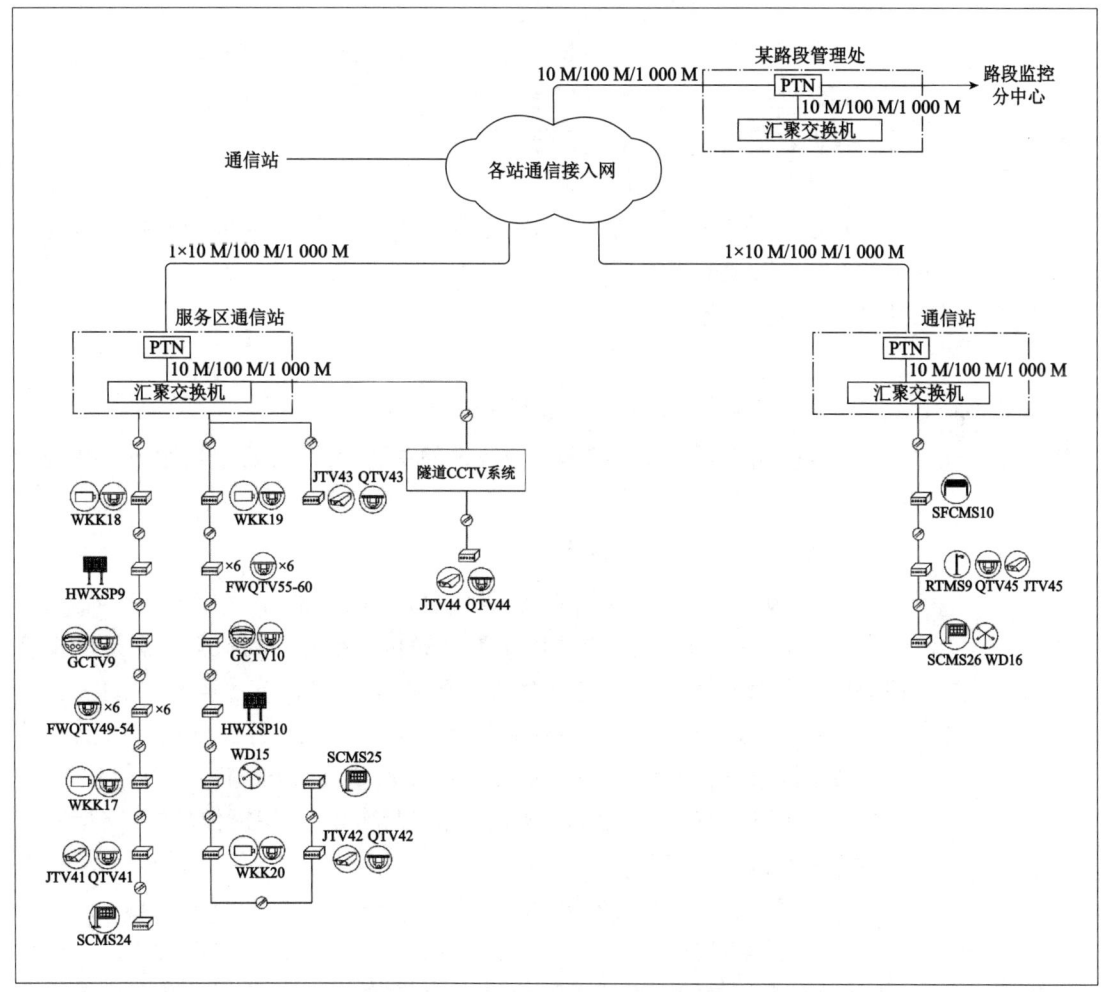

图4.2.1　某管理处路段监控传输网络系统图

收费站视频汇聚交换机与通信系统SDH/MSTP以太网接口连接,由通信系统负责传输监控图像到监控分中心。监控视频在通信系统中完全独立地传输到监控分中心。

在传输链路的选择上,主要是通过光纤自愈环或以点对点的方式进行传输,其中隧道监控一般采用工业以太网交换机组环汇聚至隧道管理所后上传至路段监控分中心,收费站、互通立交、路段视频采用点对点的方式进行传输。传输介质根据传输距离的远近依次选择单模光纤、网络双绞线。

1)收费站视频监控传输系统

收费系统在各收费站广场出口、互通立交均设置了摄像机,各摄像机的图像信号传到相应的收费站。从摄像机到收费站的视频及控制信号传输设备是工业以太网交换机,传输介质是光纤。

2)外场视频监控传输系统

外场设置的摄像机采集到的监控视频信号通过光纤接入就近收费站或直接上传至分监控中心,由分监控中心进行统一管理和存储。

3)服务区视频监控传输系统

服务区设置的摄像机视频信号直接通过光纤接入服务区部署的磁盘阵列,由服务区进行统一管理和存储。汇聚后的服务区监控视频,通过通信系统接入就近收费站或直接上传至分监控中心。

4)隧道视频监控传输系统

各隧道摄像机通过网络接入就近的光交换机,各隧道光交换机组成光纤自愈网接入隧道管理站部署的磁盘阵列,并部署视频管理平台进行管理,通过解码器进行上墙显示。

4.2.3 高速公路视频监控数据存储

高速公路视频存储系统是监控系统的重要组成部分,主要服务于数据的存储、调取和查询。

1. 视频存储设备的性能要求

参照《基于互联网小型计算机系统接口(iSCSI)的 IP 存储设备技术要求》(YD/T 2177—2010),基于互联网小型计算机系统接口协议能够满足数据管理和数据应用的存储设备,包括存储控制单元、磁盘柜单元等多个组件,支持 RAID(Redundant Arrays of Independent Disks,独立磁盘冗余阵列)功能,支持客户端主机通过 iSCSI(internet Small Computer System Interface,互联网小型计算机系统接口)协议访问存储资源,支持快照功能,支持镜像功能,支持基于 IP 的远程复制等功能等。

视频存储设备基本要求如下:

(1)每路存储的高清图像分辨率大于或等于 1 920 × 1 080 像素。

(2)在保证高清图像质量的前提下,配置的存储设备容量能满足录像存储时间要求。

(3)存储系统配置参数、系统管理日志、用户管理数据、报警文件等重要信息的设备具有冗余、纠错及自动备份等功能;存储图像索引、摘要等信息的设备,其存储空间与对应的图像数据量相适应,并支持与对应高清图像数据的同步更新。

（4）能按图像的来源、记录时间、报警事件类别等多种方式对存储的高清图像数据进行快速检索及回放。

（5）支持多用户同时访问同一高清图像数据。

2. 视频监控存储设备

视频监控存储设备通常有硬盘录像机、磁盘阵列。

1）硬盘录像机

硬盘录像机（Digital Video Recorder,DVR）是集计算机网络化、多媒体智能化与监控电视为一体，以数字化的方式和全新的理念构造出的新一代监控图像硬盘录像系统。它是一套进行图像存储处理的计算机系统,具有对图像/语音进行长时间录像、录音、远程监视和控制的功能。常用硬盘录像机如图 4.2.2 所示。

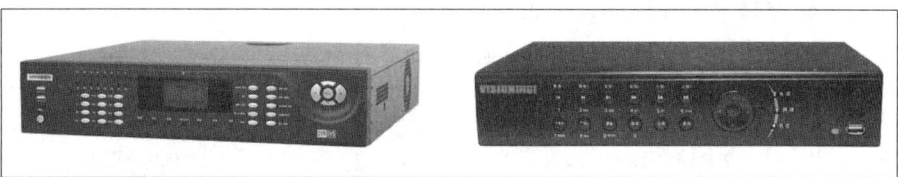

图 4.2.2 常用硬盘录像机

硬盘录像机的主要功能包括监视功能、录像功能、回放功能、报警功能、控制功能、网络功能、密码授权功能和工作时间表功能等,同时具有视频存储、视频查看、视频管理及远程访问功能。

2）磁盘阵列

磁盘阵列,即"独立磁盘构成的具有冗余能力的阵列",是由很多块独立的磁盘组合成的容量巨大的磁盘组,常用磁盘阵列如图 4.2.3 所示。磁盘阵列利用个别磁盘提供数据所产生加成效果提升整个磁盘系统效能,利用这项技术,将数据切割成许多区段,分别存放在各个磁盘上。磁盘阵列还能利用同位检查技术,当数组中任意一个磁盘出现故障时,仍可读出数据,在数据重构时,将数据经计算后重新置入新磁盘中。

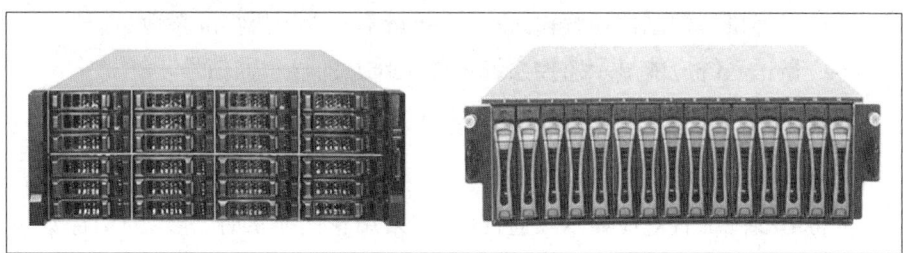

图 4.2.3 常用磁盘阵列

磁盘阵列可分为外接式磁盘阵列柜、内接式磁盘阵列卡和利用软件来仿真。外接式磁盘阵列柜最常被使用在大型服务器上,具有可热交换的特性,不过这类产品的价格都很贵。内接式磁盘阵列卡价格便宜,但需要较高的安装技术,适合技术人员使用操作;硬件阵列能够提供在线扩容、动态修改阵列级别、自动数据恢复、驱动器漫游、超高速缓冲等功能。利用软件仿真,是指通过网络操作系统自身提供的磁盘管理功能将连接的普通 SCSI 卡上的多块硬盘配置成逻辑盘,组成阵列;软件阵列可以提供数据冗余功能,但是磁盘子系统的性能会有所降低,有的降低幅度还比较大,可达 30%,因此会拖累机器的速度,不适合大数据流量的服务器。

4.2.4 高速公路视频监控系统设备设置要求

高速公路视频监控系统设备主要包括各级管理架构、沿线监控外场、隧道监控、避险车道监控、特大桥监控等设备。

1. 省级监控中心闭路电视系统与显示系统设置要求

1)闭路电视系统设置要求

闭路电视系统由视频传输、视频控制、视频存储、视频显示及配套设施构成。视频控制平台规模如表 4.2.1 所示。

视频控制平台规模　　　　　　　表 4.2.1

规模名称	小平台	中平台	大平台
视频管理路数	200 路以下	1 000 路左右	2 000 路以上

省级监控中心闭路电视系统设置要求如下。

(1)正常情况下,各分中心应至少能在监视墙上显示 1 路图像。

(2)省级监控中心视频控制平台应采用大平台规模。

(3)应能存储各下级机构上传的视频图像,保存至少 30 天;事件图像保存至少 1 年。

(4)应能实现省域内所有视频存储设备联网调用。

2)显示系统设置要求

显示系统由显示单元、多屏拼接控制器等组成。省级监控中心显示系统设置要求如下。

(1)大屏幕总面积宜控制在 40~60 m^2。

(2)多屏拼接控制器视频输入/输出数量不应少于拼接屏幕数量。

(3)显示系统应能显示监控系统主要工作站的显示器信号。

2. 路段监控分中心闭路电视系统与显示系统设置要求

1)闭路电视系统设置要求

(1)沿线图像宜对应显示在监视墙上,采用轮询显示时,显示的图像数量与全部图像数量的比例不应小于 1:4。

(2)视频存储应配置保存不少于 30 天视频的存储容量。

2)显示系统设置要求

(1)大屏幕总面积应控制在合理范围之内。

(2)多屏拼接控制器视频输入/输出数量不应少于拼接屏幕数量。

(3)显示系统应能显示监控系统主要工作站的显示器信号。

3. 监控系统外场设备配置

1) 监控系统外场设备规模

高速公路监控系统外场设备规模分为三级，分别为 A1、A2、A3，根据高速公路服务水平、高速公路属性及车道数，设备规模选择如表 4.2.2 所示，各规模等级监控系统外场设备配置要求如表 4.2.3 所示。

监控系统外场设备规模选择　　　　　　　　　　表 4.2.2

服务水平	国家高速公路网			省级及以下高速公路网		
	四车道	六车道	八车道	四车道	六车道	八车道
一级	A2	A2	A2	A1	A1	A2
二级	A2	A2	A3	A2	A2	A3
三级	A3	A3	A3	A3	A3	A3
四级						

各规模等级监控系统外场设备配置要求　　　　　　表 4.2.3

设备名称		设备等级		
		A1	A2	A3
信息发布设备	大型可变信息标志	●	●*	●**
	小型可变信息标志			
信息采集设备	车辆检测器	●	●*	●**
	能见度检测器	●	●*	●*
	气象检测器	●	●*	●*
	事件检测设备	○	○*	○**
视频监控设备	外场摄像机	●	●*	●**
其他设备	路侧广播系统	—	—	○
	出口诱导灯	—	●	●
	超速抓拍设备	—	—	—

注：1. "●"表示必选设备；"○"表示可选设备；"—"表示不作要求。
　　2. "*""**"表示设备位置疏密度，分别表示重点区段、全程。
　　3. 重点区段是指事故多发地段、长下坡区段、气象恶劣区段等路段，针对每个设备其所指重点区段存在差异。

2) 监控系统外场设备的设置原则

监控系统外场设备的通用布设原则如下。

(1) 互通立交区域必须设置摄像机。

(2) 易拥堵、易发生重特大突发事件、恶劣气象条件频发等路段应按照小于 2 km 间距设置摄像机。

(3) 避险车道必须设置摄像机。

(4) 服务区、停车区应设置摄像机。

(5) 特大桥宜设置摄像机；跨大江、跨海湾等特大桥，摄像机布设间距应小于 2 km。

(6) 摄像机的布设位置应避免跨线桥、灯杆、固定标志、信息标志等的阻挡和干扰。

（7）弯道区域应合理考虑摄像机有效监控范围。

（8）改造项目摄像机宜选择靠近已有通信分歧管道或桥梁、涵洞处设置。

不同规模的外场设备，对视频监控设备的布设要求如表 4.2.4 所示。

视频监控设备布设要求　　表 4.2.4

等级	布设要求
A1	按照通用原则设置
A2	（1）对于气象条件变化频繁的区域，如易结冰、多雾的路段应设置摄像机。 （2）特殊构造物路段，如特大桥、特殊线形指标路段宜设置摄像机。 （3）事故易发路段、拥堵路段应设置摄像机。 （4）长下坡路段应设置摄像机。 （5）道路安全性评价存在问题的路段，应设置摄像机。 （6）重点区域的摄像机设置间距应不大于 2 km。 （7）全程可按照小于 2 km 间距设置
A3	应按照不大于 2 km 间距基本实现全程监控

4.2.5　高速公路视频监控摄像机的选型与应用

1. 摄像机像素的选择

摄像机采集的车辆数据除了要求具有交通事件检测预警功能，更重要的是要对过往车辆信息进行监测、记录，对交通违法行为进行图像取证，此外抓拍图片还将提供给后台进行二次识别、分析，因此对图像的像素有一定的要求。高速公路主车道单车道宽 3.75 m，应急车道宽 2.5 m 或 3 m。参考《中华人民共和国机动车号牌》(GA 36—2018)，高速公路机动车号牌的宽度为 440 mm、480 mm（新能源汽车号牌）。参考《机动车号牌图像自动识别技术规范》(GA/T 833—2016)，摄像机抓拍违法图片中对号牌的图像水平分辨率要求不低于 100 个像素点。按照车牌像素要求，摄像机像素所能服务的路面宽度如表 4.2.5 所示。

摄像机像素所能服务的路面宽度　　表 4.2.5

车道	宽度(m)	计算最低水平分辨率	GA/T 833—2016 要求	16:9 设备	16:9 设备最低要求	4:3 设备	4:3 设备最低要求	3:2 设备	3:2 设备最低要求
同向两车道	7.5	1 705	1 600～2 400	1 635 095	200 万像素	2 180 695	230 万像素	1 938 585	200 万像素
同向两车道+应急车道	10	2 273	—	2 907 167	300 万像素	3 875 465	400 万像素	3 443 595	400 万像素
同向三车道	11.25	2 557	2 400～3 200	3 676 966	400 万像素	4 904 326	500 万像素	4 359 685	500 万像素
同向三车道+应急车道	13.75	3 125	—	5 493 750	600 万像素	7 325 000	800 万像素	6 509 375	700 万像素
同向四车道	15	3 409	3 200～4 000	6 538 462	700 万像素	8 716 813	900 万像素	7 748 657	800 万像素
同向四车道+应急车道	18	4 091	大于或等于 4 000	9 413 391	950 万像素	12 551 188	1 300 万像素	11 156 157	1 200 万像素

参考《道路交通安全违法行为图像取证技术规范》(GA/T 832—2014),实现抓拍违法车辆的视频成像装置水平分辨率与像素及监控范围的要求为:

(1)水平分辨率大于或等于1 600且小于2 400个像素点,监控范围不超过同向2车道;

(2)水平分辨率大于或等于2 400且小于3 200个像素点,监控范围不超过同向3车道;

(3)水平分辨率大于或等于3 200且小于4 000个像素点,监控范围不超过同向4车道;

(4)水平分辨率大于或等于4 000个像素点,监控范围可超过同向4车道。

用于识别的图像分辨率应不小于1 600×1 200或1 920×1 080个像素点。白天号牌号码识别准确率应不小于95%,夜间号牌号码识别准确率应不小于90%,白天号牌颜色识别准确率应不小于90%,夜间号牌颜色识别准确率应不小于80%,号牌种类识别准确率应不小于95%,未悬挂号牌的识别率应不小于80%。

2. 摄像机功能要求

1)视频监控功能

可实现白天或夜间有辅助光源的情况下视频监控和视频录像;可有效记录白天交通事件及事故前后过程,满足交通事故判定、案件回溯等需求。

2)交通违法行为记录功能

在符合监测要求的摄像机画面和安装位置的情况下,能对路段断面常见的交通违法机动车违法行为自动监测并记录,其交通违法类型包括不按规定车道行驶、占用应急车道行驶、超速行驶、倒车、逆行、行车道上停车、非紧急情况下在高速公路应急车道上停车、轧车行道分界线、机动车违反禁令标志指示、机动车违反禁止标线指示、驾驶机动车在高速公路上正常情况下行驶速度低于规定速度20%以上、未系安全带、施工作业路段不减速行驶、低能见度气象条件下不按规定行驶等。

3)车辆特征监测记录功能

在符合监测要求的摄像机画面和安装位置的情况下,能对路段断面过车自动监测并记录,其车辆特征包括车辆图像、车辆号牌、车型、车辆品牌标志、车身颜色、车辆速度。

4)交通事件监测功能

在符合交通事件监测条件和有效监测范围内,能对路段断面常见的交通事件进行自动监测并记录,其交通事件类型包括停止事件、逆行事件、行人事件、抛洒物事件、拥堵事件、机动车驶离事件等。

5)交通参数监测功能

在进行交通事件监测时,辅助输出路段断面常见的交通参数,其交通参数类型包括行车流量、平均速度、占有率。

6)区间测速功能

具有实时采集机动车驶入、驶出测速区间时的车辆信息及全景特征图片的功能,区间测速起点和终点监控设备的车辆图像捕获率不小于95%,具有机动车号牌图像自动识别功能。

7)枪球联动功能

球机支持枪球联动功能,球机可实现整体和细节的实时监控,球机手动或自动对占用应急车道停车等违法行为进行抓拍。

8)数据存储功能

数据存储满足本地视频及图片存储要求保存在前端设备中,存储周期不少于48 h,超过存储时限的视频应采用循环覆盖的方式进行存储,并支持网络恢复后自动上传;前端储存通行车辆记录数不小于30万辆,当超出最大储存容量时,自动对车辆信息和图片进行循环覆盖。

3.高速公路监控摄像机应用

高速公路外场监控摄像机包括高速智能球机、定焦高清枪式摄像机、全景摄像机、全景跟踪智能球机、服务区内场坪球机、半球摄像机等。

以路段监控为例,外场监控摄像机的安装方式分为断面型和路侧型,断面型配置枪式摄像机(台数和像素由车道数确定)、1台球形摄像机、1套视频综合检测设备,每个车道上方设置1套补光灯,每个车道正上方设置1套窄波测速雷达(应急车道上方一般不设置,应急车道违法事件多发路段可设置);路侧型根据分(合)流区域长度选择配置1台或2台枪式摄像机(背对背)、1台球形摄像机、1套视频综合检测设备,1台枪式摄像机匹配2套补光灯。

图4.2.4为断面型视频简易型门架结构设计示意图,图中单位为mm,实际施工中路测立柱的高度由路面横坡确定,保证桁架水平,下方净空不小于6 m。图4.2.5为路侧型视频监控立杆结构设计示意图。

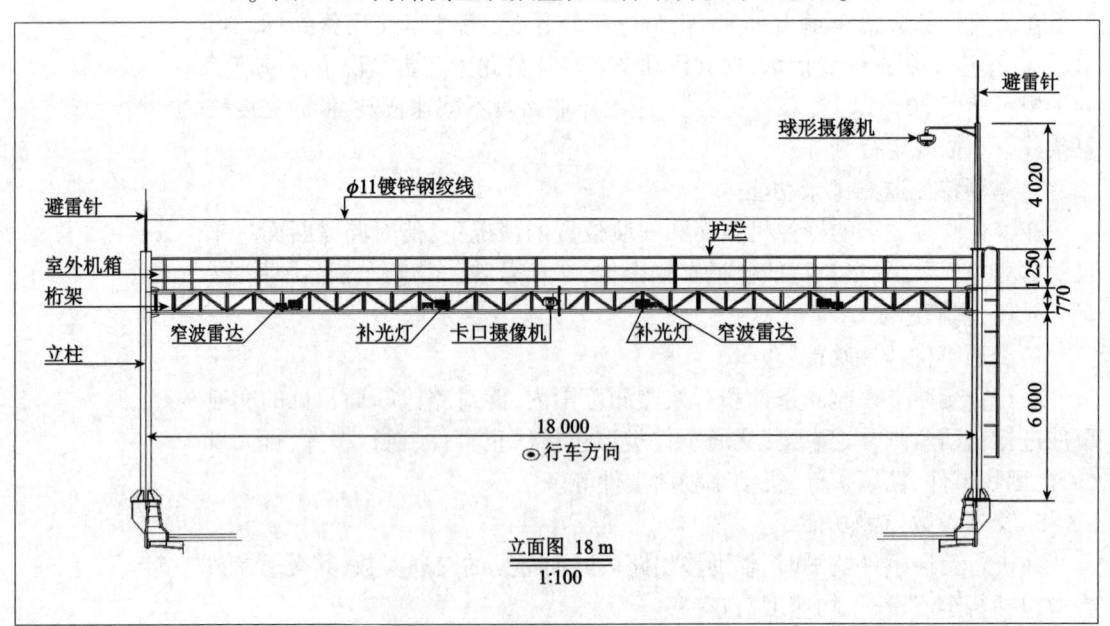

图4.2.4 断面型视频简易型门架结构设计示意图

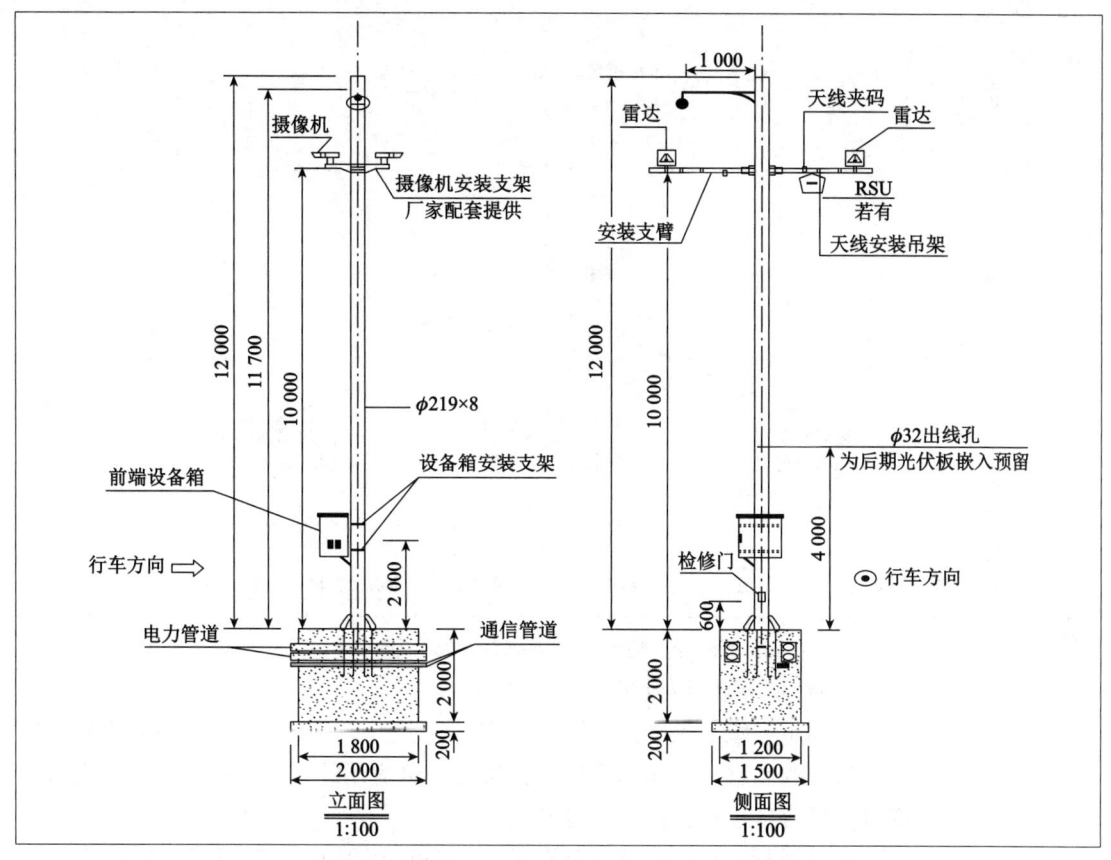

图 4.2.5 路侧型视频监控立杆结构设计示意图(尺寸单位:mm)

4.2.6 全国高速公路视频云联网应用

根据《交通强国建设纲要》关于"强化交通基础设施养护,加强基础设施运行监测检测"的要求,为全面建设"可视、可测、可控、可服务"的高速公路运行监测体系,更好地满足人民群众出行需求,2019年交通运输部印发《全国高速公路视频联网监测工作实施方案》和《全国高速公路视频云联网技术要求》的通知,开展全国高速公路视频云联网监测工作。

1. 视频云联网系统架构

全国高速公路视频联网监测工作按照"部省联动、科学实施、智慧监测、提质增效"的建设原则,采用"视频云联网"技术,构建"云、管、端"一体化的部、省两级云平台并实现联网,如图4.2.6所示。

部、省两级视频云平台除个性化功能外,都应具有用户权限管理、摄像机设备管理、视频上云管控、视频云端分发、视频调看、视频截图、云台控制、视频质量检测、智能分析、用户行为日志等主要功能,部级云平台还应具备跨省共享功能。

1)部级云平台

部级云平台是为满足部级视频联网监测应用需求,通过云服务实现全国高速公路沿线视频监测设备资源汇聚并联网应用的云平台。部级云平台支持向各省云平台和路段云平台提供视频共享服务。

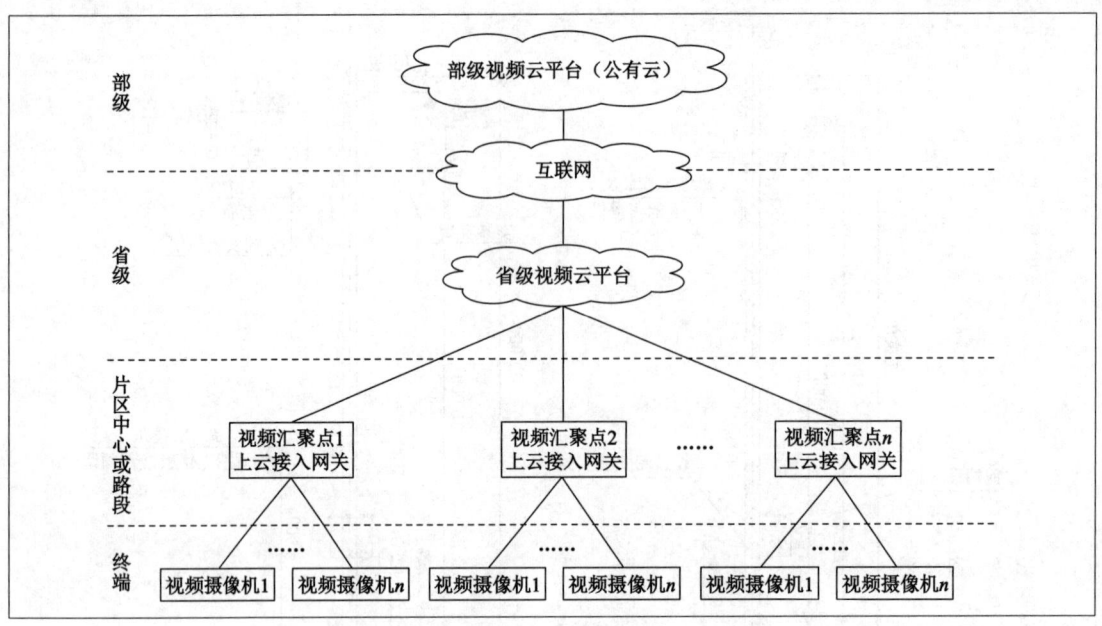

图4.2.6 全国高速公路视频云联网系统总体架构

2）省级视频联网云平台

为满足省级视频联网监测应用需求，通过云端服务省级公路沿线视频监测设备资源和移动视频图像资源汇聚并联网应用的平台。省级云平台支持向部级云平台提供视频调用、控制服务。

省级视频云平台部署在公有云上（阿里云、华为云、萤石云等），公有云运营商负责提供视频联网所需的计算、存储、网络、应用支撑等IT基础设施资源。省级视频云平台具备用户管理、资源管理、视频流管理、数据同步更新、视频点播、发布管理、截图管理、质量管理、运维管理等功能，云端视频能够支持全国用户的访问。

3）视频上云网关

对接不同厂家、不同型号的摄像机设备，获取摄像机视频流后，以统一标准的视频压缩格式和传输协议将视频流推送至省级云平台或部级云平台，该设备主要部署在路段视频汇聚点。

2. 视频云联网技术路线

根据交通运输部《全国高速公路视频云联网技术要求》，视频云联网监控系统有"路段—省级云平台—部级云平台"或者"路段—部级云平台"两种视频上云方案可供选择，不同的方式满足相关的技术指标。

1）路段—省级云平台—部级云平台

对路段汇聚点的视频系统进行上云接入，经省级云平台统一汇聚后与部级云平台对接。省级云平台应满足本省高速公路视频资源100%汇聚和分发要求，并向部级云平台提供视频调用服务。部、省两级视频云平台间控制信令通过云端VPN（Virtual Private Network，虚拟专用网）隧道传输。路段—省级云平台—部级云平台架构如图4.2.7所示。

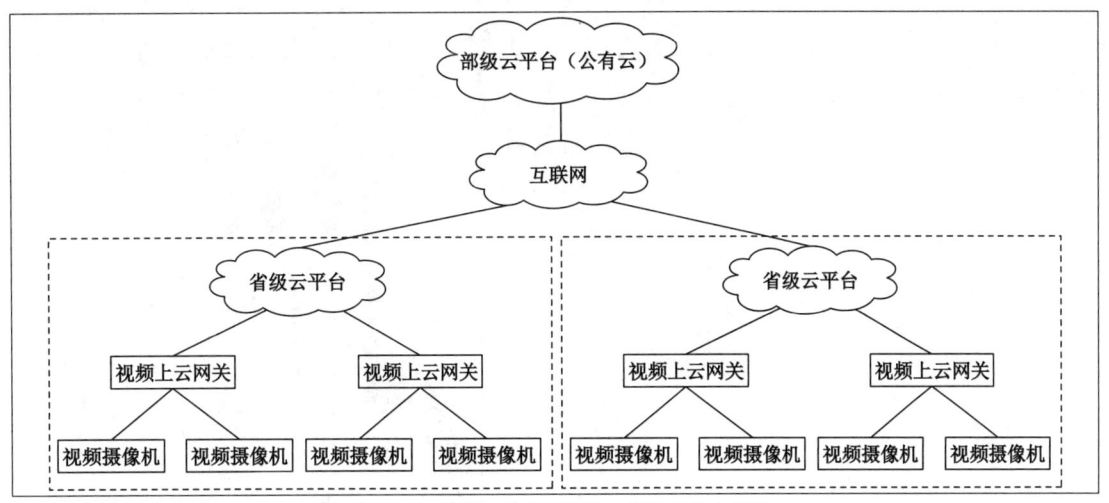

图 4.2.7　路段—省级云平台—部级云平台架构

2）路段—部级云平台

对路段汇聚点的视频系统进行上云接入,与部级云平台直接对接,具备控制信令通过由云服务提供的云端 VPN 隧道传输、视频流由互联网通道传输等功能,并由部级云平台向各地提供统一的"在线调取、共享分发、智能分析"等服务能力,同时具备调整为"路段—省级云平台—部级云平台"方式的能力。路段—部级云平台体架构如图 4.2.8 所示。

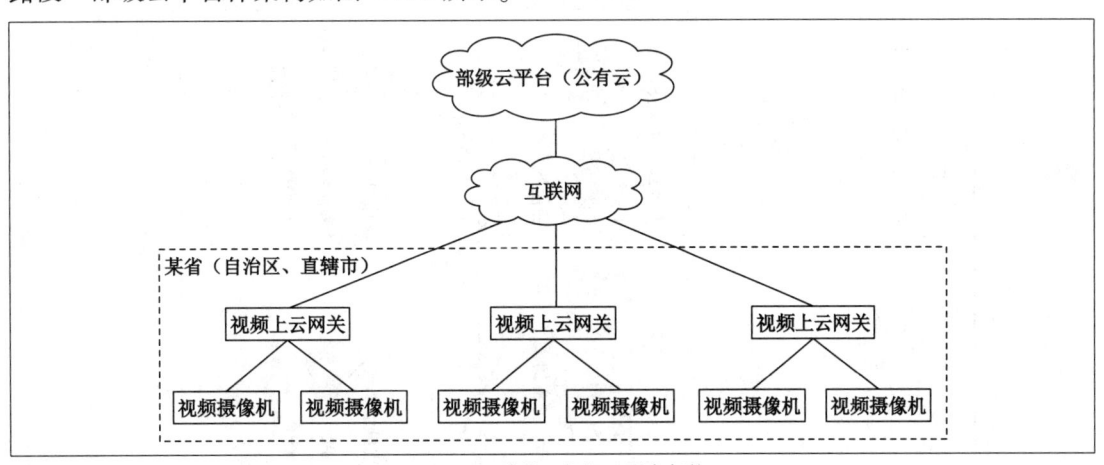

图 4.2.8　路段—部级云平台架构

3. 视频云联网应用

某省高速公路视频云联网采用"路段—省级云平台—部级云平台"架构,总体架构如图 4.2.9 所示。视频云联网系统按照六层架构和三套保障体系进行设计,即感知层、网络层、设施层、数据层、应用层、用户层和运维保障体系、安全保障体系、标准规范保障体系,如图 4.2.10 所示。

（1）感知层:负责实时采集外场视频监控信息,通过网络传输系统将视频图像传输到后台系统。

（2）网络层:利用 SDH 接入网、光纤链路及 OTN 传输网,将视频图像统一汇聚至路段中心或片区中心,通过视频上云网关和运营商 VPN 专线上传至省级云平台。

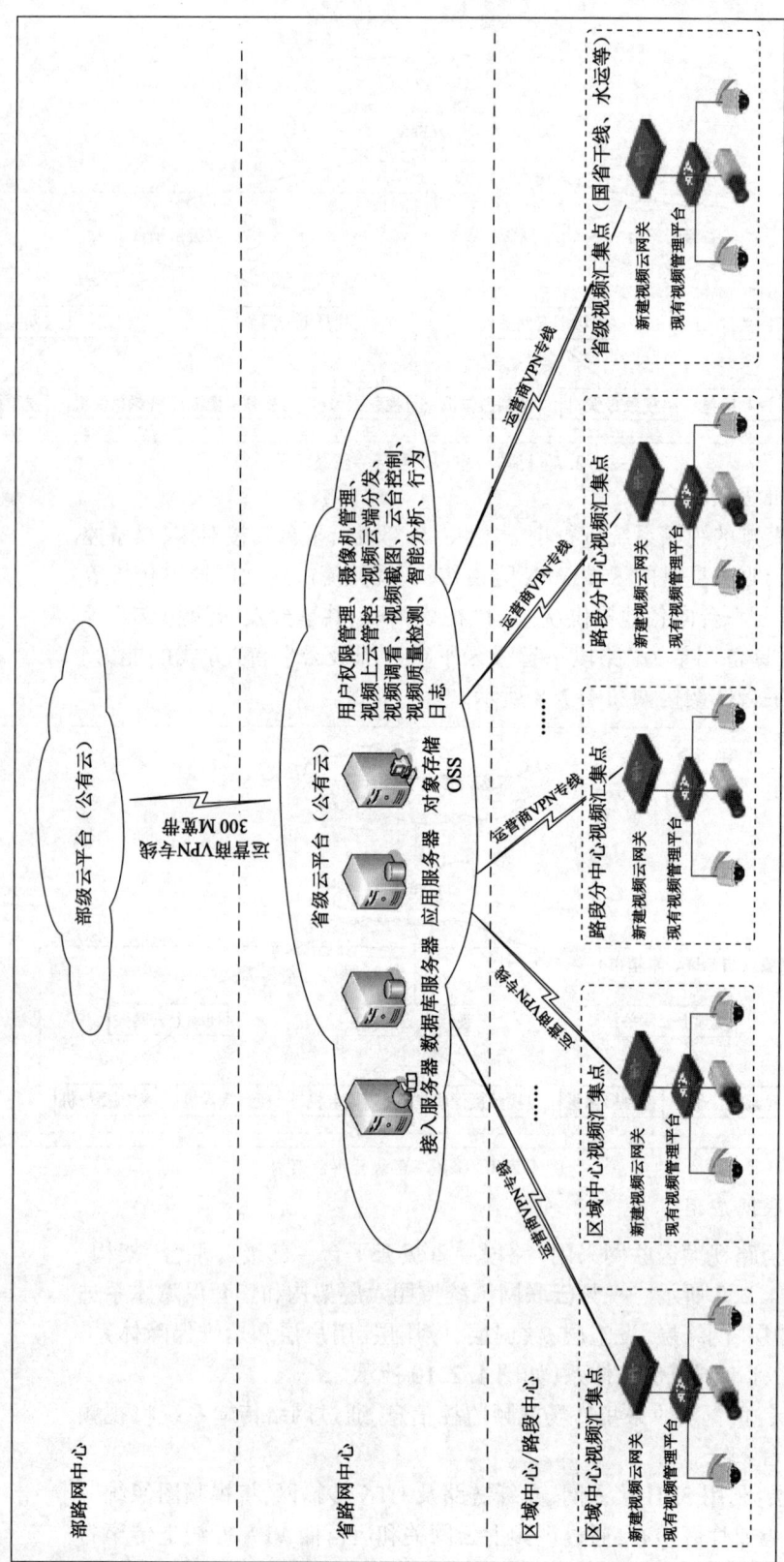

图4.2.9 某省视频云联网系统总体架构

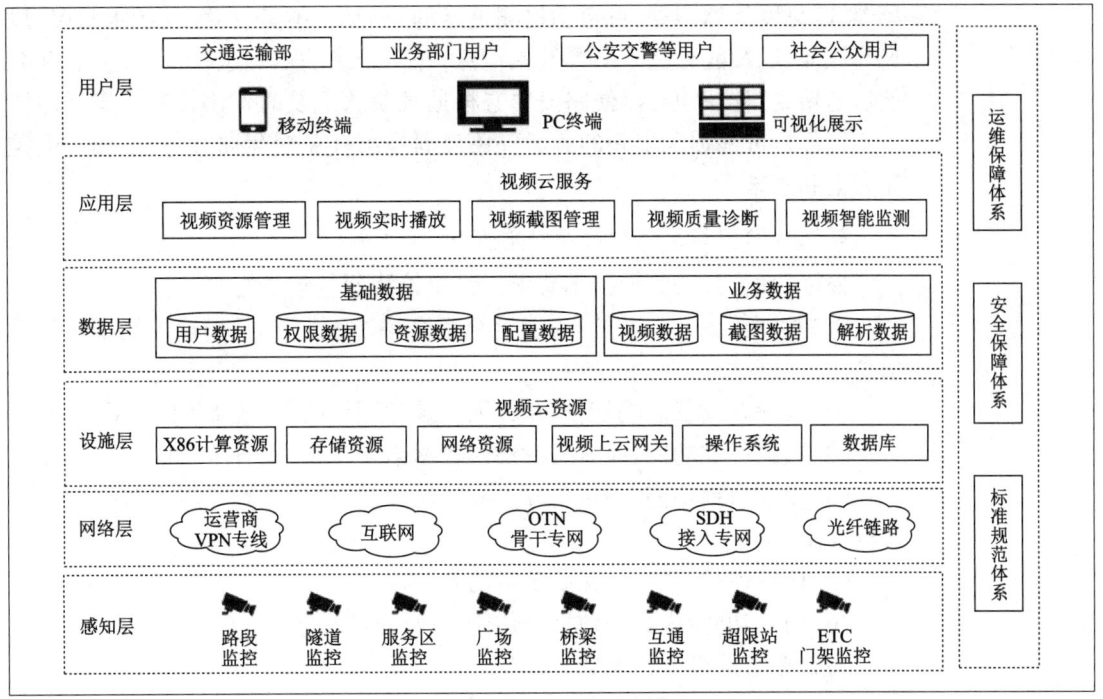

图 4.2.10 某省视频云联网系统逻辑架构

（3）设施层：为各类视频云服务业务提供计算、存储、网络、备份、机房等基础设施服务。

（4）数据层：主要用于存储平台的基础数据信息和业务数据信息，其中基础数据主要包括用户数据、权限数据、资源数据、配置数据等；业务数据主要包括视频数据、截图数据、解析数据等。

（5）应用层：提供视频资源管理等应用。

（6）用户层：为交通运输部、业务部门、公安交警、社会公众等用户提供移动终端、PC终端等视频服务。

（7）运维保障体系：保障各类应用系统的稳定运行与可持续发展。

（8）安全保障体系：依据安全管理制度与安全技术规范，对系统各个层面的安全保护。

（9）标准规范体系：通过建立健全设备准入要求、视频联网标准、网络传输要求、运维管理规范等一系列标准，为系统省部联网、长效运行、功能拓展等奠定基础。

单元 4.3 高速公路交通状况检测及信息发布系统组成与应用

4.3.1 高速公路气象检测系统组成与应用

1. 气象检测器的主要作用

气象检测器通过温湿度传感器、雨量传感器、路面传感器、风速与风向传感器、能见度传感器等,可自动检测道路的温湿度、雨量、结冰与积水状况、风速与风向,以及能见度数据等气象信息;并对采集的数据进行预处理和存储,然后上传到路段中心,以便路段中心根据气象状况及时作出控制方案。路段中心计算机可根据采集到的各类气象数据作出气象变化曲线,产生相应的控制方案和策略。

2. 气象检测器基本功能与性能要求

根据《高速公路监控技术要求》,气象检测器基本功能如下。

(1)检测气象状态功能:应能检测能见度、风速、风向、雨量等类型的气象信息。

(2)检测路面状态功能:应可检测干燥、潮湿、积雪、结冰等路面状态。

(3)数据存储功能:应具有对检测数据记录存储一定时间的功能。

(4)故障自检功能:当设备发生故障时,应能自动检查并将设备故障信息进行反馈。

(5)防雷保护功能:应具备防雷功能。

(6)通信功能:应具备数据上传所需通信接口。

气象检测器基本性能要求如下。

(1)风速检测:范围 0 ~ 60 m/s,精度 ±0.5 m/s,分辨率 0.1 m/s。

(2)风向检测:0° ~ 360°。精度:±3°。分辨率:3°。

(3)温度检测:−50 ~ 70 ℃。精度:±0.2 ℃。分辨率:0.1 ℃。

(4)相对湿度检测:0% ~ 100%。精度:±2%。

(5)能见度检测范围:10 ~ 2 000 m。精度:±3%。

(6)可检测干燥、潮湿、积水、结冰、结霜、积雪等路面状态。

(7)路面温度、大气温度检测范围可根据当地历史气温极值合理调整。

(8)环境检测器安装高度不宜低于 3 m。

3. 气象检测器布设与安装要求

根据《高速公路监控技术要求》,气象检测器的布设原则如下。

(1)布设位置应能反映当地高速公路沿线的气象状况,并能代表周边一定范围内的自然状况。

(2)周边无高大林木、大范围稠密灌木林和建筑物的阻挡,不受烟火源及强光源的直射光、反射光的污染等。

(3)气象检测器应根据高速公路沿线气象状况合理选择检测单项设备,不宜笼统采用全套气象检测器。

(4)气象检测器应根据高速公路沿线地区气候状况确定是否设置,其间距不宜大于 50 km。

(5)气象检测器的气象要素应根据设置所在地需要检测的内容来确定,应设置能见度、路面状况检测器。以大雾为主要恶劣气象条件的,应采集能见度参数;以大风为主要恶劣气象条件的,应采集风速参数;以路面湿滑为主要恶劣气象条件的,应采集路面是否干燥、是否潮湿、是否结冰等状态参数;具备多种恶劣气象条件的,应同时采集相应的环境参数。

自动气象站采用单柱式安装,如果悬臂在路面上,其悬臂及悬臂上安装的检测器均不可侵占路面以上5.5 m之内的净空。以单柱式安装为例,气象检测器安装示意图如图4.3.1所示,设备包含风向传感器、风速传感器、能见度传感器、雨量检测器、温湿度传感器等。

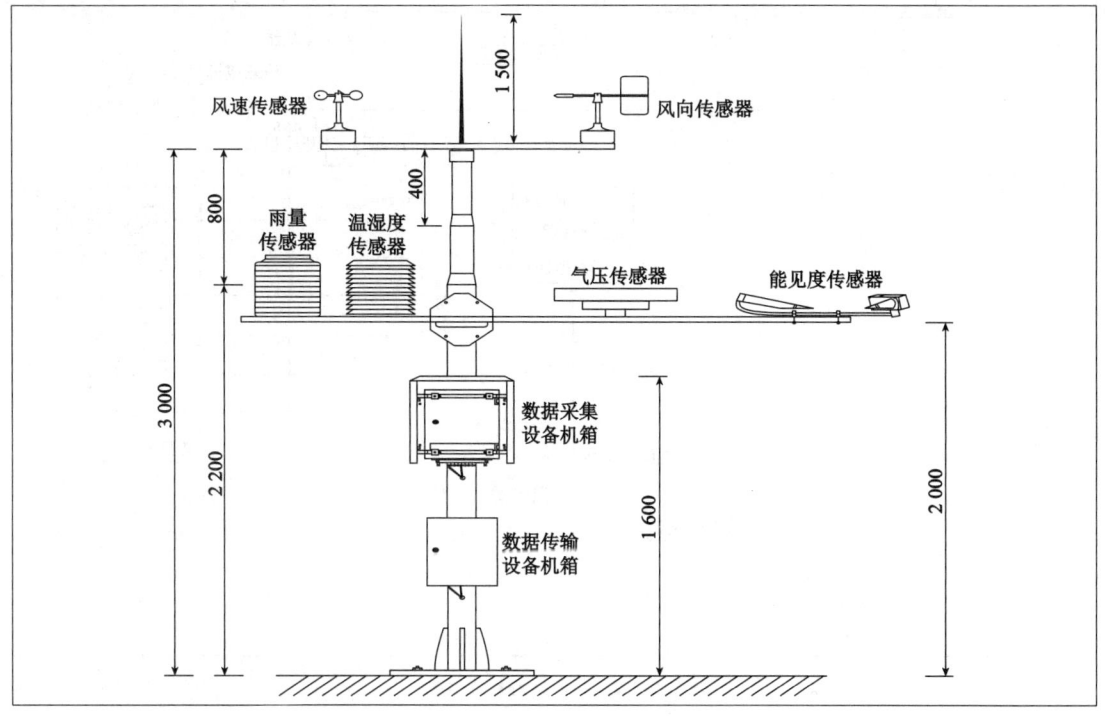

图4.3.1　气象检测器安装示意图(尺寸单位:mm)

4.气象检测系统电气构成

高速公路气象检测系统由前端气象采集传感器、数据采集器、后台软件、监控管理站等组成,如图4.3.2所示。前端气象采集传感器采集温度、湿度、能见度、风向、风速、气压等数据,各传感器数据接入数据采集器,再上传到监控管理站,由运行于监控管理站的监控软件进行数据存储、分析、显示和处理。上报的数据超过限位值,监控软件将会进行多种手段的报警提示。

4.3.2　高速公路事件检测系统组成与应用

1.高速公路事件检测作用

事件检测系统以机器视觉领域的相关理论成果为基础,根据我国道路交通特点进行视频信息处理、车辆识别与跟踪,从而实现交通事件(停车、逆行、行人、拥堵、火灾、抛撒物、非机动车等事件)自动检测、异常交通事件报警、分析并存储交通流数据和基于不同的天气状况(雨天、雪天、夜间等)检测等功能。

事件检测系统利用安装在高速公路内的摄像机采集的视频图像作为输入,通过对视频图像的处理和分析,能够实现对交通参数的采集及各类交通事件的自动检测,包括车辆超速、车辆低速、违法停车、车辆逆行、压黄线行驶、行人、抛撒物、火焰、烟雾、交通拥堵等。

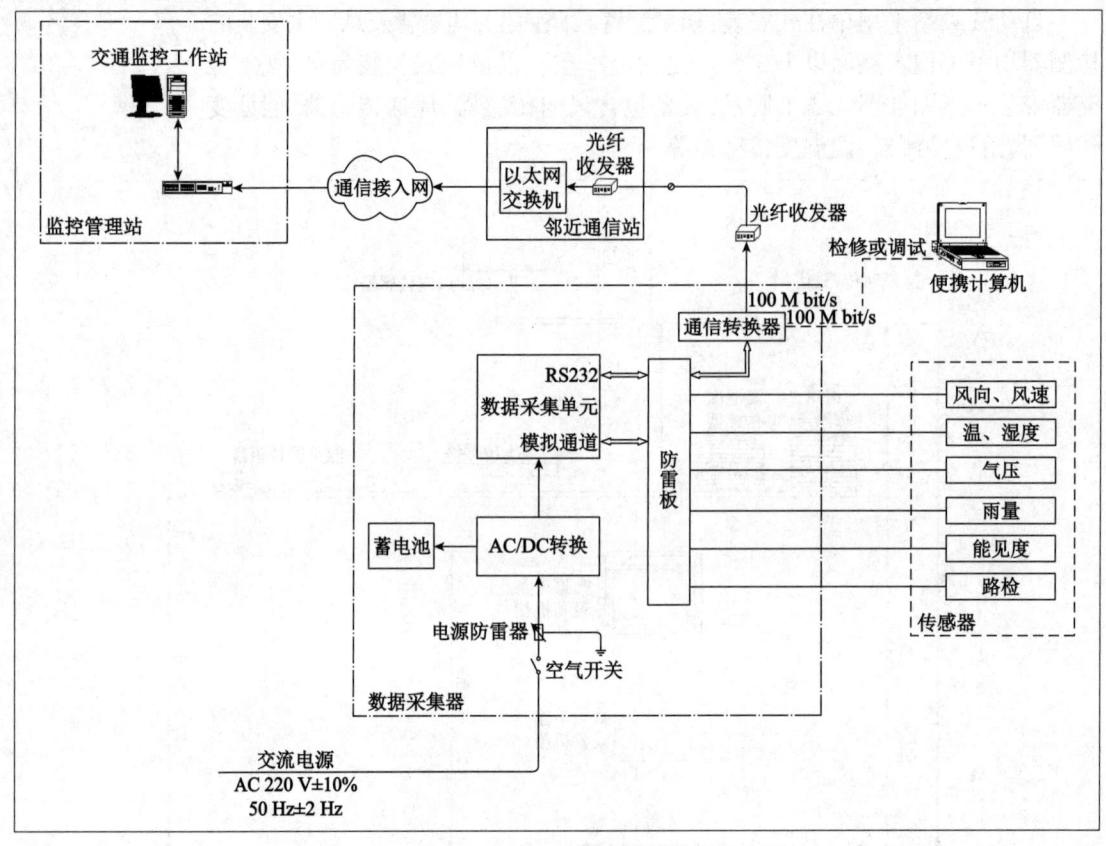

图4.3.2 气象检测系统组成

2.事件检测设备布设原则及设备基本性能要求

事件检测设备基本布设原则如下。

(1)A1等级在交通流分合区等事故易发点可设置事件检测器。

(2)A2等级在交通流分合区处可设置事件检测器;在交通事故多发区段、长下坡路段宜设置事件检测器,间距不宜大于4 km。

(3)A3等级按全程不宜大于4 km的间距设置,有条件路段宜按照2~3 km间距设置。

事件检测设备基本性能要求如下。

(1)事件检测器如采用视频方式,宜采用固定摄像机;也可与路段摄像机共用。

(2)反应时间:自事故事件发生起10~120 s内可调。

(3)事件检测器应至少能检测逆行、停车、拥堵。

(4)事件检测准确度大于或等于90%。

(5)误报率小于或等于5%。

(6)事件及事件前后15 min(事件前5 min、后10 min)图像可调。

3.事件检测系统构成

事件检测系统主要包括摄像机、视频信号传输系统、交通事件视频检测器、交通事件视频检测服务器、交通事件视频检测客户管理端等构成,如

图4.3.3所示。事件检测系统根据采集的视频图像,对交通事件进行直接判断,准确而快速地检测交通事件是否发生,当交通状态处于异常情况时,事件检测系统自动报警,根据交通事件的发生地点信息,联动公安、消防、救护等部门,加快紧急救援和交通控制措施。各部分的主要功能如下。

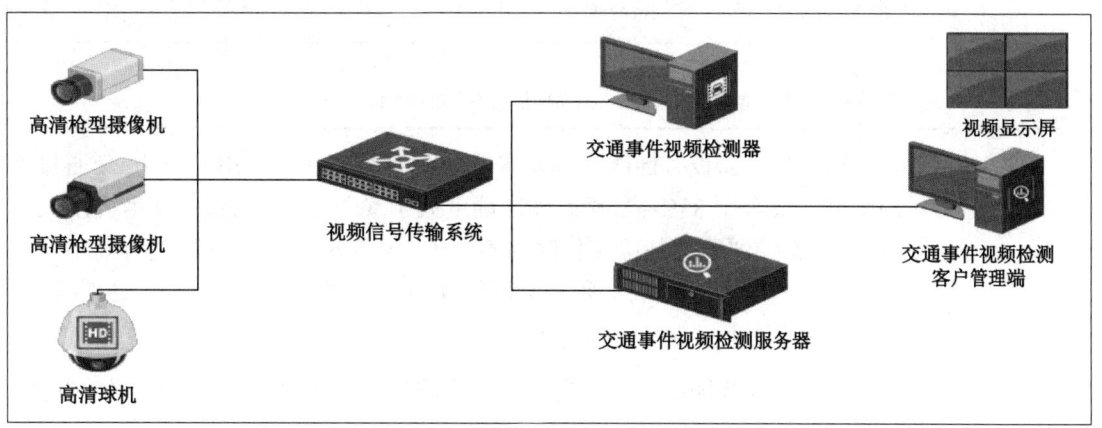

图4.3.3 事件检测系统构成图

(1)摄像机:监视道路状况,采集交通视频信号。

(2)视频信号传输系统:负责视频信号的传输和分配,输入信号为摄像机视频,输出信号与交通事件视频检测器相连。

(3)交通事件视频检测器:根据摄像机的图像,对道路交通事件进行检测、记录、传输、统计。

(4)交通事件视频检测服务器:安装在监控中心,为交通事件数据库服务器服务,存储图像录像、交通流参数等数据。

(5)交通事件视频检测客户管理端:实现对交通事件视频检测器进行工作参数设置、工作状态监测、视频录像和存储、交通事件报警等功能。

4.3.3 微波车辆检测系统组成与应用

1. 车辆检测器布设原则与设备性能基本要求

车辆检测器通用点位布设要求如下。

(1)车辆检测器应设置在互通立交、枢纽互通立交两侧无分流合流变化的路段,一般设置在主线上加(减)速车道终(起)点以外。

(2)在加强配筋水泥路面中不宜设置感应(环形)线圈检测器。

(3)雷达(微波)车辆检测器设置处应防止其他设备或物体遮挡。

不同等级车辆检测器布设要求除满足通用原则外,还应满足表4.3.1要求。

车辆检测器布设要求 表4.3.1

等级	布设要求
A1	(1)服务区出入口两侧宜设置车辆检测器。 (2)跨大江和大河、跨海湾、跨湖泊等特大桥应设置车辆检测器。 (3)易拥堵、易发生重特大突发事件、恶劣气象条件频发等路段应按照小于2 km的间距设置车辆检测器。 (4)超限超载检测站、主线收费站前应设置车辆检测器。

续上表

等级	布设要求
A2	(1)满足 A1 等级设置要求。 (2)重点区段设置车辆检测器时,其间距宜小于 2 km。 (3)地质灾害易发路段可设置车辆检测器
A3	(1)满足 A2 等级设置要求。 (2)车辆检测器全程设置间距宜小于 2 km,特殊情况不宜超过 5 km

车辆检测器设备性能基本要求满足测量范围为 5～200 km/h;交通量准确度大于或等于 85%;车辆速度准确度大于或等于 85%;占有率准确度大于或等于 85%;平均无故障工作时间不少于 1 000 h;本地数据存储时间不低于 24 h;使用太阳能供电时必须提电源管理系统。

2. 微波车辆检测系统性能要求

微波车辆检测系统用于自动检测道路的交通流数据信息,进行处理并上传到路段中心,以便路段中心根据实时交通状况及时作出控制方案。主要性能要如下。

(1)应能够精确地检测高速公路上的任何车辆,包括从摩托车到多轴、高车身的车辆,拖车应作为一辆车检测。

(2)可检测路上每一车道所通过的车辆数、车辆分类、车辆速度、车道占有率等。

(3)精确的识别能力,可以跨越中央分隔带的防眩板、树丛及隔离护栏等障碍检测到部分被遮挡的车辆。

(4)应可进行全天候的交通检测,适用于任何天气,包括雨、雾、雪、大风、冰雹等。

(5)检测数据可进行本地自动存储,以防止数据意外丢失,在意外断电或通信中断等故障情况恢复后,可上传历史数据。

3. 微波车辆检测系统构成与工作原理

微波车辆检测系统由检测主机、数据线、固定支架等组成。微波车辆检测器与摄像机同立柱安装,安装高度不低于 5.5 m 或按设备使用要求调整,弯曲度不得超过5°。微波车辆检测器在高速公路路侧安装,检测多车道高速公路,检测器通过数据通信提供每车道再现情况,每周期通过串行接口提供实时检测的各车道车流量、车道占用情况、车道平均速度等。系统安装图如图4.3.4所示。

4.3.4 高速公路信息发布系统组成与应用

1. 高速公路信息发布系统的组成与作用

高速公路信息发布系统是监控系统的一个重要组成部分,是当前高速公路主要采取的控制手段。信息发布设备主要包括大型可变信息标志、小型可变信息标志。

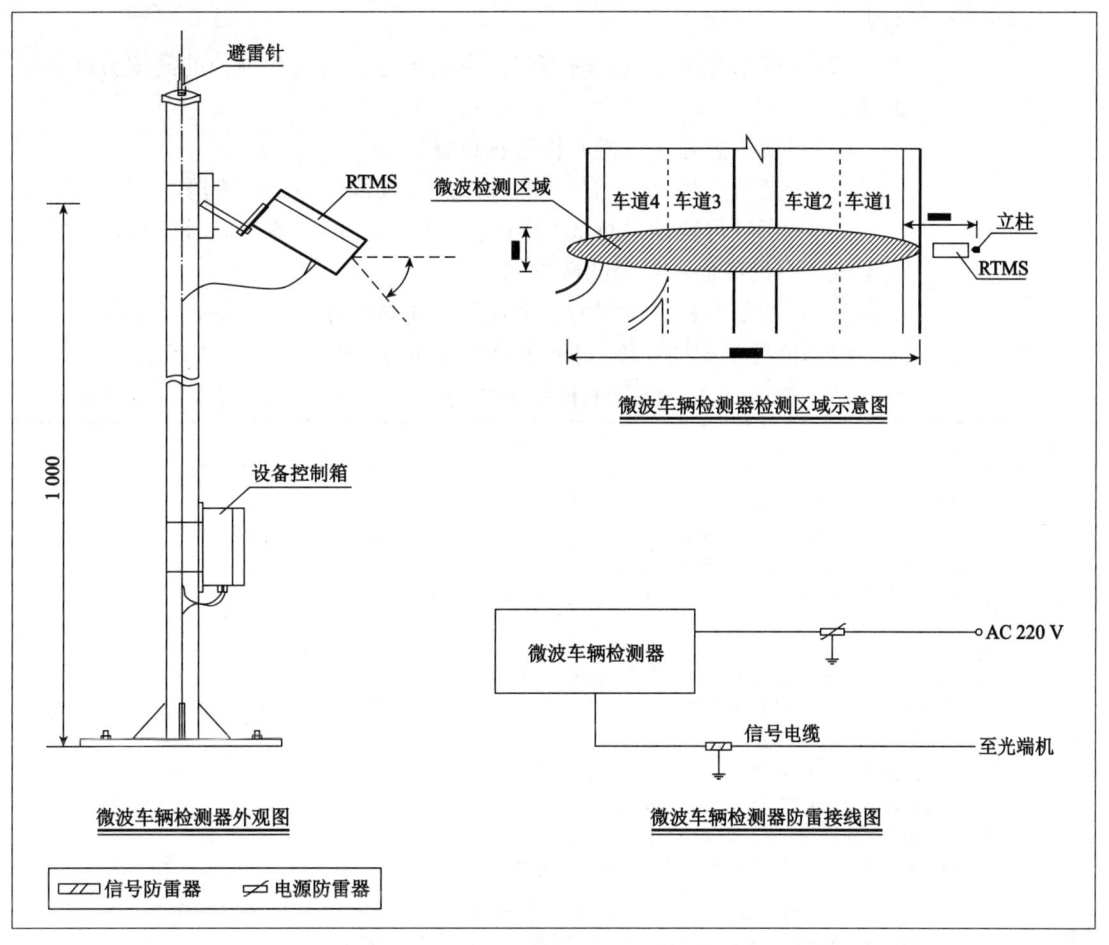

图 4.3.4 微波车辆检测系统安装图(尺寸单位:mm)

高速公路信息发布系统主要完成路线引导、恶劣天气警告、排队与拥挤警告、道路施工警告、可视距离警告、事件警告、隧道桥梁控制、车道限制、可变车道控制、速度限制、环境警告、交通信息发布、安全信息发布、公路调节控制、行车管理等功能。

可变信息标志主要设置在急弯、长下坡路段、事故多发路段、拥堵频发路段、气象灾害多发路段,以及互通立交、收费站、服务(停车)区、超限检测站等位置,以便在高速公路路段发生紧急情况时,通过交通诱导信息的发布,使看到相关信息的道路使用者及时驶出高速公路,避免造成事故点拥堵。这样既有利于事故处理,又避免耽误道路使用者的行程,同时提醒驾驶人注意前方道路状况,减少事故发生。

可变信息标志由前端显示设备(含基础和安装杆件)、供电及传输设施、后台软件平台构成;为便于信息安全管理和路网信息协同调度,信息发布应全线统一管理,分权限使用。

2.高速公路可变信息标志的布设要求与设备要求

根据《高速公路监控技术要求》,可变信息标志通用布设原则如下。

(1)省界高速公路入口侧、高速公路相接的枢纽互通必须设置可变信息标志。

(2)可变信息标志设置时宜避开不利于施工安装和维护的高填方区和挖方区。

(3)可变信息标志应避开构造物设置。

(4)严禁可变信息标志与安全标志牌或其他设施相互遮挡。

(5)考虑到可变信息标志的用电负荷很大,在设备布局时应权衡远距离供电成本与设备显示效果的性价比。

(6)可变信息标志设置时应考虑性价比高低和是否方便信息发布。

根据监控系统的等级,可变信息标志布设要求如表4.3.2所示。

可变信息标志布设要求 表4.3.2

规模等级	布设要求
A1	(1)隧道群、长下坡路段宜设置可变信息标志。 (2)互通立交两侧宜设置可变信息标志。 (3)服务区宜设置服务区信息发布标志。 (4)大型收费站(8车道及以上)出入口可设置可变信息标志
A2	(1)隧道群、桥隧相连路段、长下坡路段应设置可变信息标志。 (2)交通事故多发段、地质灾害易发路段、气象条件恶劣区段、交通量特别大的区段应设置可变信息标志,其设置间距宜为5~10 km。 (3)跨大江和大河、跨海湾、跨湖泊等特大桥宜设置可变信息标志。 (4)互通立交两侧应设立可变信息标志。 (5)服务区应设置服务区信息发布标志。 (6)大型收费站(8车道及以上)出入口宜设置可变信息标志
A3	(1)满足A2等级设置要求。 (2)全程设置可变信息标志,其平均设置间距宜小于10 km

可变信息标志设备要求如下。

(1)服务区信息发布标志显示尺寸可选择3.2 m×1.8 m、3.84 m×1.92 m、3 m×4 m等。

(2)立柱式可变信息标志显示尺寸可选择1.6 m×1.6 m等。

(3)悬臂式可变信息标志显示尺寸可选择3.2 m×1.6 m、2 m×2.4 m等。

(4)门架式可变信息标志显示尺寸与车道关系如表4.3.3所示。

(5)可变信息标志采用琥珀色或双基色,显示板亮度大于或等于8 000 cd/m²。

(6)应具备至少六级亮度自动调节功能;动态可视距离应不低于210 m。

(7)可变信息标志的显示屏底端距地面净空高度应不小于5.5 m。

门架式可变信息标志显示尺寸与车道关系 表4.3.3

序号	单向车道数量	显示单元尺寸(m)	显示单元数量	点阵数量
1	2	1.0×1.0	1 011	32×32
2	3	1.0×1.0	1 214	32×32
		1.2×1.2	1 012	48×48

3. 可变信息标志的应用

可变信息标志主要有门架式、立柱式和悬臂式,如图4.3.5所示,能够自动接收上位系统发布的实时交通诱导信息,如交通流量数据、交通拥堵信息、突发性事件信息、报警信息等。大型可变信息标志采用门架式支撑方式,四车道高速公路小型可变信息标志采用立柱式或悬臂式,六车道及以上高速公路小型可变信息标志采取悬臂式。

图4.3.5 可变信息标志
(a)门架式;(b)立柱式;(c)悬臂式

根据《高速公路可变信息标志信息的显示和管理》(JT/T 607—2021),对信息显示的要求如下。

(1)可变信息标志采取分级监控的方式,上级部门能够监控下级机构可变信息标志的工作状态和显示内容。

(2)可变信息标志显示的内容和工作状态应能够远距离集中监控,显示内容同步,可添加、删除或修改预存的信息。

(3)当出现通信中断等异常情况导致信息内容失效时,可变信息标志应黑屏。

(4)可变信息标志信息的采集、处理、发布、撤销、更新和保存工作应统筹管理,高速公路交通信息应互通共享。

(5)对信息的采集、处理、发布、撤销、更新和保存全过程应采取严密有效、规范有序、切实可行的管理措施,做到信息采集范围广泛,信息处理管理规范,信息发布、更新、撤销及时,信息发布日志存储归档。

(6)应从技术和管理上采取措施,保护可变信息标志信息发布系统的运行安全和数据安全,确保计算机系统的硬件、软件和信息网络安全,避免遭受病毒攻击或恶意篡改。

信息发布系统构成如图4.3.6所示,信息发布系统由"省中心级信息发布系统—路段分中心级信息发布系统—外场发布点"组成。外场信息发布设备(如服务区/停车区的全彩屏、路段广告屏、公路信息亭、多媒体查询终端)根据实际管理需求布设,接入信息发布系统,实现统一的信息监控和管理。

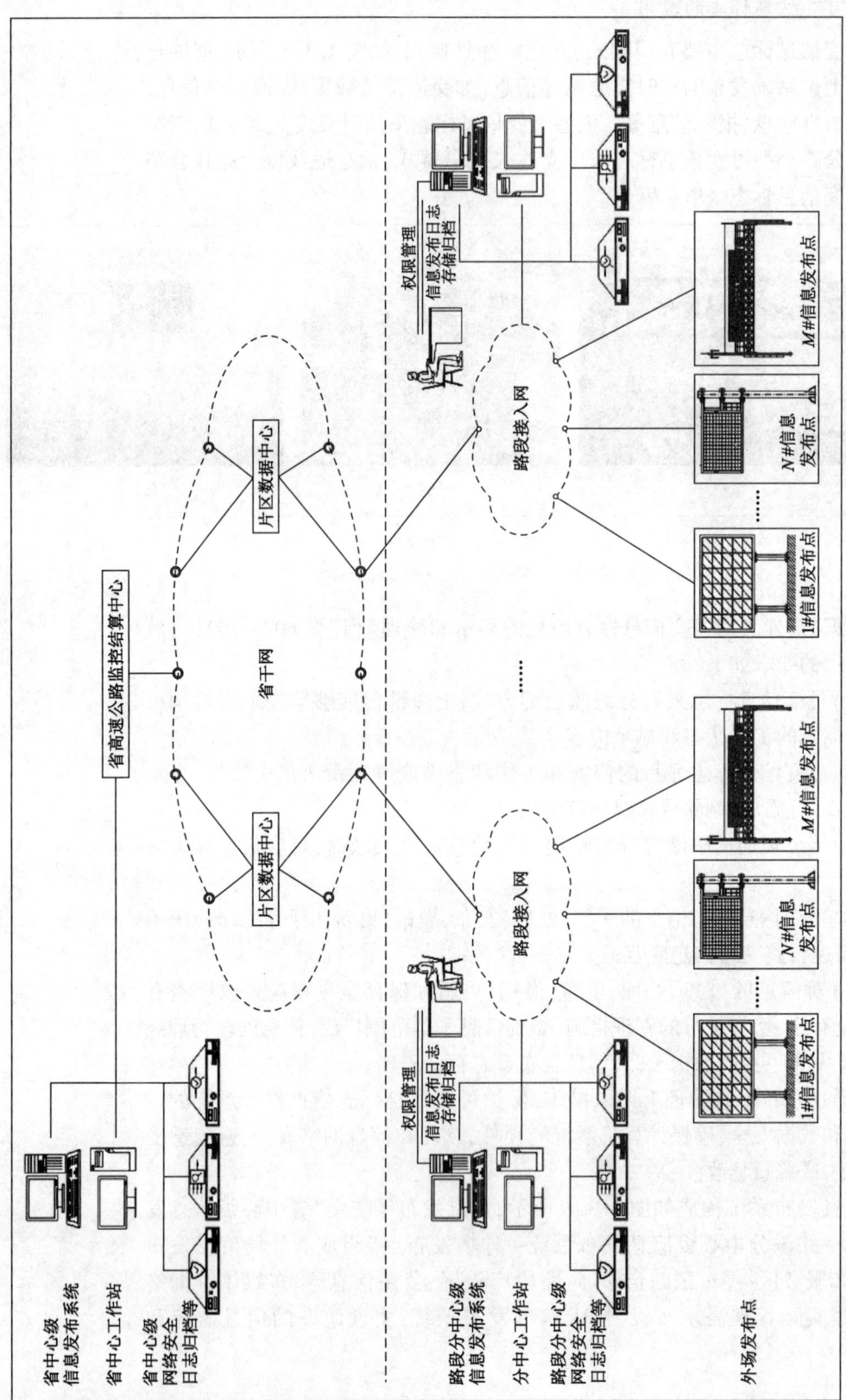

图 4.3.6 信息发布系统构成

单元 4.4　高速公路监控系统常见故障分析

1. 视频监控系统常见故障与分析

（1）摄像机本地无视频信号：一般由前端摄像机硬件故障或摄像机供电故障、传输故障造成。

（2）本地图像正常，分中心无法查看摄像机图像：一般由传输光端机、工业环网交换机设备故障或传输链路故障造成。

（3）摄像机图像不稳定，时断时续：一般由分辨率码流过大、网络传输故障造成（光纤损耗过大、网线接触不良、交换机故障等）。

（4）摄像机云台无法转动：一般由摄像机云台故障或控制键盘故障造成。

（5）无法实现对监控视频的统一调度、切换控制：一般由光路、供电故障或视频管理平台故障造成。

（6）软件查看摄像机图像正常，监视墙或拼接屏无法显示：一般由视频解码设备或显示设备故障造成。

（7）本地图像正常，上级视频监控平台无法调用本地图像或图像传输不稳定：一般由上级视频监控平台网络连接故障、网关配置错误、视频码率过高等原因造成。

2. 气象检测系统常见故障与分析

（1）全要素气象检测器无法采集或不能准确采集气象信息（本地无数据）：一般由前端全要素气象检测器硬件故障或全要素气象检测器供电故障造成。

（2）本地全要素气象检测器数据正常，分中心无法查看气象信息：一般由传输光端机、工业环网交换机设备故障或传输链路故障造成。

（3）气象数据传输不稳定，时断时续：一般由网络传输故障造成（光纤损耗过大、网线接触不良等）。

（4）气象数据输出正常，但分中心对应串口无接收数据：一般由串口服务器故障造成。

（5）管理计算机无法存储、查询、统计气象数据：一般由计算机网络故障、数据服务器故障造成。

3. 车辆检测系统常见故障与分析

（1）车辆检测器无法采集或不能准确采集道路车辆通行信息（本地无数据）：一般由前端车辆检测器硬件故障或车辆检测器供电故障造成。

（2）本地车辆检测器数据正常，分中心无法查看车辆检测器数据信息：一般由传输光端机、工业环网交换机设备故障或传输链路故障造成。

（3）车辆检测器数据传输不稳定，时断时续：一般由网络传输故障造成（光纤损耗过大、网线接触不良等）。

（4）车辆检测器数据输出正常，但分中心对应串口无接收数据：一般由串口服务器故障造成。

（5）管理计算机无法存储、查询、统计车辆检测器数据：一般由计算机网络故障、数据服务器故障造成。

4. 信息发布系统常见故障与分析

（1）可变信息情报板黑屏：一般由情报板工控机、控制板故障或情报板供电故障造成。

（2）可变信息情报板花屏、显示不全、有坏点：一般由情报板 LED 显示模块故障或输出排线故障造成。

（3）监控分中心信息发布计算机无法连接前端可变信息情报板，无法发送信息至可变信息标志：一般由传输光端机、串口服务器、工业环网交换机设备、传输链路故障或数据库未连接造成。

（4）监控分中心向前端可变信息情报板发送信息不稳定，时好时坏：一般由网络传输故障造成（光纤损耗过大、网线接触不良等）。

（5）管理计算机无法存储、查询、统计信息发布数据：一般由计算机网络故障、服务器数据故障造成。

技能训练

请同学们完成本模块技能训练，见教材配套技能训练四。

在线答题

1. 请同学们扫描封面二维码，注意每个码只可激活一次。
2. 长按弹出界面的二维码关注"交通教育出版"微信公众号并自动绑定资源。
3. 公众号弹出"购买成功"通知，点击"查看详情"，进入后选择绑定的图书，即可进行在线答题。
4. 也可进入"交通教育出版"微信公众号，点击下方菜单"用户服务—图书增值"，选择已绑定的教材进行在线答题。

模块5

高速公路收费系统集成与应用

模块简介

高速公路收费系统是高速公路机电系统的重要组成部分。本模块主要讲述收费系统基础知识,ETC 车道收费系统、ETC/MTC 混合车道收费系统、ETC 门架系统及称重检测系统的功能、架构与组成、系统关键设备及技术要求,系统设备的布局及应用,常见收费系统的故障维护。

学习目标

了解车辆通行费的意义、收费的要求、收费系统的发展、常见收费系统故障,掌握 ETC 车道、ETC/MTC 混合车道、ETC 门架系统、称重检测系统的组成与应用。

建议学时

8 学时

思政导语

取消高速公路省界收费站以后,全国高速公路实现"一张网"运行,有效提高了综合交通运输体系运转效率,缓解拥堵,改善了人民群众出行体验,助力节能减排,降本增效。通过学习本模块内容,体会我国国民经济的快速发展、人民生活水平的不断提高,增强民族自豪感,发挥自身的专业优势,积极投入交通行业。

单元 5.1　收费系统基础知识

5.1.1　车辆通行费的意义与要求

1. 车辆通行费的意义

高速公路收费工作是根据国家相关规定，对高速公路过往的车辆收取一定的费用，用于对建设过程中的成本进行补偿，在贷款还清之后，高速公路收费工作将取消，并且相关管理权进行转移。这将有效解决高速公路建设过程中的资金问题，并提高地方的基础交通水平，让地方经济得到进一步发展。

车辆通行费的征收及收费制度的逐步完善，为高速公路的发展注入了生机和活力，具有十分重要的意义。首先，征收车辆通行费，为高速公路的建设开辟了新的资金渠道，同时可以吸引民营企业和个人参与高速公路建设投资，解决公路建设长期依靠政府财政、发展缓慢的弊端。其次，征收车辆通行费后，高速公路的养护与管理资金可以直接从新征收的车辆通行费中提取，减少了许多中间环节，从而有利于提高公路养护水平，推进公路养护管理由事业型向企业型过渡。最后，征收车辆通行费，可以逐步树立高速公路的市场观念，实行高速公路的企业化管理。

2. 车辆通行费的要求

依据《中华人民共和国收费公路管理条例》，公路发展应当坚持非收费公路为主，适当发展收费公路。其中，全部由政府投资或者社会组织、个人捐资建设的公路，不得收取车辆通行费。县级以上地方人民政府交通主管部门利用贷款或者向企业、个人有偿集资建设的公路（政府还贷公路），国内外经济组织投资建设或者依照公路法的规定受让政府还贷公路收费权的公路（经营性公路），经依法批准后，方可收取车辆通行费。

收费公路要满足，除城市市区至本地机场的高速公路外，高速公路连续里程 30 km 以上；一级公路连续里程 50 km 以上；二车道的独立桥梁、隧道，长度 800 m 以上；四车道的独立桥梁、隧道，长度 500 m 以上，可实施收费。二级以下（含二级）的公路不得收费。但是，在国家确定的中西部省（自治区、直辖市）建设的二级公路，其连续里程 60 km 以上的，经依法批准，可以收取车辆通行费。

收费公路的收费期限要求，政府还贷公路的收费期限，按照收费偿还贷款、偿还有偿集资款的原则确定，最长不得超过 15 年；国家确定的中西部省（自治区、直辖市）的政府还贷公路收费期限，最长不得超过 20 年；经营性公路的收费期限，按照收回投资并有合理回报的原则确定，最长不得超过 25 年；国家确定的中西部省（自治区、直辖市）的经营性公路收费期限，最长不得超过 30 年。

5.1.2 公路收费车辆分类

为了对行驶车辆合理、公平、公正地收取通行费,对车辆进行分类,不同类型的车采取不同的收费标准。依据《收费公路车辆通行费车型分类》(JT/T 489—2019),收费公路的车辆分别按客车、货车和专项作业车三个系列分类。

1. 客车

客车包括载客汽车和乘用车列车。客车车型分类见表5.1.1,根据车辆核定载人数、车辆长度,客车分为四类。

客车车型分类　　　　　　　　　　　　　　　　　　　　表5.1.1

类别	车辆类型	核定载人数	说明
1类客车	微型 小型	≤9	车长小于6 000 mm且核定载人数不大于9人的载客汽车
2类客车	中型	10~19	车长小于6 000 mm且核定载人数为10~19人的载客汽车
	乘用车列车	—	—
3类客车	大型	≤39	车长不小于6 000 mm且核定载人数不大于39人的载客汽车
4类客车		>40	车长不小于6 000 mm且核定载人数不少于40人的载客汽车

2. 货车

货车包括载货汽车、货车列车和半挂汽车列车。货车列车和半挂汽车列车,按牵引车和挂车合并进行车型分类。货车车型分类见表5.1.2。

货车车型分类　　　　　　　　　　　　　　　　　　　　表5.1.2

类别	总轴数(含悬浮轴)	车长和最大允许质量
1类货车	2	车长小于6 000 mm且最大允许总质量小于4 500 kg
2类货车	2	车长不小于6 000 mm或最大允许总质量不小于4 500 kg
3类货车	3	—
4类货车	4	
5类货车	5	
6类货车	6	

3. 专项作业车

专项作业车指装置有专用设备或器具,在设计和制造上用于工程专项(包括卫生医疗)作业的汽车,如汽车式起重机、消防车、混凝土泵车、清障车、高空作业车、扫路车、吸污车、钻机车、仪器车、检测车、监测车、电源车、通信车、电视车、采血车、医疗车、体检医疗车等,但不包括装置有专用设备或器具而座位数(包括驾驶人座位)超过9个的汽车(消防车除外)。依据总轴数以及车长和最大允许总质量,专项作业车车型分类见表5.1.3。

专项作业车车型分类　　　　　　　　　表5.1.3

类别	总轴数(含悬浮轴)	车长和最大允许总质量
1类专项作业车	2	车长小于6 000 mm且最大允许总质量小于4 500 kg
2类专项作业车	2	车长不小于6 000 mm或最大允许总质量不小于4 500 kg
3类专项作业车	3	—
4类专项作业车	4	
5类专项作业车	5	
6类专项作业车	≥6	

5.1.3 公路收费制式

收费制式是道路收费系统的基本体制,收费制式决定了道路收费系统的建设规模、建设位置及收费流程。依据《公路收费制式》(GB/T 18277—2000),公路收费制式可分为全线均等收费制式、按路段均等收费制式、按互通立交区段收费制式及混合式收费制式。

1. 全线均等收费制式(简称均一式)

1)均一式收费制式的概念与计费方式

全线按统一费额收费的制式称为全线均等收费制式,简称均一式。均一式的收费站一般设置在收费公路各入口处(包括主线两端入口及互通式立交入口),出口处不再设收费站,如图5.1.1(a)所示。车辆进入收费公路时根据车型按统一费额一次性交费后即可自由行驶。如有特殊需要,收费站可以建在各出口处,实行出口收费。另外,对于线状的收费公路,各收费站也可按距终点里程的差别而制定不同的费额。

2)均一式收费制式的特点与适用条件

均一式收费效率较高,收费站规模较小,数量较多,经济性较好;但一般不能按行驶区段区别收费,合理性较差。均一式主要适用于总行驶里程较短(40 km以下),大部分车辆行驶里程差距不大的收费公路,特别适用于交通量很大、收费广场规模受到严格限制的城市收费道路。

2. 按路段均等收费制式(简称开放式)

1)开放式收费制式的概念与计费方式

将全线划分为若干路段,各路段内按统一费额收费的制式称为按路段均等收费制式,简称开放式,又称栅栏式或路障式。开放式的收费站一般设在路段内主线的某个位置上,距离较长的收费公路可以划分多个路段,各路段主线收费站的间距宜大于40 km,如图5.1.1(b)所示。各出入口不设收费站,车辆可以自由进出不受控制,收费公路对外界呈"开放"状态。但在公路内部,车辆需在经过的主线收费站根据车型按统一费额一次性(或多次性)交费。

因控制距离不同,各路段费额可以有所差别。

2)开放式收费制式的特点与适用条件

开放式收费效率较高,收费站规模较小,数量也较少,经济性较好,但一般不能严格按行驶区段区别收费,合理性较差;另外,当两个主线收费站之间存在两个以上出入口时,可能出现部分漏收问题。开放式主要适用于独立收费的桥梁、隧道和不封闭(含有多处平交路口)的收费公路。对于不封闭的收费公路,应尽量选择交通流量较大且不易绕行其他平行路线的路段设置主线收费站。

3.按互通立交区段收费制式(简称封闭式)

1)封闭式收费制式的概念与计费方式

将全线以各互通立交为界划分成若干区段,各区段根据里程长短按不同费额收费,跨区段按各区段累计收费的制式称为按互通立交区段收费制式,简称封闭式。封闭式的收费站设在收费公路的所有出入口处,包括主线起终点收费站和互通立交匝道收费站,如图5.1.1(c)所示。每处收费广场的收费车道分为入口车道和出口车道。车辆进出收费公路都要经过收费站并受控制,但在公路内部可以自由行驶,收费公路对外界呈"封闭"状态。

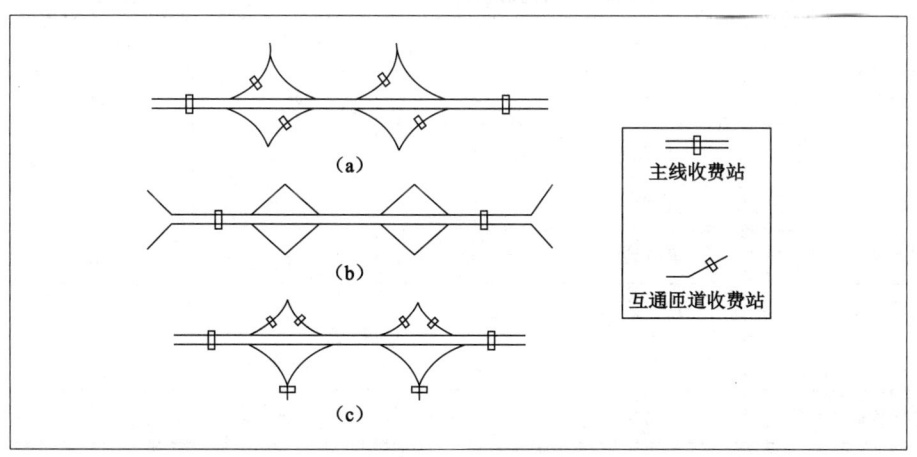

图5.1.1 公路收费制式
(a)均一式;(b)开放式;(c)封闭式

封闭式一般采用入口记录、出口收费的模式。车辆进入收费公路,首先在进入收费站的入口车道领取通行券,通行券上记录该收费站名称或编号(或称入口地址编码)等信息。车辆驶离收费公路时,驶离收费站的出口车道将根据车型和行驶的区段(由通行券记录的入口地址确定)累计收费。

2)封闭式收费制式的特点与适用条件

封闭式收费制式可以严格按行驶区段区别收费,公平合理;但封闭式(出口)收费制式的效率较低,收费站规模较大,数量也较多,经济性较差。封闭式收费制式适用于里程较长(40 km以上)、含有多个互通立交出入口、车辆行驶里程差距较大,且主线和匝道交通量较大的收费公路。

4. 混合式收费制式

1) 混合式收费制式的概念与计费方式

综合运用开放式和均一式收费的制式称为混合式收费制式。与开放式相似，布设混合式收费站时首先应根据路线长度和互通式立交的分布情况以某互通式立交为界将全线划分成若干路段，每个路段设置一处主线收费广场，条件允许时主线广场宜结合互通式立交设置在入出匝道之间，主线广场的间距宜大于40 km。与均一式相似，在路段内的互通式立交设置匝道收费广场。其中，建有主线收费广场的互通式立交需设全部匝道收费广场，路段内的其他互通立交则设部分匝道收费广场，从而在同一区段的两个方向分别实行入口收费和出口收费。

2) 混合式收费制式的特点与适用条件

混合式收费的效率较高，收费站规模较小，数量也较少，其经济性优于封闭式；混合式可以大致按行驶区段区别收费，其合理性优于均一式和开放式，但不及封闭式；混合式可以做到无漏收或基本无漏收。混合式适用于互通式立交间距较大或主线和互通式立交交通量不大的收费公路。各种收费方式对比见表5.1.4。

各种收费方式对比　　　　　　　　　　　　　　　　表5.1.4

项目	开放式	均一式	封闭式	混合式
收费效率	高	高	最低	较低
运营费用	最低	高	最高	较高
建造成本	最低	高	最高	低
管理困难度	最容易	难	最难	容易
立交增建困难度	最容易	难	最难	略难
使用者付费	不完全	完全	完全	完全
依行驶里程计费	不完全	最差	最佳	佳
对地区交通的影响	甚微	严重	严重	甚微
对主线交通的影响	最严重	严重	甚微	严重
短程交通管制	无效	最有效	有效	有效
缓解城市短程交通	可以	较难	甚难	较难
收费站数量	少	较多	最多	多
收费车道数	少	较多	多	较少
安全性	差	好	较好	最差
延误大小	大	最小	小	最大
兼顾交通管理	无	较好	好	最差

单元 5.2 高速公路联网收费系统架构与应用

5.2.1 高速公路联网收费架构

我国高速公路主要实行全封闭式收费制式,采取"分段建设、分段收费"的运营模式,在"十二五"期间,交通运输部积极推动实施高速公路联网收费,采取"统一收费、统一拆分"的收费模式,取消省(自治区、直辖市)内设置的主线收费站,仅保留省界主线收费站,实施了省域内高速公路联网收费。2015年9月28日,实现全国29个省(自治区、直辖市)高速公路电子不停车收费系统联网运行。全国ETC车辆在省界主线收费站不停车缴费通行,显著提升了高速公路通行效率和服务水平。此前,高速公路联网收费一直以省(自治区、直辖市)为单位开展运营,省域间路网以省(自治区、直辖市)界收费站物理隔开,实行分省计费和收费。

党的十九大以来,为加快实现交通运输现代化,国家施行了取消全国高速公路省界收费站政策,实现不停车快捷收费,减少拥堵、便利群众。2020年1月1日起,全国统一取消高速公路省界收费站,实现全国收费系统"一张网运行,一体化服务",实现了我国高速公路由封闭式向开放式无站自由流收费方式转变,向加快建设交通强国目标迈进。

1. 联网收费系统架构及功能

传统的联网收费系统一般采用"收费车道—收费站—路段分中心—省联网结算中心"四级架构,收费车道由MTC车道和ETC车道组成,收费介质多采用非接触式IC卡和OBU。取消高速公路省界收费站实现全国联网后,收费系统架构中增加了部联网中心和ETC门架系统,收费车道变为ETC车道和ETC/MTC混合车道的组合,收费介质统一使用CPC卡和车载OBU,收费架构变为"收费车道—收费站(ETC门架系统)—区域中心/路段分中心—省联网中心—部联网中心"五级,如图5.2.1所示。

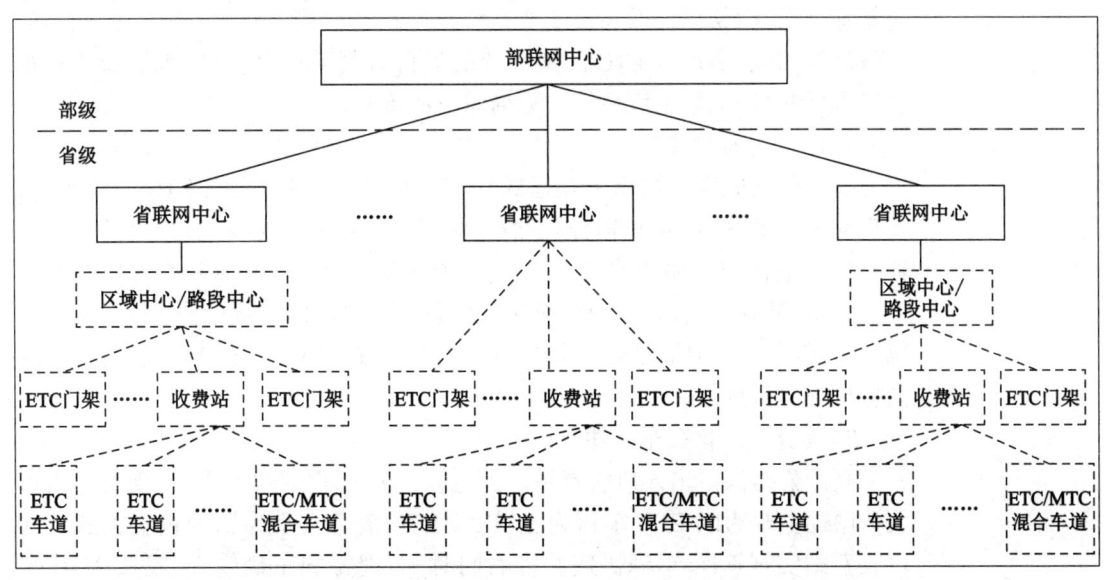

图 5.2.1　全国高速公路联网收费系统架构示意图

1）部联网中心功能

部联网中心承担 ETC 清分结算、核查、客服工作，承担全国联网收费运营服务规则制定、收费系统运行参数管理、跨省 CPC（Compound Pass Card，复合通行卡）调拨管理、数据汇聚和用户服务、系统运行监测、联网收费稽查和信用管理，以及协调和处理跨省（自治区、直辖市）争议交易、投诉，向各省级联网运营与服务机构提供收费稽查等查询服务。

2）省联网中心功能

（1）负责本省（自治区、直辖市）内路段费率管理，以及本省（自治区、直辖市）内收费数据的接收、汇总、统计、验证与结算等业务。

（2）负责本省（自治区、直辖市）路网内 CPC 状态追踪、调拨、丢卡稽查、坏卡回收等。

（3）配合部联网中心完成跨省（自治区、直辖市）现金和非现金拆分结算业务，以及跨省收费数据的上传、接收、验证和结算业务。

（4）与省（自治区、直辖市）内发行及服务机构完成收费数据及用户状态信息的交互。

（5）负责省（自治区、直辖市）内 ETC 系统状态名单（黑名单）的管理。

（6）负责涉及本省（自治区、直辖市）的争议交易处理、投诉处理等工作。

（7）受理本省（自治区、直辖市）联网收费运营与服务中出现的咨询和投诉。

（8）负责本省（自治区、直辖市）联网收费公共数据与数据交换的管理。

（9）负责本省（自治区、直辖市）内联网收费系统运行监测。

（10）负责本省（自治区、直辖市）内联网收费稽查，配合部联网中心开展联网收费稽查和信用体系建设。

3）区域/路段中心功能

区域/路段中心具备所辖路段、收费站交易/信息查询、收费统计报表、稽查管理、ETC 门架系统及关键收费系统设施运行监测、数据传输管理、网络安全管理等功能，实现对 ETC 门架系统的运行监测与预警、日常维护及收费稽查管理，同时保证与上级系统的数据通信和传输。

4）ETC 门架功能

高速公路原则上在每个互通式立交、出入口之间均设立 ETC 门架系统，实现 ETC 车辆和 MTC 车辆分段计费，对于 ETC 车辆生成交易流水（或通行凭证）、ETC 通行记录和抓拍图像信息（包括车牌号码、车牌照颜色等），并及时上传至省联网中心；对于 MTC 车辆，通过读取 CPC 内车辆信息（包括车牌号码、车牌颜色、车型信息等），计算费额并写入 CPC 内，形成 CPC 通行记录，并同抓拍图像信息及时上传至省联网中心。

5）收费站和收费车道功能

高速公路保留出入口收费站。为适应 ETC 用户的快速发展，现有出入口收费站逐步改为以 ETC 车道为主、ETC/MTC 混合车道为辅的设置模式。入口收费站实现 ETC 车辆快速通行的同时，实现特殊车辆管理、发放 MTC 车辆通行介质等功能，出口收费站实现 ETC 用户快速通行的同时，还支持多种支付方式完成MTC车辆收费。

2.高速公路联网收费系统的组成

高速公路联网收费系统组成如图5.2.2所示。

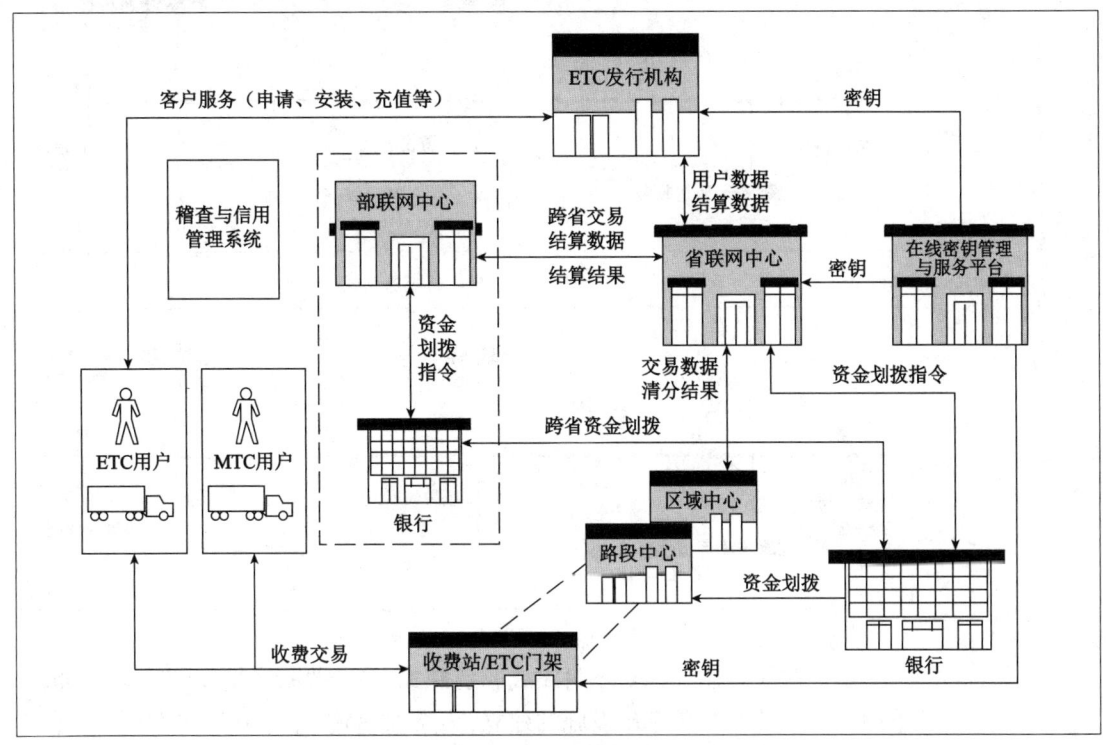

图5.2.2 高速公路联网收费系统组成

ETC用户向ETC发行机构申请安装OBU(On Board Unit,车载单元),当ETC用户和MTC用户经过收费站和ETC门架时,记录用户信息,数据先传到路段中心或区域中心,然后传向省联网中心,再由省联网中心传入部联网中心。对省(自治区、直辖市)内用户由省联网中心下发资金划拨指令到本地绑定银行进行扣费,对跨省用户由部联网中心向跨省结算绑定银行下发资金划拨指令,然后由部级绑定银行与省级绑定银行完成跨省资金划拨。在线密钥管理与服务系统分为部级在线密钥管理与服务平台和省级在线密钥管理系统两级。部级在线密钥管理与服务平台由省级密钥管理、PSAM在线授权服务、发行密钥服务、客服密钥服务、在线消费密钥服务、业务监测和质量评价等功能模块组成。部级在线密钥管理与服务平台实现在线管理和分配密码资源,提供统一的密码应用接口供省级在线密钥管理系统调用。省级在线密钥管理系统接入部级平台,申请密码访问权限,实现省级密钥管理。

5.2.2 高速公路联网收费制式

取消高速公路省界收费站,可为我国高速公路实现世界先进的无站自由流收费奠定良好基础。为加快建设交通强国,高速公路联网收费由当前的封闭式收费制式调整为开放式收费制式(保留入/出口收费站),即在高速公路断面设置 ETC 门架系统,实现所有车辆分段计费。封闭式收费制式如图 5.2.3 所示,开放式收费制式如图 5.2.4 所示。

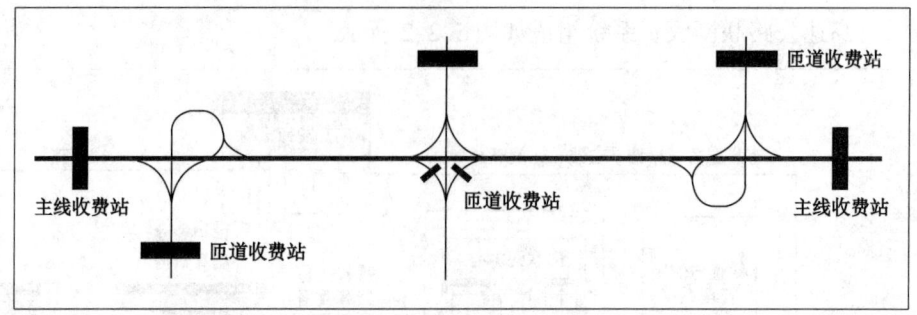

图 5.2.3　封闭式收费制式

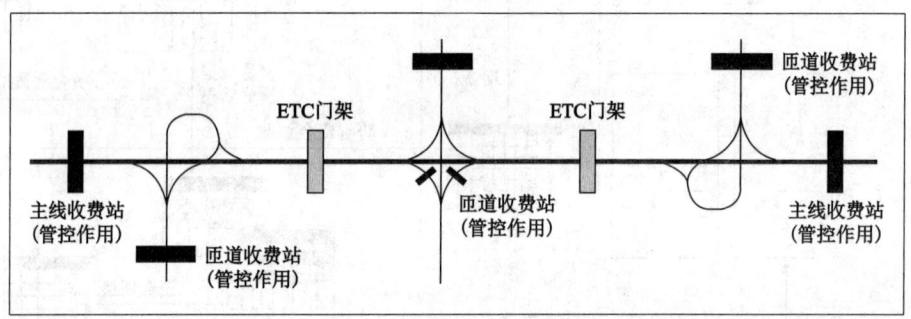

图 5.2.4　开放式收费制式

开放式收费制式相对于封闭式收费制式,整个收费系统比较简单。同时,采用分段式计费相关基础设施的建立,为交通运输"数字化"公路建设及未来车路协同、自动驾驶应用打下了良好基础,也为实现高速公路精细化管理、数字化管理提供了支撑条件。两种收费制式的综合对比情况见表 5.2.1。

开放式收费制式与封闭式收费制式的综合对比情况　　　　表 5.2.1

项目	开放式收费制式	封闭式收费制式
高速公路主体工程	(1)互通形式简单,占地面积小。 (2)开放式路段不需要对现有互通立交进行改造	(1)以单喇叭为主,形式复杂,占地面积大。 (2)开放式路段互通需要封闭,宜改造为单喇叭互通,改造难度大
系统复杂程度	(1)系统简单,稳定性和可靠性良好。 (2)分段计费和扣费,无须复杂的路径标识和费率计算。 (3)无须进行路段拆分,部、省两级系统简化。 (4)交易流程简化,前端系统复杂度低。 (5)后期维护简单,成本低。 (6)局部路网变化(原有路段变化,新路段并入既有路网)对既有系统扰动小	(1)技术复杂,系统庞大。 (2)收费系统复杂,需标识和获取车辆路径信息,并通过复杂的费率表计算费额。 (3)需进行部、省两级清分。 (4)出口车道处理流程非常复杂。 (5)后期维护复杂,成本高。 (6)局部路网变动(原有路段变化,新路段并入既有路网),对联网收费系统扰动频繁、影响大(更新费率表,涉及所有车道、收费站、路段中心、省级、部级系统软件)
政策适应性	对国家、交通运输部、省级政府实施的收费政策(重大节假日小型客车免费、差异化收费等)适应性好	对国家、交通运输部、省级政府实施的收费政策(重大节假日小型客车免费、差异化收费等)适应性差
系统适应性	对复杂路网适应性好	对复杂路网适应性差

续上表

项目	开放式收费制式	封闭式收费制式
抗风险能力	分布式系统运行风险相对较小	大型集中式系统运行风险高
技术成熟度	费率计算简单,减少交易时间,准确率高	准确率较高
系统经济性	(1)收费站土建和机电规模小。 (2)人员成本及管理成本低。 (3)系统维护成本低	(1)收费站土建和机电规模大,且交通量增加需要扩建。 (2)人员成本及管理成本高。 (3)系统维护成本高
运营管理	(1)能减少当前偷逃通行费行为发生。 (2)需要建立完善的信用和稽查体系	(1)打击偷逃通行费形势严峻。 (2)需要建立完善的信用和稽查体系
发展前景	与收费技术发展方向高度契合,更贴近建设人民满意交通的目标	—

5.2.3 高速公路稽查与信用

高速公路收费的稽查工作是高速公路管理部门为保证国家收费政策和法规得以认真贯彻执行而采用的一种经济监督活动,为维护高速公路收费工作的正常秩序,对各种车辆及收费人员管理工作进行监督、审查。稽查工作作为高速公路收费站的基础工作,对内能够严肃收费工作纪律,提升服务质量,促进收费队伍素质的提高,保证和促进收费管理工作各项制度的落实;对外能够及时发现、打击各种偷逃通行费的行为,防止不法分子对国家利益的侵蚀。因此,稽查工作的好坏对收费站通行费的征收及"窗口"形象建设有着直接影响。

全国省界收费站取消后将统一采用分段自由流收费技术,对于 ETC 车辆,恶意屏蔽 OBU、OBU 故障等异常情况,以及车辆遮挡号牌、套牌车等异常情况均会带来通行费的流失,进而影响正常的收费秩序。因此,建立强有力的联合稽查和信用管理体系,是保障取消高速公路省界收费站后,全国联网收费秩序稳定、创造良好高速公路通行环境的重要条件。

1.联网收费稽查系统总体架构

联网收费稽查系统由部、省两级稽查系统构成,系统总体架构如图 5.2.5 所示。

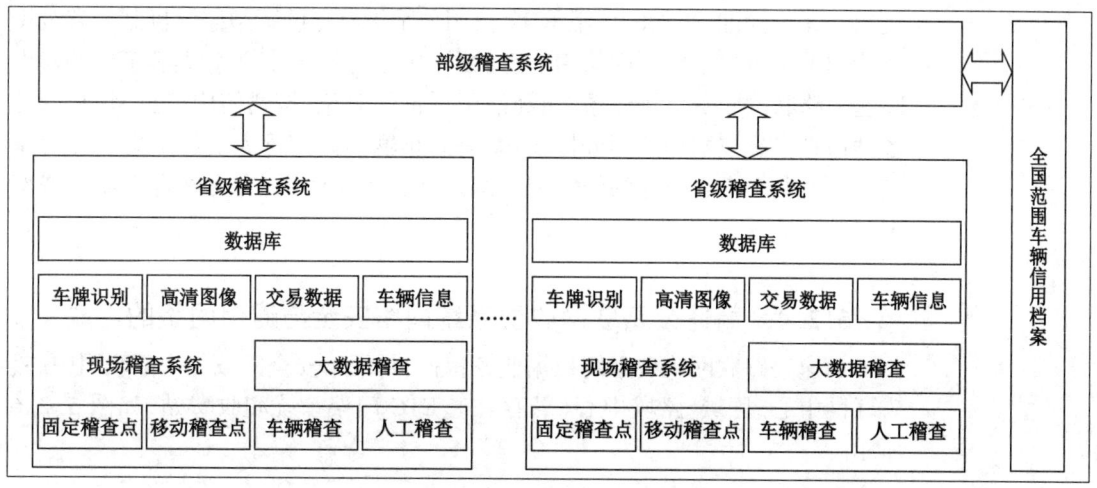

图 5.2.5 联网收费稽查系统总体架构

1) 部级稽查系统

部级稽查系统接入各联网收费省（自治区、直辖市）收费稽查系统，接收各省（自治区、直辖市）收费稽查信息，接入全国重点营运车辆行驶轨迹数据和全国货运车辆监管和公共服务平台相关车辆行驶数据，同时结合其他行业车辆信息数据，建立交通运输行业自己的车辆信息数据库，生成全国范围违规车辆状态名单，进行动态更新，并将交通运输行业车辆信息数据库和违规车辆状态名单提供给各省（自治区、直辖市），为道路经营主体运营管理提供依据。

2) 省级稽查系统

省级稽查系统完成本省（自治区、直辖市）内的稽查工作，同时将稽查信息上传至部级稽查系统，接收部级稽查系统的全国范围违规车辆状态名单，供本省道路经营主体使用。省级稽查系统应将稽查信息上传至部级稽查系统，包括异常车辆信息、异常交易信息。异常车辆信息主要包括车牌号、车型、核载人数或载重量、抓拍照片（如绿通车辆装载货物、营运证或道路运输证等照片等）。异常交易信息主要包括ETC门架系统交易时间、交易金额、车牌号码、车牌颜色等。省级稽查系统包括现场稽查系统、大数据稽查系统、数据库。

现场稽查系统分为固定稽查点和移动稽查点。固定稽查点为路侧架设5.8 GHz的DSRC（Dedicated Short Range Communication，专用短程通信）路侧稽查设备、车牌图像识别设备，对经过稽查点的车辆进行稽查。主要稽查内容包括车牌不符、大车小标、假冒减免费车辆、强行闯关等。记录车辆信息、抓拍图像等证据信息，上传至后台，供省级稽查系统进行核对。

移动稽查点为采用稽查车辆，搭载5.8 GHz的DSRC稽查设备、车牌图像识别设备，对经过移动稽查点的车辆进行稽查。主要稽查内容包括车牌不符、大车小标、假冒减免费车辆等。

大数据稽查指通过积累用户通行数据，对异常情况进行筛选，进行有针对性的重点稽查。

2. 信用管理系统

信用管理系统将所有通行收费公路的车辆等作为信用主体，将其纳入信用管理范围，建立信用档案，评价信用等级。部级稽查管理单位制定信用评价机制和评价标准，建立以信用承诺、信用公示为特点的新型监管机制。省级稽查管理单位负责本辖区内信用信息数据的归集、汇总、行为分类等工作。建设高速公路联网收费信用体系，明确信用评价的对象，拓宽信用信息来源，依托各种信息采集技术和数据分析技术，建立车辆不诚信行为信息采集和评价系统，将车辆、个人和企业的失信记录纳入社会信用体系，为无站自由流收费奠定基础。

5.2.4 高速公路联网收费系统网络安全与通信网络的组成

高速公路联网收费系统根据业务特征，将网络安全区域分为部联网中心、省联网中心、区域/路段中心（若存在）、ETC门架系统和收费站，如图5.2.6所示。

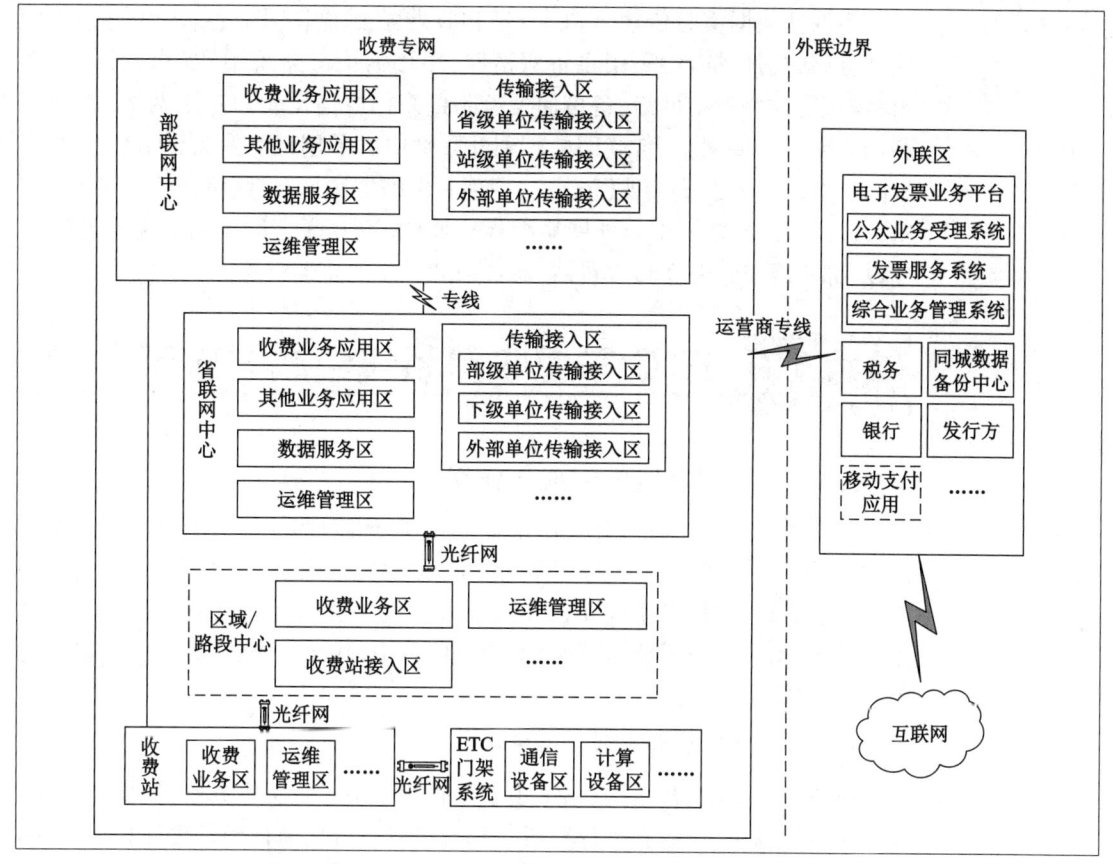

图 5.2.6 联网收费系统网络安全区域结构图

联网收费系统整体网络安全严格落实等级保护要求,部联网中心按照国家关键信息基础设施进行保护,全面落实等级保护第三级要求,并适当予以增强;省联网中心(含具有清分结算功能的区域/路段中心)一律按照等级保护第三级进行定级、备案、建设、测评、保护,运用云计算、大数据等技术时,参照等级保护第三级扩展要求开展保护工作;区域/路段中心(含无清分结算功能的区域中心)、ETC 门架系统及收费站,参照网络安全等级保护中在安全通信网络、安全区域边界及安全计算环境方面的三级安全保护要求。

针对收费公路联网收费系统安全保护对象,构建从外到内的纵深安全防御体系。综合运用互补的安全措施,在统一安全策略下合理划分安全区域并通过技术措施实现有效隔离,部联网中心和省联网中心提供统一出口并部署强逻辑隔离及安全审计,确保并网接入的省联网中心、区域/路段中心、ETC 门架系统、收费站通过使用国产密码技术实现关键设备的接入认证、相关人员的身份鉴别等安全认证和访问控制功能,并采用统一的证书认证体系支持相关系统密码应用,以保证收费专网的安全隔离,及时监测预警网内网外攻击行为,具备数据级备份恢复能力,能够有效抵御较为严重的自然灾害、较大规模的恶意攻击,在系统遭到损害后,能够较快恢复绝大部分功能,保障高速公路联网收费系统整体能够安全、稳定运行。

为保证数据实时传输，ETC门架和收费站到省联网中心、部联网中心应建立可靠的通信链路，采用主备双链路，主用通信链路采用省（自治区、直辖市）内现有收费通信网络，备份通信链路可采用电信运营商专线网络（或现有高速公路通信专网）。省联网中心到部联网中心采用已有跨省清分结算通信链路。通信网络建设原则上充分利用现有网络资源，通信网络构成如图5.2.7所示。为支持部联网中心开展系统运行监测，以及联合稽查和信用管理体系建设，部联网中心建立与收费站、ETC门架系统的直连链路。

单元5.3 ETC车道收费系统组成与应用

5.3.1 收费系统的组成与作用

收费系统主要由收费计算机系统、闭路电视监视系统、电子不停车收费系统、对讲及报警系统、车牌自动识别系统、移动支付系统、称重检测系统、收费网络安全系统、供配电系统和软件系统等构成。根据管理范围又可分为入口车道系统、出口车道系统、路段分中心收费系统、站级收费计算机系统、省联网中心系统等。

1. 路段分中心收费计算机系统

路段分中心收费计算机系统主要由路段分中心收费服务器、授权服务器、收费管理计算机、图像管理计算机、报表管理计算机、通行卡管理计算机、打印机、防火墙、三层以太网交换机等组成，对各收费站上传的收费信息进行汇总处理，并根据管理的需要生成统计数据和报表等。路段分中心收费服务器负责实时收集收费站上传的数据/图片信息，完成数据库管理（运行、备份等）、系统参数管理等；收费管理计算机完成收费数据、收费班次、费率、系统参数等收费业务的管理工作；报表管理计算机对所辖收费站收费业务完成交款单的录入、修改、查询，日/月/年等各种财务报表的查询、打印等；通行卡管理计算机负责通行卡在所辖各收费站间的调配及通行卡的状态查看、库存量查看、黑名单管理等。

2. 站级收费计算机系统

站级收费计算机系统主要由收费站服务器、图像管理服务器、收费管理计算机（MTC收费管理计算机、ETC收费管理计算机、通行卡管理/财务计算机、图像管理计算机、车道运行管理计算机）、三层交换机、打印机、授时服务器等构成。收费站服务器负责实时收集车道上传的数据/图片信息，完成数据库管理（运行、备份等）、系统参数管理等；收费管理计算机完成收费数据、通行卡流通管理、收费员工、费率、系统参数等收费业务的管理工作，对各收费车道设备的运行状况实时监视，并能生成、打印、查询各种管理报表；图像管理服务器完成对车道抓拍并上传服务器的图像进行统计、分析、打印等管理工作。

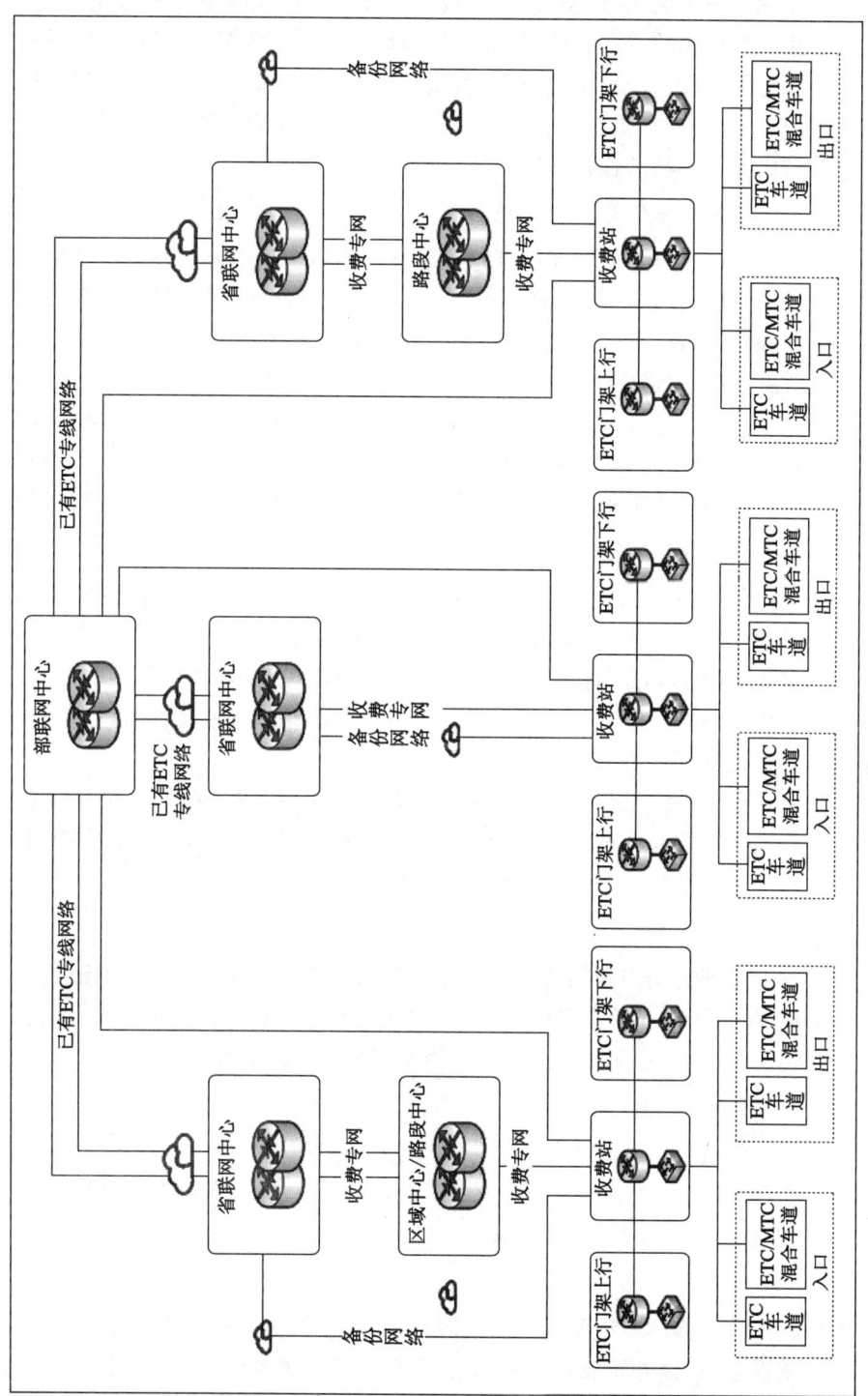

图 5.2.7 联网收费系统通信网络构成

3. 闭路电视监视系统

闭路电视监视系统可实时有效监督和指导收费员的收费操作、收费车道车辆交费情况、绿通验货情况、收费广场情况及监控室和财务室情况；对车道摄像机抓拍的静态图像进行采集和管理；对未交费车辆，进行核实及稽查。闭路电视监视系统由拾音器、车道摄像机、亭内摄像机、收费广场摄像机、收费站财务室/监控室摄像机、三层交换机、硬盘录像机、电视墙、视频控制主机、视频解码器及视频传输设备等组成。

4. 电子不停车收费系统

电子不停车收费系统通过安装在车辆风窗玻璃上的车载电子标签与在收费站 ETC 车道上的微波天线之间进行的专用短程通信，利用计算机联网技术与银行进行后台结算处理，从而达到车辆通过高速公路或桥梁收费站无须停车就能缴纳高速公路或桥梁费用的目的。

电子不停车收费系统由 ETC 路侧设备、ETC 服务器、ETC 收费管理计算机、收费站交换机等硬件设备及收费站计算机软件系统构成，承担对 ETC 收费车道的收费数据信息、图像信息的集中处理和对收费作业的监督管理。

5. 对讲及报警系统

传统的对讲系统是在收费站监控室设置一套对讲主机、在各收费亭分别设置一台对讲分机，对讲主机与收费亭内对讲分机构成一个独立封闭的有线对讲系统，可实现有线对讲、广播喊话、调度管理等功能。新型的 IP 对讲系统采用多媒体对讲广播调度管理系统，可实现有线对讲、无线对讲、广播喊话、背景音乐、调度管理等功能。

报警系统是在收费站监控室设置一套报警主机、在各收费亭分别设置一台报警终端，各收费亭遇到紧急情况可通过报警终端向本站监控室主机紧急报警。该系统具有报警管理、视频联动等功能。

6. 车牌自动识别系统

车牌自动识别系统在入口抓拍车辆图像并提取车牌号信息记录于通行卡内，出口同样抓拍车辆图像并提取车牌号信息，同时比对通行卡内记录的入口车牌号信息，用于防止车辆中途换卡、阻塞漏费、舞弊现象。

7. 移动支付系统

收费公路移动支付是指除现金支付、ETC 非现金支付外，允许用户使用移动终端支付收费公路通行费的服务方式，包括但不限于二维码、虚拟卡、专用 App 等支付方式，简称移动支付。

8. 称重检测系统

称重检测系统包含入口超限检测系统和出口称重核查系统，主要包含称重设备、车辆外轮廓尺寸检测仪、车型识别系统等设备。称重设备主要采用传感器分组技术，根据采集到的传感器信号变化值，得到被测车辆的轴重、轴型数据，以及根据轴重和轴型数据得到被测车辆的总重及被测车辆的车型，从而实现对驶入车辆的动态称重。在称重车道的上称端安装红外车辆分离器，用于辨识相继驶入称重台的不同被测车辆并生成车辆辨识信息,实现连续过车时的称重。车辆外轮廓尺寸检测仪主要检测车辆长度、宽度、高度信息并实时上传至车道控制器。

9. 收费网络安全系统

自 2020 年 1 月 1 日取消高速公路省界收费站全国并网接入后,实现了高速公路全国"一张网",虽然可实现不停车快捷收费,减少拥堵,便利群众,但增加了网络安全风险。高速公路收费系统作为国内重要基础设施,做好网络安全防护、确保高速公路稳定运行尤为重要。要求参与建设和运用各方遵守《中华人民共和国网络安全法》《中华人民共和国计算机信息系统安全保护条例》《交通运输部网络安全管理办法》等相关法律法规,负责本级系统的网络信息安全管理。通过安装防毒软件、安装防火墙、审计数据库、审计日志、搭建收费态势感知平台等管理和维护运营公司各路段的收费网络安全。

10. 供配电系统

供配电系统在各收费站计算机机房分别提供一个独立的配电箱,收费系统从配电箱开始,经 UPS 后给设备供电。在收费站采用智能型在线式 UPS 集中供电方式,通过双 UPS 对奇、偶收费车道进行供电,另一台 UPS 对控制室设备供电,保证在市电断电的情况下,收费车道和监控室关键设备在一定时间内可正常运行。断电时,UPS 负责设备的满负荷供电。收费站的天棚照明、亭内照明、收费广场照明系统和收费亭空调不在 UPS 供电范围。

11. 软件系统

收费计算机软件系统应符合国际开放式标准,局域网符合 ISO/IEC 8802-3 (IEEE 802.3)标准和 TCP/IP 网络通信标准。采用分布式系统,功能和数据库均按节点分布,所有节点机装载多任务操作系统,且用户界面友好,保证数据实时传输。操作系统宜选用经过认证、标准成熟、功能完善、用户界面友好且业主享有使用权的平台操作系统,如 Linux、Windows 或 UNIX 等操作系统,从而保证收费系统具有较强的扩容性。数据库管理可采用 Access、Microsoft SQL Server、Sybase、Oracle 和 DB2 等。开发工具常用的有 Visual C++、PowerBuilder、Delphi 等,具有完备的 Internet 开发工具。网络管理系统宜选用 OpenView、Net Manager 和 Netview。另外,收费软件还包括防病毒软件和应用软件等。

5.3.2　ETC 车道收费系统的功能及工作原理

1. ETC 车道收费系统的功能

1)ETC 入口车道的主要功能

支持双片式 OBU 和单片式 OBU,实现 ETC 车辆快速通行,同时写入入口信息。对双片式 OBU 未插入用户卡车辆,在 ETC 入口车道拦截,提示用户全程保持用户卡插入状态;对 OBU 故障、拆卸、黑名单及 MTC 车辆驶入时,在

ETC 入口车道拦截,转人工处理,发放 CPC。

2)ETC 出口车道的主要功能

支持双片式 OBU 和单片式 OBU,实现 ETC 车辆快速通行,同时清除入口信息。对双片式 OBU 未插入用户卡的车辆,通过路侧单位(Road Side Unit,RSU)获取 OBU 内的车辆信息,包括车牌号码、车牌颜色及车型等,辅助车牌图像识别,作为收费依据;对 OBU 故障、拆卸、黑名单车辆,在 ETC 出口车道拦截,按照运营服务规则处理。

2. ETC 车道收费系统的组成与工作原理

ETC 车道收费系统以先进的计算机网络技术及专用短程通信技术(DSRC)为保障,以 IC 卡作为数据载体,RSU 和 OBU 之间采用专用短程通信技术形成通信链路完成车辆通行信息交互,并由车道计算机完成对 IC 卡中的电子钱包或银行账户的扣款操作,实现非现金支付。ETC 车道收费系统组成如图 5.3.1 所示。

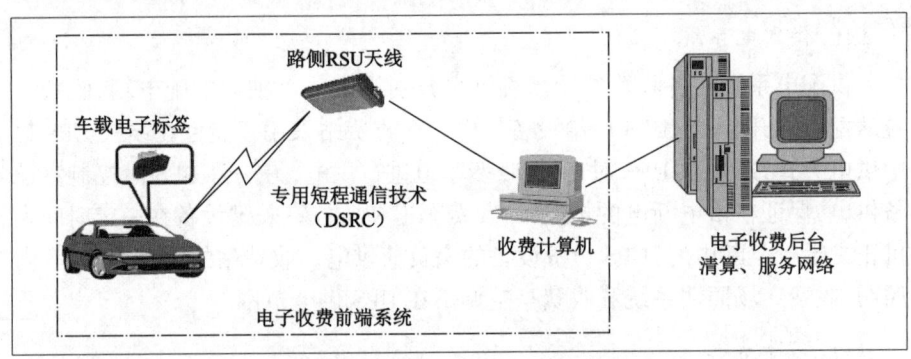

图 5.3.1 ETC 车道收费系统组成

OBU 是安装在被标识物体上,用来与路侧单元进行微波通信的设备。主要作为被标识物体(如车辆、集装箱、货物等)的信息(如 ID 信息、身份信息、属性信息等)存储卡,以及用来作为与 DSRC 微波天线交互的通信中继器。OBU 分为双片式 OBU 和单片式 OBU,如图 5.3.2 所示。

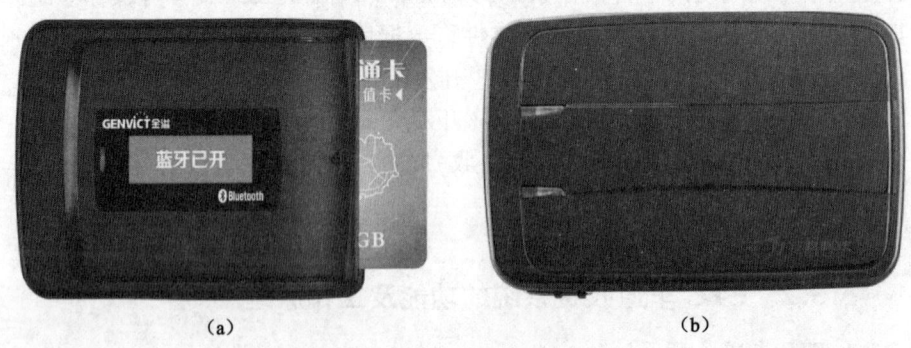

图 5.3.2 车载单元(OBU)
(a)双片式 OBU;(b)单片式 OBU

双片式 OBU 由车载设备(On Board Equipment,OBE)和 IC 卡组成,IC 卡实现电子支付的功能,OBE 提供 IC 卡至路侧设备(Roadside Equipment,RSE)信息转发功能。对于整体安装在车辆前挡风玻璃上的双片式 OBU,小型客车的 OBE 安装在车辆的前挡风玻璃上方居中（后视镜位置附近）位置,大型客车的 OBE 安装在前挡风玻璃下方且方便插拔 IC 卡的位置,对预先在前挡风玻璃留有微波窗口的车辆,OBE 安装在微波窗口位置。

单片式 OBU 只有 OBE,没有 IC 卡。单片式 OBU 有多种产品形态,如一体化产品、分体式产品、嵌入式模块等。对于一体化单片式 OBU,小型客、货车安装在车辆的前挡风玻璃上方居中（后视镜位置附近）位置,预先在前挡风玻璃留有微波窗口的车辆,宜安装在微波窗口位置,大型客、货车宜安装在前挡风玻璃下方居中位置。对于分体式、嵌入式等单片式 OBU,安装位置应不影响其正常通行。

RSU 是 ETC 系统中安装在路侧,采用 DSRC 技术,与 OBU 进行通信,实现车辆身份识别、电子扣费的装置。RSU 由 RSE 和控制器组成。RSE 也称为路侧天线,控制器也称为天线控制器。有 RSE 与控制器集成一体的 RSU 和 RSE 与控制器分开的 RSU。固定安装方式的 RSE 支持户外安装,可采用路侧或者顶挂方式,采用顶挂安装方式时,吊装在车道正中,挂装高度不低于 5.5 m。

5.3.3 ETC 车道系统组成

ETC 车道系统由车道控制器、路侧单元、高清车牌识别抓拍摄像机、自动栏杆机、费额显示器、ETC 天棚信号灯、通行信号灯、声光报警器、车辆检测器、车道摄像机等组成。标准 ETC 车道设备布局图如图 5.3.3 所示。通行信号灯和声光报警器为一体设备,天线距栏杆的距离不小于 15 m,抓拍摄像机与天线之间的距离一般为 6~10 m;费额显示器与天线之间的距离一般为 6~10 m;收费岛前部的设备以收费岛岛头为基准,收费岛后部的设备以亭中心线为基准;T 为光栅发射端,R 为光栅接收端。

ETC 车道布置采用"专用、前置、中置、低速"的原则。专用即 ETC 车道为安装有电子标签的车辆的专用车道,不允许未安装电子标签的车辆进入;前置即为防止未装电子标签车辆误入 ETC 车道,路侧天线及自动栏杆机、费额显示器、通行信号灯等设备布置在车道前部;中置即为方便安装有电子标签的车辆快速通过 ETC 车道,ETC 车道布设尽量靠近广场中央;低速即通过 ETC 车道的速度限制在 20 km/h 以下。

5.3.4 ETC 车道关键设备的性能要求

1. 车道控制器

车道控制器安装在收费亭内,安装了收费软件,通过软件来完成车道外部设备的控制管理、收费业务数据的收集与收费服务器之间的通信任务,从而实现通行费收缴功能。通过采集车道内检测器的信息,控制车道的执行设备,完成收费数据的整理并上传至收费服务器,完成车道图像抓拍、上传,通过外接终端（键盘、显示器）以人机对话方式完成收费过程。车道控制器如图 5.3.4 所示。

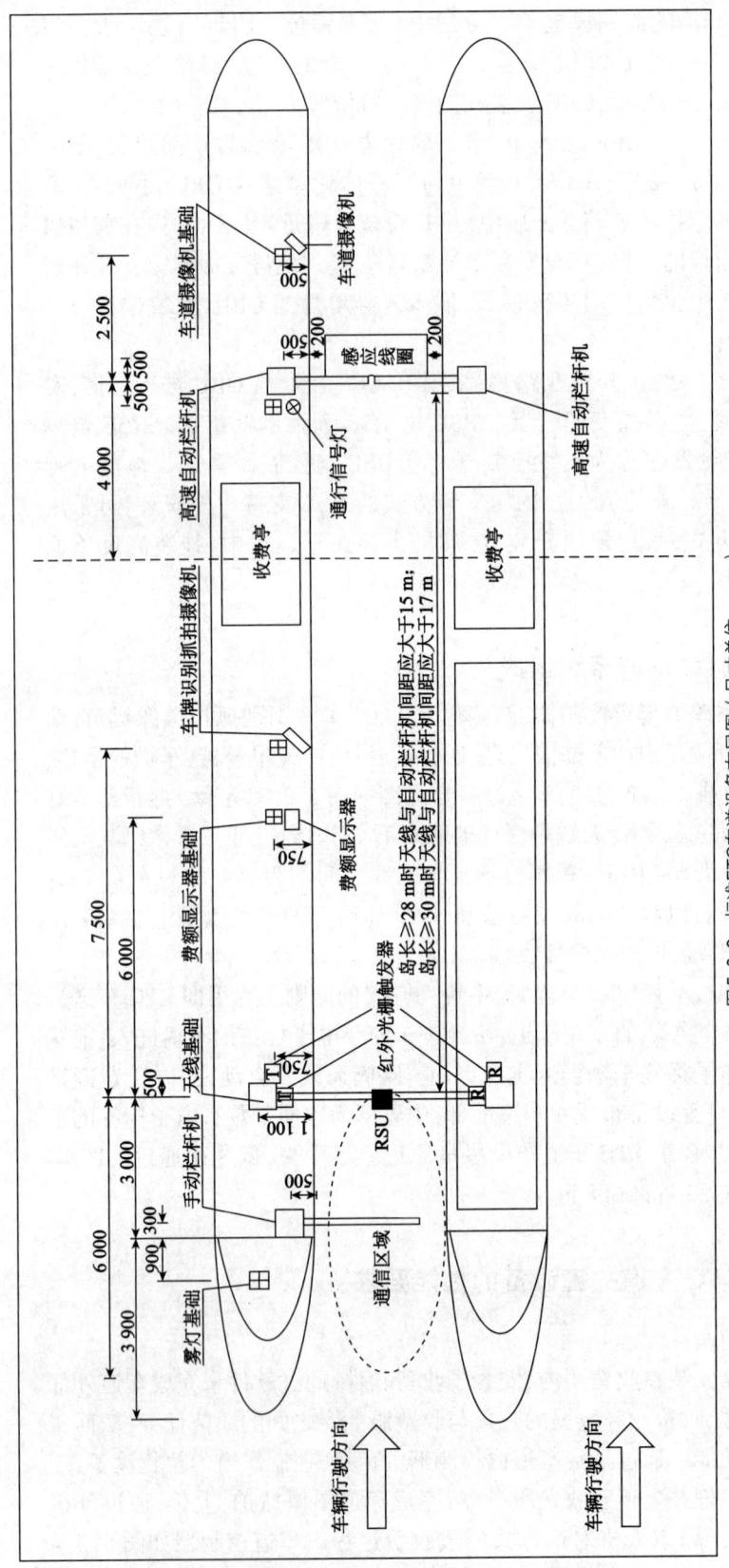

图5.3.3 标准ETC车道设备布局图（尺寸单位：mm）

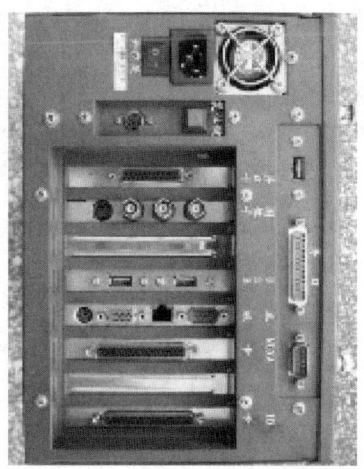

图 5.3.4　车道控制器

车道控制器主要技术要求：CPU（Central Processing Unit，中央处理器）具有双核 2.7 GHz/四核 1.9 GHz 或同等及以上运算能力，具有 4 GB 及以上内存，硬盘存储采用 SATA3.0 固态硬盘，容量不小于 128 GB 且机械硬盘容量不小于 320 GB；显示支持 VGA（Video Graphic Array，视频图形阵列）、DVI（Digital Visual Interface，数字视频接口）等输出；具有串口、并口、USB（Universal Serial Bus，通用串行总线）接口、网口等；平均无故障工作时间不小于 50 000 h；防护等级为 IP55 等。

2. 车辆检测器

车辆检测器采用双通道环形线圈检测器，由埋在每条车道出口处路面下的环形线圈和设于车道控制器内的检测器构成，用于统计驶入、驶出车道的车辆数，控制车道摄像机的图像抓拍，以及控制通行信号灯、自动栏杆机的动作。一个车辆检测器配置 2 套环形线圈，其中一个检测车辆的存在并控制车道摄像机抓拍图像，另一个对车辆计数并控制通行信号灯变色及自动栏杆机动作。

1）地感线圈车辆检测器

地感线圈车辆检测器由安装在每条车道路面下的环形线圈和车检模块构成，通过电磁感应来检测车辆，当车辆通过时，车辆触发环形线圈使线圈产生电磁感应，经过线缆传到车检模块，用于统计驶入/驶出车道的车辆数、控制车道摄像机的图像抓拍及控制自动栏杆机的动作。地感线圈车辆检测器如图 5.3.5 所示，地感线圈安装布设参考图如图 5.3.6 所示，线槽切割宽度 5~8 mm，深度 50~70 mm。

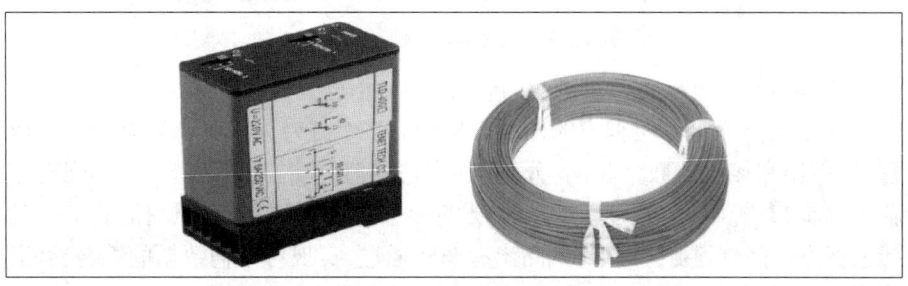

图 5.3.5　地感线圈车辆检测器

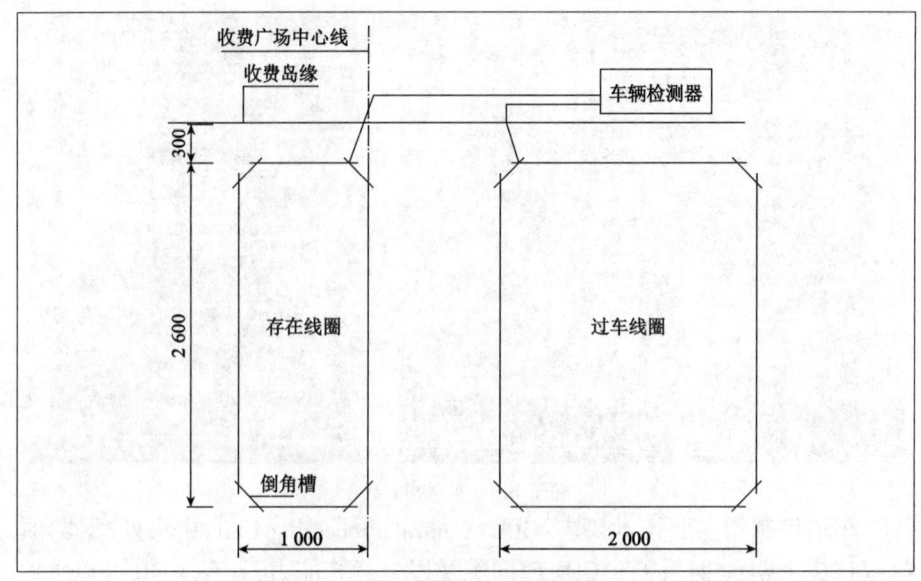

图 5.3.6　地感线圈安装布设参考图(尺寸单位:mm)

地感线圈主要技术要求:频率为 10 ~ 100 kHz(可调);线圈电感量范围 50 ~ 1 000 μH;磁场变化为 0.01% ~ 1.25% (可调);灵敏度为 9 级(可调);计数误差小于 1×10^{-4} (适应于车速可达 60 km/h,一般车道宽度为 3.0 ~ 4.0 m,可能出现人员穿越检测区域的情况);馈线最长距离为 400 m;工作温度为 -40 ~ 80 ℃;工作相对湿度不大于 95%;电源为 AC 220(1 ± 10%)V。

2)红外光栅车辆检测器

两辆车距离很近时,经常会出现跟车现象,为了保证收费数据与车辆的一一对应关系,采用红外车辆分离检测器,能够避免跟车现象,并将半挂车、全挂车、单车可靠分离。红外光栅车辆检测器由红外光发射器和红外光接收器组成,红外光栅车辆检测器组成及在收费车道的应用如图 5.3.7 所示。

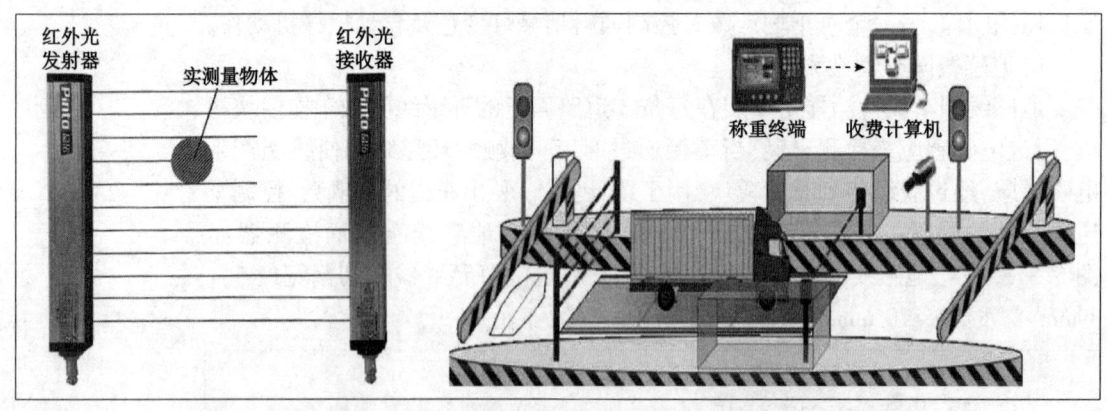

图 5.3.7　红外光栅车辆检测器组成及在收费车道的应用

在车道与行车方向垂直的两端分别设有多个红外光发射器和红外光接收器,发射器和接收器数量相同,分别纵向对齐排列且位置相对应,以实现对车辆的同步扫描。当车辆通过车道时,发射器发射的射线被车辆遮挡,相对应的接收器不能接收到射线,从而判断出有车辆通过,实现对车辆数据的综合检测,并且能检测到全挂车之间的挂钩,保证称重检测数据与车辆的一一对应关系。

红外光栅车辆检测器技术要求:光幕高度不小于1 200 mm;光轴间距不大于25 mm;最大检测距离14 m;最小检测物体为25.4 mm;工作环境温度为-30~75 ℃;工作环境湿度不大于95%;使用寿命超过5万h;防护等级为IP67;具有自动加热除霜功能;具有车辆自动分离功能,可准确分离的两车最小间距不大于10 cm;具有故障自动检测及报警功能;发射器和接收器具有指示工作状态及加热状态的LED指示灯。

3. 费额显示器

费额显示器由机箱、显示单元和接口等组成,如图5.3.8所示。通过RS422接口与车道控制器相连,主要显示车辆类型、收费金额、余额、车牌等信息。

费额显示器显示信息要求:费额显示器应至少显示4行,每行8个汉字,且集成红、黄、绿三色通行信号灯。通行信号灯状态应有红灯、绿灯、红闪、绿闪四种。费额显示器显示信息见表5.3.1。

图5.3.8 费额显示器

费额显示器显示信息　　　　　　　表5.3.1

情况	灯号	显示	备注
无车(欢迎词)	绿灯	××站欢迎使用ETC	
车道关闭	红灯	××站车道关闭	
入口正常交易 (储值卡)	绿灯	(OBU车牌)余额: ×××××.×× (温馨提示)	温馨提示: (1)当卡余额<50元时灯号绿闪,温馨提示:"余额低,请充值"; (2)当OBU电量低时灯号绿闪,温馨提示:"标签电量低"; (3)出口为特殊费率时灯号绿闪,温馨提示:"可达最远程""U型车""J型车""超时费率"等; (4)前车异常正处理时灯号绿闪,温馨提示:"保持车距"; (5)出入口车牌不一致时绿闪,温馨提示:"出入口车牌不一致"; (6)出入口车型不一致时绿闪,温馨提示:"出入口车型不一致",收费以出口为准; (7)节假日免费时绿灯
入口正常交易 (记账卡)	绿灯	(OBU车牌) 记账卡 (温馨提示)	
出口正常交易 (储值卡)	绿灯	(OBU车牌) 金额:×××.×× 余额:×××××.×× (温馨提示)	
出口正常交易 (记账卡)	绿灯	(OBU车牌) 金额:×××.×× (温馨提示)	
异常正在处理 队列无车	黄灯	前车人工处理 请保持车距	直到异常处理完成或新车交易成功
异常正在处理 异常车进入	红灯	(抓拍车牌) (异常说明)	直到异常处理完成,改为上一条显示内容异常说明同信息显示屏
超时停留 (未落杆)	黄灯	(OBU车牌) 超时停留 请注意落杆	
超时停留 (已落杆)	红灯	(OBU车牌) 超时停留 请人工处理	

费额显示器主要技术要求:显示亮度不小于 500 cd/m²;显示颜色为红色和绿色;可显示 4 行 8 列汉字,内置 24×24 点阵 GB/T 2312 一级汉字字库;通信接口采用标准 RS232;可视距离大于 20 m;电源满足 AC 220(1±20%)V,50(1±4%)Hz;工作环境温度为 -30~80 ℃;工作环境湿度在 0~95% 之间;防护等级不小于 IP65;PCB 经防酸、防潮、防盐雾处理,能适应户外环境,能全天候运行;立柱使用不锈钢材料,应在强风下不会晃动。

4. 信息提示屏

信息提示屏悬挂于收费岗亭侧,应能显示 2 行汉字,每行 8 个汉字。当车辆被拦截后,拦截的具体原因将显示在信息提示屏中,具体信息提示见表 5.3.2。

信息提示屏信息提示　　　　　　　　　表 5.3.2

情况	信息提示	备注
出入口不匹配	无效入口	
已出站卡(出口)	无入口信息	
车牌绑定不符	车牌绑定不符	
行驶超时	行驶超时	
无标签	未检测到标签	
标签未启用	标签未启用	
标签过期	标签已过期	
标签非法拆卸	标签已拆卸	
无卡	卡未插好	由于已不在通信区域,重新插卡也没有用了
卡余额不足	余额不足	
卡未启用	卡未启用	
卡过期	卡已过期	
未联网卡	卡无效	
无效卡类型	卡无效	
卡黑名单	卡禁用	
标签黑名单	标签禁用	
车辆黑名单	车辆禁用	
写卡失败	写卡失败	
卡签发行属地不一致	标签和卡不配套	
消费安全访问模块(Payment Security Access Module,PSAM)锁	系统故障	
PSAM 卡黑名单	系统故障	

续上表

情况	信息提示	备注
无效车型	标签车型无效	
交易失败	交易失败	
超时停留(未落杆)	超时,请注意落杆	
超时停留(已落杆)	超时,请人工处理	
凌晨大巴	本时段禁行	

进入人工刷卡流程后,信息提示屏显示信息分为刷卡成功信息和刷卡失败信息,刷卡成功信息提示见表5.3.3,刷卡失败信息提示见表5.3.4。

刷卡成功信息提示　　　　　　　　　　　　　　　　　　　表5.3.3

情况	信息提示	备注
入口正常交易 (储值卡)	卡车牌 余额:×××××.××	如卡内无车牌,则不显示车牌
入口正常交易 (记账卡)	卡车牌 记账卡	如卡内无车牌,则不显示车牌
出口正常交易 (储值卡)	金额:××××.×× 余额:×××××.××	
出口正常交易 (记账卡)	卡车牌 金额:××××.××	如卡内无车牌,则不显示车牌

刷卡失败信息提示　　　　　　　　　　　　　　　　　　　表5.3.4

情况	信息提示	备注
出入口不匹配	无效入口	
已出站卡(出口)	无入口信息	
行驶超时	行驶超时	
车辆黑名单	车辆禁用	
写卡失败	写卡失败	
PSAM锁	系统故障	
PSAM卡黑名单(本机)	系统故障	
PSAM卡黑名单(入口)	无效入口	
交易失败	交易失败	
凌晨大巴	本时段禁行	

信息提示屏主要技术要求:可显示2行8列汉字,内置《信息交换用汉字编码字符集　基本集》(GB/T 2312—1980)一级汉字字库;显示亮度不小于1 300 cd/m²;显示颜色为红色;通信接口标准 RS232;可视距离大于20 m,视角大于150°;电源满足 AC 220(1±10%)V;工作环境温度在 -20~75 ℃之间;工作环境湿度在10%~90%之间。

5. LED 情报板

LED 情报板在车道开通状态时显示黄色或绿色的"ETC 专用"字样,如图 5.3.9 所示;车道关闭状态时显示红色的"车道关闭"字样。

LED 情报板主要技术要求:可显示 1 行 4 列汉字,内置《信息交换用汉字编码字符集基本集》(GB/T 2312—1980)一级汉字字库;显示黄色和红色;通信接口标准 RS232;可视距离大于 20 m;亮度不小于 5 000 cd/m²;视角不小于 30°;电源满足 AC 220(1±20%)V;工作环境温度在 -20~75 ℃ 之间;工作环境湿度在 10%~90% 之间。

图 5.3.9 LED 情报板

6. 路侧单元 RSU

图 5.3.10 为路侧单元,路侧单元主要性能要求为:路侧单元通信区域宽度应可调整到 3.3 m 范围内,通信区域宽度示意图如图 5.3.11 所示。路侧设备在 220(1±15%)V,频率 50(1±4%)Hz 的电源条件下能正常工作。平均无故障时间大于 70 000 h。外壳防护等级满足 IP65。环境条件应符合:工作温度 -20~55 ℃、寒区 -35~40 ℃,存储温度 -20~55 ℃,相对工作湿度 4%~100%,同时满足振动、冲击、盐雾、雷击等相关要求。

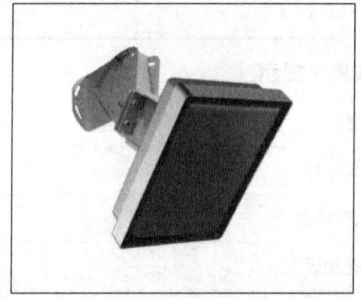

图 5.3.10 路侧单元 RSU

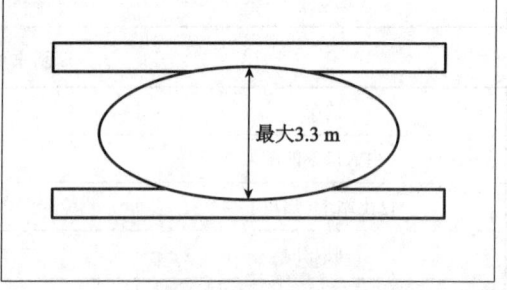

图 5.3.11 RSU 通信区域宽度示意图

7. 车牌自动识别设备

车牌自动识别设备由摄像机、车牌识别器、光源补偿设备、通信接口、相应的驱动软件及图像识别软件等组成。摄像机安装在收费岛尾部,摄像机侧对着车道内来车方向,用来抓拍进入车道的每辆车并通过车牌识别技术识别车牌。

车牌自动识别设备主要由抓拍单元和处理单元两部分组成,可以对通过收费车道的车辆进行抓拍、车牌定位、字符切割、字符匹配、后三位车牌号比对、后四位车牌号比对、全牌比对等,能提供车辆全景的彩色抓拍图片、车牌二值化图及车牌字符数据。车牌自动识别设备与车道控制器之间通过以太网交换机进行互联,以方便抓拍图片的上传。车牌识别原理如图 5.3.12 所示,通过视频图像采集获取车辆图像,在图像上进行车牌定位,通过字符分隔和字符识别处理,获取车牌信息。

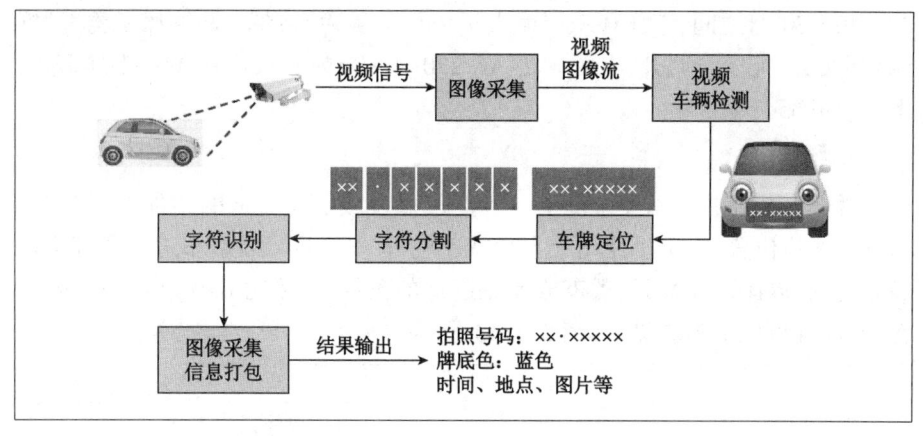

图 5.3.12　车牌识别原理

车牌自动识别设备主要技术要求:全天候车牌识别正确率不小于 98%;识别时间小于 0.2 s;支持视频、线圈触发等多种触发方式;视频编码为 H.264,图像编码为 JPEG 格式;成像器件逐行扫描 CMOS(Complementary Metal Oxide Semiconductor,互补金属氧化物半导体)或 CCD(Charge Coupled Device,电荷耦合器件)图像传感器;有效画面像素大于 300 万;前端 SD 存储不小于 64 GB;视频能叠加时间、车牌、车道号等各种动态信息字符;全天候室外型防护罩;平均无故障工作时间≥30 000 h;工作环境温度在 -40 ~ 70 ℃ 之间;工作环境湿度在 0 ~ 95% 之间;电源满足 50 Hz,AC 24 V/220 V;防护等级不小于 IP66。

8. 自动栏杆机

自动栏杆机用于分离车道通行车辆,一般安装在车道出/入口处,在交易进行确认后自动打开并放行,当车辆离开车道后则自动关闭,具有快速开启和关闭功能、防砸车功能、防撞功能等。自动栏杆机由栏杆臂、机箱、连接件、控制开关及机箱内部电动机、电控装置与一系列机械装置等组成,如图 5.3.13 所示。

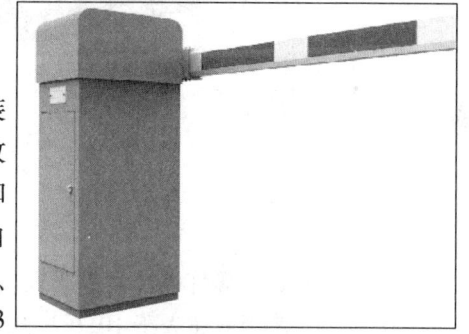

图 5.3.13　自动栏杆机

栏杆臂的断面形状可为长方形、圆形或其他形状,杆长不小于 2.8 m,杆体表面贴有红、白相间的高强反光膜,红白间距为 250 mm。栏杆臂下边缘距水平地面的高度为 650 ~ 950 mm。栏杆臂应有一定强度,不应因自身重力、手扳或风吹而产生明显的挠度。在被车辆碰撞时,可以水平移动,如碰撞力过大,悬臂应自行脱落,以保护自动栏杆的机械传动装置,并减轻对碰撞车辆的损害。

栏杆臂应具备防砸车功能,在下落至水平关闭位置的过程中,只要收到打开信号,栏杆臂应能立刻抬起。在电源故障时,可自动回复至打开位置;在机械失效时,处于关闭位置的栏杆臂可以手动打开。

主要技术要求:快速启动和停止,由水平到竖直和由竖直到水平的运动时间均小于 0.6 s;使用寿命不小于 300 万往复次或不少于 10 年;工作环境温度在-40～70℃之间;工作环境湿度大于95%时无冷凝;带有防冲撞机构,可抗5级风力,又能安全脱开;电源满足AC 220(1±15%),(50±2)Hz;防护等级不小于IP65。

9. 雾灯

雾灯安装在收费站安全岛头,在雾天、黑夜或能见度低的条件下,雾灯开启指示车道位置,提示过往驾乘人员减速慢行,安全进入收费车道。雾灯应是高亮度的,以保证在雾天、黑夜或能见度低的条件下,视力0.8以上的驾驶人在75 m外可以清晰看见,如图5.3.14所示。

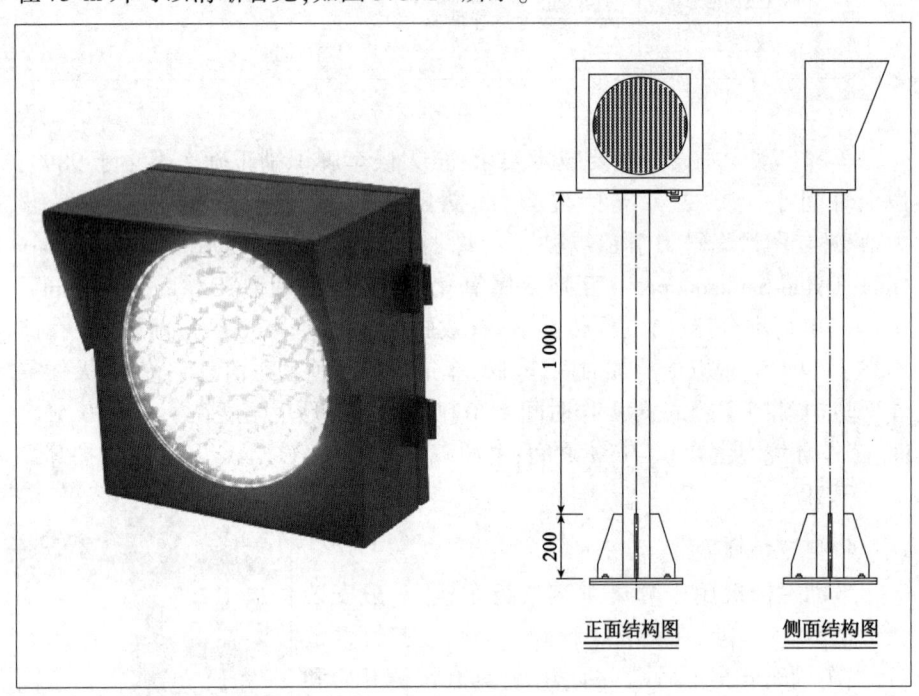

图5.3.14 雾灯及安装图(尺寸单位:mm)

雾灯主要技术要求:视距大于200 m;光源采用φ5 mm纯黄超高亮LED;使用寿命大于10万h;电源采用AC 220(1±10%)V,50 Hz;功率小于25 W;环境温度在-40～70℃之间;防护等级不小于IP65。

10. 天棚信号灯

天棚信号灯安装在收费站收费车道正上方的天棚上,在车道迎车流行驶方向的天棚上方采用红色"×"和绿色"↓""ETC"字样及其他显示方式,来引导车辆行驶。在车道背车流行驶方向的天棚上安装红色"×"信号标志。红色表示车道关闭,车辆不允许驶入该车道;绿色表示车道开放,车辆可以驶入该车道。天棚信号灯结构图及控制方式如图5.3.15所示。

主要技术要求:光源采用超高亮度LED;亮度满足红色大于或等于9 300 cd/m^2,绿色大于或等于8 500 cd/m^2;功耗小于25 W;可视距离满足250 m可读;带遮阳罩机箱;防水、防尘、防锈蚀,密封性不小于IP65;电源采用AC 220 V,50 Hz。

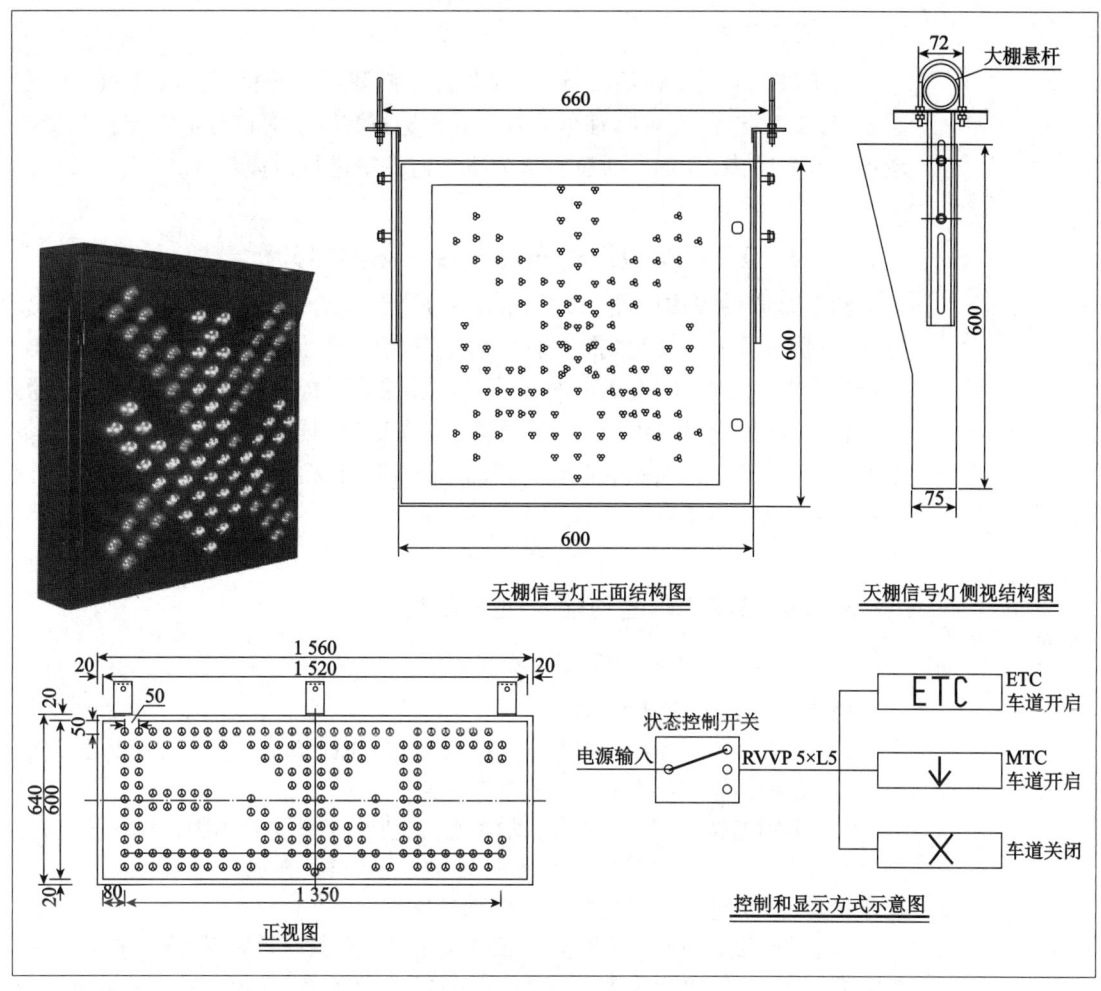

图 5.3.15　天棚信号灯结构图及控制方式(尺寸单位：mm)

11. 紧急报警系统

紧急报警系统用于收费员在遇到紧急情况时向监控室发出报警信息。收费车道紧急报警信号进入车道控制器,通过收费计算机网络触发收费站内的报警装置并与收费数据一起逐级上传收费分中心。在发出报警信号后,可直接在收费站和收费分中心的工作站上显示报警信号并发出声音报警,同时将报警车道图像切换至主监视器上显示。

紧急报警系统由安装在收费站的接入设备、收费亭内的脚踏报警开关和收费车道的声光报警器等组成。报警信号采用音频电缆传输。整个报警系统是由收费亭内的脚踏报警开关触发的,脚踏报警开关的安装位置应在收费员工作台下,并不易被别人发现,收费员在进行正常操作时也不易触动它,但在危险时候,能在别人不注意时,被收费员触动而产生报警。当收费员触动紧急报警时,一路报警信号接入收费亭摄像机上传至收费站的报警主机,触发警笛,图像管理工作站图像自动切换至报警车道。一路接入车道控制器,通过计算机网络传输至分中心。

模块5　高速公路收费系统集成与应用　　165

12. 对讲系统

对讲系统为内部通话设备，分为对讲主机和对讲分机。对讲主机安装在监控室，支持群呼，能对所有车道对讲分机进行呼叫。对讲分机安装在收费车道各个收费亭内，收费员通过对讲分机与监控室进行语音对讲。

5.3.5　ETC车道设备布局与接线图实例分析

ETC车道系统构成图，如图5.3.16所示，适合ETC入口车道和出口车道，由收费车道上的触发线圈、计数线圈、交易线圈、抓拍线圈、落杆线圈、ETC天线及天棚信号灯，收费岛上的雾灯、天线控制器、高速自动栏杆机、车辆检测器、高清车牌识别摄像机，以及收费亭中的车道控制器等组成。ETC车道设备布置图，如图5.3.17所示。ETC车道岛上设备基础及管线布置图，如图5.3.18所示，图中单位为厘米。

5.3.6　ETC车道功能及处理流程

1. ETC入口车道功能及处理流程

1）ETC入口车道基本功能

（1）ETC入口车道软件同时支持双片式OBU、单片式OBU交易处理流程，并在OBU(或ETC卡)内写入入口信息。

（2）识别ETC、MTC车辆，自动检测、识别通行车辆的车牌(车牌号、车牌颜色)、车型、通行时间等信息。无牌车辆禁止通行，按收费运营及稽查业务规则处理，必要时与公安交管部门联动处置。

（3）具备接收、更新收费参数[ETC状态名单、稽查逃费黑(灰)名单、大件运输车辆名单、优免车辆名单、"两客一危"车辆名单]功能，并在交易记录中写入特情车辆信息。

（4）接收入口治超站的车辆检测数据，并根据业务规则判定、处置。

（5）兼具ETC门架功能的收费站，所辖车道还应具备接收、更新省联网中心下发的本站收费费率并计算通行费功能，在OBU或CPC内相应位置写入入口信息、扣费或计费信息并形成交易流水(交易凭证)。

（6）具备对车道连接状态、参数状态和关键设备状态的运行监测功能，并可根据监测的情况，生成相应的运行监测数据。监测内容有：①车道连接状态，当车道处于连接状态时，应可获知车道是否开启/关闭、操作系统版本号和车道软件版本号；②车道参数状态，指各类状态名单的版本信息；③关键设备状态，包括RSU状态、车牌自动识别设备状态、轮轴检测器状态、车辆检测器状态、光栅状态、车道摄像机状态、费额显示屏状态、信息提示屏状态、信号灯状态等，当中可识别正常、异常和无配置状态。

（7）具备按自然日进行车道交易处理的合计数处理能力。

（8）通行记录、交易流水(交易凭证)应与车辆抓拍图片进行自动匹配，通行记录、交易流水、车道日志、图片、图像等相关数据应按接口规范要求实时上传至收费站。

（9）可配置ETC便携机，满足ETC车道交易失败时人工处理。

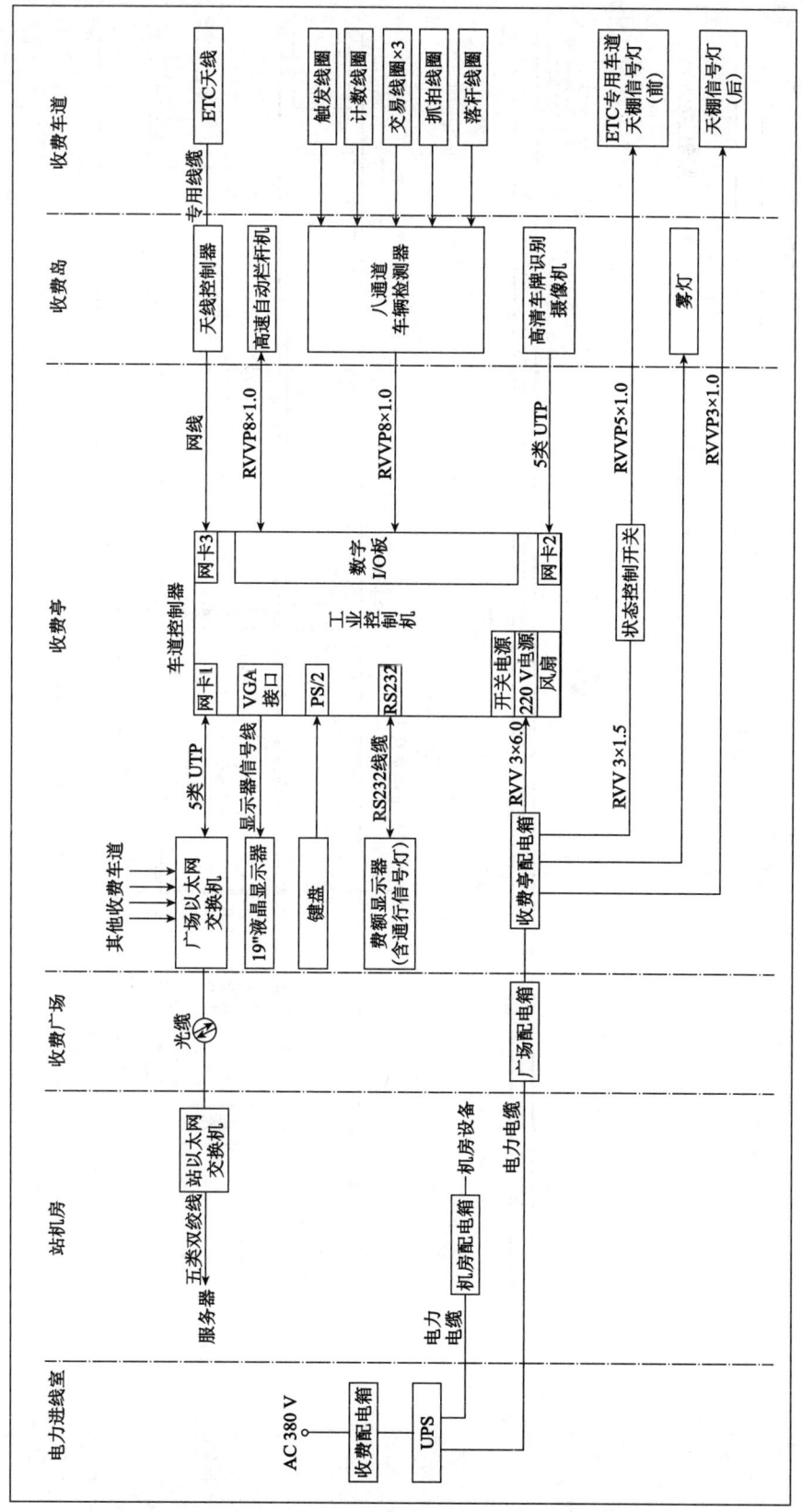

图 5.3.16 ETC车道系统构成图

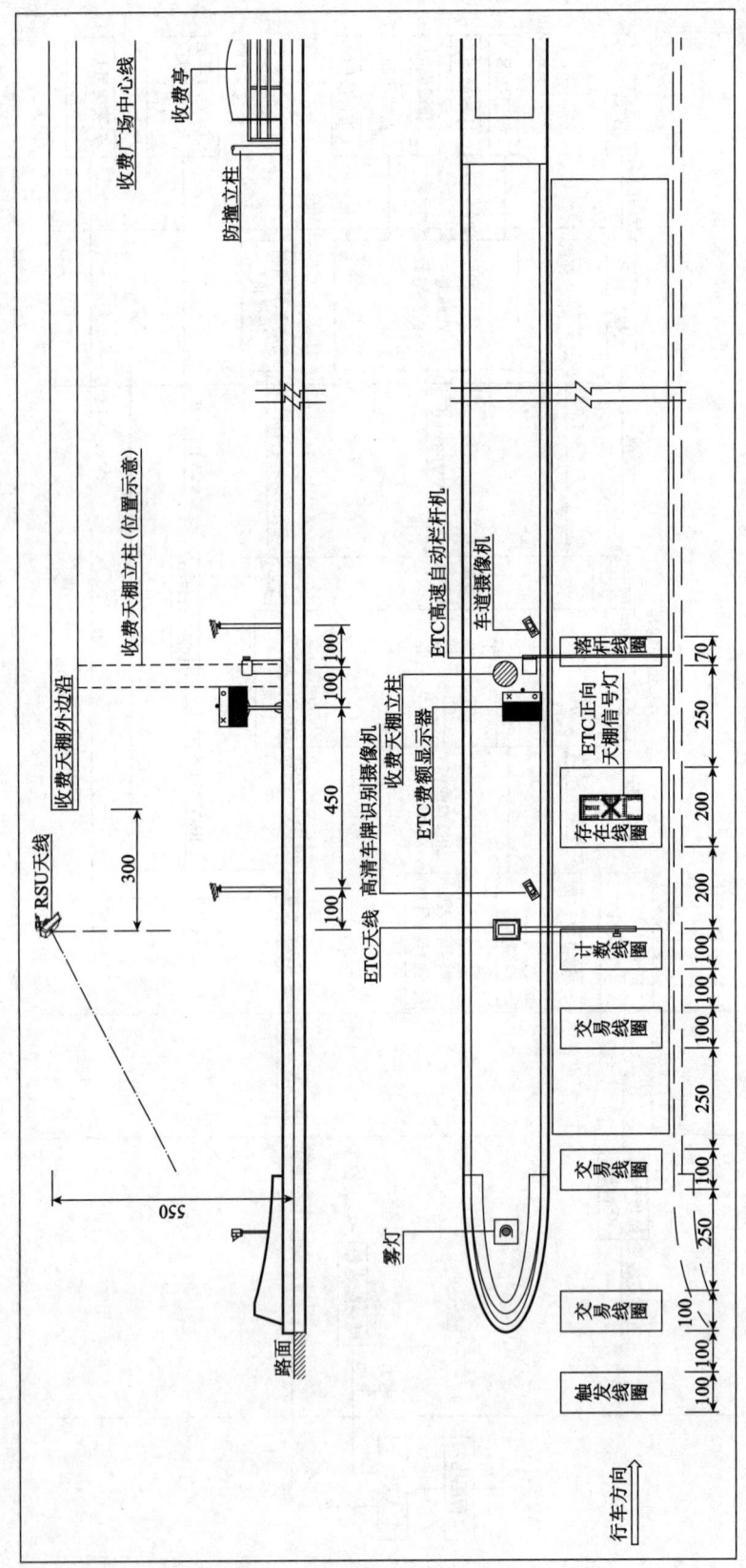

图5.3.17 ETC车道设备布置图

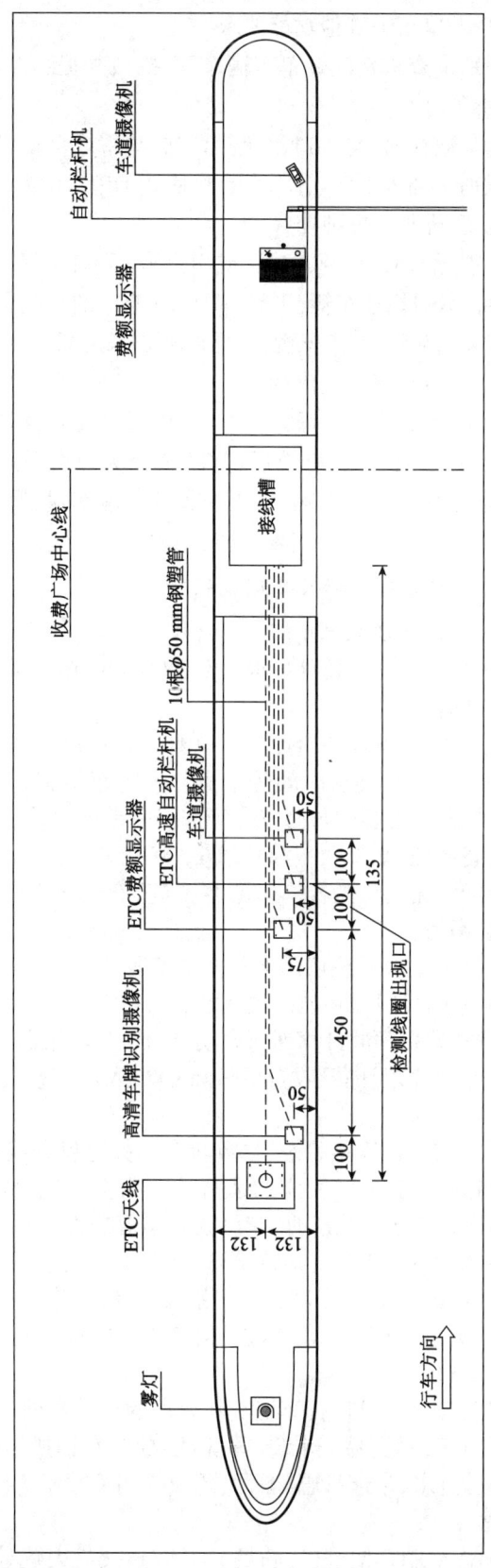

图5.3.18 ETC车道岛上设备基础及管线布置图

2) ETC 入口车道其他功能要求

(1) 识别稽查逃费黑名单车辆,车道拦截并提示车辆黑名单信息,按稽查业务规则处理。

(2) 货车通行时,与入口治超信息判定,系统自动拦截超限车辆。

(3) 识别未插入 ETC 用户卡的双片式 OBU 车辆,系统自动拦截、显示特情信息并按运营业务规则处置。

(4) 识别无 OBU 车辆、OBU(或用户卡)无效车辆、ETC 状态名单车辆、大件运输车辆、牵引拖挂车辆,引导其驶入 ETC/MTC 混合入口车道处理。

(5) 识别"两客一危"车辆,根据业务要求判断是否允许驶入高速公路。

3) ETC 入口车道处理流程

ETC 入口车道处理流程如图 5.3.19 所示,ETC 车辆进入 ETC 通信区域,首先判断 ETC 是否有效,有效后,判断是否为黑名单车辆,非黑名单车辆后,判断是否为"两客一危"车辆、是否为大件运输车辆,写入入口信息,形成通行流水。如果入口承载 ETC 门架功能,则入口车道处理流程如图 5.3.20 所示。

2. ETC 出口车道功能及处理流程

1) ETC 出口车道基本功能

(1) ETC 出口车道软件同时支持双片式 OBU、单片式 OBU 交易处理流程,写入出口信息。

(2) 识别 ETC、MTC 车辆,自动检测、识别通行车辆的车牌(车牌号、车牌颜色)、车型(如有)、通行时间等信息。无牌车辆禁止通行,按收费运营及稽查业务规则处理,必要时与公安交管部门联动处置。

(3) 具备接收、更新收费参数[ETC 状态名单、稽查逃费黑(灰)名单、大件运输车辆名单、优免车辆名单、"两客一危"车辆名单]功能,并在通行记录中写入特情车辆信息。

(4) 支持向上级系统调用通行费计费服务。

(5) 兼具 ETC 门架功能的收费站,所辖车道应具备接收、更新省联网中心下发的本站收费费率并计算通行费功能,ETC 车辆成功扣费后清除 OBU 路径信息,MTC 车辆完成计费、收费后清除 CPC 入口信息、过站信息及计费信息并触发掉电。

(6) 具备对车道连接状态、参数状态和关键设备状态的运行监测功能,并可根据监测的情况,生成相应的运行监测数据。监测内容有:①车道连接状态,且当车道处于连接状态时,应可获知车道是否开启/关闭、操作系统版本号和车道软件版本号;②车道参数状态,指各类状态名单的版本信息;③关键设备状态,包括 RSU 状态、车牌自动识别设备状态、车辆检测器状态、光栅状态、车道摄像机状态、费额显示屏状态、信息提示屏状态、信号灯状态等,当中可识别正常、异常和无配置状态。

(7) 具备按自然日进行车道交易处理的合计数处理能力。

(8) 通行记录、交易流水(交易凭证)应与车辆抓拍图片进行自动匹配,通行记录、交易流水、车道日志、图片、图像等相关数据应按接口规范要求实时上传至收费站。

(9) 可配置 ETC 便携机,满足 ETC 车道交易失败时人工处理。

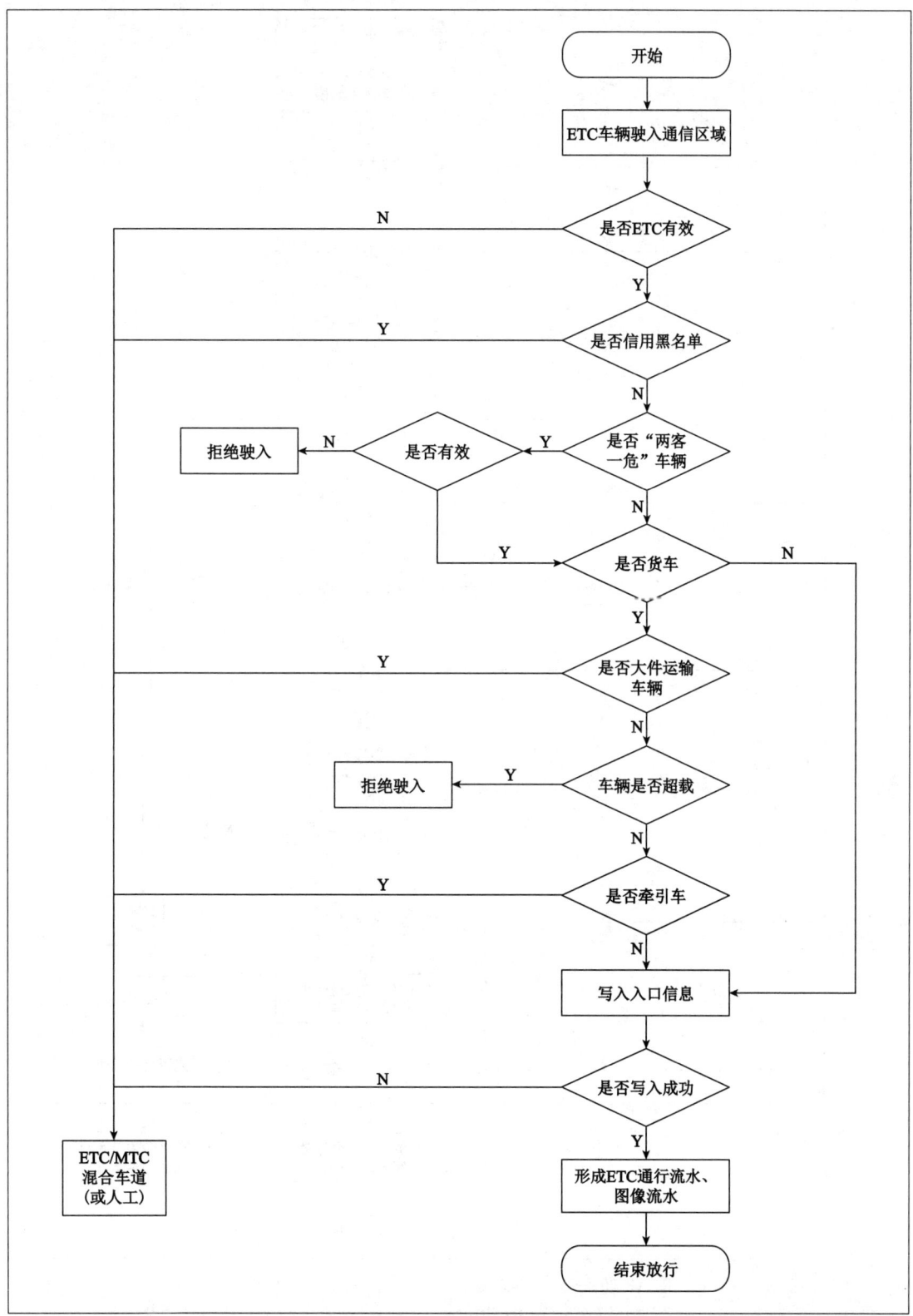

图 5.3.19　ETC 入口车道处理流程

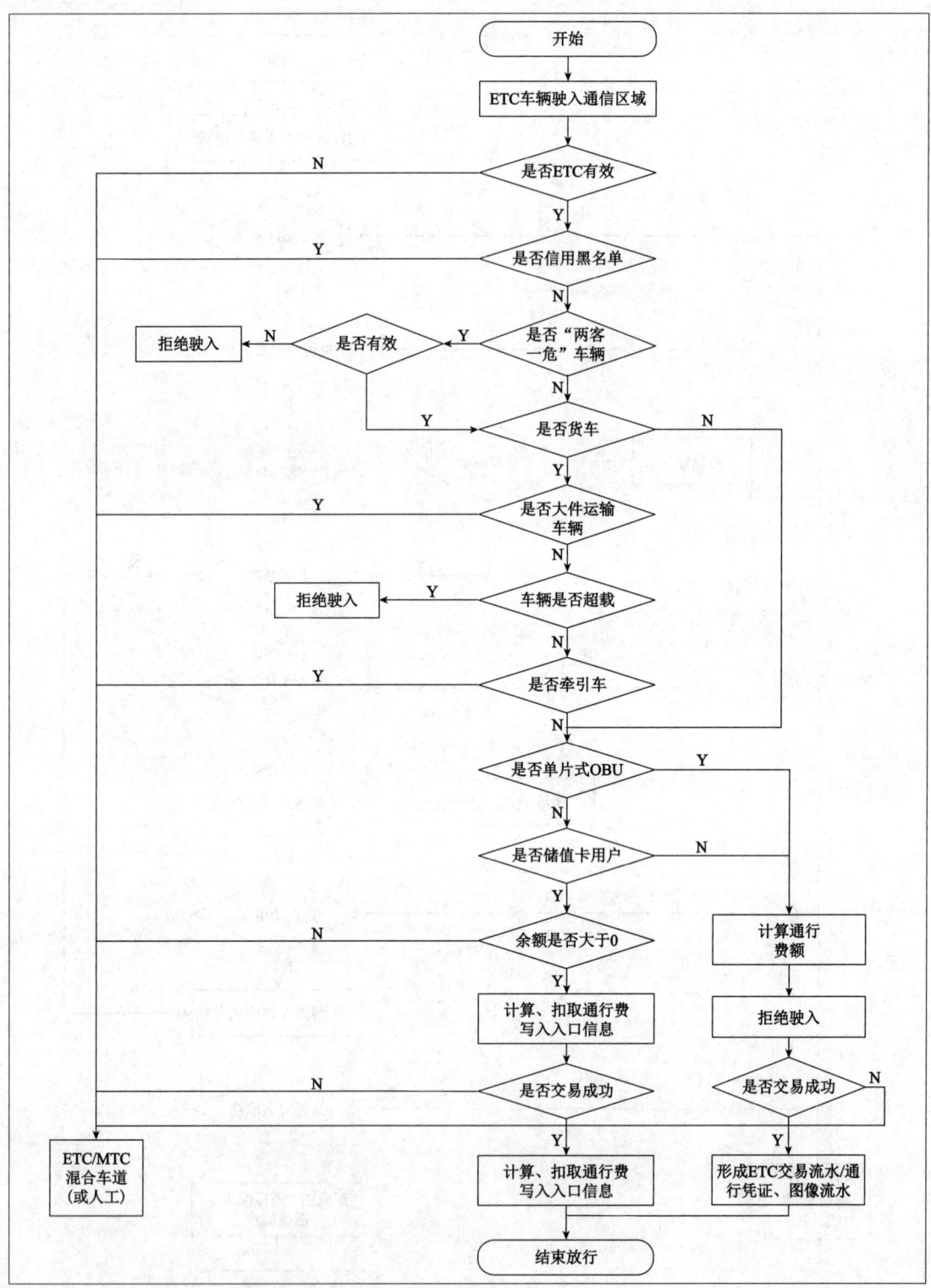

图 5.3.20 ETC 入口车道处理流程(承载 ETC 门架功能)

2) ETC 出口车道其他功能

(1) 识别稽查逃费黑名单车辆,车道拦截并提示车辆黑名单信息,按稽查业务规则处理。

(2)识别无 OBU 车辆、OBU(或用户卡)无效车辆、ETC 状态名单车辆、大件运输车辆、牵引拖挂车辆,引导其驶入 ETC/MTC 混合出口车道处理。

(3)识别未插入 ETC 用户卡的双片式 OBU 车辆,用户插卡重新交易,交易失败时人工处理。

(4)识别判断"两客一危"车辆是否符合通行要求,并在交易流水(交易凭证)中记录。

3)ETC 出口车道处理流程

ETC 出口车道处理流程如图 5.3.21 所示,ETC 车辆驶入通信区域,首先判断 ETC 是否有效,然后判断是否为黑名单车辆、"两客一危"车辆、大件运输车辆。满足条件后清除 ETC 入口信息,形成通行车辆的通行流水、图像流水信息。如果出口承载 ETC 门架功能,则出口车道处理流程如图 5.3.22 所示。

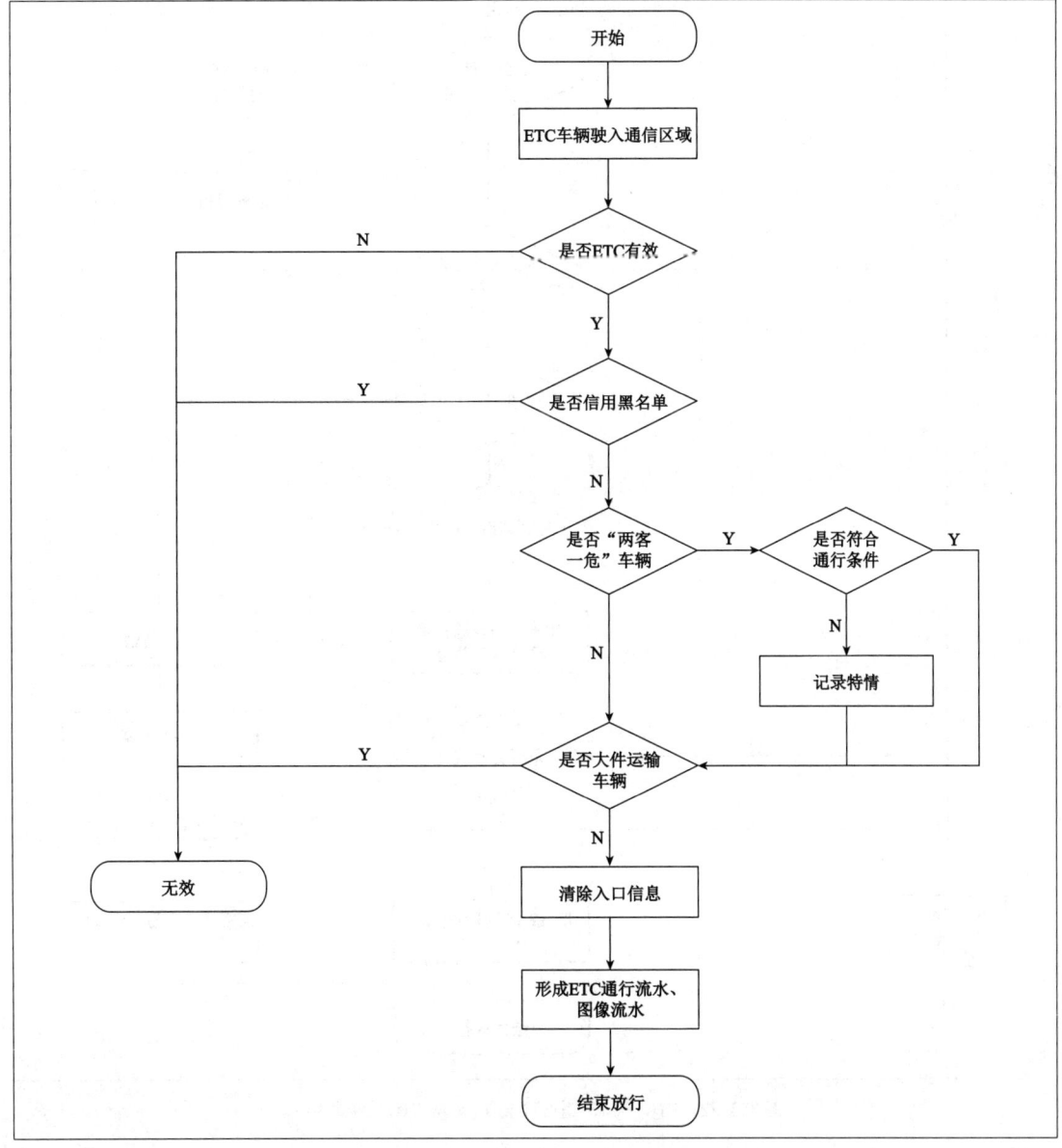

图 5.3.21 ETC 出口车道处理流程

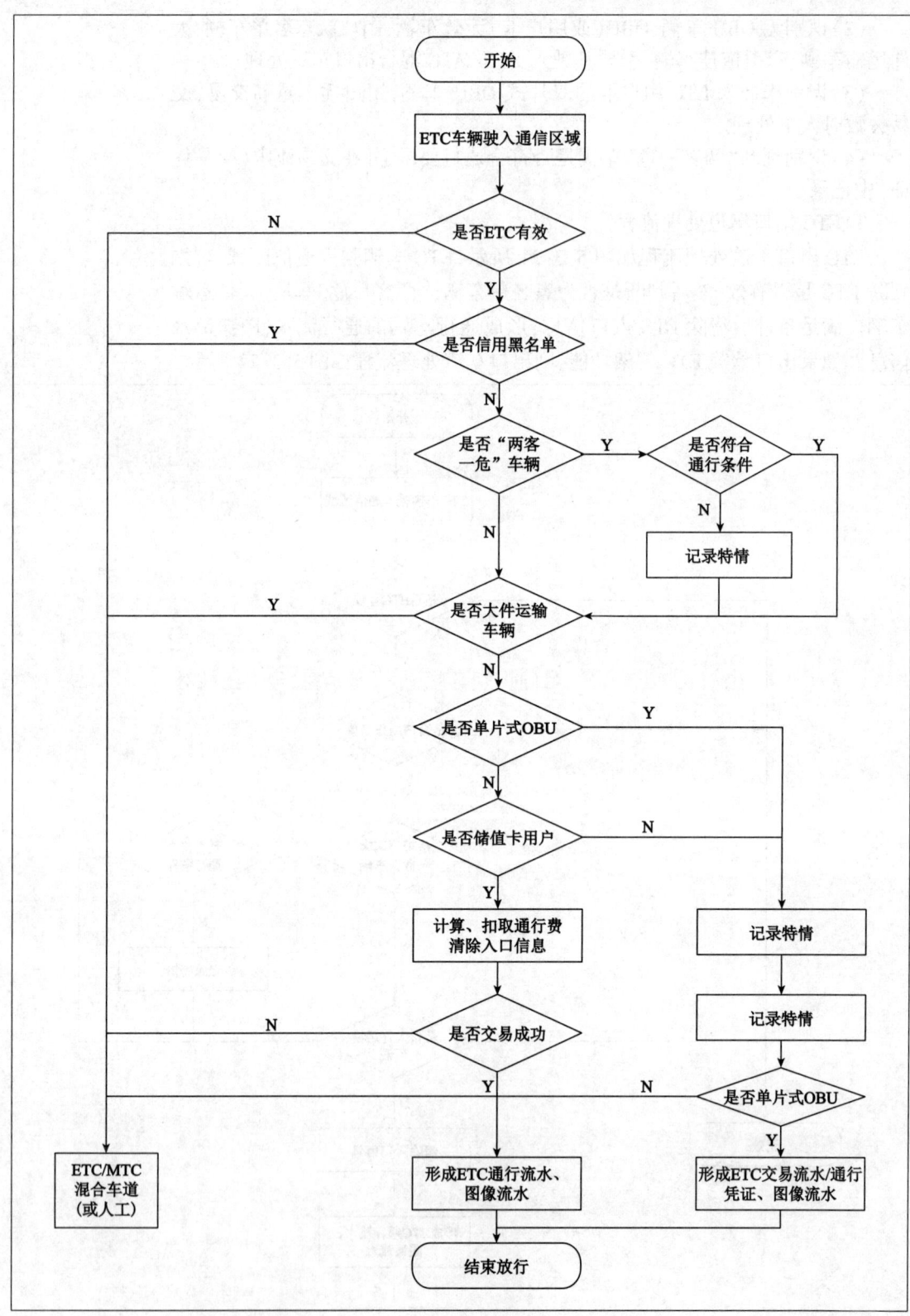

图 5.3.22 ETC 出口车道处理流程(承载 ETC 门架功能)

单元 5.4　ETC/MTC 混合车道收费系统组成与应用

5.4.1　ETC/MTC 混合车道主要组成与功能

ETC/MTC 混合车道系统应同时支持 ETC 车道和 MTC 车道系统功能,为 ETC 车辆及 MTC 车辆提供通行服务。

1. ETC/MTC 混合入口车道系统组成与功能

1)系统组成

ETC/MTC 混合入口车道系统应在 ETC 入口车道系统的基础上增加收费员终端(显示器、收费专用键盘)、IC 卡读写器等。

ETC/MTC 混合入口车道系统由车道控制器、RSU、高清车牌识别摄像机、自动栏杆机、费额显示器、车道指示器、通行信号灯、声光报警器、车辆检测器、车道摄像机、收费员终端(含显示器、键盘等)、非接触式 IC 卡读写器等组成。

2)系统功能

ETC/MTC 混合入口车道系统应在实现全部 ETC 入口车道系统功能的基础上包含以下功能。

(1)为 MTC 车辆提供通行服务,准确识别车牌、车型等信息,经人工核对后,将车辆信息与入口信息一并写入 CPC,同时清除 CPC 内计费信息和过站信息并发放。经人工核对修正后,CPC 内记录的车牌信息、车型信息准确率应达到 100%。

(2)识别未插入 ETC 用户卡的双片式 OBU 车辆,若 OBU 正常(OBU 有效、未列入黑名单),将入口信息写入 ETC 用户卡;若确认 OBU 异常,则按 MTC 车辆处理,发放 CPC。

(3)特殊车辆管理,如大件运输车辆人工核查等。

2. ETC/MTC 混合出口车道系统组成与功能

1)系统组成

ETC/MTC 混合出口车道系统由车道控制器、RSU、高清车牌识别摄像机、自动栏杆机、费额显示器、车道指示器、通行信号灯、声光报警器、车辆检测器、车道摄像机、收费员终端(含显示器、键盘等)、非接触式 IC 卡读写器、票据打印机、移动支付扫码终端等组成。

2)系统功能

ETC/MTC 混合出口车道系统应在实现全部 ETC 出口车道系统功能的基础上包含以下功能。

(1)为 MTC 车辆提供通行服务,读取 CPC 内的入口信息、计费信息和过站信息,计算并收取通行费。清除计费信息、过站信息并写出口信息。

(2)特殊车辆管理,如大件运输车辆人工核查等。

(3)出口车道具备本省按路网最短路径或最小费额计算通行费的能力。

3. 主要设备及性能要求

ETC/MTC 混合出口车道除具备满足 ETC 车道的设备外,主要设备为专用键盘、非接触 IC 卡读写器、CPC、票据打印机等。

(1)专用键盘

收费键盘是一种专用键盘,它通过标准接口与车道控制器连接。键开关的接触寿命在正常工作条件下,可达到 1 000 万次操作。键盘本身具有逻辑锁定功能,可以防止错误数据或同时有两个以上键码的输入,因而键盘上的各种键不会因为重复使用而出现错误登记信息。如果收费员按键操作顺序发生错误,车道控制器可发出提示警告,收费员只有按规定正确操作,才能完成收费过程登记,否则操作无效。键盘的按键按功能可分为车型分类键、特殊功能键、数字键及备用键,如图 5.4.1 所示。专用键盘要求防护等级为 IP54;采用机械式键盘。

(2)非接触 IC 卡读写器

非接触 IC 卡读写器用于读写复合通行卡,具有高频与超高频卡的读写功能,能够完成对复合通行卡的逻辑加密与 RFID(Radio Frequency Identification,射频识别)有源电子标签的读写,通常放置在收费车道入口和出口的收费亭内,如图 5.4.2 所示。

图 5.4.1 专用键盘　　　　　　　　　图 5.4.2 非接触 IC 卡读写器

(3)复合通信卡(CPC)

CPC 卡是具有 5.8 GHz 和 13.56 MHz 的复合卡,既能与非接触 IC 卡读卡器进行通信,又能与 ETC 门架系统进行 DSRC 通信,CPC 卡实物如图 5.4.3 所示。车道收费系统与 CPC 卡间的通信应具备双向认证功能,即 CPC 卡应验证收费车道终端设备的合法性,收费车道终端设备也应验证 CPC 卡的合法性。双向认证通过后,车道收费系统才能对 CPC 卡进行写操作。ETC 门架系统与 CPC 卡间采用 5.8 GHz、DSRC 通信方式将计费信息和过站信息写入 CPC 卡内。CPC 卡采用部、省两级密钥体系,ETC 门架系统及入/出口车道收费系统的 PSAM 卡或 PCI 密码卡应统一装载部级主密钥。CPC 卡相关加解密运算采用 SM4 国产对称密码算法。

CPC 卡性能要求:平均无故障工作时间不小于 45 000 h;使用寿命大于 5 年;工作温度在 -25 ~75 ℃之间;存储温度在 -40 ~75 ℃之间;相对工作湿度在 5% ~100%之间;外壳防护等级不小于 IP65;满足振动、冲击要求。

(4)票据打印机

图 5.4.4 为其中一款打印机。票据打印机主要性能要求:以点阵的形式打印阿拉伯数字和符号,使用寿命≥100 万字符;采用 Star SP 320 系列或与其兼容的并口打印机;纸宽 76~110 mm;打印速度不小于 4.2 行/s;打印头使用寿命 2 亿次;整机平均无故障时间(MTBF)不小于 10 000 h,平均修复时间(MTTR)不大于 0.5 h;电源满足 AC 220(1±1%)V;使用环境温度满足 -20~50 ℃。

图 5.4.3 CPC 卡实物图

图 5.4.4 票据打印机

4. ETC/MTC 混合车道系统结构与设备布局

根据出入口设备组成及功能,ETC/MTC 混合车道布局图如图 5.4.5 所示,出入口系统结构图与设备布局图如图 5.4.6 至图 5.4.9 所示。

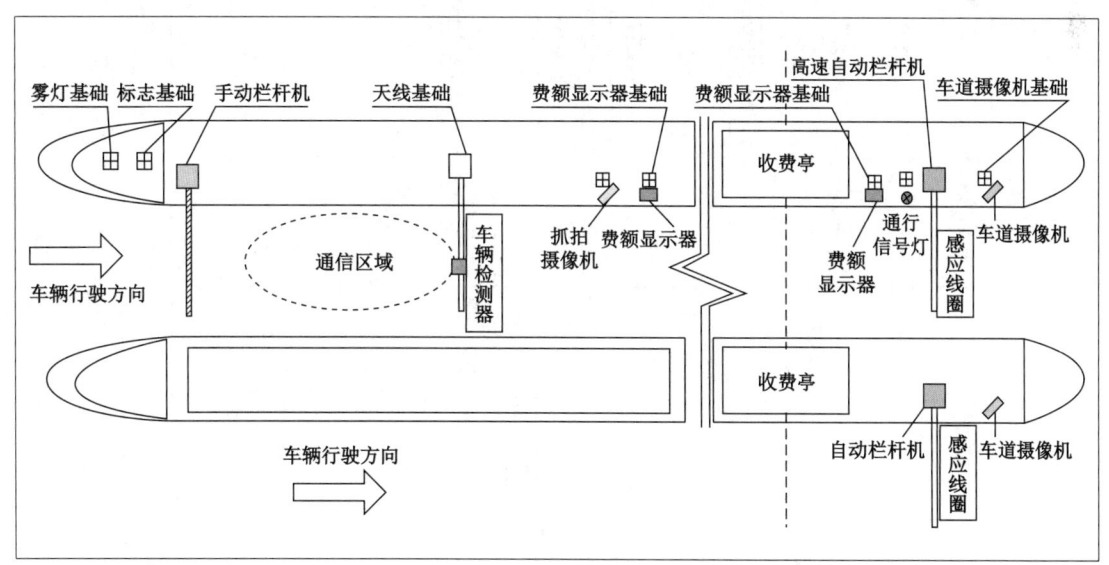

图 5.4.5 ETC/MTC 混合车道布局图

5. ETC/MTC 混合车道处理流程

ETC/MTC 混合入口车道处理流程如图 5.4.10 所示,出口车道处理流程如图 5.4.11 所示。

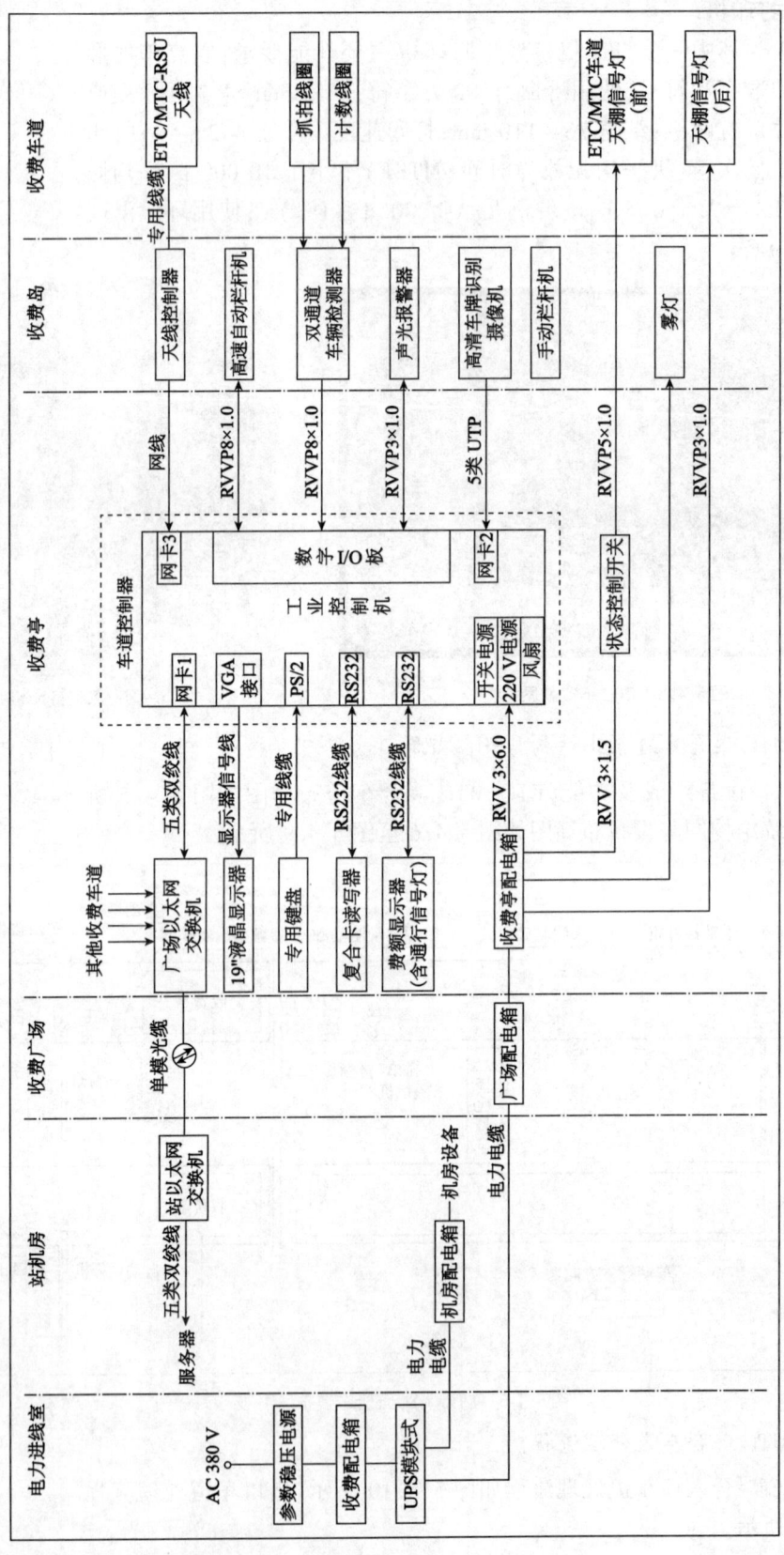

图5.4.6 ETC/MTC混合入口车道系统结构图

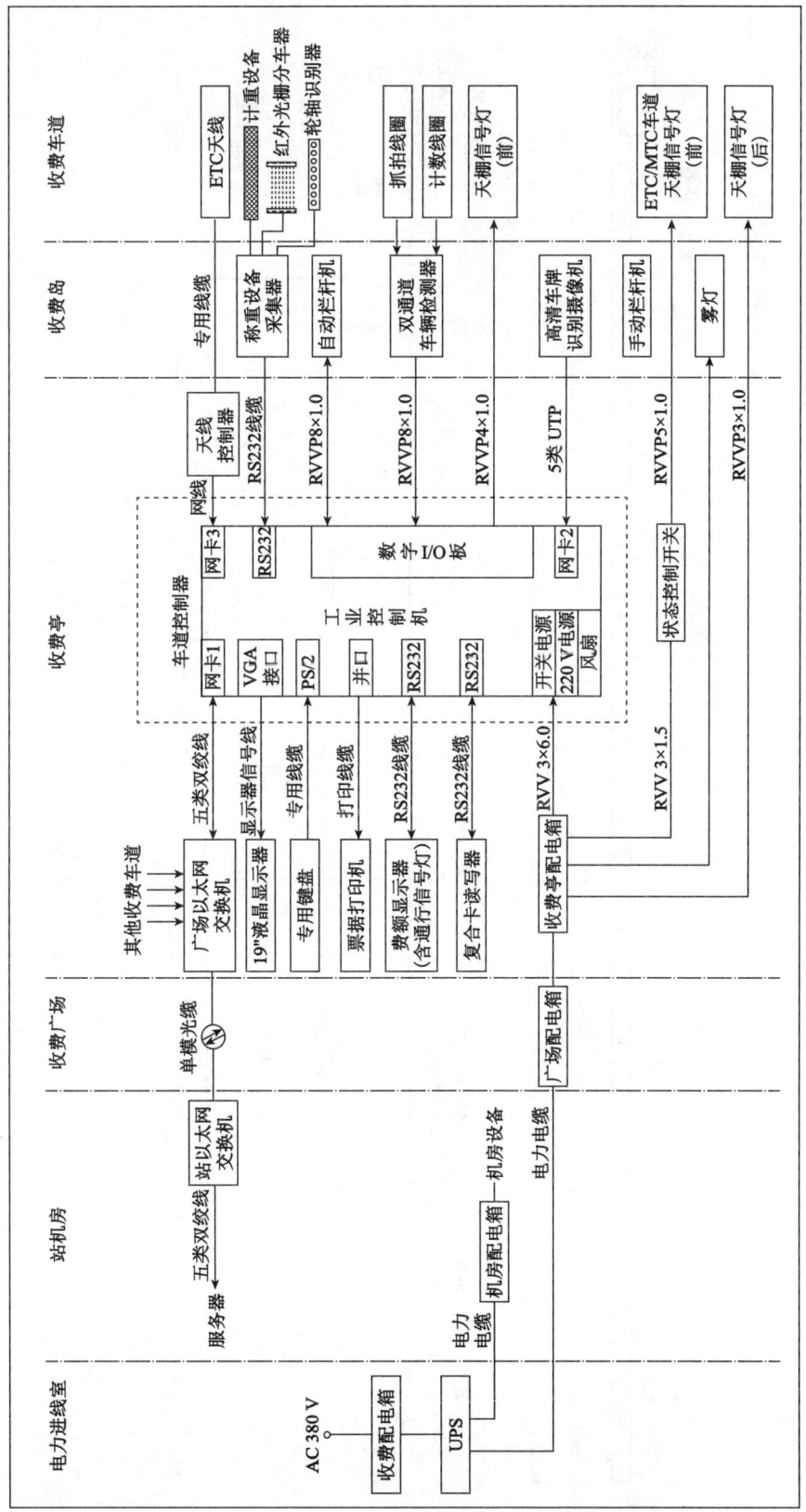

图5.4.7 ETC/MTC混合出口车道系统结构图

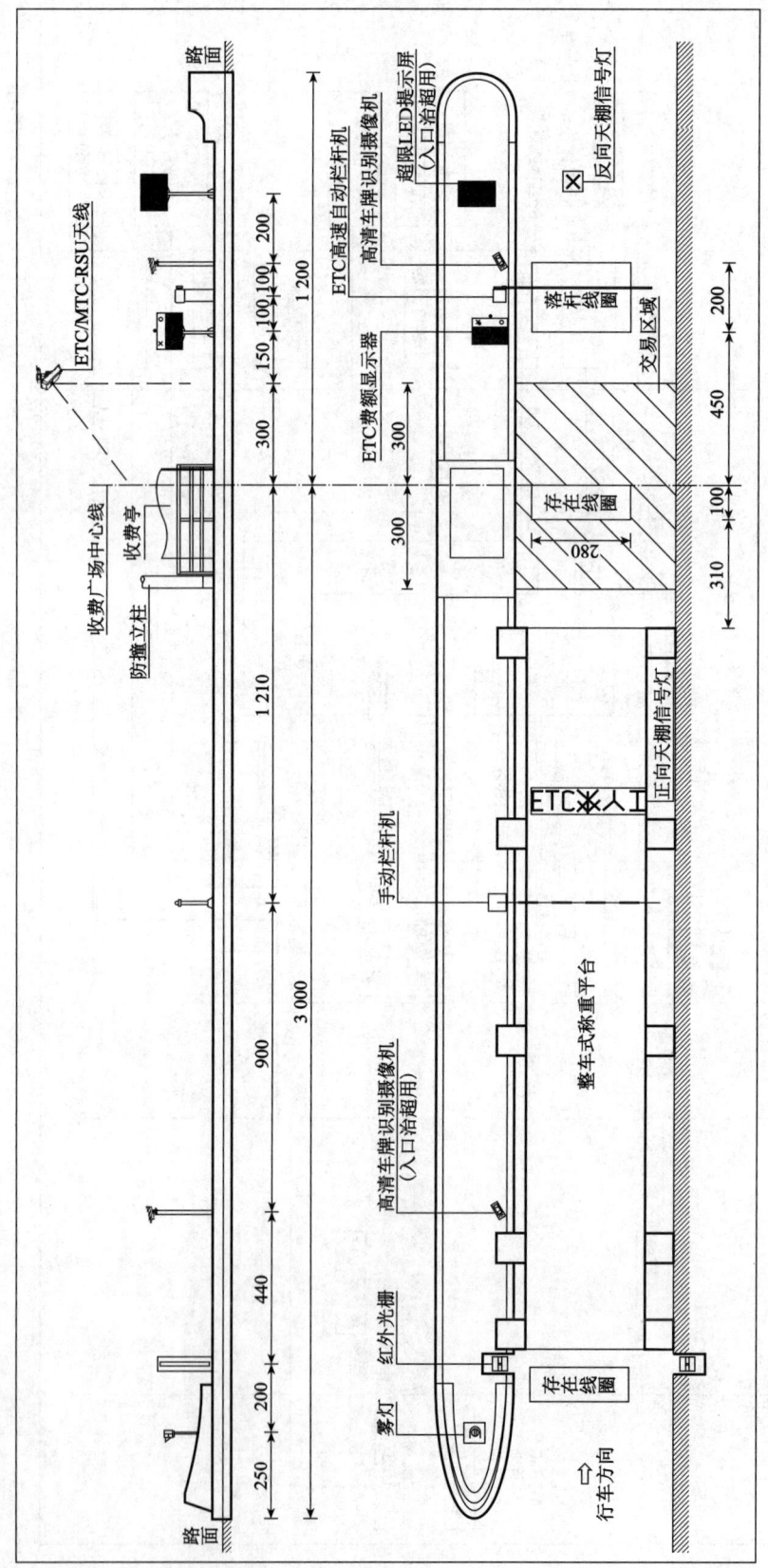

图5.4.8 ETC/MTC混合入口车道设备布局图(尺寸单位：cm)

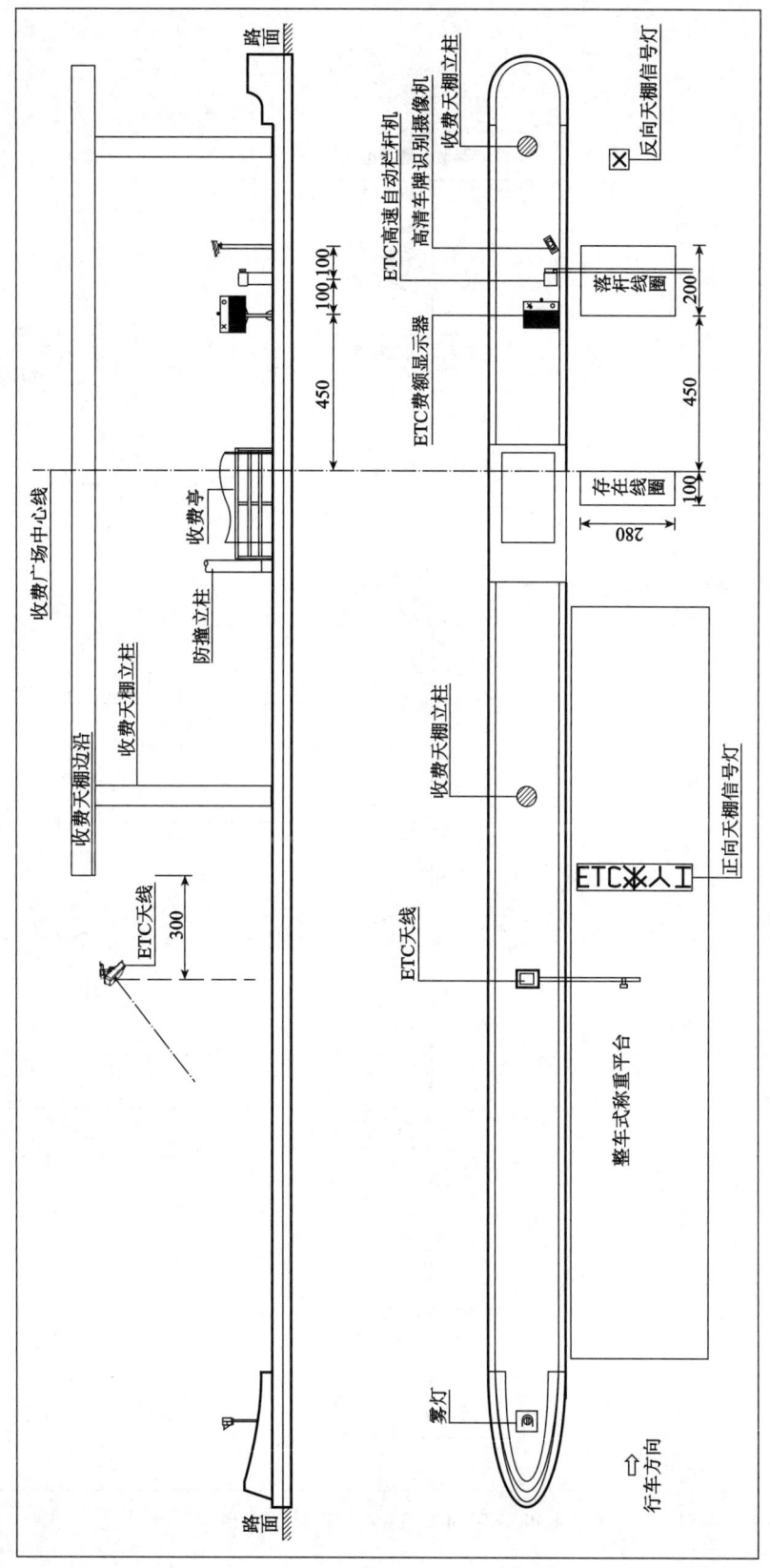

图 5.4.9 ETC/MTC混合出口车道设备布局图(尺寸单位：cm)

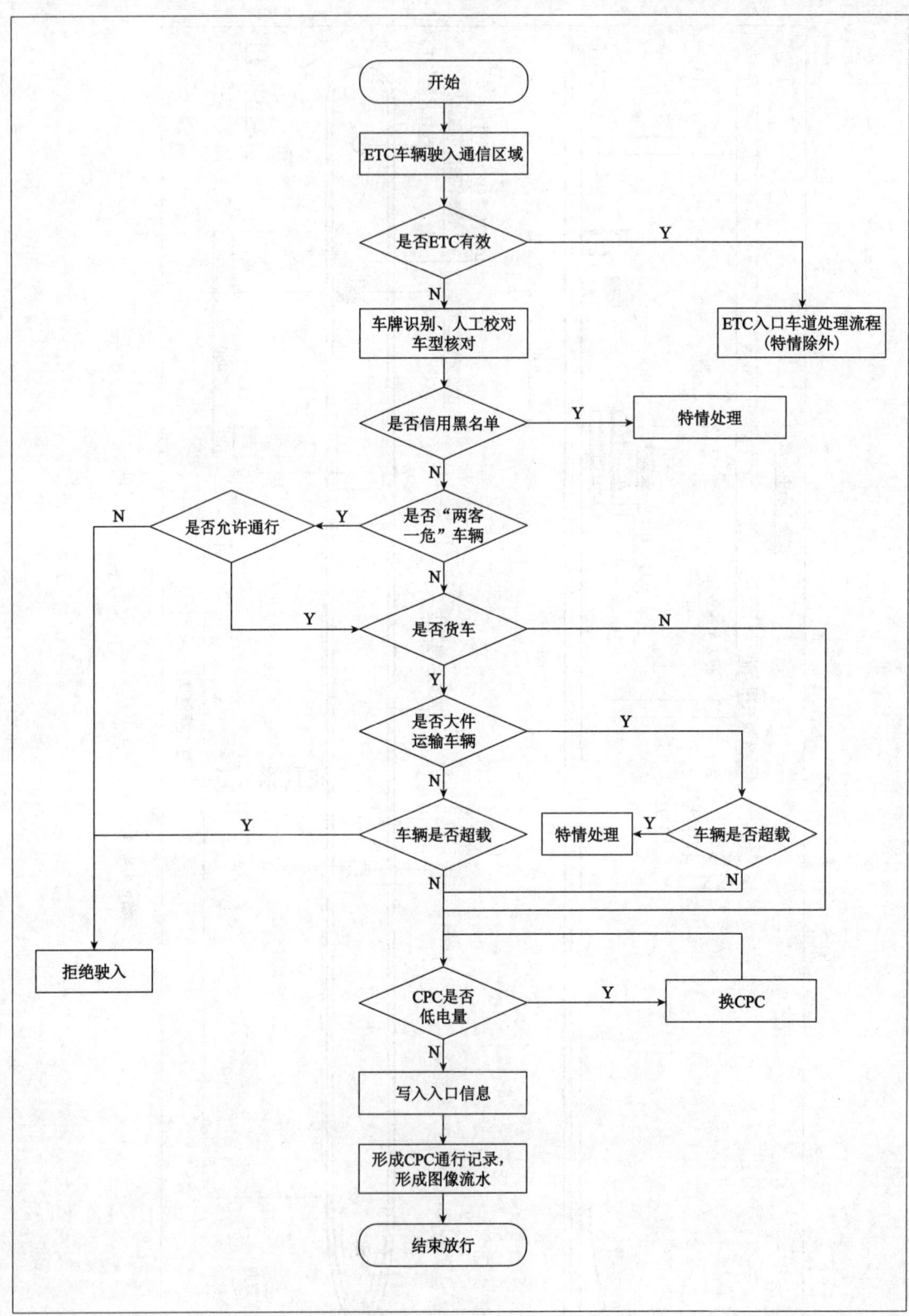

图 5.4.10 ETC/MTC 混合入口车道处理流程

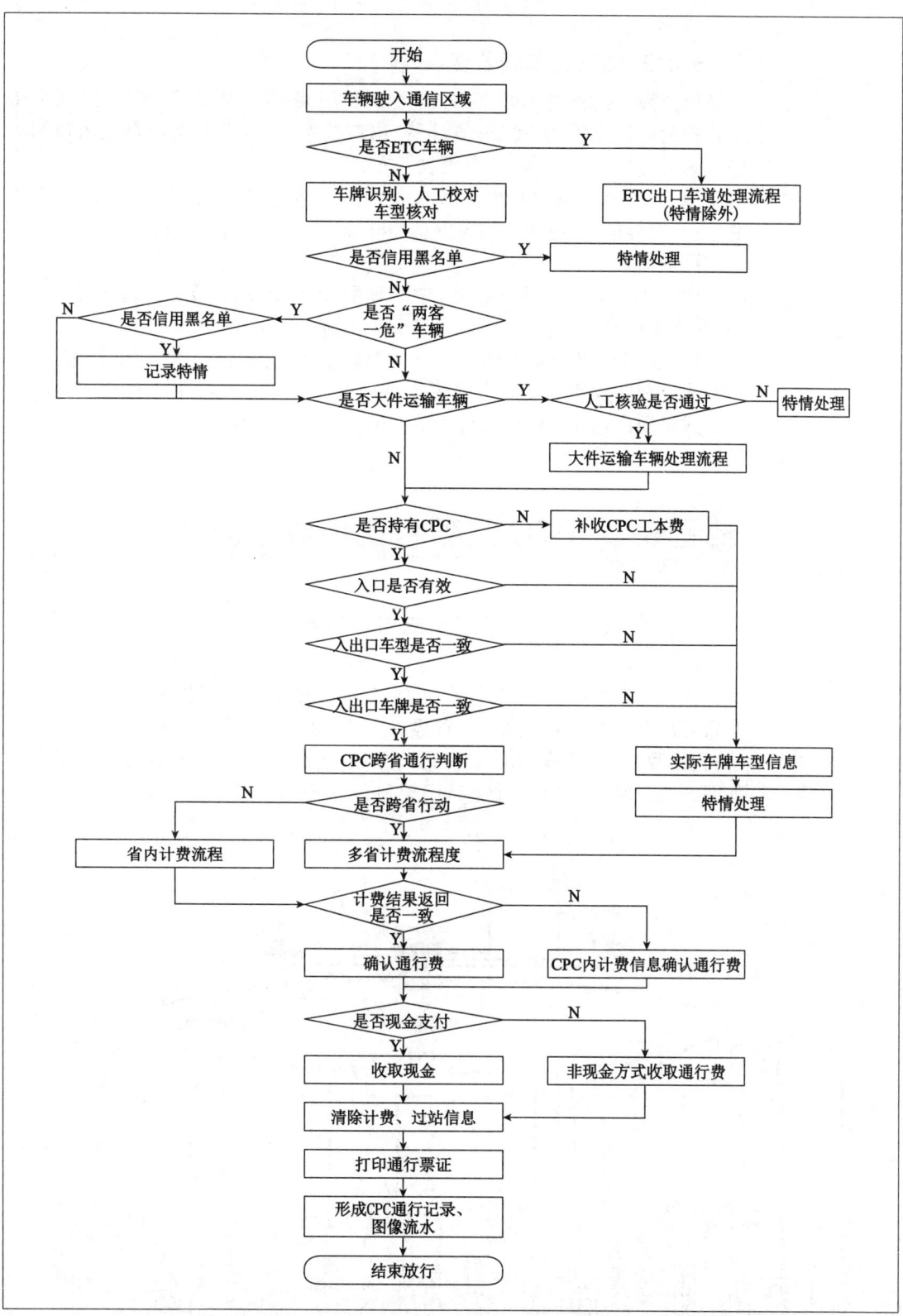

图 5.4.11 ETC/MTC 混合出口车道处理流程

模块5 高速公路收费系统集成与应用

5.4.2 MTC 车辆收费

取消高速公路省界收费站,设置 ETC 门架系统,MTC 车辆采用 5.8 GHz CPC 作为通行介质,实现"分段计费、出口收费"。计费车型信息以入口写入 CPC 为准,出口核对。MTC 车辆收费方式如下。

(1)入口车道发放 CPC,CPC 中记录入口信息、驶入时间、车牌号码、车牌颜色、车型等信息,应确保相关信息的准确性。针对大件运输车辆还需人工核查许可证信息。

(2)ETC 门架系统读取 CPC 中的车型、车牌信息,计算通行费并写入 CPC 中,作为出口收费依据,并形成 CPC 通行记录。

(3)出口车道系统从 CPC 中读取车辆信息、计费信息、过站信息等,核对后完成计费并收费。支付方式可支持现金、ETC 用户卡、手机移动支付等多种方式供用户选择。针对大件运输车辆需人工核查许可证信息是否和本车一致,并收费。

单元 5.5　ETC 门架系统组成与应用

5.5.1　ETC 门架系统组成与布设要求

ETC 门架系统指在高速公路沿线断面建设的,具备通行费分段计费、车牌图像识别等功能的专用设施。ETC 门架系统可分为省界 ETC 门架系统和非省界(路段)ETC 门架系统,省界 ETC 门架系统构成示意图如图 5.5.1 所示,它由两个上行门架和两个下行门架组成;路段 ETC 门架系统构成示意图如图 5.5.2 所示,它由一个上行门架和一个下行门架组成。

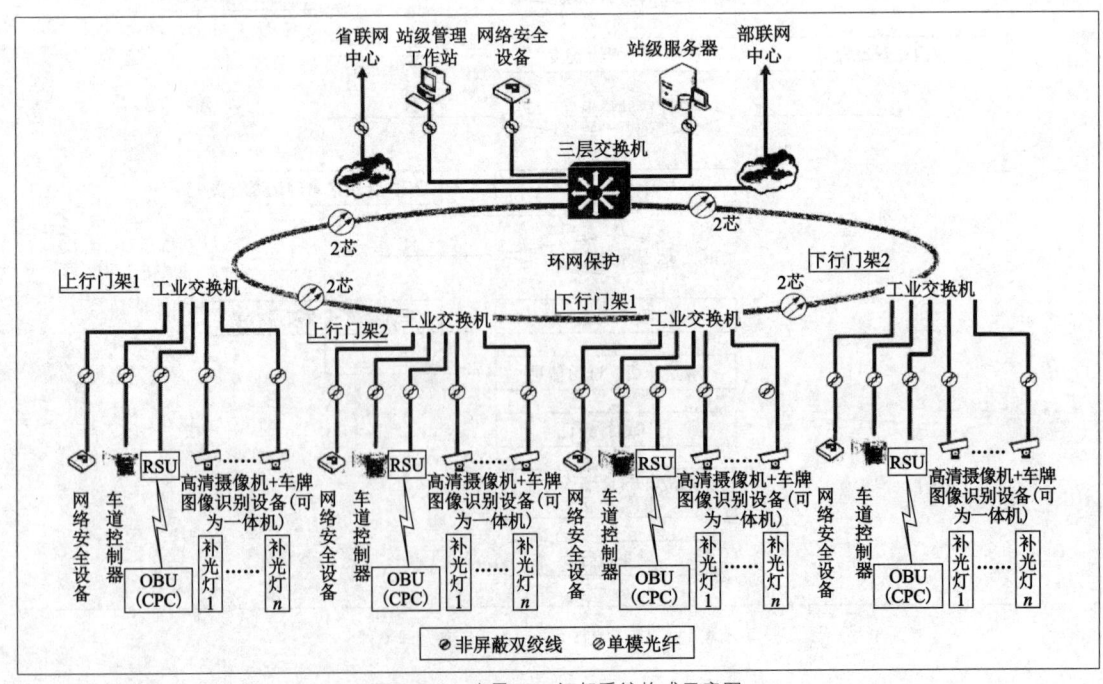

图 5.5.1　省界 ETC 门架系统构成示意图

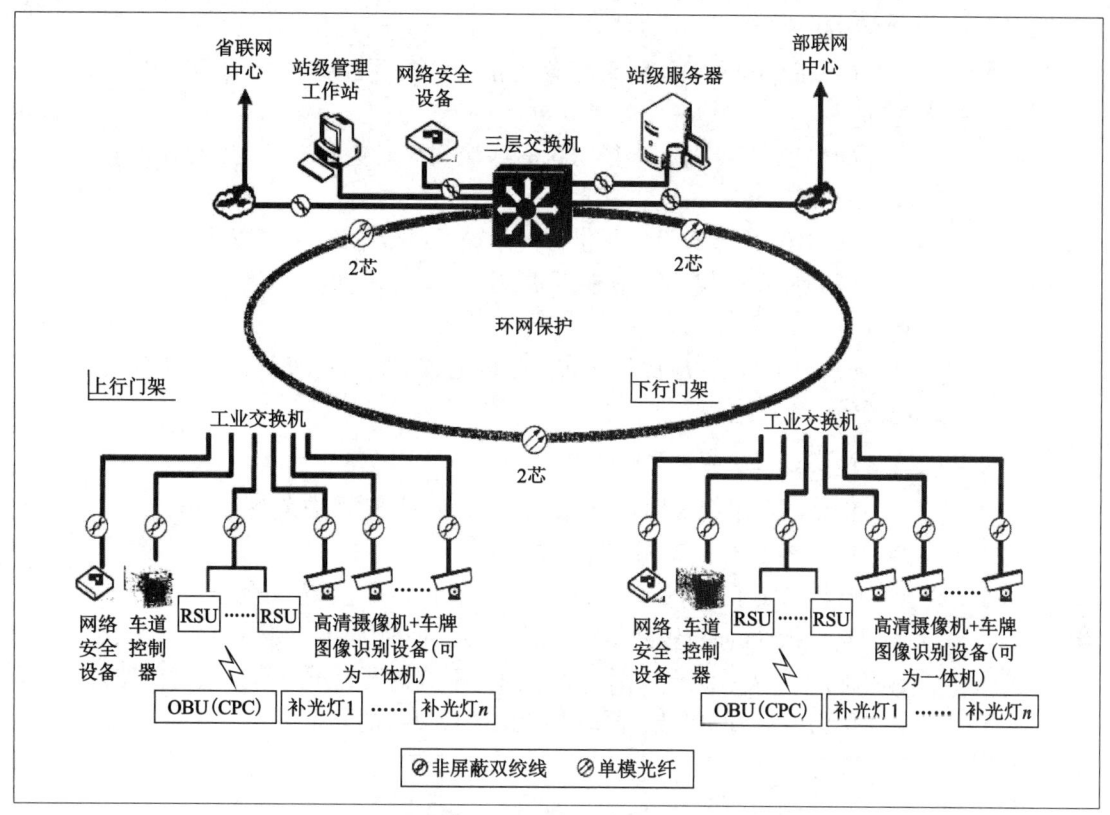

图 5.5.2 路段 ETC 门架系统构成示意图

ETC 门架系统主要由门架上的 RSU[支持 PSAM 及 PCI(Peripheral Component Interconnect,外设部件互联)密码卡]、高清摄像机、补光灯,以及户外综合机柜中的车道控制器、车牌图像识别设备(可与高清摄像机构成一体化设备)、工业交换机、网络安全设备、供电设备等构成。通过工业交换机、收费站三层交换机形成以太网环网保护,与站级服务器、业务管理工作站相连,站级管理系统通过主备链路与省联网中心、部联网中心连接。

1. ETC 门架安装位置要求

根据交通运输部《取消高速公路省界收费站总体技术方案》,通过 ETC 门架系统实现收费自由流,ETC 门架现场选点基本原则如下。

(1)在交通流发生变化(如入/出口匝道、互通立交)前的路段区间设置 ETC 门架。

(2)省界 ETC 门架系统应在上、下行方向的背向各设置两个冗余门架。路段 ETC 门架系统应在上、下行方向的背向各设置一个门架。

(3)ETC 门架应优先靠近收费站布设,布设在直线段,与互通立交、入/出口匝道端部直线距离宜为 1.5~3 km,在条件受限时最小距离为 700 m。

(4)ETC 门架布设应布设在路基段,在条件受限时可选择桥梁段。

(5)ETC 门架前方的平直段宜大于或等于 200 m,在条件受限时最小距离为 100 m。

(6)同向 ETC 门架的直线距离宜大于或等于 700 m,在条件受限时最小距离为 500 m。

(7) 上、下行 ETC 门架应背向错开设置,距离宜大于或等于 30 m,不宜过远。

(8) ETC 门架所在半径 500 m 区域内应避免同频干扰(射频辐射强度应小于或等于 -65 dbm)。

(9) ETC 门架布设应尽量避开车辆可通行道路、可停车场所等。

(10) ETC 门架选点应避开高压线、雷击区、地质危险路段、事故多发路段等。

(11) ETC 门架应优先从收费站取电,在条件受限时可选择从其他高可靠电源供电点取电。

2. ETC 门架布设原则

ETC 门架系统采用自由流方式设置,布局应考虑美观、实用。

1) 省界 ETC 门架系统布局要求

省界 ETC 门架在每个方向前后各设置两排,互为冗余。为避免门架间信号相互干扰,同向设置两个门架时,其最小间距应不小于 500 m。图 5.5.3 为省界 ETC 门架系统布局图。对于同向不具备设置两个门架条件的路段,可根据实际情况设置单门架,同时应考虑关键设备的冗余设置。

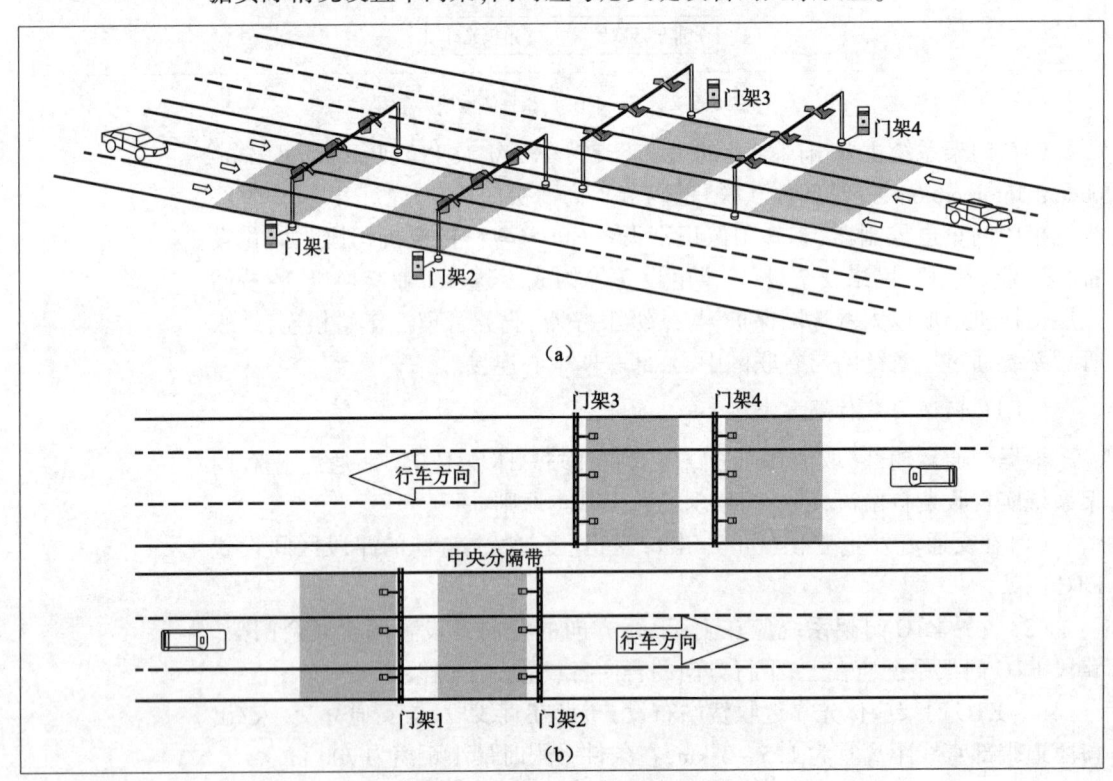

图 5.5.3 省界 ETC 门架系统布局图
(a) 示意图;(b) 俯视图

2) 路段 ETC 门架系统

图 5.5.4 为路段 ETC 门架系统布局图。

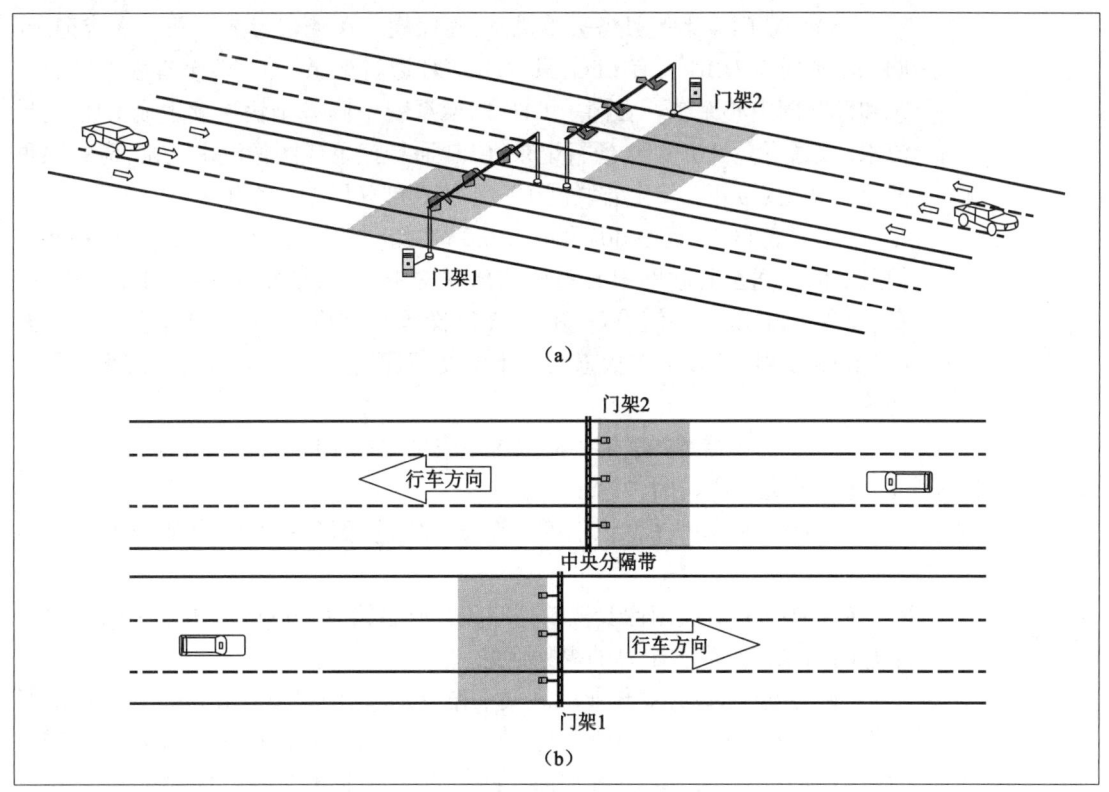

图 5.5.4　路段 ETC 门架系统布局图
(a)示意图；(b)俯视图

5.5.2　ETC 门架系统功能与关键设备技术要求

1. ETC 门架系统主要功能

(1)同时支持双片式 OBU、单片式 OBU 和 CPC 交易处理流程。相关加解密运算采用 SM4 国产对称密码算法，并支持 JR/T 0025 所规定的 DES、3DES 算法。

(2)自动识别所有通行车辆(包括 ETC 车辆和 MTC 车辆)车牌颜色和车牌号码，经系统自动识别后，可由人工核对修正，将所有识别出的车牌颜色、车牌号码和时间、门架信息及车辆图像信息(二进制图片)等形成图像流水记录，图片及图像流水记录保存在站级服务器中。

(3)实现 ETC 车辆分段计费扣费，形成 ETC 交易流水(或通行凭证)，若扣费失败，应形成 ETC 通行记录。系统将 ETC 交易流水(或通行凭证)、ETC 通行记录、图像流水记录进行自动匹配后，可由人工核对修正，筛选出扣费失败 ETC 车辆的图像流水记录，及时上传至省联网中心系统和部联网中心系统。

(4)实现 MTC 车辆分段计费。从 CPC 获取相关信息，将更新后的信息写入 CPC，并形成 CPC 通行记录。系统将 CPC 通行记录、图像流水记录进行自动匹配后，可由人工核对修正，筛选出计费失败 MTC 车辆的图像流水记录，及时上传至省联网中心系统和部联网中心系统。

（5）ETC门架系统具备去重机制，确保同一车辆仅形成一条流水或记录。同一车辆既有OBU又有CPC，只生成CPC通行记录，并上传至省联网中心系统和部联网中心系统。在同一ETC门架系统中同一车辆连续生成ETC交易流水（或通行凭证）、ETC通行记录、CPC通行记录或图像流水记录，应去除重复流水和记录，并上传至省联网中心系统和部联网中心系统。

（6）具备自检、程序和应用在线更新功能，并将ETC门架系统及设备状态信息实时发送至省联网中心系统和部联网中心系统，如车道控制器CPU、内存、硬盘的占用率，关键设备（RSU、车牌图像识别设备）在线状态及工作状态（如RSU发射、接收工作状态），机柜温度、湿度、防盗，供电和通信网络工作状态等。

（7）接收并更新省联网中心系统下发的ETC门架相关系统参数。

（8）与北斗授时时钟同步。

（9）RSU和车牌图像识别等关键设备应进行冗余设计，确保24 h不间断工作。

（10）应用数据、图像及视频存储应具有容错及备份机制，能存储不少于6个月的图像信息和1个月的视频信息。

（11）应具备以独立作业的方式工作，在通信网络出现异常时可脱机离线操作，此时所有作业数据均可存储在本地，并且待网络恢复后自动将本地滞留数据上传至省联网中心系统和部联网中心系统，同时保证数据的完整性、一致性、真实性、不可抵赖性和安全性不受破坏。

（12）有必要的防雷和接地保护，具备防雷击和防浪涌冲击的能力，确保人和设备的安全。

2. 关键设备技术要求

1）RSU技术要求

符合《收费公路联网电子不停车收费技术要求》《收费公路联网收费技术要求》相关规定，同时满足天线半功率波瓣宽度，水平面小于25°，垂直面大于55°；接收灵敏度不大于-95 dBm；支持PSAM卡、PCI密码卡；PSAM卡插槽数量不小于8个；具备快速处理能力；具备远程工作参数调整、状态监控、免拆卸程序在线更新的功能；具备发射功率、工作信道、接收状态、PSAM卡/PCI密码卡状态等主要器件和功能的状态自检功能，便于故障快速处理；具备交流和直流两种供电方式，交流供电电压及适应范围为AC 220(1±20%)V；直流供电电压及适应范围为DC 24(1±10%)V；功耗不大于60 W等。

2）车牌图像识别设备功能及技术要求

车牌图像识别设备具备车牌图像识别功能，支持对工作状态检测的应答，支持补光灯同步补光，支持补光灯状态检测，支持断网时本地存储，支持车辆特征检测，如车身颜色、车辆品牌标志等功能。

车牌图像识别设备技术要求：图像颜色为彩色；像素不小于300万；抓拍图像及车牌识别时间不大于0.1 s；车辆捕获率，在车速为0~220 km/h的条件下，不小于99.5%；车牌图像识别准确率，在车速为0~220 km/h的条件下不小于95%;若支持车身颜色识别功能,则车身颜色日间识别准确率不小于70%;若支持车辆品牌标志识别功能,则车辆品牌标志日间识别准确率不小于75%;平均无故障工作时间不小于30 000 h;功耗不大于30 W;防护等级不小于 IP65;工作环境温度为 -40~55 ℃;工作环境相对湿度不大于95%等。

3)补光灯技术要求

补光区域内光照度应均匀、无暗区、无明显抖动;在距离补光装置20 m处,基准轴上的峰值光照度应小于300 lx,平均光照度应小于50 lx;在整个补光区域内,峰值光照度应高于基准轴上峰值光照度的50%;可见光色温为3 000~5 500 K;亮度等级可设置;平均无故障工作时间不小于30 000 h;功耗不大于48 W;质量不大于10 kg;防护等级不小于 IP65;供电电压及适应范围为 AC 220(1±20%)V;环境温度为 -40~55 ℃;工作环境相对湿度小于95%等。

4)高清摄像机功能与技术要求

功能:门架系统高清摄像机监控断面车流,在视频图像中可有效辨识车牌,具备字符叠加功能,包括时间、摄像机编号、ETC门架编号,支持对工作状态检测的应答等功能。

技术要求:彩色图像,像素不小于900万;帧率不小于25 fps;视频压缩标准支持 H.264/H.265/MJPEG;图片压缩方式采用 JPEG;传输接口为 RJ45 100 M/1 000 M 自适应以太网口;内嵌实时时钟,具备远程校时功能;平均无故障工作时间不小于30 000 h;功耗不大于30 W;防护等级为 IP65;供电电压及适应范围为 AC 220(1±20%)V;安装角度可调;工作环境温度为 -40~55 ℃;工作环境相对湿度小于95%等。

5)车道控制器技术要求

采用低功耗处理器,CPU 不低于双核,主频不低于2.5 GHz;内存不小于8 GB;系统盘采用固态硬盘,容量不低于120 GB,数据盘容量不低于1 TB;具有网络接口不少于2个、USB接口不小于2个、串口接口不少于4个;支持不少于16路开关量 I/O;支持上电自动开机和远程硬重启;具备实时监测、故障诊断及报警提示,支持实时监测电源参数,支持与机柜门禁联动,实现入侵监控报警;工作环境温度为 -35~55 ℃;平均无故障工作时间不小于30 000 h;至少保存180天的流水记录和7天的图像信号;功耗不大于200 W,供电电压及适应范围为 AC 220(1±20%)V 等。

6)工业交换机技术要求

不少于24个千兆电口,不少于4个千兆 SFP 插槽,包含2个光模块,传输距离大于10 km;能够与站级交换机组成2芯环网保护,可网管;支持三层交换功能,能将环网端口与业务端口区分,将环网端口划为独立的广播域,杜绝环网上的网络风暴;任意的两个端口可用于组成自愈环网并同时支持多个独立的自愈环,冗余网络切换时间不大于50 ms;背板带宽不小于50 Gbit/s;支持 STP(IEEE 802.1d)、RSTP(IEEE 802.1w)和 MSTP(IEEE 802.1s)协议;工作环境温度为 -35~55 ℃等。

7)户外综合机柜技术要求

具备 19 英寸(1 英寸 ≈ 2.54 厘米)机架安装条件;防护等级为 IP55,机柜外侧可直接冲水清洗;具备户外空调,支持柜内温度自动调整,柜内温度应根据各地区环境温度进行设定;具备烟雾、水浸、温湿度和门磁等动力环境监控,监测控制模块支持 TCP/UDP/SNMP 协议;具备防雷击和防浪涌冲击能力;具有防盗和防破坏功能;具备远程门禁控制功能;机柜内应设置照明,操作区域的照度能满足设备安装、维护和维修要求;具有浪涌保护和漏电保护;工作环境温度为 -40 ~ 55 ℃;工作相对湿度小于 98% 等。

8)站级管理系统技术要求

站级管理系统主要包含站级服务器、站级管理工作站、站级交换机。

站级服务器技术要求:主机支持主流操作系统;双路 CPU,每颗 CPU 主频不小于 2.0 GHz,每颗 CPU 核心数不小于 12 个;内存不小于 64 GB;硬盘支持 RAID0/1/5,能存储不少于 1 年的数据信息;支持快速数据重构,每 TB 数据重构时间不大于 30 min;1 000 M 自适应以太网网口数量 4 个;供电电压及适应范围为 AC 220(1 ± 20%) V。

站级管理工作站技术要求:CPU 主频不小于 2.8 GHz,2 × 3 MB 高速缓存;内存不小于 8 GB;独立显卡,1 GB 以上显存;硬盘容量不小于 1 T;10 M/100 M/1 000 M 自适应以太网卡;22 寸(1 寸 ≈ 3.33 厘米)宽屏液晶显示器等。

站级交换机主要技术要求:支持线速转发交换容量不小于 192 Gbps,包转发速率不小于 137 Mpps;至少 24 个 10 M/100 M/1 000 M(全交换)端口和 2 个 SFP 千兆以太网光口;能够与工业交换机组成 2 芯环网保护,可网管等。

5.5.3 ETC 门架系统应用案例分析

ETC 门架结构一般采用桁架式,所有构件均采用闭口截面;桁架下弦杆中心距离路面最高点间的高度不小于 6.0 m;桁架满足人员检修通行需要,其前后弦管中心宽度宜为 1.0 ~ 1.5 m,其上下弦管中心高度宜为 1.8 m;栏杆高度不小于 1.2 m。RSU、车牌图像识别、补光灯等设备安装高度不低于 6.5 m。

3 + 1 车道门架设备布局图如图 5.5.5 所示,每个车道上方布设一个 RSU 和一个补光灯,共有 4 个 RSU,4 个补光装置(补光灯);车牌识别系统 2 个,一个作为主用,一个作为冗余备份,车牌识别采用 900 万像素;另有球形摄像机(球形摄像机可采用 200 万像素)及交通标志(由高速公路路线编号、出口编号、方向编号、顺序编号组成)。

单个 ETC 门架系统构成图如图 5.5.6 所示,户外机柜设备主要由车牌识别检测主机、RSU 控制器、UPS、交换机及光纤配线架等组成。RSU 天线与天线控制器为成套设备,车牌识别成像装置与检测主机可采用一体化设备,上/下行 ETC 门架车道控制器互为备用。

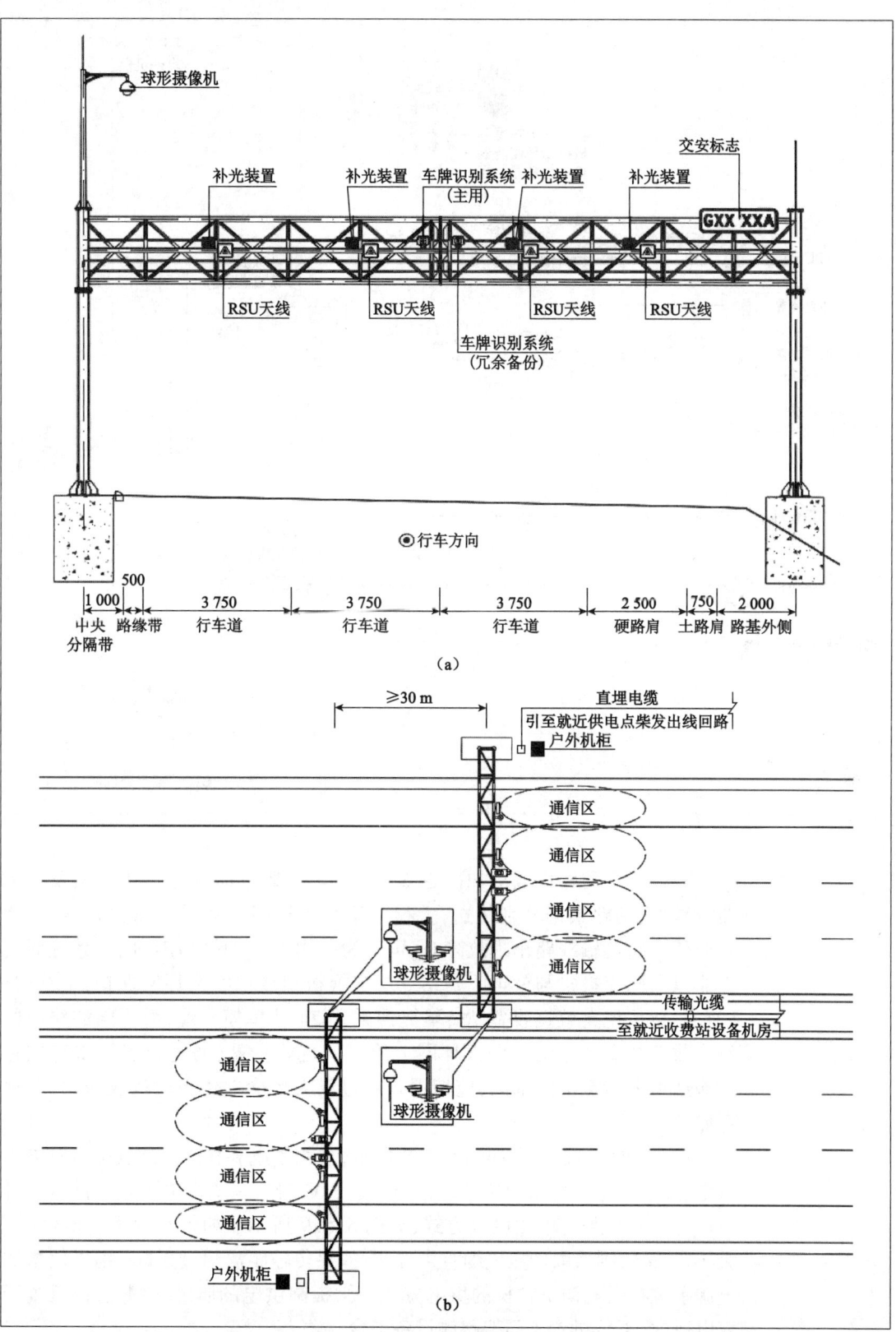

图 5.5.5 3+1 车道门架设备布局图(尺寸单位:mm)
(a)示意图;(b)俯视图

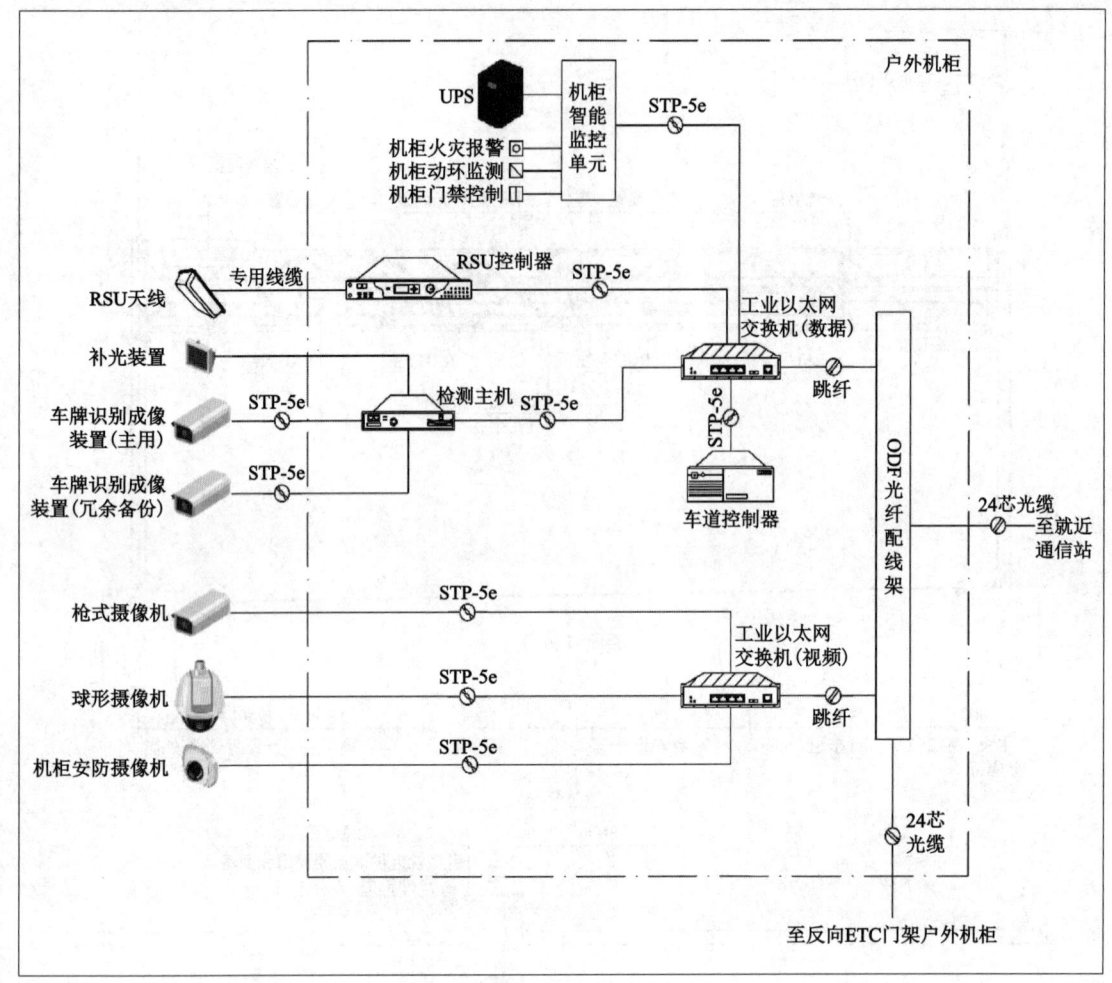

图 5.5.6 单个 ETC 门架系统构成图

ETC 门架传输构成图如图 5.5.7 所示,门架数据分为收费数据及视频监控数据,两路数据分别传送,上行门架与下行门架数据互通,当传往收费站的任一路传输线路出现故障时,可互为备用。上/下行 ETC 门架系统通过工业以太网交换机与就近收费站三层交换机组成以太网环网保护,上/下行 ETC 门架系统至就近收费站传输光缆采用 24 芯单模光缆,沿不同的路由敷设。收费数据通过工业以太环网上传至就近收费站,通过收费站现有主备传输通道上传至上级部门,监控视频通过以太环网上传至就近收费站,就地存储。

单个 ETC 门架供电如图 5.5.8 所示,采用市电和移动柴油发电机双电源供电,经后备电源供给门架各用电设备。ETC 门架系统供电可采用低压电缆直供方式和长距离单相供电方式,如图 5.5.9 所示。如果是近距离传输(不大于 3 km),则采取低压电缆直供方式;如果传输距离超过 3 km,则采用增加电源上位机及电源下位机的供电方式。为提高供电的质量,电源上位机置于变电所内,下位机置于门架路侧设备平台。

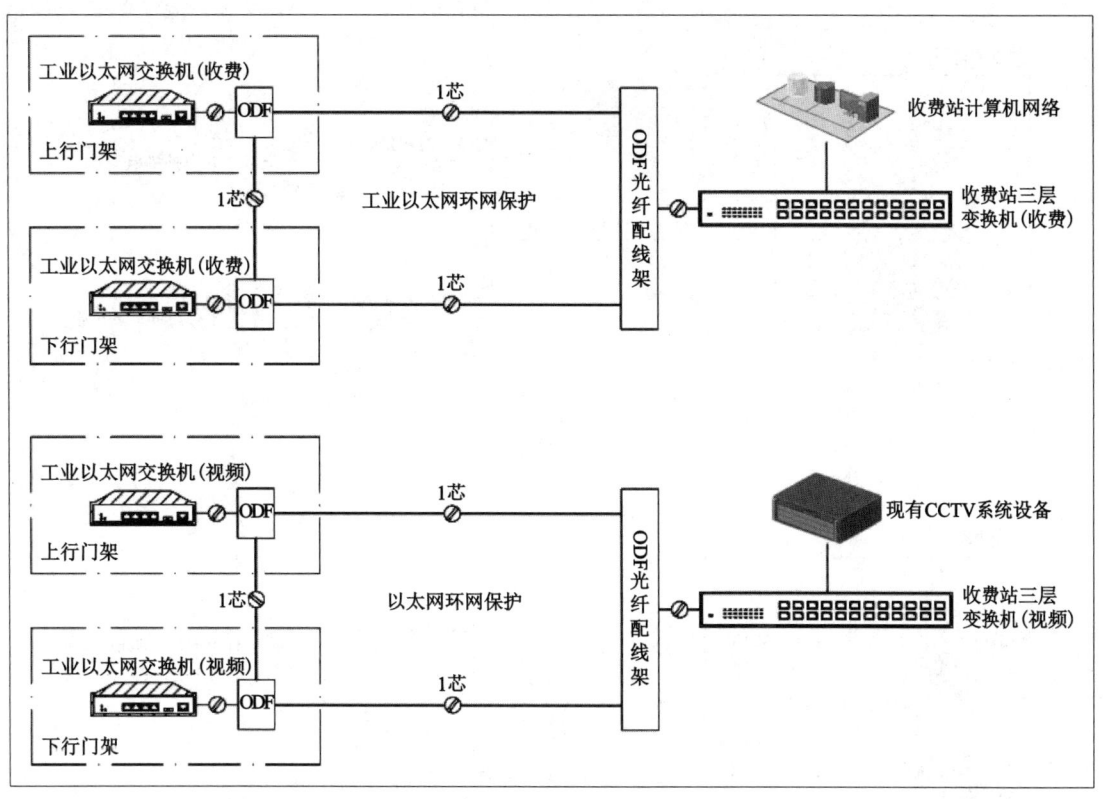

图 5.5.7 ETC 门架传输构成图

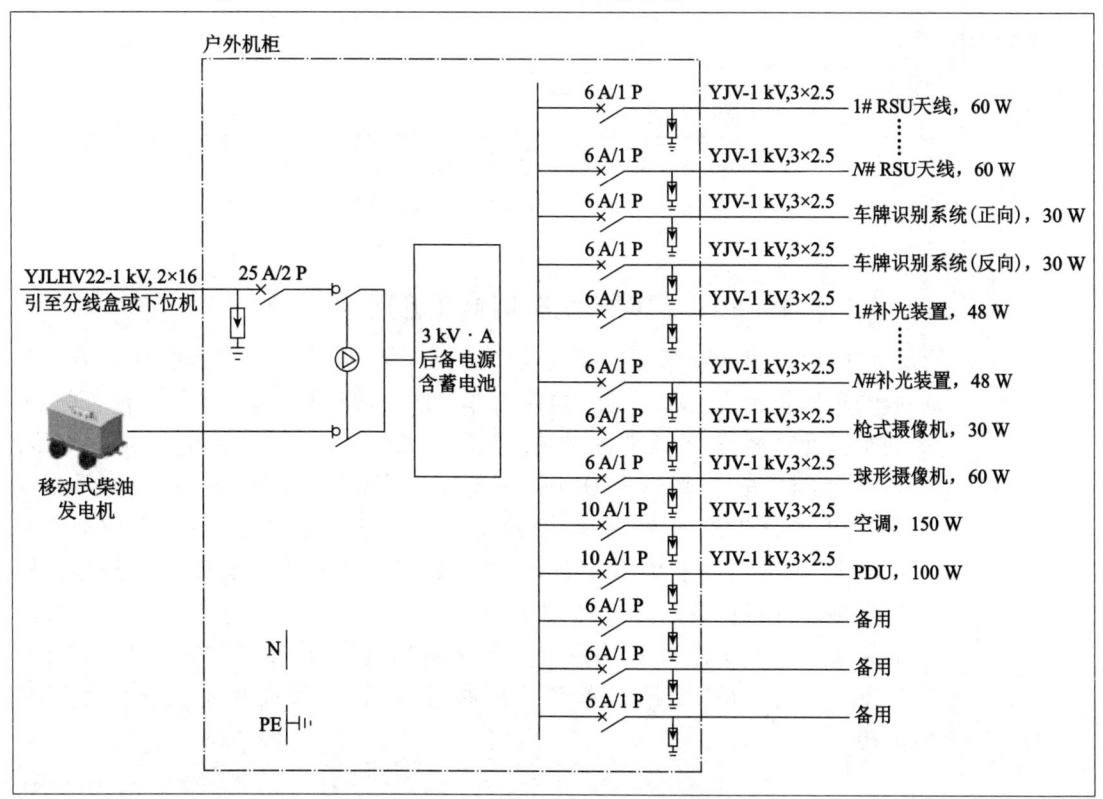

图 5.5.8 单个 ETC 门架供电图

模块5 高速公路收费系统集成与应用

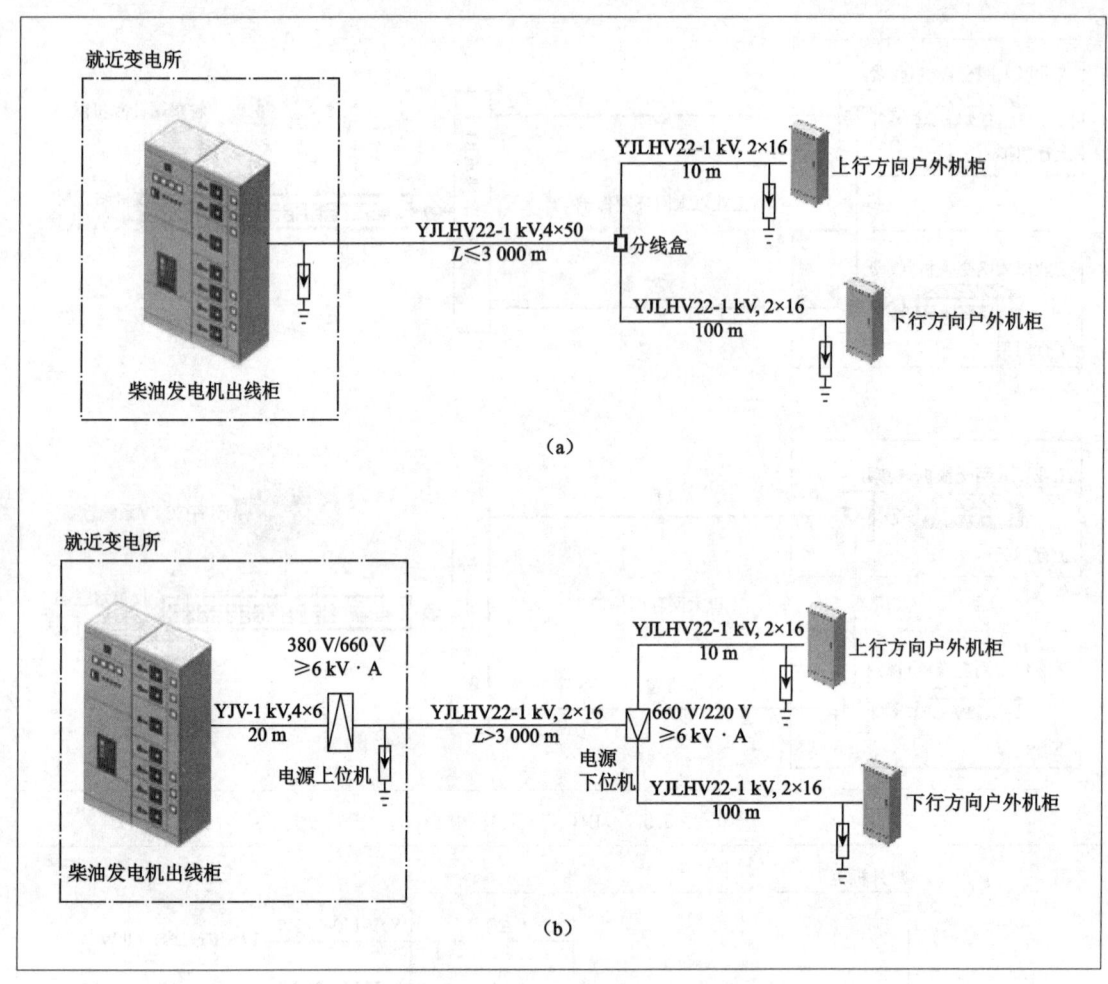

图 5.5.9 ETC 门架系统供电图
(a)低压电缆直供方式;(b)长距离单相供电方式

5.5.4 ETC 门架系统车辆处理流程

ETC 门架系统车辆处理流程如图 5.5.10 所示。首先判断进入通信区域的车辆是否为 ETC 车辆,如果为非 ETC 车辆,则读取 CPC 车辆信息,根据车型计算通行费额,并同过站信息写入 CPC,生成 CPC 通行记录并上传。如果为 ETC 车辆,则读取 OBU 车辆信息,判断车辆 OBU 有效性,如果无效则不扣费,并生成车辆通行记录并上传至上级系统;如果 OBU 有效则判断 OBU 是否为单片,若为双片 OBU 则判断 ETC 用户卡的有效性,若有效,根据车型计算通行费额并扣费,扣费成功则生成 ETC 车辆交易流水,并上传;如果扣费不成功或 ETC 用户卡无效则不扣费,生成车辆通行记录并上传。如果为单片 OBU 则根据车型计算通行费额,计算成功生成通行凭证并上传。

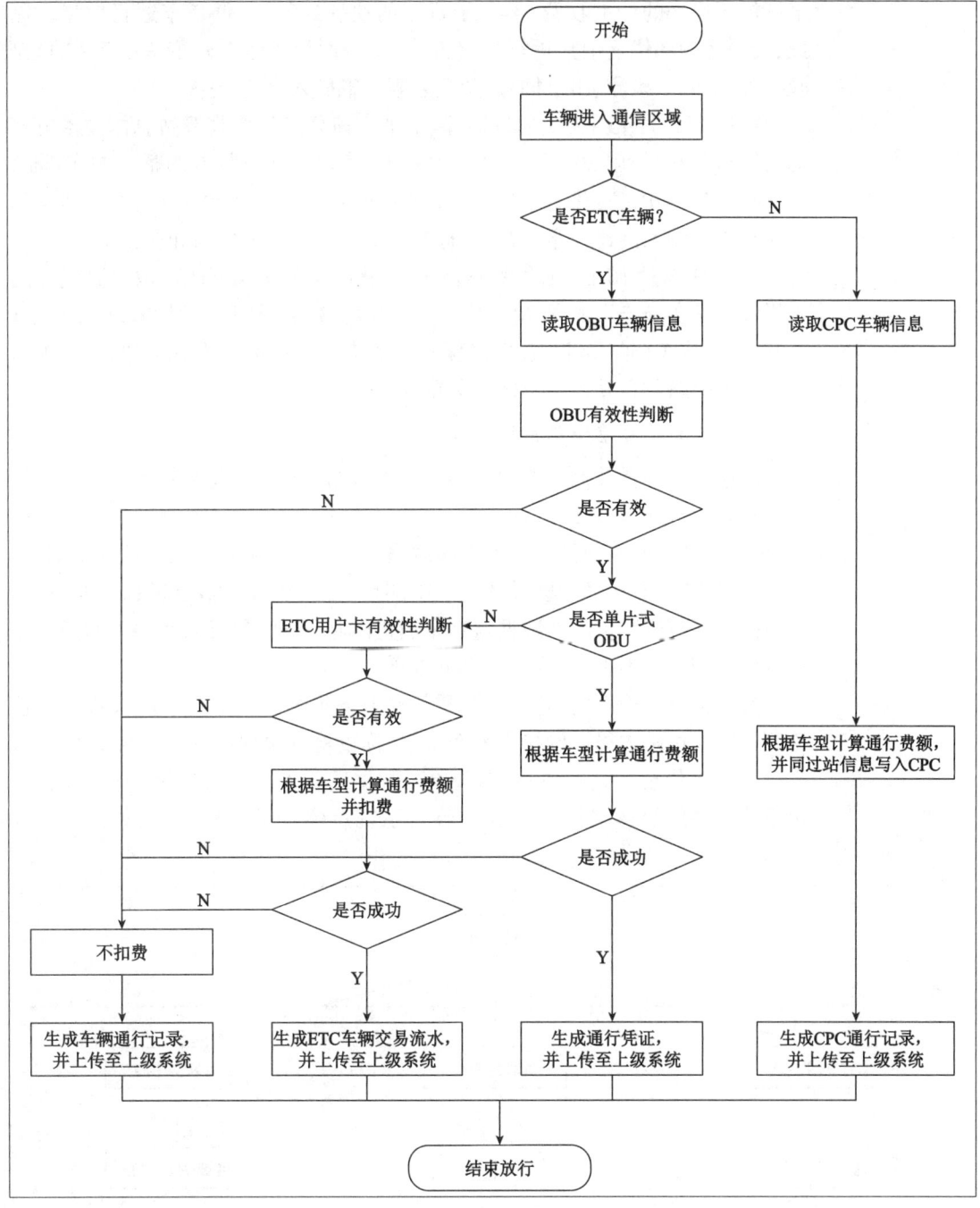

图 5.5.10　ETC 门架系统车辆处理流程

单元 5.6　高速公路称重检测系统组成与应用

5.6.1　高速公路称重检测系统基础知识

随着电子不停车技术的发展，以及近年来我国治超工作的持续深入开展，高速公路严重违法超限超载已经得到有效遏制，在不停车快捷收费的背景下，继续沿用原来的计重收费,不利于货车的快捷通行,降低货车通行效率。因此,交通运输部优化调整货车计费方式,统一由计重收费转变为按车(轴)型收费,采取入口检测、出口抽查,禁止超限车辆驶入高速公路。

2019年5月15日,交通运输部《取消高速公路省界收费站总体技术方案的通知》(交公路函〔2019〕320号)中要求,货车由计重收费调整为按车(轴)型收费,安装OBU实现不停车快捷收费,同步实施入口称重检测,禁止违法超限超载货车驶入高速公路,实现与称重检测系统的数据联通和业务协同。

2019年5月16日,国务院办公厅《深化收费公路制度改革取消高速公路省界收费站实施方案的通知》(国办发〔2019〕23号)中规定,从2020年1月1日起,统一按车(轴)型收费,并确保不增加货车通行费总体负担,同步实施封闭式高速公路收费站入口不停车称重检测。

1. 高速公路称重检测系统总体架构

高速公路称重数据主要包括称重检测数据和称重图像数据。称重检测数据包括检测时间、收费站名称、称重检测设施编号、车辆号牌、车型、车货总质量、最大允许总质量、超限量、超限超载率、车辆轴数、是否为大件运输车辆、是否准予通行等,有车辆外廓尺寸自动检测设备的,还应包括车货总长度、总高度、总宽度数据;称重图像数据包括车辆正面照、车辆尾部照、车辆侧面照3张检测照片和长度不少于5 s的视频记录等。

参照交通运输部《高速公路称重检测业务规范和技术要求》,收费站称重检测设施通过站内局域网接入收费系统,称重检测数据和称重图像数据通过收费专网上传至省联网中心,称重检测数据同步上传至部联网中心。因此,称重检测系统总体架构应与联网收费系统总体架构保持一致,如图5.6.1所示。

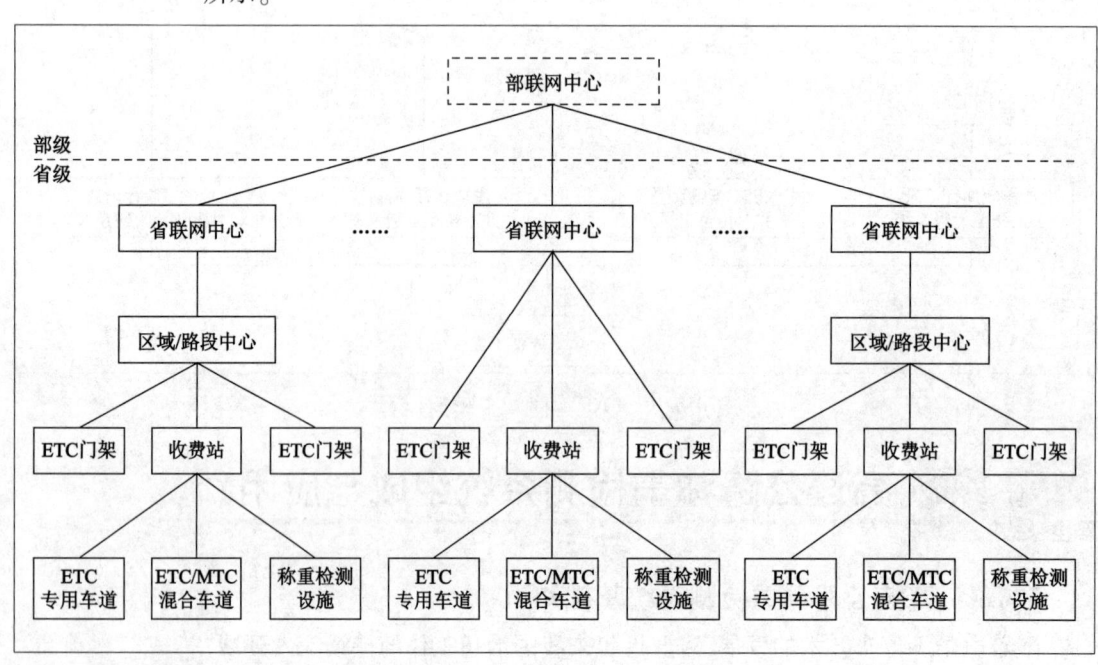

图5.6.1 高速公路称重检测系统总体架构示意图

高速公路称重检测数据流向图如图5.6.2所示。入口称重检测数据和出口称重检测数据通过收费专网由收费站上传至省联网中心再上传至部联网中心,同时通过直连链路由收费站直接上传至部联网中心。

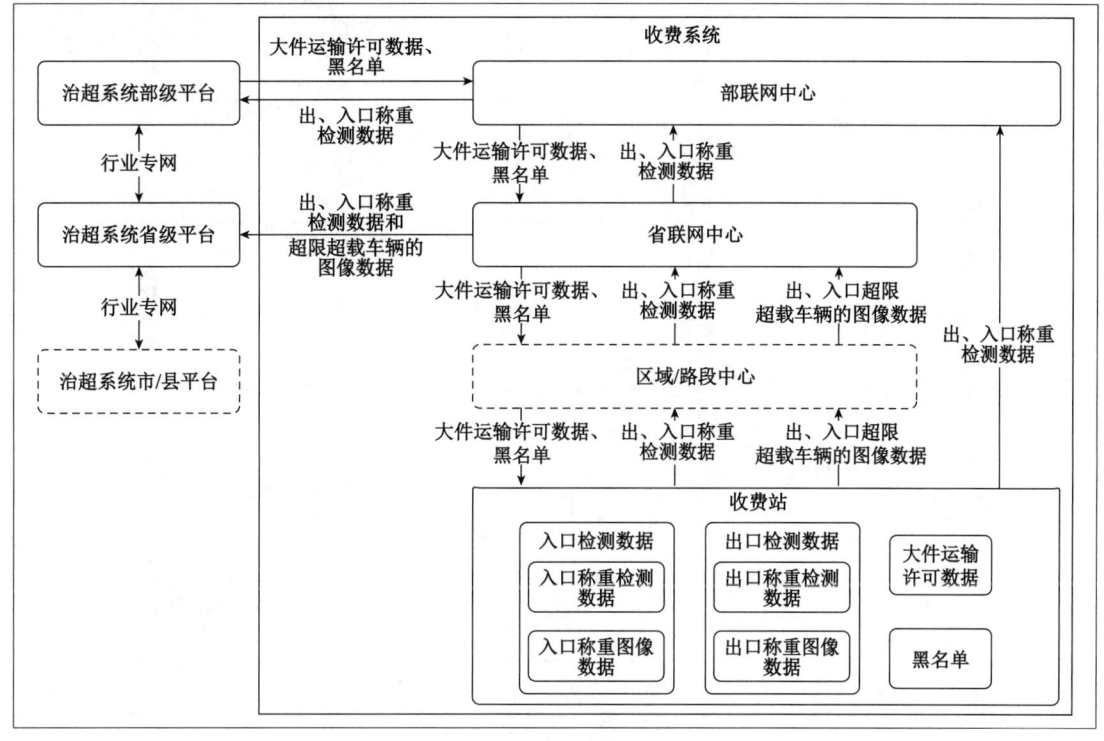

图 5.6.2　高速公路称重检测数据流向图

入口称重图像数据和出口称重图像数据通过收费专网上传至省联网中心。省联网中心将出、入口称重检测数据和违法超限超载车辆的称重图像数据通过省级专线及时推送至治超系统省级平台。部联网中心将出、入口称重检测数据通过部级专线及时推送至治超系统部级平台。治超系统部级平台将大件运输许可数据、黑名单通过部级专线推送到部联网中心,再由部联网中心通过收费专网下发到省联网中心,由省联网中心下发到区域/路段中心和收费站。

2.高速公路称重检测系统的构成

称重检测系统主要包括硬件和软件两个部分。硬件一般包括车道控制器、称重设备、轮轴识别设备、车牌识别及抓拍设备、视频监控设备、电子显示屏和安全引导设施、车辆外廓尺寸自动检测设备等。增加 RSU 用于精准获取车辆号牌、最大允许总质量等信息。系统构成如图 5.6.3 所示。

3.称重检测业务流程

称重检测包含入口和出口称重检测。入口称重检测业务流程如图 5.6.4 所示,通过标识标牌等措施引导货车进入称重检测车道,判断货车车辆是否进入称重检测车道,未驶入称重检测车道的,报告公安部门依法处理,拒绝其驶入高速公路;对进入称重检测车道的货车判断是否超限超载,未超限超载则判断是否属于黑名单车辆,非黑名单车辆则放行;对超限超载车辆,判断是否为合法的大件运输车辆,如不合法,拒绝驶入高速公路,合法车辆则判断是否为黑名单车辆,非黑名单车辆则放行。对黑名单车辆按规定依法实施联合惩戒。

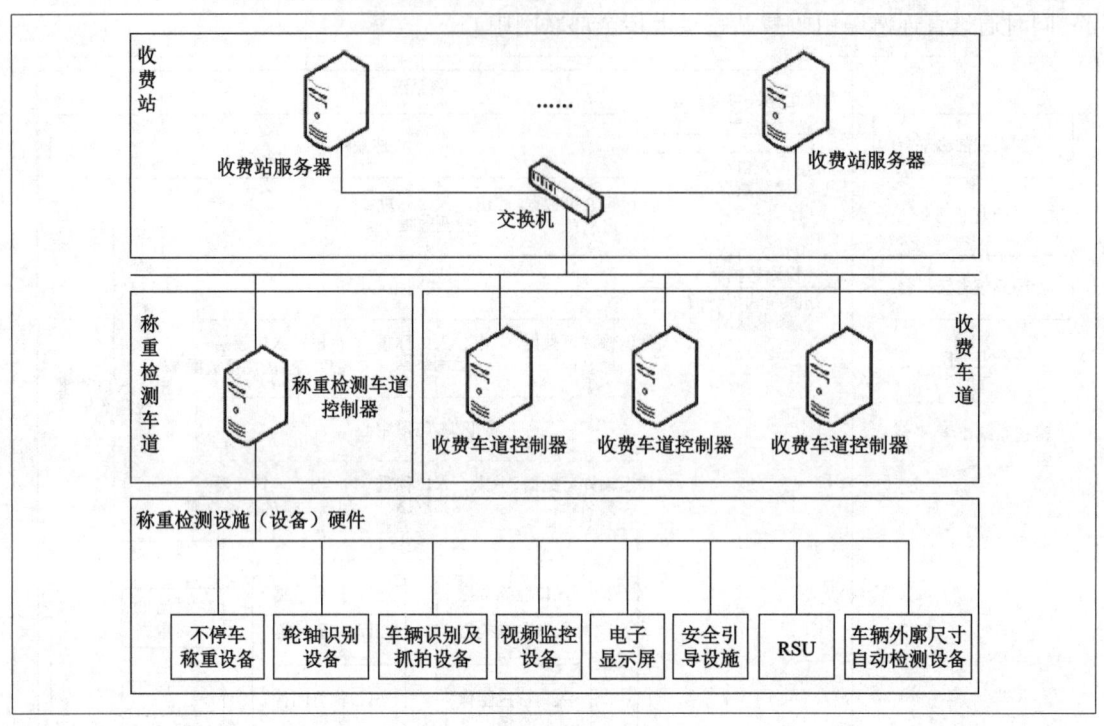

图 5.6.3 称重检测系统构成图

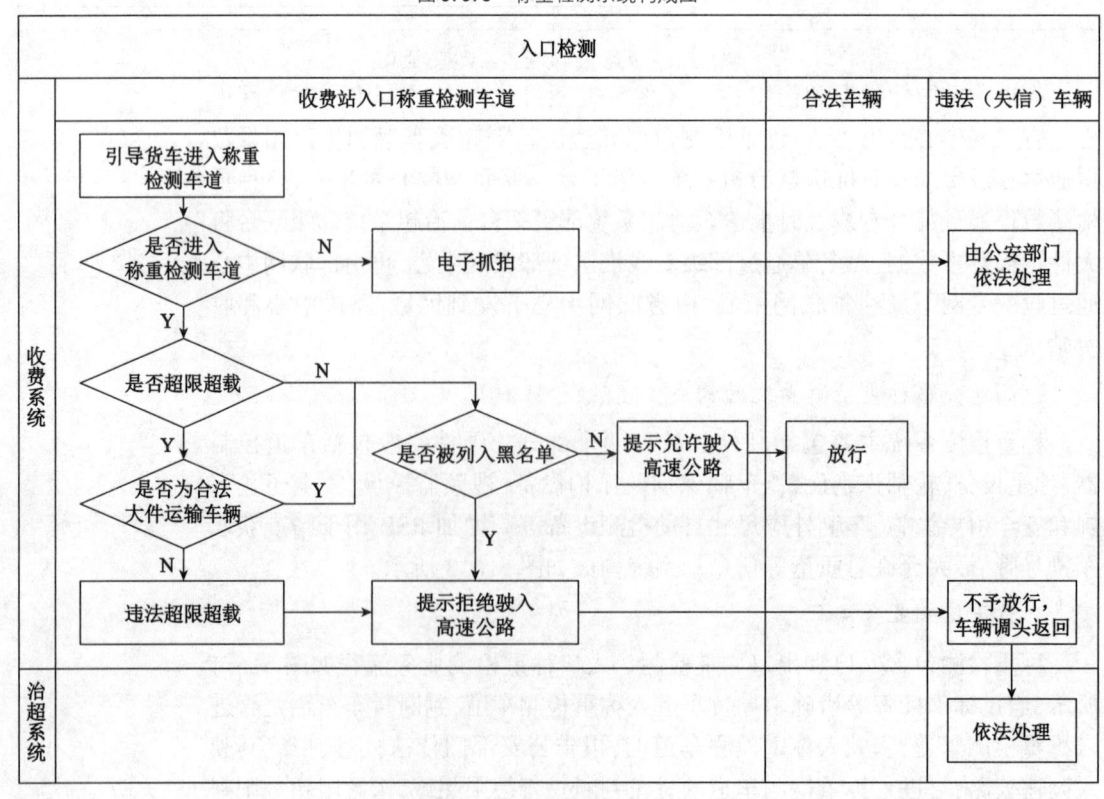

图 5.6.4 入口称重检测业务流程

高速公路出口称重检测业务流程如图5.6.5所示。引导货车进入指定通道接受不停车称重检测,复核货车称重检测、黑名单、大件运输许可等信息,判断是否为黑名单车辆,若为黑名单车辆则追究入口收费站责任,判断是否为超限超载,对未超限超载车辆、合法的大件运输车辆放行,对不合法的大件运输车辆则依法处理,同时追查入口检测是否存在违规放行及追究责任。

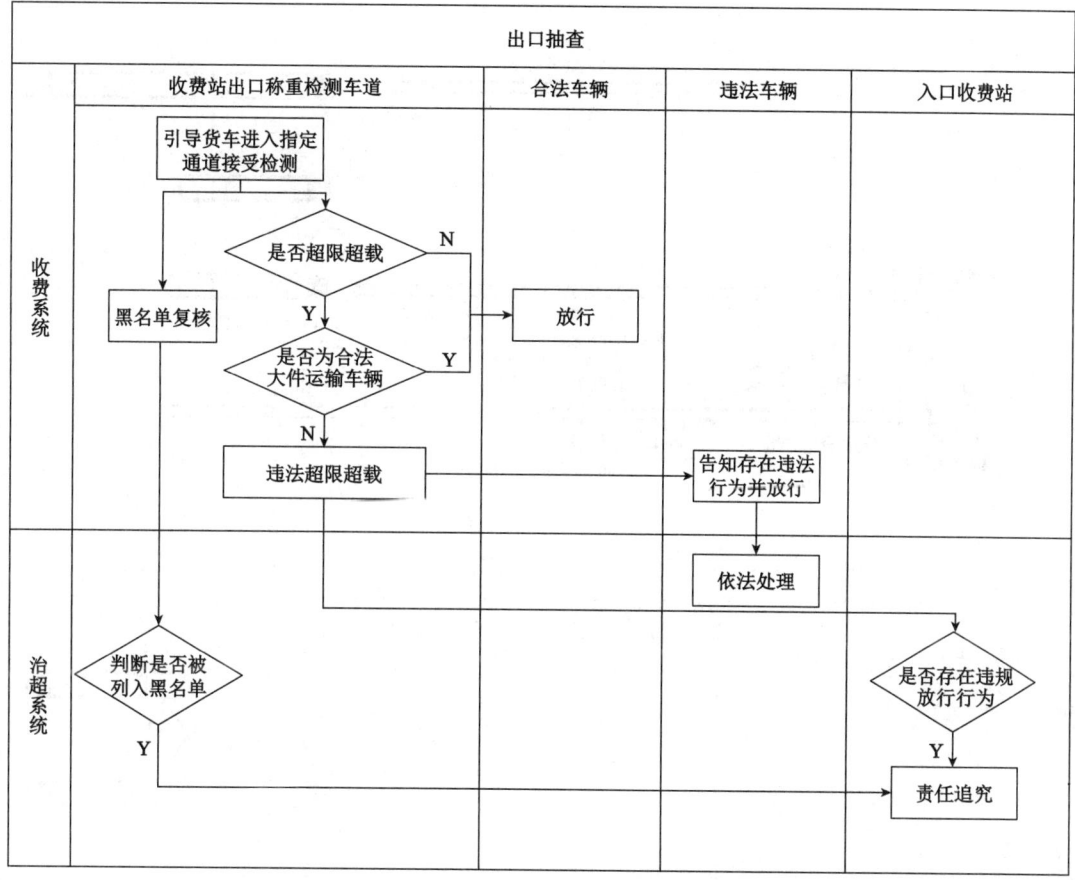

图5.6.5 出口称重检测业务流程

4. 高速公路称重检测车道布局设置

1)入口称重检测车道

高速公路入口称重检测车道,遵循有利于提高收费站总体服务水平的原则,以及结合收费广场条件和运行管理需求,合理选择"分离式布局"或"一体式布局",具备条件的收费站宜设置右转掉头专用车道。

(1)分离式布局。

分离式布局在入口收费广场右侧适当位置设置独立称重检测车道。所有入站货车均须通过称重检测车道进行不停车称重检测,合法装载车辆通过入口收费车道进入高速公路,违法超限车辆掉头返回,入口收费车道限制违法超限车辆进入高速公路。

常见分离式入口称重检测车道如图5.6.6所示,留有右转掉头专用车道,适合具备条件的收费站,违法超限超载货车右转掉头返回。不具备右转掉头的场所,采用左转掉头,如图5.6.7所示,一般适合已运营高速公路收费站,站区广场较大(入口四个车道以上),在收费广场右侧实施物理隔离,设置货车检测专用通道,在通道内布设不停车称重检测设施,违法超限超载货车在站区广场左转掉头返回。

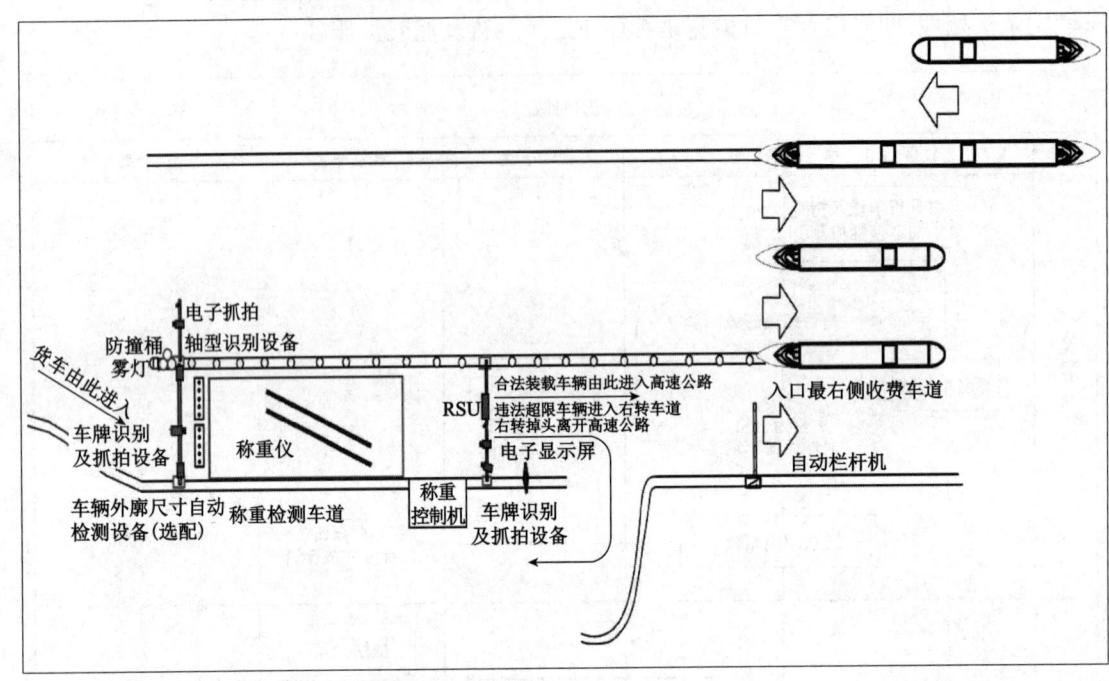

图5.6.6 常见分离式入口称重检测车道

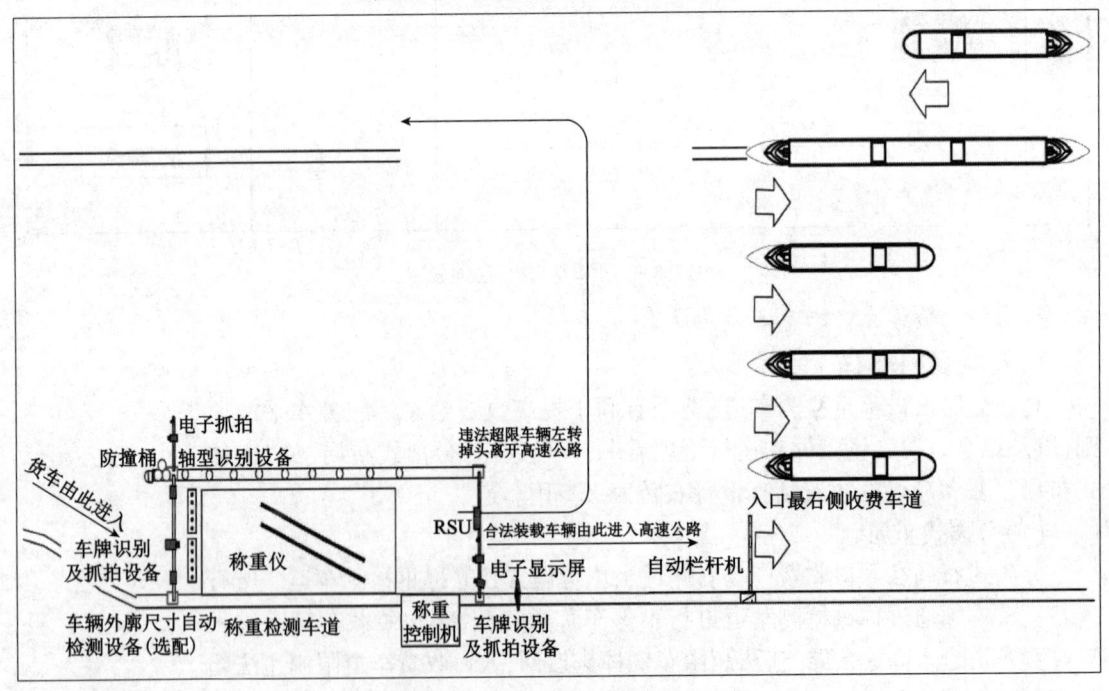

图5.6.7 左转掉头的入口称重检测车道

图5.6.8为分离式广场布局图;图5.6.9为分离式入口称重检测车道设备布局图,采用整车称重检测系统。

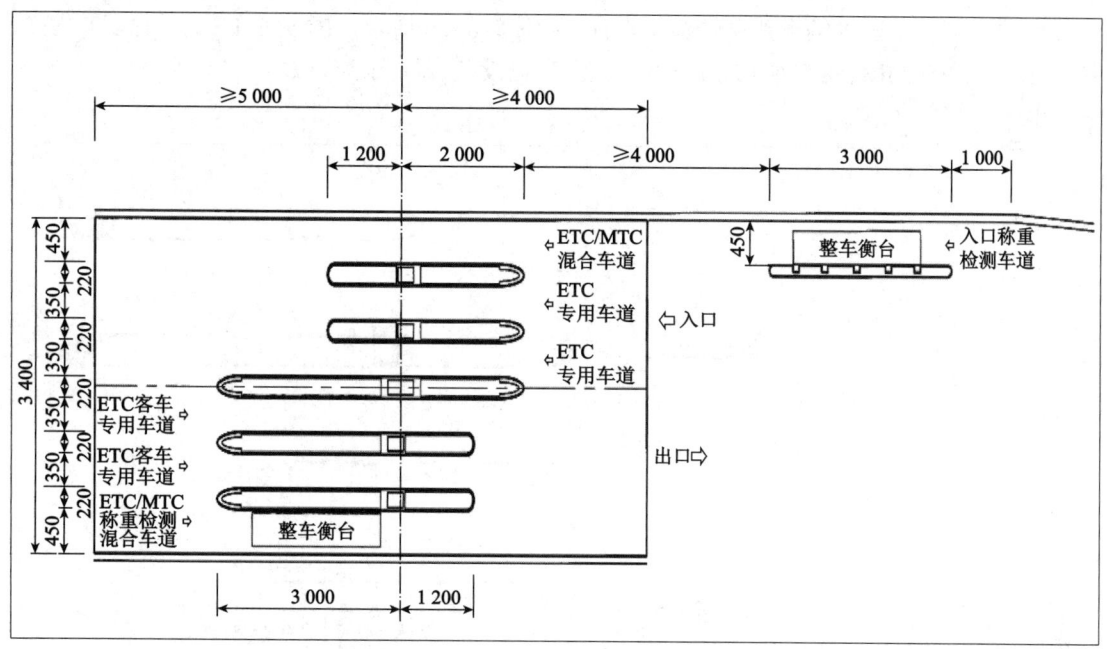

图5.6.8 分离式广场布局图(尺寸单位:cm)

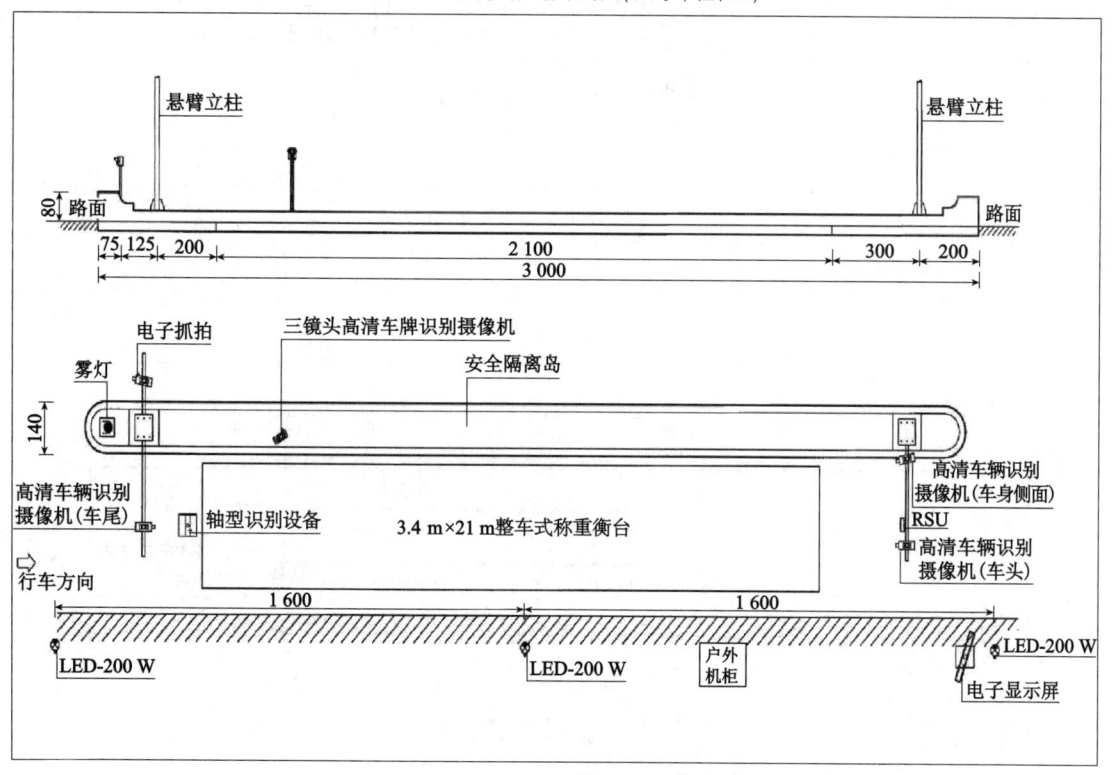

图5.6.9 分离式入口称重检测车道设备布局图(尺寸单位:cm)

(2)一体式布局。

一体式布局,一般对已运营高速公路收费站战区广场面积较小(入口四车道以下),在入口收费车道内部设置不停车称重检测设施,作为货车称重检测车道。采用物理隔离方式,引导货车驶入后称重检测,违法超限超载货车从车道内倒出并左转掉头返回,如图 5.6.10 所示。图 5.6.11 为一体式广场布局图,图 5.6.12 为一体式布局车道设备布局图。

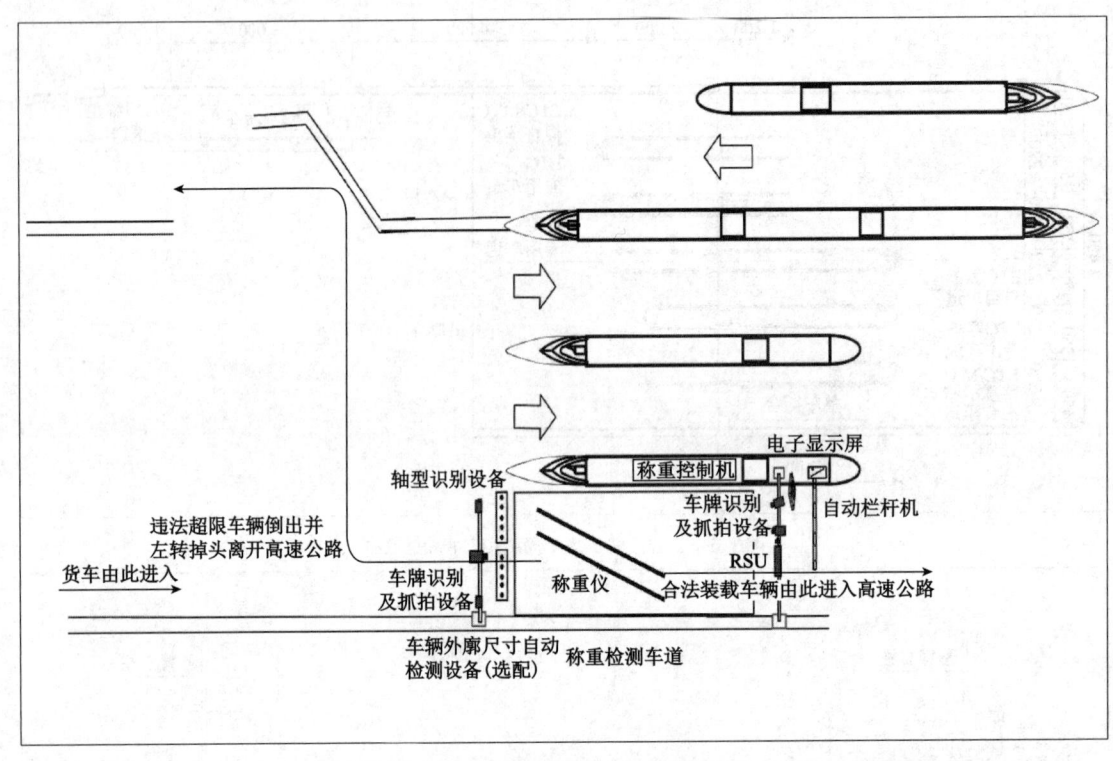

图 5.6.10　一体式布局入口称重检测车道

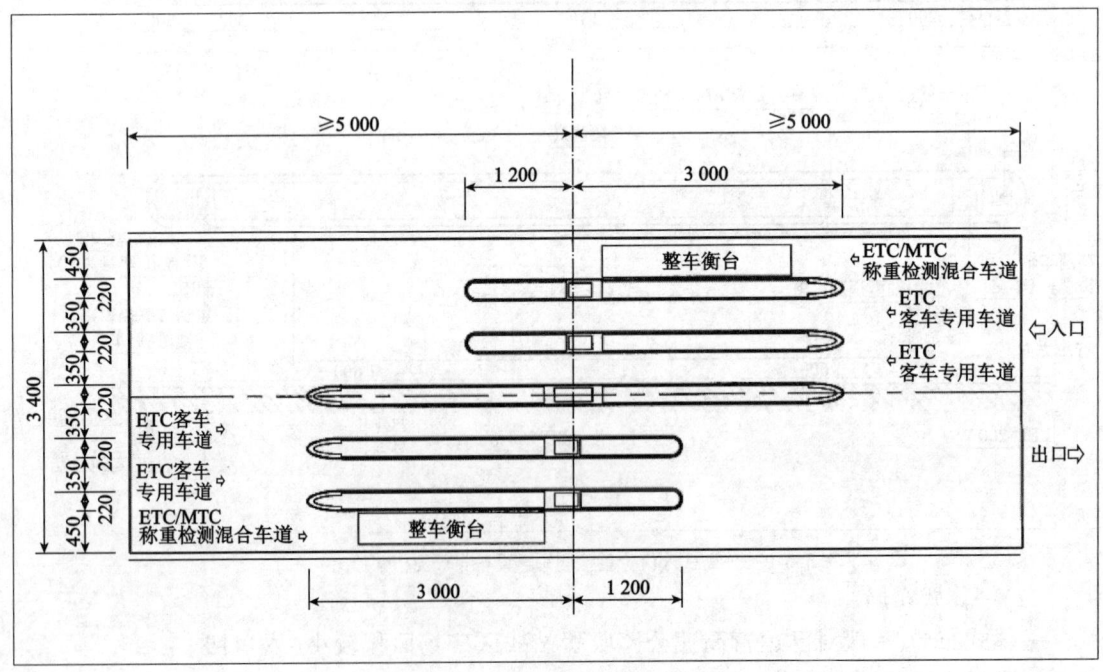

图 5.6.11　一体式广场布局图(尺寸单位:cm)

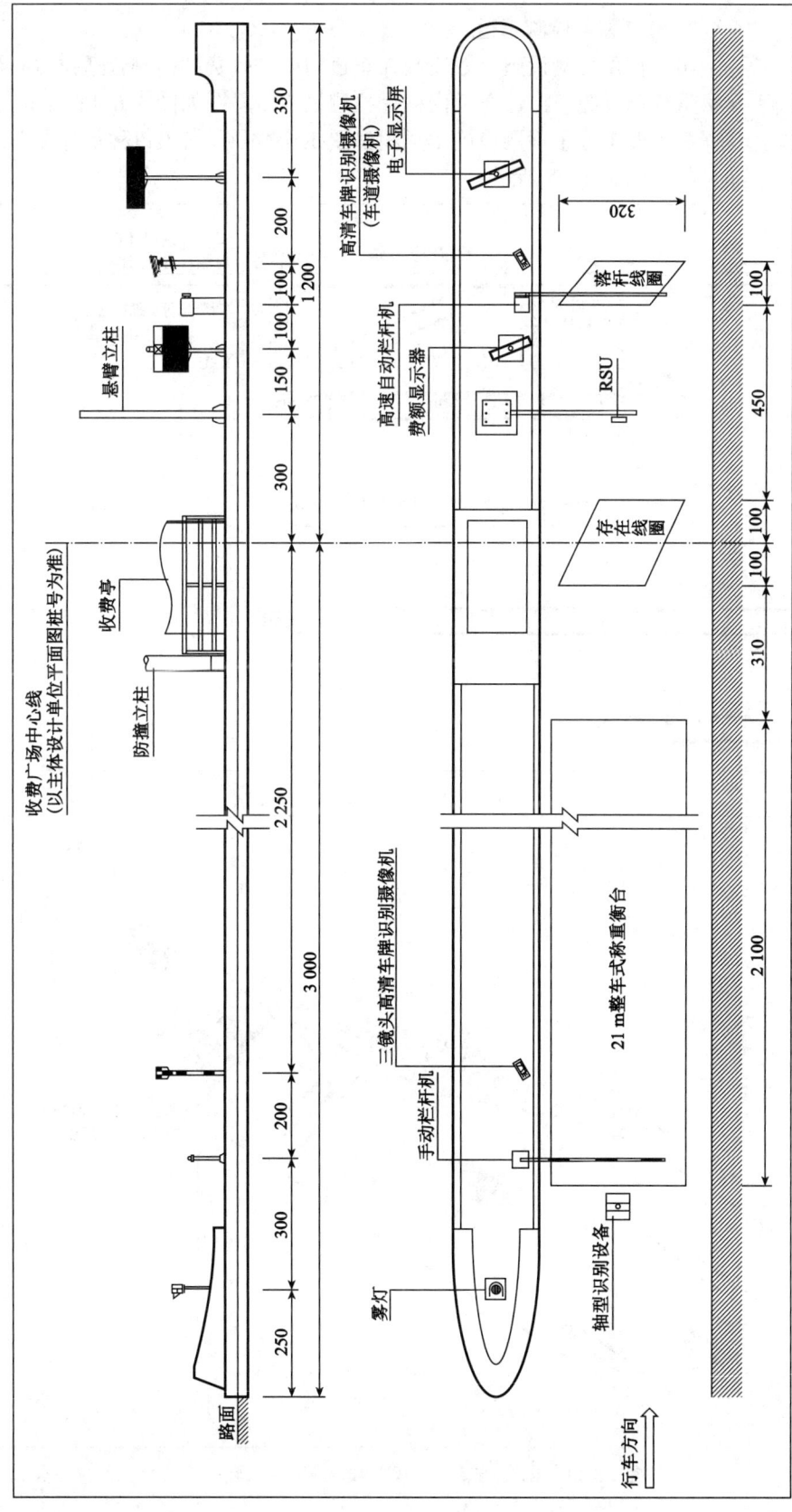

图5.6.12 一体式布局车道设备布局图(尺寸单位：cm)

2)出口称重检测车道

出口称重检测设施一般安装在车道内或在收费站内侧合适位置布设不停车称重检测设施。出口车道内称重检测设施布局图如图5.6.13所示,出口匝道安装不停车称重检测设施示意图如图5.6.14所示,出口称重检测车道设备布局图如图5.6.15所示。

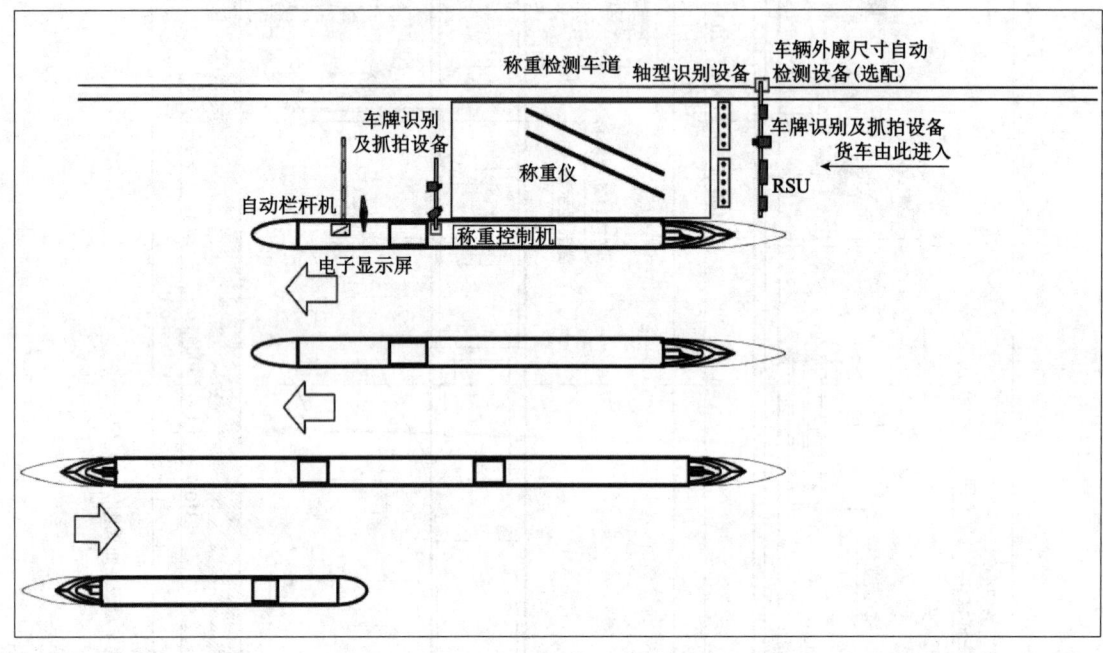

图5.6.13 出口车道内称重检测设施布局图

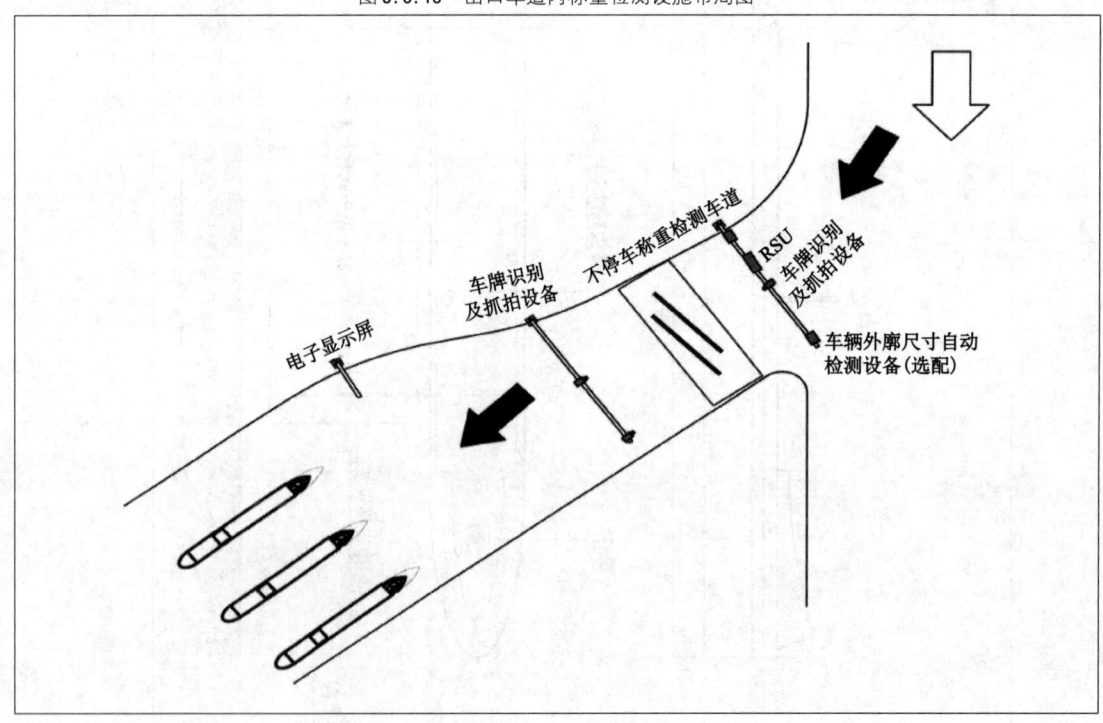

图5.6.14 出口匝道安装不停车称重检测设施示意图

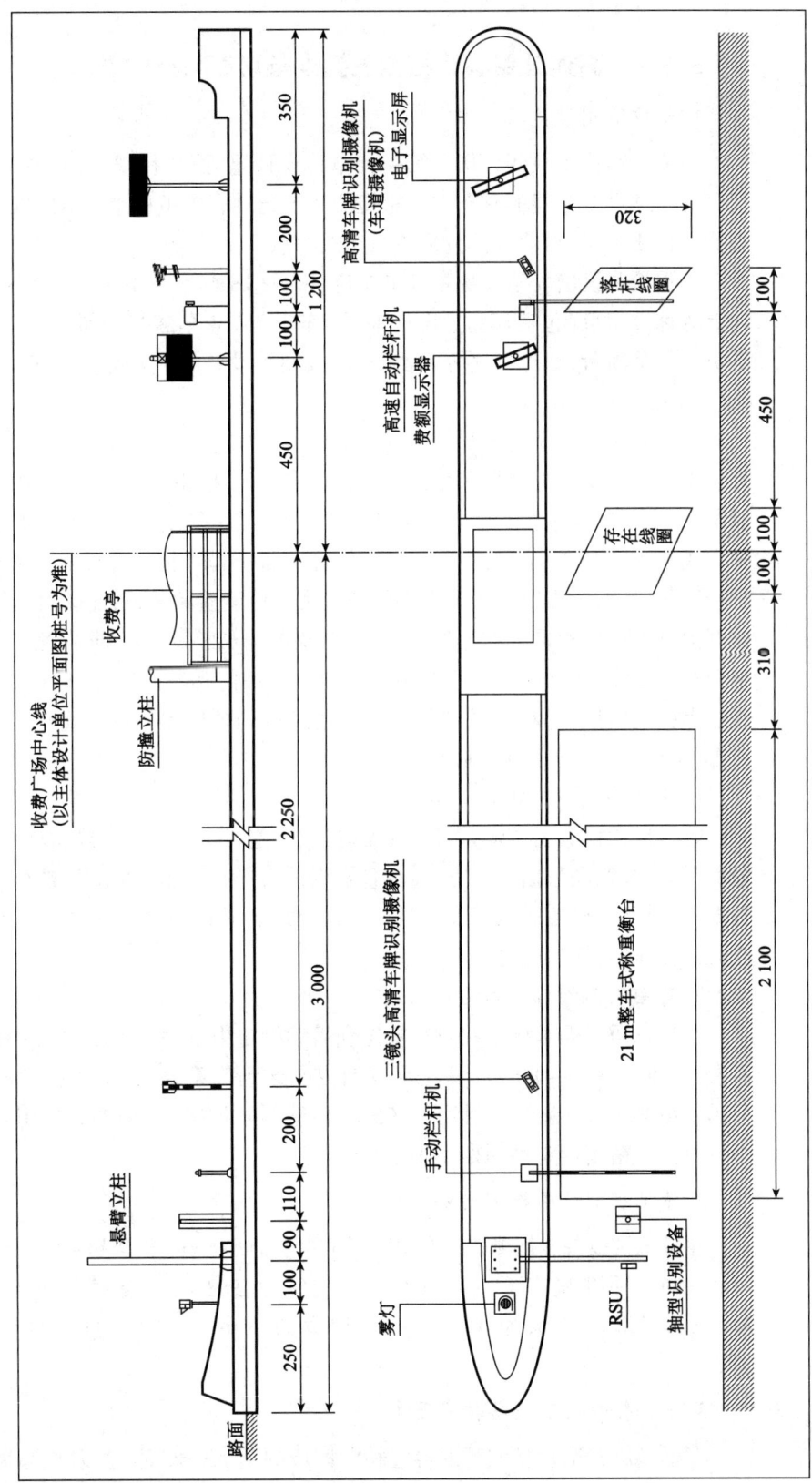

图5.6.15 出口称重检测车道设备布局图(尺寸单位：cm)

模块5 高速公路收费系统集成与应用

5.6.2 高速公路称重检测关键设备功能与技术要求

1. 称重检测设施

高速公路称重检测经历了第一代单称台计重、第二代双台面计重及第三代具有连续过车功能的整车式称重检测系统与具有轴组称重功能的轴组式动态称重检测系统,目前大部分采用整车式称重检测系统。

称重检测设施安装在称重检测车道,由数据采集控制器集中控制和管理,向上将称重信息(包括车型、车长、轴重、车重等)与车道控制器进行交互,向下负责称重衡台、红外车辆分离器、检测线圈等设备集成,形成一套完整的称重检测系统。

称重衡台是称重检测系统中的关键设备,主要完成车轴的计重、速度检测等工作。红外车辆分离器采用的红外光纤遮光原理,由发射端、接收端和控制器组成,主要用来进行车辆的分离及提供开始、结束等信号。检测线圈主要用来完成测速、倒车的检测,并与红外车辆分离器一起对非车辆的物体或人通过时进行判断,减少出错。轴型识别设备安装在称重检测车道,能够对通行车辆轴型信息进行自动采集和处理,并完成车辆的分离检测。数据采集控制器是整个称重检测系统的核心,主要用来处理来自各传感器的信号、计算数据,并通过串行通信接口和车道控制器连接,把经过处理后得到的计重信息(包括总重、轴重等)上传车道控制器。

1) 称重检测设施功能要求

能够自动检测出车辆车货总质量等信息;能对车辆进行准确、有效的自动分离,保证车辆和数据一一对应;具备自动缓存功能,能够本地存储6个月的数据;当向上位机发送数据失败时,能重发数据,并保持数据的唯一性和完整性;具有故障自检功能等。

2) 称重检测设施技术要求

车货总质量误差要求在首次检定和后续检定中不大于 ±2.5%,在使用中不大于 ±5%;在 0~80 km/h 速度范围内能达到称重要求;工作温度范围为 -40~70 ℃;相对湿度范围为 0~95%;传感器防护等级为 IP68;使用寿命不小于 10 年;精度稳定性周期不小于 6 个月。

2. 轮轴识别设备技术要求

轮轴识别设备能检测普通车道宽度不小于 1 200 mm,检测超宽车道不小于 1 600 mm;识别准确率不小于 98%;防护等级为 IP68;工作温度范围为 -40~70 ℃;相对湿度范围为 0~95%;使用寿命不小于 10 年;具有自诊断功能等。

3. 车辆轮廓检测设备技术要求

车辆轮廓检测设备实现对经过检测区域的车货总长度、总宽度、总高度信息的检测,具有故障自检功能,具备自动缓存功能,能够保存一个月的数据,能重发数据,具有保持数据的唯一性和完整性等功能。

车辆轮廓检测设备一般由传感器、中央数据采集器、检测软件和安装立杆等四部分组成。工作原理为传感器会在汽车行驶断面上形成垂直光幕,当正常行驶的车辆向前行进,位于车道上方的传感器会记录车辆的驶入和驶出时间,同时控制器会得到传感器获取的一系列车辆的车宽方向的切向信息。当车辆完全通过检测光幕以后,系统会根据之前形成的切向信息来得到车辆的宽、高信息,根据一些局部特征来精确重构车辆三维轮廓,并将数据信息打包,按照客户的需求将数据通过网络(或串口)进行实时上传。

技术要求:满足《汽车外廓尺寸检测仪》(JT/T 1012—2015)的相关要求,速度检测范围为 0~40 km/h,最大抗风能力为 40 m/s,平均无故障工作时间不小于 50 000 h,防护等级为 IP68。

4. 车牌识别及抓拍设备技术要求

车牌识别及抓拍设备主要采集称重检测车道车辆称重图像数据,并叠加检测到的车牌信息及相关信息后传送到车道控制器由称重检测软件处理。称重图像数据包括车辆正面照、车辆尾部照、车辆侧面照 3 张检测照片和时长不小于 5 s 的视频记录等。车牌识别及抓拍设备可根据实际需求选用 1 套三镜头车牌识别及抓拍设备或 3 套单镜头车牌识别及抓拍设备。

技术要求:摄像机抓拍图片分辨率不小于 300 万像素;白天车辆号牌识别准确率应不小于 95%,夜间车辆号牌识别准确率应不小于 90%;白天车辆号牌颜色识别准确率应不小于 90%,夜间车辆号牌颜色识别准确率应不小于 80%;车辆号牌种类识别准确率应不小于 95%;未悬挂号牌的识别率应不小于 80%;能对车辆行驶速度在 0~140 km/h 的车辆进行识别;防护等级为 IP66;工作温度范围为 -40~70 ℃;相对湿度范围为 20%~90%;平均无故障工作时间不小于 30 000 h;平均修复时间不大于 30 min 等。

5. 视频监控设备技术要求

视频监控设备应由数字硬盘录像机、音视频输入设备等组成。具有图像的硬盘录像功能,并可进行图像回放;支持完备的点播功能;根据网络带宽的不同情况,实现自动调节抽帧或降低分辨率,以保证正常的监控。

数字硬盘录像机技术要求:音、视频输入不少于 16 路,录像分辨率不小于 720 p,硬盘容量满足 30 天以上连续录像要求,可显示不同画面等。

音视频输入设备技术要求:不低于 200 万像素的高清机芯,支持自动光圈、自动聚焦、自动白平衡、背光补偿;帧率:1~25 fps;内置高速云台,水平 360°连续旋转、垂直扫描范围不小于 90°,云台速度每秒可达 80°;至少支持 1 路音频输入;应具备红外功能,20 倍光学变焦;一体化彩色黑白模式自动转换,日夜两用型快速球形摄像机等。

6. 信息发布设备技术要求

称重检测车道设置电子显示屏、高音喇叭等设施,用于显示检测结果信息和引导信息,告知当事人是否存在违法超限超载行为,货车一旦检测超限,立即动作,提醒现场人员。ETC/MTC称重检测混合车道电子显示屏宜与收费系统费额显示器合并设置,以减少车道外设布置。

技术要求:静态视距不小于30 m,满屏可显示4行×14列汉字,内置16×16点阵GB/T 2312一级汉字字库,显示亮度不小于5 000 cd/m²,LED平均寿命为不小于10 000 h,平均故障间隔时间不小于100 000 h,屏体防护等级为IP65,LED配比不低于双基色等。

7. RSU技术要求

RSU由车道天线和天线控制器等功能模块组成,用于检测车辆是否为ETC车辆,并精准获取车辆号牌及最大允许总质量等信息。ETC/MTC称重检测混合车道可与收费系统复用RSU。

技术要求:RSU需符合"电子收费专用短程通信"相关国家标准,支持与多个OBU并发通信,使用寿命不低于15年,平均无故障工作时间不小于70 000 h,RSU天线和控制器均应采用三级防雷防静电技术,防护等级为IP67,存储温度范围为-40~85 ℃,相对湿度范围为5%~95%等。

8. 车道控制器技术要求

车道控制器是称重检测车道系统的控制核心,负责称重检测设施、车牌识别及抓拍设备、车辆轮廓检测设备等信息的采集和临时存储,并将数据逐级上传至收费站及省联网中心。同时,车道控制器还负责对电子显示屏、高音喇叭、雾灯等的控制。

技术要求:采用野外机柜,双层机箱密封设计,并有独立的温控系统;平均故障间隔时间不小于20 000 h;平均修复时间不大于30 min;防护等级为IP65;工作温度范围为-40~70 ℃;相对湿度范围为0~95%;具有多种通信接口等。

单元5.7 高速公路收费系统常见故障分析

1.车道控制器常见故障现象与分析

(1)车道控制器无法开机:一般由主机硬盘、板卡等硬件故障造成。

(2)车道控制器指示灯不亮、无法开机:一般由供电线缆或电源模块异常造成。

(3)车道控制器开机告警:一般由内存条松动或氧化等原因造成。

(4)车道控制器开机蓝屏:一般由软件或硬盘故障造成。

(5)车道控制器机箱温度过高:一般由散热器异常造成。

(6)收费键盘按键没反应或反应延迟:一般由连接线松动或单键失灵造成。

(7)收费键盘指示灯不亮、键盘无响应:一般由硬件故障或通信连接异常造成。

（8）显示器显示有色差、闪屏现象：一般由电源线、VGA连接线松动或硬件故障造成。

2. 车牌自动识别设备常见故障现象与分析

（1）无车牌识别数据或抓拍蓝屏：一般由车牌识别功能部件的硬件故障或通信传输异常造成。

（2）识别不准确、不清晰：可能由摄像机角度位置不适合或摄像机虚焦造成。

（3）无法抓拍图像或车牌识别不在线等现象：可能由供电异常造成。

（4）夜间抓拍图像不清晰及抓拍成功率低等现象：一般由补光设备异常造成。

3. 通行卡读写器常见故障现象与分析

（1）读写器指示灯不亮、无法读卡、PSAM卡授权异常：主要由通行卡读写器硬件故障或电源故障造成。

（2）读卡错误或功能异常：一般由省、部级卡松脱造成。

（3）读卡反应延时、不灵敏：一般由通信线缆连接松动、接触不良造成。

4. 票据打印机常见故障现象与分析

（1）票据不清晰：一般由打印机色带缺墨造成。

（2）打印机指示灯正常但不出票：一般由通信与车道控制器连接线路异常造成。

（3）打印机卡纸、出票异响：一般由打印机内部长期堆积纸屑或内部机械故障造成。

（4）打印机指示灯不亮、不工作：一般由供电线路异常或硬件故障造成。

5. 报警系统常见故障现象与分析

（1）手动测试报警无响应：一般由报警分机、主机等硬件故障造成。

（2）报警器持续报警：一般由报警分机不能复位造成。

（3）报警断断续续：一般由线路接触不良造成。

6. 费额显示器常见故障现象与分析

（1）显示屏花屏、有坏点、显示不全：一般由显示屏显示模块故障或排线故障造成。

（2）显示屏黑屏不显示：一般由供电线路异常或控制板卡故障造成。

（3）收费正常费显不报价：一般由费显喇叭故障或语音控制板卡故障造成。

7. 地感线圈设备常见故障现象与分析

（1）线圈不触发：一般由线缆破损、断裂等故障造成。

（2）无环检信息：一般由对应车检模块的线路连接异常或线圈故障造成。

（3）线圈触发延迟：一般由对应车检模块灵敏度设置参数问题造成。

8. 栏杆机常见故障现象与分析

(1) 栏杆臂起落时抖动严重:一般由栏杆臂连接轴松动或缓冲弹簧、缓冲垫故障造成。

(2) 栏杆臂起落不到位、工作时产生异响:一般由限位开关位置不当,或限位开关故障造成。

(3) 栏杆机无响应:一般由供电线路异常造成。

(4) 栏杆机不起落但供电正常:一般由主控板异常或电动机故障造成。

(5) 栏杆臂起落时机箱抖动严重:一般由栏杆机底座固定螺栓松动造成。

(6) 栏杆机过车无环检信息:一般由栏杆机车检模块故障或线圈故障造成。

9. RSU 常见故障现象与分析

(1) 正常 ETC 车辆无法交易:一般由天线、控制器等硬件故障或 PSAM 松动造成。

(2) 车道邻道干扰:一般由天线安装角度或交易区域参数配置不当造成。

(3) 设备不在线:一般由供电线路或通信连接线异常造成。

(4) 天线读取车辆信息反应延时或读取错误:一般由天线功率参数配置问题或天线通信区域设置问题造成。

(5) 天线授权异常:一般由 PSAM 卡状态异常或授权地址不正确造成。

10. 车道门架诱导屏常见故障现象与分析

(1) 显示屏花屏、有坏点、显示不全:一般由显示屏显示模块硬件故障或排线故障造成。

(2) 显示屏黑屏不显示:一般由供电线路异常或主板故障造成。

(3) 显示屏信息发送不成功:一般由控制板故障或通信链路故障造成。

(4) 主机无法开机异常报警:一般由硬盘、内存条氧化等原因造成。

(5) 主机温度过高,风扇异响:一般由散热风扇故障造成。

11. 车道雾灯故障常见故障现象与分析

(1) 雾灯不亮或跳闸:一般由设备硬件故障或供电线路异常造成。

(2) 雾灯异常频闪:一般由连接线路松动接触不良或电源模块欠压造成。

12. 天棚信号灯常见故障现象与分析

(1) 信号灯不亮:一般由信号灯硬件故障或供电异常造成。

(2) 信号灯显示不完整、有坏点:一般由信号灯灯珠或显示模块故障造成。

(3) 信号灯不能切换上下班状态:一般由连接线路、继电器故障或通信传输异常造成。

(4) 信号灯异常频闪:一般由继电器或电源输出异常造成。

13. 交换机常见故障现象与分析

(1)数据交互异常,交换机无法连通:一般由设备或元部件硬件故障造成。

(2)设备停机或假死:一般由供电异常或散热异常造成。

(3)交换机接口指示灯不亮或指示异常:一般由连接线路(光纤或网线)松动或破损造成。

(4)交换机运行状态下有异响、温度过高:一般由散热风扇故障造成。

14. 光端机常见故障现象与分析

(1)数据不上传或上传过慢:一般由光端机或元部件硬件故障造成。

(2)设备停止运行、指示灯不亮:一般由供电线路异常造成。

(3)数据传输指示灯异常:一般由尾纤、网线等连接线路异常造成。

(4)指示灯频闪异常:一般由线路接触不良或电源模块欠压造成。

15. 路由器常见故障现象与分析

(1)路由不在线:一般由主路由器或元部件等硬件故障造成。

(2)面板指示灯不亮:一般由供电异常造成。

(3)指示灯显示异常、LTE 灯不亮:一般由信号异常或板卡异常造成。

(4)路由器 GE 接口灯指示异常:一般由连接交换机网线松动或连接线破损造成。

16. 收费服务器常见故障现象与分析

(1)服务器无法启动:一般由服务器主机、内存、硬盘等硬件故障造成。

(2)服务器死机、数据传输异常、心跳异常:一般由服务器软件服务异常造成。

(3)服务器异常重启:一般由供电异常或电源模块输出欠压造成。

(4)服务器不在线,无法远程连通:一般由通信传输异常造成。

(5)服务器温度过热,服务器假死:一般由散热风扇散热故障引起。

17. 计重设备常见故障现象与分析

(1)无计重信息、计重数据不准等现象:一般由称重台、红外车辆分离器、称重传感器、称重处理器等功能部位的硬件故障造成。

(2)计重信息不上传:一般由通信线路异常造成或光幕有杂物遮挡原因造成。

(3)无计重、车型判别不准等现象:一般由供电线缆、电源模块等供电异常造成。

(4)车辆轮轴信息识别不准确现象:一般由轮轴识别器损坏造成。

技能训练

请同学们完成本模块技能训练,见教材配套技能训练五、技能训练六。

在线答题

1. 请同学们扫描封面二维码，注意每个码只可激活一次。
2. 长按弹出界面的二维码关注"交通教育出版"微信公众号并自动绑定资源。
3. 公众号弹出"购买成功"通知，点击"查看详情"，进入后选择绑定的图书，即可进行在线答题。
4. 也可进入"交通教育出版"微信公众号，点击下方菜单"用户服务—图书增值"，选择已绑定的教材进行在线答题。

模块6

高速公路隧道机电系统集成与应用

模块简介

公路隧道机电系统是保证车辆安全通过隧道的必要条件。本模块主要讲述隧道机电系统基础知识、隧道通风系统组成与应用、隧道照明系统组成与应用、隧道火灾报警与消防系统组成与应用、隧道监控系统组成与应用及隧道供配电系统组成与应用。

学习目标

了解隧道的分类、机电工程等级划分标准、隧道机电设施配置要求,掌握隧道通风系统、隧道照明系统、隧道火灾报警与消防系统、隧道供配电系统、隧道监控系统的构成、工作原理、关键设备要求、日常维护及常见故障分析。

建议学时

9学时

思政导语

通过查找资料,了解我国隧道的发展历程,学习张福林、李文炎、崔锡明等先烈的事迹,学习老一辈交通人无私奉献的崇高精神,树立良好的职业道德;了解港珠湾大桥海底隧道的技术突破,感受科技创新的力量与价值,提升民族自豪感。

单元6.1　隧道机电系统基础知识

6.1.1　隧道的基础知识

1. 隧道的基本概念及分类

隧道是一种修建在地下,两端有出入口,供车辆、行人、水流及管线等通过的建筑物。

隧道的种类繁多,从不同的角度有不同的分类方法。从隧道所处的地质条件来分,可以分为土质隧道和石质隧道;从隧道埋置的深度来分,可以分为浅埋隧道和深埋隧道;从隧道所在位置来分,可以分为山岭隧道、水底隧道和城市隧道;从用途划分,可分为交通隧道、水工隧道、市政隧道、矿山隧道等。

交通隧道是提供运输的孔道,可分为铁路隧道、公路隧道、地下铁道、水底隧道、航运隧道及人行地道。水工隧道是水利枢纽的重要组成部分,可分为引水隧道、尾水隧道、导流隧道或泄洪隧道、排沙隧道。市政隧道是城市中为安放各种不同市政设施的地下孔道,可分为给水隧道、污水隧道、管路隧道、线路隧道及人防隧道。矿山隧道是在矿山开采中常设的一些隧道,从山体以外通向矿床,可分为运输巷道、给水隧道、通风隧道。

2. 公路隧道的分类

公路隧道在山岭地区可克服地形或高程障碍,改善线形,提高车速,缩短里程,节约燃料,节省时间,减少对植被的破坏,保护生态环境;还可用来避免落石、塌方等危害。在城市可减少用地,构成立交,解决交叉口的拥堵问题。在水下可不影响水路通航。

在修建公路隧道时,为保证隧道通行的安全,根据隧道的长度、交通流量、公路等级等,对其线路、限界与净空、横断面、附属建筑及隧道机电系统的配置等都有相应的要求。参考《公路隧道设计细则》(JTG/T D70—2010)规定,按照隧道的长度可分为短隧道($L \leqslant 500$ m)、中隧道(500 m $< L \leqslant 1\ 000$ m)、长隧道($1\ 000$ m $< L \leqslant 3\ 000$ m)和特长隧道($L > 3\ 000$ m)。

6.1.2　公路隧道机电系统的作用、组成及功能

1. 公路隧道机电系统的作用

公路隧道机电系统是保证车辆安全通行的必要条件。公路隧道呈长管形状,且具备一定的封闭性,在安全风险上较普通公路更大。公路隧道由于车速高、流量大、光线较差、空气质量不好、环境噪声大而比一般路段更容易发生交通事故;因迂回空间有限,隧道内的事故处理起来比较困难,中断交通时间较长,若发生火灾,危险性更大。因此,在隧道安全正常运营的要求下,建立完善的隧道机电系统至关重要。完善的隧道机电系统能够改善隧道内行驶环境,提升交通安全与服务水平。

2. 公路隧道机电系统的组成及功能

公路隧道机电系统指在公路隧道这一特殊路段上根据交通工程学原理

和方法为使车辆安全、快速、舒适通过而设置的通风、照明、报警消防、交通监控、供配电、接地与防雷及光电缆通信等设施。公路隧道机电系统组成如图 6.1.1 所示。

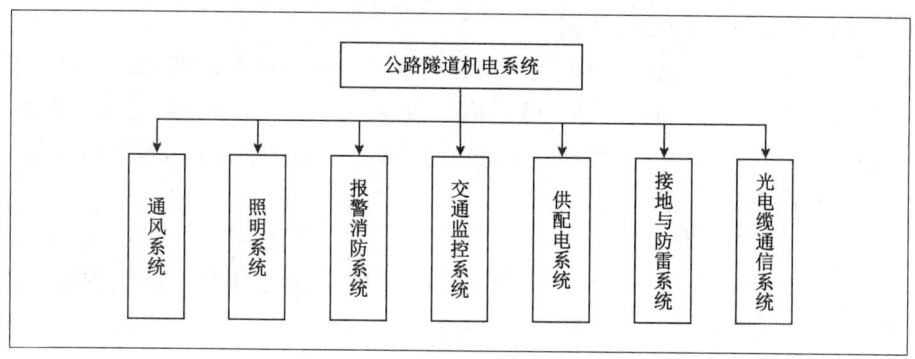

图 6.1.1　公路隧道机电系统组成

1)通风系统

隧道运营期间内车辆排放的有害气体、烟尘,隧道围岩排放的有害气体,特别是在隧道发生火灾时产生的有害气体和烟尘无法在短时间内消散,会严重危害人体健康。因此,需要借助隧道通风系统促进隧道内空气流动,以降低空气内有害气体含量,同时稀释隧道内烟雾,提高隧道内能见度。

公路隧道的通风系统一般由风机、环境检测器、一氧化碳/能见度(CO/VI)检测器、风速风向检测器、通风控制设备等构成。

2)照明系统

隧道的长形管状结构决定了其洞内外亮度异常悬殊,为保障行驶安全,使驾驶人能够适应洞内外亮度差异的变化,在洞内能够清晰辨识隧道线形、障碍物、行驶安全提示等,需要借助隧道照明系统,通过补给照明在洞内提供匹配光线强弱变化的照度,从而满足人眼亮度变化适应要求,提高行驶的安全性。

公路隧道的照明系统一般由照明灯具、亮度检测器、照明控制设备等构成。

3)报警消防系统

报警消防系统包含报警系统和消防系统。隧道的特殊结构、环境特点导致隧道内火灾事故率较高、事故成灾时间较短、救援疏散工作较为困难、易产生较大的事故危害。因此,为保障人民生命财产的安全,隧道内的报警消防系统非常重要,一旦发现火灾能够快速实现报警,并借助隧道消防系统抑制和消除燃烧,缩小火灾事故影响面,降低火灾事故损失。

公路隧道的报警系统一般由火灾探测器、紧急电话及广播系统等组成。隧道的消防系统一般由自动喷水灭火系统、泡沫灭火系统、二氧化碳灭火系统、消防给水系统等构成。

4)交通监控系统

交通监控系统主要包含交通监测设施、交通控制与诱导设施,使管理者能及时掌握交通信息,有效地管理交通。

交通监测设施监测隧道内交通信息、车辆运行状况。视频监控系统是一种较为直观、便利,并且目前广泛应用的监测技术,可以完成对隧道内交通状态、设备运行状态、事件状态进行实时监视、存储,为隧道运营管理人员提供隧道控制的直接客观的参考依据。

交通控制与诱导设施根据隧道交通状况进行合理控制调节,保证隧道运营的安全性、舒适性与高效性。隧道内交通控制与诱导系统一般包括车道指示器、交通信号灯、可变限速标志、可变信息标志、车辆检测器、区域控制器等。

5)供配电系统

供配电系统是保证隧道内各种机电设备正常运行的基础,可以为隧道内各种设备提供安全、可靠、优质、经济的电能条件,从而能够保证隧道内通风、照明、消防、交通监控等系统的可靠运行。

6)防雷与接地系统

云层对地面的直接雷击或感应雷击会对隧道、机电设备及人身的安全产生极大危害。接地与防雷系统根据隧道中被保护设施的特点,综合采用接闪、分流、均压、屏蔽、合理布线和共用接地等防护措施保障机电设施的正常运行。

7)光电缆通信系统

隧道的光电缆通信系统主要由光传输系统、程控数字交换系统、光纤综合业务接入网、通信电源系统及相关的电缆光缆等组成,用于隧道信息检测设施、控制设施、信息提供设施等之间的通信,确保隧道内各子系统间的语音、数据、图像信息传输准确、及时,满足运营管理的通信需求。

6.1.3 公路隧道机电工程等级划分标准

公路隧道机电工程等级按照隧道单洞长度和隧道单洞年平均日交通量两个因素来划分,一般将隧道长度在 10 km 以内,隧道单洞日交通量在 50 000 辆以下的公路隧道分为 A+、A、B、C、D 五级。参考《公路隧道设计规范 第二册 交通工程与附属设施》(JTG D70/2—2014),等级划分按照单洞两车道和单洞三车道及以上划分,如图 6.1.2 所示,实线表示单洞两车道分级,虚线表示单洞三车道及以上分级。

6.1.4 公路隧道机电工程设施配置

公路隧道机电工程设施可以改善洞内环境、减少污染、减少事故,增强隧道的通行能力,延长隧道的使用期限,保证隧道的安全营运,给驾乘人员提供一个顺畅、安全、舒适的行车环境。根据公路隧道机电工程的分级,不同公路等级配置不同的机电设施。表 6.1.1 为高速公路隧道机电工程设施配置表,机电设施有必选设施、应选设施、宜选设施、可选设施及不作要求。其中,采用机械通风的隧道,按表中所列要求设置 VI 检测器、CO 检测器、NO_2 检测器、风速风向检测器,不采用机械通风的隧道则不作要求;长度小于 500 m 的高速公路隧道,可不设消火栓系统及固定式水成膜泡沫灭火装置。

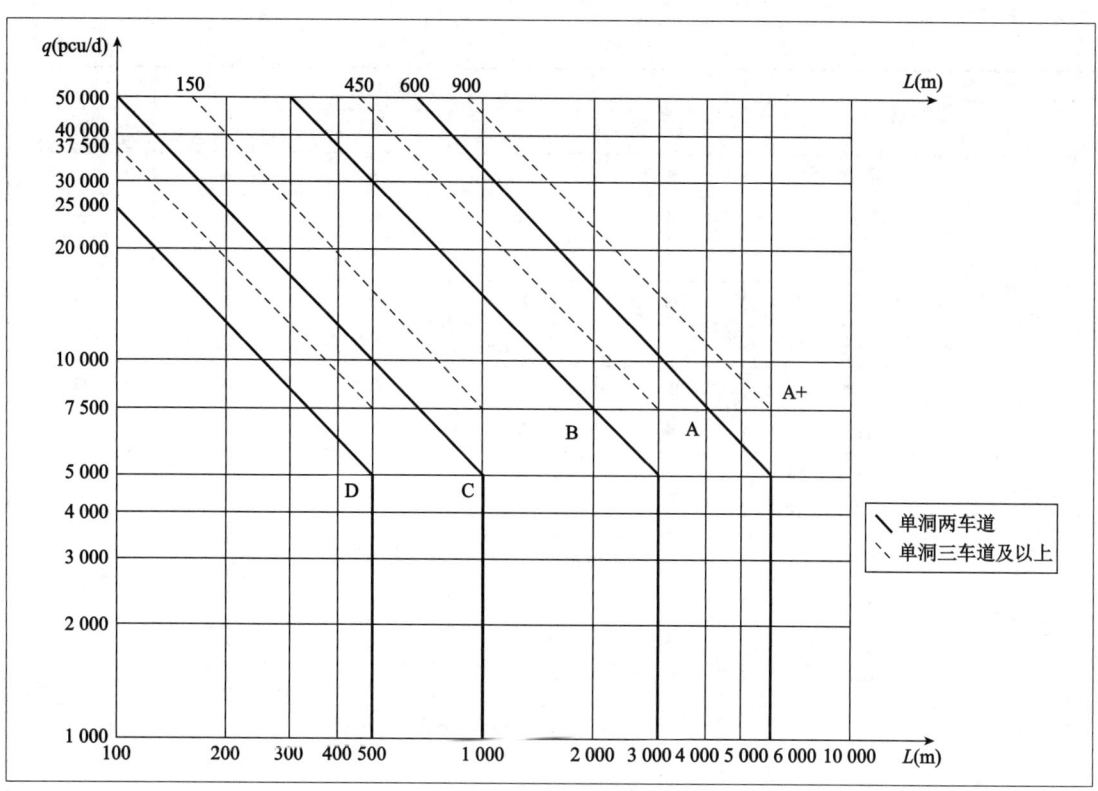

图 6.1.2 公路隧道机电工程分级图

高速公路隧道机电工程设施配置表　　　　　　表 6.1.1

设施名称		隧道分级				
		A+	A	B	C	D
通风设施	风机	根据隧道通风标准,设置机械通风的隧道配置风机				
	VI 检测器	★	★	■	▲	—
	CO 检测器	★	★	■	▲	—
	NO_2 检测器	■	■	■	▲	—
	风速风向检测器	★	★	★	▲	—
照明设施	灯具	长度大于100 m,不大于200 m的高速公路光学长隧道,长度大于200 m的高速公路隧道应设置照明				
	亮度检测器	★	★	★	■	—
交通监控设施	车辆检测器	★	★	■	▲	—
	视频事件检测器	★	★	■	▲	—
	摄像机	●	●	★	■	—
	可变信息标志	★	★	▲	▲	—
	可变限速标志	★	★	■	▲	—
	交通信号灯	★	★	★	■	—
	车道指示器	●	●	★	★	▲
	交通区域控制单元	★	★	▲	▲	—

续上表

设施名称		隧道分级				
		A+	A	B	C	D
紧急呼叫设施	紧急电话	★	★	★	▲	—
	隧道广播	★	★	★	▲	—
火灾探测报警设施	火灾探测器	●	●	★	▲	—
	手动报警按钮	●	●	●	▲	—
	火灾声光报警器	设置火灾探测器、未设置有线广播的隧道应设置				
消防设施与通道	灭火器	●	●	●	●	●
	消火栓	●	●	■	—	—
	固定式水成膜泡沫灭火装置	●	●	■	—	—
	通道	双洞分离的公路隧道,双洞之间规定设置人行横洞、车行横洞				
中央控制管理设施	计算机设备	★	★	★	▲	—
	显示设备	★	★	★	▲	—
	控制台	★	★	★	▲	—
供配电设施		根据以上用电设施配置情况设置				
接地与防雷设施		根据以上用电设施配置情况设置				
线缆及相关设施		根据以上用电设施配置情况设置				

注:"●"为必选设施;"★"为应选设施;"■"为宜选设施;"▲"为可选设施;"—"不作要求。

6.1.5 公路隧道机电工程养护基础知识

公路隧道养护指为保持隧道土建结构、机电设施及其他工程设施的正常使用而进行的日常巡查、清洁维护、检查评定、保养维修等工作。为提高隧道养护的效益,对不同隧道差异化养护,对隧道进行养护等级划分,并按照等级实施养护。

1. 公路隧道养护分级

《公路隧道养护技术规范》(JTG H12—2015)中,根据公路等级、隧道长度和交通量大小,把公路隧道养护划分为一级、二级和三级,共三个等级。高速公路及一级公路隧道养护等级分级表如表6.1.2所示。

高速公路及一级公路隧道养护等级分级表　　表6.1.2

单车道年平均日交通量 [pcu·(d·ln)$^{-1}$]	隧道长度(m)			
	$L>3\,000$	$3\,000 \geqslant L > 1\,000$	$1\,000 \geqslant L > 500$	$L \leqslant 500$
≥10 001	一级	一级	一级	二级
5 001~10 000	一级	一级	二级	二级
≤5 000	一级	二级	二级	三级

2.公路隧道机电设施养护

1)隧道机电设施维护分类

隧道机电设施的养护应包括日常巡查、清洁维护、机电检修与评定、专项工程等内容。

(1)日常巡查是指在巡视车上或通过步行目测及其他信息化手段对机电设施外观和运行状态进行的一般巡视检查,并对检查结果及时记录。

(2)清洁维护是指对隧道机电设施外观的日常清洁,以保持机电设施外观的干净整洁。

(3)机电检修与评定是指通过检查工作发现机电设施完好情况,系统掌握和评定机电设施技术状况,确定相应的养护对策或措施。机电检修工作主要内容包括经常检修、定期检修和应急检修。

经常检修是指通过步行目测或使用简单工具,对设施仪表读数、运转状态或损坏情况进行的检查并对检查结果定性判断,对破损零部件应及时进行维修更换。定期检修是指通过检测仪器对机电设施运转状态和性能进行的全面检查、标定和维修。应急检修是指公路隧道内或相关机电设施发生异常事件、重大事故或自然灾害后对机电设施进行的检查和维修。

(4)专项工程是指对机电设施进行的集中性、系统性维修,使其满足原有技术标准。

下面对日常巡查和清洁维护的要求进行简要介绍。

2)日常巡查要求

日常巡查应检查机电设施是否处在正常工作状态和是否存在故障隐患,可根据设备运行状态启动。日常巡查主要内容如下。

(1)供配电设施日常巡查,应观察变压器、高低压配电柜和变配电室内相关设备的外观及运行状态,判断是否有外观破损、声响、发热、气味、放电等异常现象。

(2)照明设施日常巡查,应观察各类照明设备的外观及运行状态,判断有无异常。

(3)通风设施日常巡查,应观察各类通风设备的外观及运转状态,判断是否存在隐患。

(4)消防设施日常巡查,应观察各类消防设备的外观,并判断有无异常。

(5)监控与通信设施日常巡查,应巡检隧道内各种监控设备、信息采集和发布设备、监控室各类监视设备的外观及主要功能,并判断有无异常。

日常巡查频率,高速公路应不少于每天1次,其他各级公路可按1~3天1次进行。极端天气和交通量增加较大时,应提高日常巡查的频率。

3)清洁维护要求

机电设施应根据养护等级、交通组成、污垢对机电设施功能影响程度、清洁方式和环境条件等因素进行清洁维护。清洁维护频率宜不低于表6.1.3的规定值。机电设施主要清洁设备如表6.1.4所示。

机电设施清洁维护频率　　　　　表6.1.3

清洁项目	养护等级		
	一级	二级	三级
供配电设施	1次/月	1次/季度	1次/半年
照明设施	1次/季度	1次/半年	1次/年
通风设施	1次/2年	1次/3年	1次/4年
消防设施	1次/季度	1次/半年	1次/年
监控与通信设施	1次/季度	1次/半年	1次/年

机电设施主要清洁设备　　　　　表6.1.4

设施名称	设备名称
供配电设施	变配电所内电力设备、箱式变电所、外场配电箱、插座箱、控制箱
照明设施	隧道灯具、洞外路灯
通风设施	轴流风机、射流风机
消防设施	消火栓及水泵接合器、灭火器、火灾报警设施、水喷雾控制阀及喷头、气体灭火设施、电光标志等
监控与通信设施	各类检测仪、闭路电视、有线广播、紧急电话、横通道门、交通控制和诱导设施、控制器(箱)、光端机、交换机等

单元6.2　隧道通风系统组成与应用

6.2.1　隧道通风的目的与通风标准

1. 隧道通风的目的

由于高速公路的隧道空间相对狭隘、闭塞,大量车辆产生的排放物不能很快地扩散开,导致空气中CO等有害气体浓度增大对人身造成中毒伤害,以及空气中的混合颗粒变多降低隧道的能见度,带来行车安全隐患。若高速公路隧道内发生交通事故或火灾,产生大量的CO和烟尘会使情况更加危险。

隧道通风的目的就是通过通风改变隧道内空气的化学组成和气候条件,使之满足人员工作和车辆运行的卫生标准和安全要求,以保证隧道正常营运。通风系统的主要作用是为在隧道内工作的人员和过往隧道的驾乘人员提供足够的氧气;把隧道内有害气体和烟尘稀释到安全浓度以下,并排出隧道;保证隧道内有适宜的温度、湿度和风速,营造舒适的行车环境;当隧道内发生火灾时,限制火灾蔓延,并为灭火工作创造条件。

2.隧道通风的标准要求

公路隧道有其特殊的卫生要求,不仅要考虑到人的生理承受能力,还要考虑到隧道内的行车安全和舒适性。按照《公路隧道通风设计细则》(JTG/T D70/2-02—2014),公路隧道通风设计的安全标准以稀释机动车排放的烟尘为主,必要时考虑隧道内机动车带来的粉尘污染;公路隧道通风设计的卫生标准以稀释机动车排放的一氧化碳(CO)为主,必要时考虑稀释二氧化氮(NO_2);公路隧道通风设计的舒适性标准以换气稀释机动车带来的异味为主,必要时考虑稀释富余热量。对烟尘及 CO 气体的浓度,根据不同的行车速度有不同的浓度要求。

1)烟尘设计浓度

为提高隧道的安全标准,不同状况下对烟尘设计浓度 K 取值不同。

(1)根据光源、显色指数及色温,当采用显色指数 $33 \leq Ra \leq 60$、相关色温 2 000 ~ 3 000 K 的钠光源时,烟尘设计浓度 K 的取值如表 6.2.1 所示。当采用显色指数 $Ra \geq 65$、相关色温 3 300 ~ 6 000 K 的荧光灯、LED 灯等光源时,烟尘设计浓度 K 取值如表 6.2.2 所示。

烟尘设计浓度 K(钠光源) 表 6.2.1

设计速度 v_t(km·h^{-1})	$v_t \geq 90$	$60 \leq v_t < 90$	$50 \leq v_t < 60$	$30 < v_t < 50$	$v_t \leq 30$
烟尘设计浓度 K(m^{-1})	0.006 5	0.007 0	0.007 5	0.009 0	0.012 0*

注:*此工况下采取交通管制或关闭隧道等措施。

烟尘设计浓度 K(荧光灯、LED 灯等光源) 表 6.2.2

设计速度 v_t(km·h^{-1})	$v_t \geq 90$	$60 \leq v_t < 90$	$50 \leq v_t < 60$	$30 < v_t < 50$	$v_t \leq 30$
烟尘设计浓度 K(m^{-1})	0.005 0	0.006 5	0.007 0	0.007 5	0.012 0*

注:*此工况下采取交通管制或关闭隧道等措施。

(2)双洞单向交通临时改为单洞双向交通时,隧道内烟尘允许浓度不应大于 0.012 m^{-1}。

(3)隧道内养护维修时,隧道作业段空气的烟尘允许浓度不应大于 0.003 0 m^{-1}。

2)一氧化碳和二氧化氮设计浓度

为提高隧道的卫生标准,不同交通状况下对 CO 和 NO_2 浓度要求不同。

(1)正常交通时,隧道内 CO 设计浓度如表 6.2.3 所示,隧道长度为 1 000 ~ 3 000 m 时,可按线性内插法取值 100 ~ 150 cm^3/m^3;交通阻滞时,阻滞段的平均 CO 设计浓度 δ_{CO} 可取 150 cm^3/m^3,同时经历时间不宜超过 20 min;隧道内 20 min 内的平均 NO_2 设计浓度 δ_{NO_2},可取 1.0 cm^3/m^3。

隧道内 CO 设计浓度 表 6.2.3

隧道长度(m)	≤1 000	>3 000
δ_{CO}(cm^3/m^3)	150	100

(2)人车混合通行的隧道,隧道内 CO 设计浓度不应大于 70 cm^3/m^3,隧道内 60 min 内 NO_2 设计浓度不应大于 0.2 cm^3/m^3。

(3)隧道内养护维修时,隧道作业段空气的CO允许浓度不大于30 cm^3/m^3,NO_2允许浓度不应大于0.12 cm^3/m^3。

3)异味稀释

为提高隧道的舒适性标准,对隧道换气要求,隧道空间最小换气频率不应低于3次/h。采用纵向通风的隧道,隧道换气风速不应低于1.5 m/s。

6.2.2 隧道通风方式及应用

1. 隧道通风的分类

隧道通风分为自然通风和机械通风两大类,自然通风通过气象因素形成的隧道内空气流动,以及机动车从洞外带入新鲜空气来实现隧道内外空气交换。机械通风通过风机作用使空气沿着预定路线流动来实现隧道内外空气交换。

公路隧道按其长度和交通量的不同可采用不同的通风方式。一般情况下,用隧道长度(m)与设计小时交通量(veh/h)的乘积作为区分自然通风和机械通风的限界。当单向交通乘积不小于2×10^6,双向交通不小于6×10^5时设置机械通风。

机械通风按照风流的流动方向划分为纵向通风方式、全横向通风方式、半横向通风方式及组合通风方式,如表6.2.4所示。按通风机的工作方式,分为送风式和排风式两种,也有采用既送风又排风的混合式。

机械通风方式的分类　　　　表6.2.4

纵向通风方式	半横向通风方式	全横向通风方式	组合通风方式
(1)全射流式 (2)洞口集中送入式 (3)通风井送排式 (4)通风井排出式 (5)吸尘式	(1)送风半横向式 (2)排风半横向式 (3)平导压入式	(1)顶送顶排式 (2)底送顶排式 (3)顶送底排式 (4)侧送侧排式	(1)纵向组合式 (2)纵向+半横向组合式 (3)纵向+集中排烟组合式

2. 各种通风方式的特点

1)自然通风

自然通风一般包含自然风和交通风(活塞风),自然风的变化是复杂而不稳定的,用它来作为通风计算的依据,可靠性很差;交通风与交通流量、车速等相关。

2)纵向通风方式

纵向通风方式是风流顺着隧道纵向流动,从一个洞口直接引进新鲜空气,由另一洞口把污染空气排出的方式。常用的纵向通风方式如图6.2.1所示。纵向通风方式的污染浓度不均匀,进风口最低,出风口最高。为使出口处的浓度保持在容许限度以下,需要加大通风量,但此时其他地方的污染浓度则相当低。单向交通隧道各种纵向通风方式见表6.2.5。

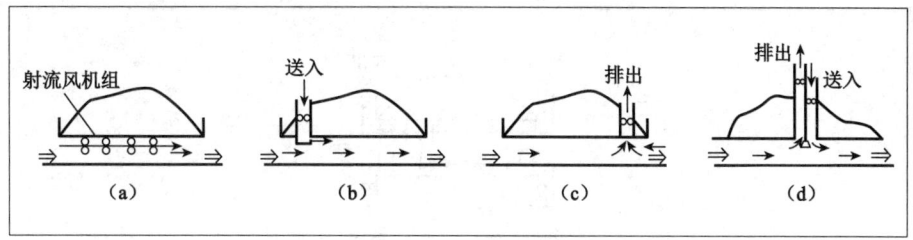

图 6.2.1 纵向通风方式
(a)全射流式;(b)洞口集中送入式;(c)通风井排出式;(d)通风井送排式

单向交通隧道各种纵向通风方式的特点　　表6.2.5

通风方式	纵向通风方式			
代表形式	全射流式	洞口集中送入式	通风井排出式	通风井送排式
形式特征	由射流风机群升压	由喷流送风升压	洞口两端进风、中部集中排风	由喷流送风升压
非火灾工况的适用长度	5 000 m 以内	3 000 m 左右	5 000 m 左右	不受限制
噪声	较大	洞口噪声较大	较小	较小
火灾处理	排烟不便	排烟不便	排烟较方便	排烟较方便
工程造价	低	一般	一般	一般
管理与维护	不便	方便	方便	方便
分期实施	易	不易	不易	不易
运营费	低	一般	一般	一般

3)半横向通风方式

半横向通风方式由隧道通风道送风或排风,由洞口沿隧道纵向安装排风道或抽风道,如图6.2.2所示。送风半横向式是半横向通风的标准形式,新鲜空气经送风管直接吹向汽车的排气孔高度附近,对排气直接稀释,这对后续车很有利。污染空气在隧道上部扩散,经过两端洞门排出洞外。有行人时,行人可以吸到最新鲜的空气。

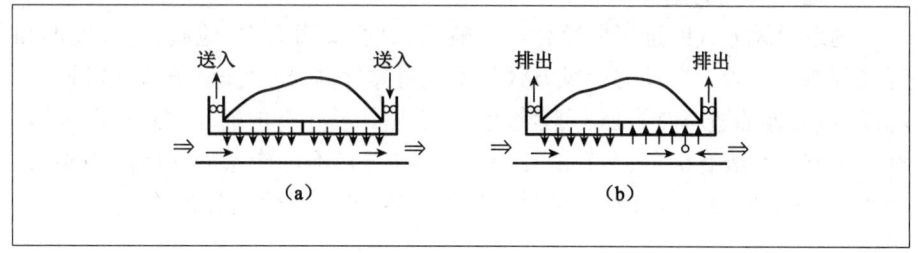

图 6.2.2 半横向通风方式
(a)送风半横向式;(b)排风半横向式

4)全横向通风方式

全横向通风方式分别设有送排风道,通风风流在隧道内作横向流动,如图6.2.3所示。在火灾处理时,无论是单向交通还是双向交通,都能有效排烟,隧道长度不受限制,洞内噪声小;但工程造价高,技术难度大,运用费用高。单向交通隧道各种横向通风方式的特点见表6.2.6。

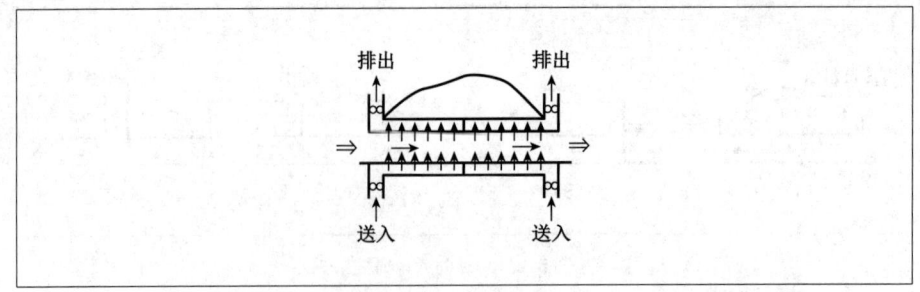

图 6.2.3　全横向通风方式

单向交通隧道各种横向通风方式的特点　　　　表 6.2.6

通风方式	半横向通风方式		全横向通风方式
代表形式	送风半横向式	排风半横向式	分别设有送排风道,通风风流在隧道内作横向流动
形式特征	由送风道送风	由排风道排风	
适应长度	3 000~5 000 m	3 000 m 左右	不受限制
交通风利用	较好	不好	不好
噪声	较小	较小	较小
火灾处理	排烟方便	排烟方便	能有效排烟
工程造价	较高	较高	高
管理与维护	一般	一般	一般
分期实施	难	难	难
运营费	较高	较高	高

5) 组合通风方式

各种通风方式都有各自的优点和缺点,一般可根据隧道条件,采用多种通风方式组合构成更合理的通风方式。其组合方式有许多种,但应符合一般性的设计原则,既经济,又实用。

3. 隧道通风方式的选择与通风要求

1) 通风方式的选择

隧道通风方式的选择要综合考虑隧道长度、交通条件、地质条件、地形和气象等诸多因素。合理的通风方式是安全可靠性高、建设安装方便、隧道内环境好、对灾害的适应能力强、营运管理方便、营运费用低的通风方式。但是,各种通风方式都既有优点,又有缺点,一种通风方式不可能完全满足这些要求。因此,实际上的合理是在给定条件下尽可能做到既安全可靠,又经济方便。一般要求如下。

(1) 用纵向通风方式时,长度不大于 5 000 m 单向交通和长度不大于 3 000 m 双向交通采用全射流纵向通风方式。全国已建各类特长隧道通风方式统计,长度大于 5 000 m 的特长隧道一般采用通风井送排式,长度不大于 5 000 m 的长隧道一般采用全射流式。

(2) 通风井送排式的通风数量和隧道分段长度根据隧道长度防灾排烟需求、通风井设置条件、建设与运营费用等综合考虑。对已建隧道工程统计,长度在 5 000~8 000 m 的隧道通常设置 1 座通风井;长度在 8 000~12 000 m 的隧道通常设置1座或2座通风井;长度在12 000～16 000 m的隧道通常设置2座或3座通风井;长度大于16 000 m的隧道通常设置3座或3座以上通风井。

2)隧道通风的要求

(1)单向交通隧道的设计平均风速不应大于10.0 m/s,特殊情况不应大于12.0 m/s;双向交通隧道的设计风速不应大于8.0 m/s;设有专用人行道的隧道设计风速不应大于7.0 m/s。

(2)连拱或小净距特长隧道的左右洞相邻洞口间宜采取措施避免污染空气窜流;当不可避免时,通风设计应考虑窜流带来的影响。可在两洞口间设置隔离墙或种植高大乔木,左右洞两洞口之间的纵向距离不小于10 m。

(3)上游隧道行车出口排出洞外的污染空气对下游隧道产生二次污染,应根据污染程度综合考虑上、下游隧道的通风方式。通常上、下游隧道洞口纵向间距小于100 m时存在上、下游隧道间的污染空气窜流问题,尤其对于包含有特长隧道的上、下游隧道可能出现污染风的窜流问题。

6.2.3 隧道需风量与通风量的计算

隧道需风量即隧道所需的新鲜空气量,要求新鲜空气量能稀释隧道内的有害气体与烟尘,使隧道内空气质量达到安全卫生标准。通过对稀释烟尘、CO按隧道设计速度下各工况车速10 km/h为一档分别进行计算,并计算交通阻滞和换气的需风量,取其较大者作为设计需风量。当隧道所在路段交通组成中有新型环保发动机车辆时,有害气体排放量需要考虑环保车辆的比例。

1. 稀释烟尘需风量

1)烟尘排放量

烟尘排放量以柴油车作为计算依据,当交通流组成中柴油车比例达到某一限度以后,烟尘危害超过CO危害,因此根据烟尘排放量计算所需通风量成为重要问题。烟尘排放量按式(6.2.1)计算。其中,设计目标年份的烟尘基准排放量[m^2/(veh·km)],以2000年为起点,按每年2.0%的递减率计算至设计目标年份,最大折减年限不宜超过30年。2000年的烟尘基准排放量取2.0 m^2/(veh·km)。

$$Q_{VI} = \frac{1}{3.6 \times 10^6} q_{VI} f_a f_{d(VI)} f_{h(VI)} f_{iv(VI)} L \sum_{m=1}^{n_D}(N_m f_{m(VI)}) \quad (6.2.1)$$

式中:Q_{VI}为隧道烟尘排放量(m^2/s);q_{VI}为设计目标年份的烟尘基准排放量[m^2/(veh·km)];$f_{a(VI)}$为考虑烟尘的车况系数,高速公路取值为1;f_d为车密度系数,按表6.2.7取值;$f_{h(VI)}$为考虑烟尘的海拔高度系数,按图6.2.4取值;$f_{iv(VI)}$为考虑烟尘的纵坡-车速系数,按表6.2.8取值;L为隧道长度(m);$f_{m(VI)}$为考虑烟尘的柴油车车型系数,按表6.2.9取值;n_D为柴油车车型类别数;N_m为相应车型的交通量(veh/h)。

需风量计算过程中,设计小时交通量及相对应的机动车有害气体排放量均与各设计目标年份相匹配。

车密度系数 f_d 表6.2.7

工况车速(km/h)	100	80	70	60	50	40	30	20	10
f_d	0.6	0.75	0.85	1	1.2	1.5	2	3	6

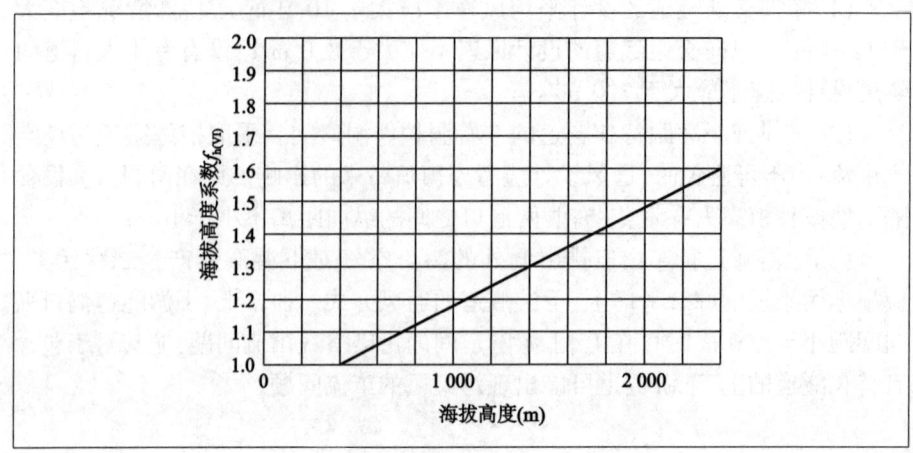

图6.2.4 考虑烟尘的海拔高度系数 $f_{h(VI)}$

考虑烟尘的纵坡-车速系数 $f_{iv(VI)}$ 表6.2.8

设计速度 v_t (km/h)	隧道行车方向纵坡 i(%)								
	−4	−3	−2	−1	0	1	2	3	4
80	0.3	0.4	0.55	0.8	1.3	2.6	3.7	4.4	—
70	0.3	0.4	0.55	0.8	1.1	1.8	3.1	3.9	—
60	0.3	0.4	0.55	0.75	1.0	1.45	2.2	2.95	3.7
50	0.3	0.4	0.55	0.75	1.0	1.45	2.2	2.95	3.7
40	0.3	0.4	0.55	0.7	1.85	1.1	1.45	2.2	2.95
30	0.3	0.4	0.5	0.6	0.72	0.9	1.1	1.45	2
10~20	0.3	0.36	0.4	0.5	0.6	0.72	0.85	1.03	1.25

考虑烟尘的柴油车车型系数 $f_{m(VI)}$ 表6.2.9

小型客车、轻型货车	中型货车	重型货车、大型客车	拖挂车、集装箱货车
0.4	1.0	1.5	3

2) 需风量计算

稀释烟雾到容许浓度的需风量,按式(6.2.2)计算。

$$Q_{req(VI)} = \frac{Q_{VI}}{K} \qquad (6.2.2)$$

式中: $Q_{req(VI)}$ 为隧道稀释烟尘的需风量(m^3/s); K 为烟尘设计浓度(m^{-1}); Q_{VI} 为隧道烟尘排放量(m^2/s)。

2. 稀释CO需风量

1) CO排放量

机动车排放物中CO的基准排放量取值与烟尘基准排放量取值一致,按照以2000年为起点,按每年2.0%的递减率计算至设计目标年份。2000年的机动车基准排放量,在正常交通时取 0.007 m³/(veh·km);交通阻滞时取值 0.015 m³/(veh·km),且阻滞段计算长度不大于 1 000 m。CO 排放量按式 (6.2.3)计算。

$$Q_{CO} = \frac{1}{3.6 \times 10^6} q_{CO} f_a f_d f_h f_{iv} L \sum_{m=1}^{n_D} (N_m f_m) \quad (6.2.3)$$

式中:Q_{CO} 为隧道 CO 排放量(m^3/s);q_{CO} 为设计目标年份的 CO 基准排放量 [$m^3/(veh·km)$];f_a 为考虑 CO 的车况系数,高速公路、一级公路取值 1;f_d 为车密度系数,按表 6.2.7 取值;f_h 为考虑 CO 的海拔高度系数,按图 6.2.5 取值;f_m 为考虑 CO 的车型系数,按表 6.2.10 取值;f_{iv} 考虑 CO 的纵坡-车速系数,按表 6.2.11 取值;n 为车型类别数;N_m 为相应车型的交通量(veh/h)。

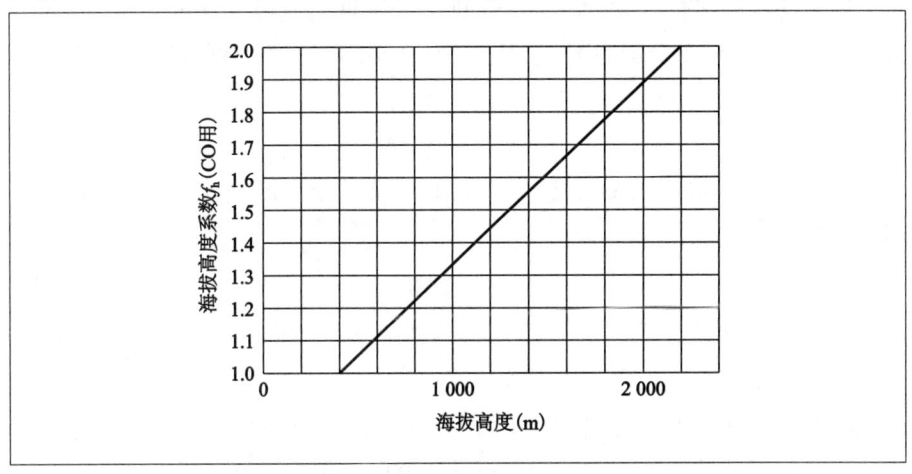

图 6.2.5 考虑 CO 的海拔高度系数 f_h

考虑 CO 的车型系数 表 6.2.10

车型	柴油车	汽油车			
		小客车	旅行车、轻型货车	中型货车	大型客车、拖挂车
f_m	1.0	1.0	2.5	5.0	7.0

考虑 CO 的纵坡-车速系数 表 6.2.11

设计速度 v_t (km/h)	隧道行车方向纵坡 i(%)								
	-4	-3	-2	-1	0	1	2	3	4
100	1.2	1.2	1.2	1.2	1.2	1.4	1.4	1.4	1.4
80	1.0	1.0	1.0	1.0	1.0	1.0	1.2	1.2	1.2
70	1.0	1.0	1.0	1.0	1.0	1.0	1.0	1.2	1.2
60	1.0	1.0	1.0	1.0	1.0	1.0	1.0	1.0	1.2
50	1.0	1.0	1.0	1.0	1.0	1.0	1.0	1.0	1.0
40	1.0	1.0	1.0	1.0	1.0	1.0	1.0	1.0	1.0
30	0.8	0.8	0.8	0.8	0.8	1.0	1.0	1.0	1.0
20	0.8	0.8	0.8	0.8	0.8	0.8	0.8	0.8	0.8
10	0.8	0.8	0.8	0.8	0.8	0.8	0.8	0.8	0.8

2)需风量计算

计算稀释 CO 的需风量,如果活动状态相同,则即要考虑 CO 浓度,也要考虑经历时间。稀释 CO 的需风量按式(6.2.4)计算。

$$Q_{req(CO)} = \frac{Q_{CO}}{\delta} \cdot \frac{p_0}{p} \cdot \frac{T}{T_0} \times 10^6 \tag{6.2.4}$$

式中:$Q_{req(CO)}$ 为隧道稀释 CO 的需风量(m^3/s);Q_{CO} 为隧道 CO 排放量(m^3/s);δ 为 CO 浓度;p_0 为标准大气压(kN/m^2),取 101.325 kN/m^2;p 为隧址大气压(kN/m^2);T_0 为标准气温(K),取 273 K;T 为隧址夏季气温(K)。

3. 隧道换气需风量

隧道换气需风量按式(6.2.5)计算。采用纵向通风方式的隧道,换气需按式(6.2.5)和式(6.2.6)计算,取其大者作为隧道空间不间断换气的需风量。

$$Q_{req(ac)} = \frac{A_r L n_s}{3\,600} \tag{6.2.5}$$

式中:$Q_{req(ac)}$ 为隧道换气需风量(m^3/s);A_r 为隧道净空断面积(m^2);n_s 为隧道最小换气频率。

$$Q_{req(ac)} = v_{ac} A_r \tag{6.2.6}$$

式中:v_{ac} 为隧道换气风速(m/s),不低于 1.5 m/s;A_r 为隧道净空面积(m^2)。

4. 全射流纵向通风方式的通风计算

公路隧道通风设计根据工程可行性研究、初步设计和施工图设计等阶段的要求进行相应的计算。在工程可行性研究阶段根据隧道的长度、横断面、平纵线形等条件,进行需风量、设计风速等粗略计算,对通风系统的经济性和合理性作初步分析。在初步设计阶段计算所需风压和风量,确定风机的大致规格、设置台数等。在施工图设计阶段,通风计算和设计需深化初步设计或技术设计的成果,确定通风系统的细部构造,精确计算所需风压和风量,计算隧道投入运营后的各种通风状态,制订通风设施总体运行方案。风机及交通通风力提供的风量和风压要满足需风量和克服通风阻力的要求。

全射流纵向通风方式如图6.2.6所示,隧道内压力平衡满足式(6.2.7)。

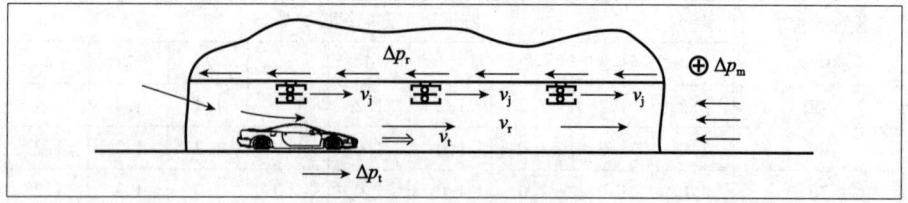

图6.2.6 全射流纵向通风方式

$$\Delta p_r + \Delta p_m = \Delta p_t + \sum \Delta p_j \tag{6.2.7}$$

式中:Δp_r 为隧道内通风阻力(N/m^2);Δp_m 为自然通风力(N/m^2);Δp_t 为隧道交通通风力(N/m^2);$\sum \Delta p_j$ 为射流风机群总升压力(N/m^2)。

单台射流风机升压力按式(6.2.8)计算,当隧道同一断面布置 1 台射流风机时,按表 6.2.12 取射流风机位置摩擦阻损失折减系数,当隧道同一断面布置2台及2台以上射流风机时,射流风机位置摩擦损失折减系数取0.7。在满足隧道设计风速的条件下,射流风机的台数 i 按式(6.2.9)计算。从设备检修、防火灾等方面考虑,隧道内设置的射流风机须考虑一定的备用量,一般射流风机台数为1~6组时,可备用1组;台数大于6组时,所需台数15%的备用量。

$$\Delta p_j = \rho \cdot v_j^2 \cdot \frac{A_j}{A_r} \cdot \left(1 - \frac{v_r}{v_j}\right) \cdot \eta \quad (6.2.8)$$

式中:ρ 为通风计算点的空气密度(kg/m^3);v_r 为隧道设计风速(m/s);v_j 为射流风机的出口风速(m/s);A_j 为射流风机的出口面积(m^2);η 为射流风机位置摩阻损失折减系数。

$$i = \frac{\Delta p_r + \Delta p_m - \Delta p_t}{\Delta p_j} \quad (6.2.9)$$

单台射流风机位置摩阻损失折减系数 η　　　　表6.2.12

Z/D_j	1.5	1.0	0.7	图示
η	0.91	0.87	0.85	

相关详细内容参考《公路隧道通风设计细则》(JTG/T D70/2-02—2014)。

6.2.4 隧道通风系统的组成与关键设备应用

1.隧道通风系统的组成

公路隧道通风系统主要由车辆检测器、CO检测器、VI检测器、风速风向检测器、区域控制器、射流风机、轴流风机及中心计算机等组成。其中,CO检测器、VI检测器用以快速、准确、实时地自动测定隧道内的CO浓度和隧道内全程烟雾透过率等数据,由区域控制器采集数据,监控系统将检测数据与控制标准值进行比较,控制风机的启停。风速风向检测器用以自动测定隧道内平行于隧道壁面的风向、风速数据以及检测风机的运行情况。车辆检测器用以检测隧道内的车流量和车速,为CO/VI预置规模提供参考数据。公路隧道通风系统组成如图6.2.7所示。

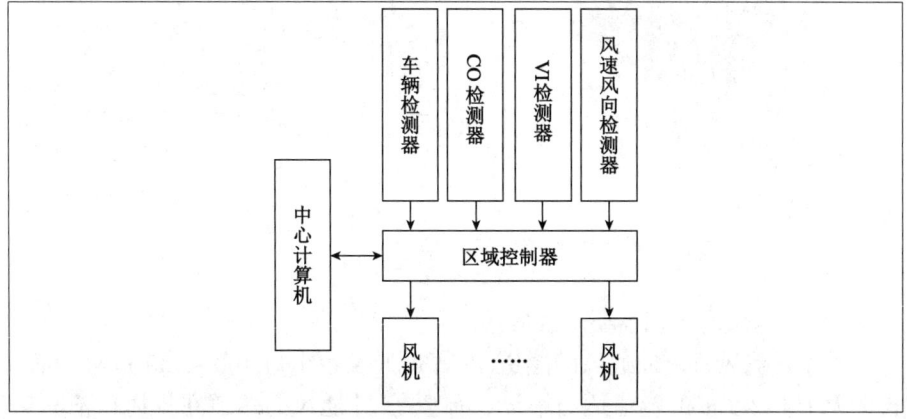

图6.2.7　公路隧道通风系统组成

2.隧道通风设备应用

1)隧道通风环境检测设备要求及应用

隧道通风环境检测设备一般有 CO 检测器、VI 检测器、风速风向检测器及 NO_2 检测器,根据隧道不同的通风方式,安装一定数量的环境检测设备,在每一个通风分段配置数量不低于表 6.2.13 的要求。

隧道通风环境检测设备配置数量　　　　表 6.2.13

通风方式	CO 检测器（套）	VI 检测器（套）	风速风向检测器（套）	NO_2 检测器（套）
纵向通风	1	2	1	2
全横向通风	1	1	1	1
半横向通风	1	2	1	1

(1)CO/VI 检测器布设要求及应用。

采用射流风机纵向通风的隧道,在中部、弯道处及距出口 100～150 m 处设置,长度大于 1 500 m 的隧道可适当增设。有竖、斜井通风的隧道,在排风口前 30 m 处设置。

一般在距射流风机 30 m 的范围内,不宜设置 CO/VI 检测器。车行横洞、人行横洞、紧急停车带处,不宜设置 CO/VI 检测器。如果通风控制需要,可按通风区段设置 CO/VI 检测器;如果区段划分较多,可分期实施。CO/VI 检测器安装在隧道外侧壁支架上,距检修道 2.5～3 m 的高度。CO/VI 检测器实物图及接线图如图 6.2.8 所示。

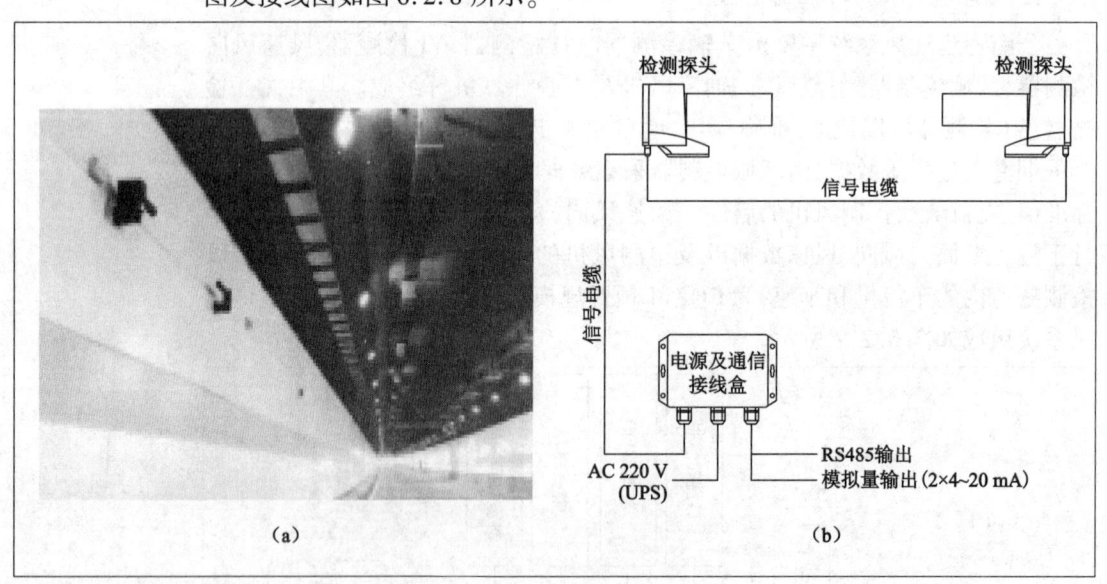

图 6.2.8　CO/VI 检测器实物图及接线图
(a)实物图;(b)接线图

(2)风速风向检测器要求及应用。

采用射流风机纵向通风的隧道,在弯道处及距出口 100～150 m 处设置;长度大于 1 500 m 的隧道适当增设。有竖、斜井通风的隧道在排风口前和送风口 30 m 外及送、排风口间的短道设置。射流风机附近不宜设置风速风向检测器。没有机械通风的隧道可不设置风速风向检测器。

风速风向检测器有两种安装方式,一种安装在隧道外侧壁支架上,距检修道 2.5~3 m 的高度;另一种安装在隧道内外两侧的支架上,两探头与隧道纵向中心线夹角为 30°~60°,以 45°为宜,且不能侵占建筑限界,如图 6.2.9 所示。

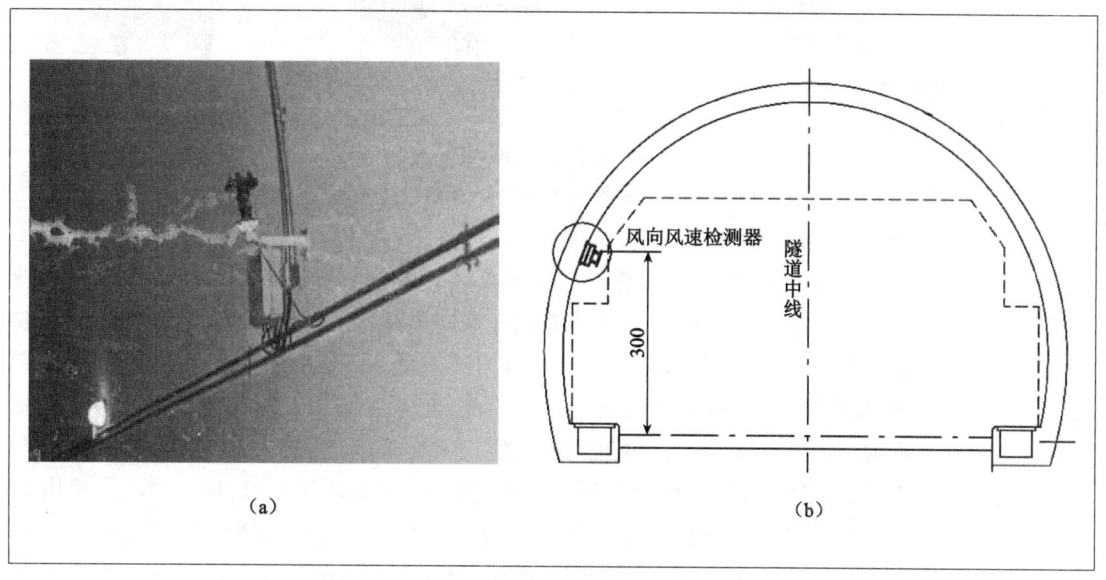

图 6.2.9 风速风向检测器实物图及安装图(尺寸单位:cm)
(a)实物图;(b)安装图

VI 检测器、CO 检测器、NO_2 检测器设置在隧道侧壁,一般安装高度距离地面约 3 m;发射端与反射端镜面等位,支架安装距离为 3 m,保持同一高度,同轴度良好。采用全射流通风方式时,隧道通风环境检测设备设置在两组风机的纵向中间部位。风速风向检测器离洞口距离应不小于隧道断面当量直径的 10 倍。隧道通风环境检测设备要能满足洞内长期工作的需要,测量范围和精度不低于表 6.2.14 中的技术要求。

隧道通风环境检测设备技术要求 表 6.2.14

设备	测量范围	精度
VI 检测器	25~1 000 m	±10% 示值
CO 检测器	0~250 cm^3/m^3	±2 cm^3/m^3
风速风向检测器	0~30 m/s	±0.2 m/s
NO_2 检测器	0~10 cm^3/m^3	±5% 示值

2)隧道通风设备技术要求及应用

公路隧道通风可采用射流风机、轴流风机、离心风机等机械设备,如图 6.2.10 所示。射流风机为固定参数的轴流风机,隧道风机一般指的是射流风机。轴流风机是气流轴向进入风机叶轮后,在旋转叶片的流道中沿着轴线方向流动的风机。离心风机是气流进入旋转的叶片通道,在离心力作用下气体被压缩并沿着半径方向流动的风机。下面简要介绍射流风机与轴流风机。

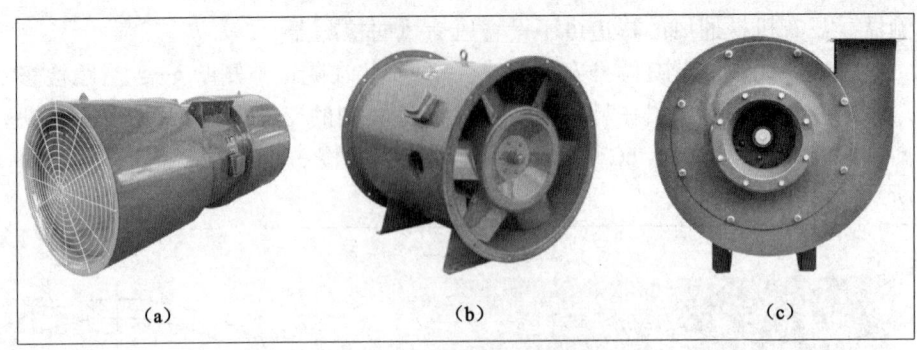

图 6.2.10 隧道风机实物图
(a)射流风机;(b)轴流风机;(c)离心风机

(1)射流风机的要求与布置。

公路隧道射流风机选用具有消声装置的公路隧道专用风机。单向交通隧道选择单向风机,双向交通隧道选择双向风机,同一隧道风机型号宜相同。双向可逆射流风机反转时的风量和推力不宜低于正转的 98%,反向运行的单向射流风机,其反向风量宜为正向风量的 50%~70%。隧道内发生火灾时,在环境温度为 250 ℃ 时,射流风机应能正常可靠运转 60 min。在野外距风机出口 10 m 且呈 45°夹角处测量射流风机的 A 声级应小于 77 dB。射流风机电动机防护等级不应低于 IP55,绝缘等级不应低于 F 级。在额定工作条件下,风机整体设计使用寿命不应低于 20 年,第一次大修前的安全运行时间不应少于 18 000 h。

射流风机在隧道横断面上的布置要求:在隧道内,任何设备的安装均不能侵入隧道的建筑限界,射流风机的边沿与隧道建筑限界的净距不小于 15 cm;一般情况,双车道同一断面布置 2 台射流风机;三车道、四车道隧道同一断面布置射流风机的数量根据其断面大小、照明灯具等设置综合确定;当同一断面布置 2 台及 2 台以上射流风机时,相邻两台风机的净距不宜小于 1 倍风机叶轮直径,该断面的各风机型号应完全相同。图 6.2.11 为射流风机实物图及安装图。

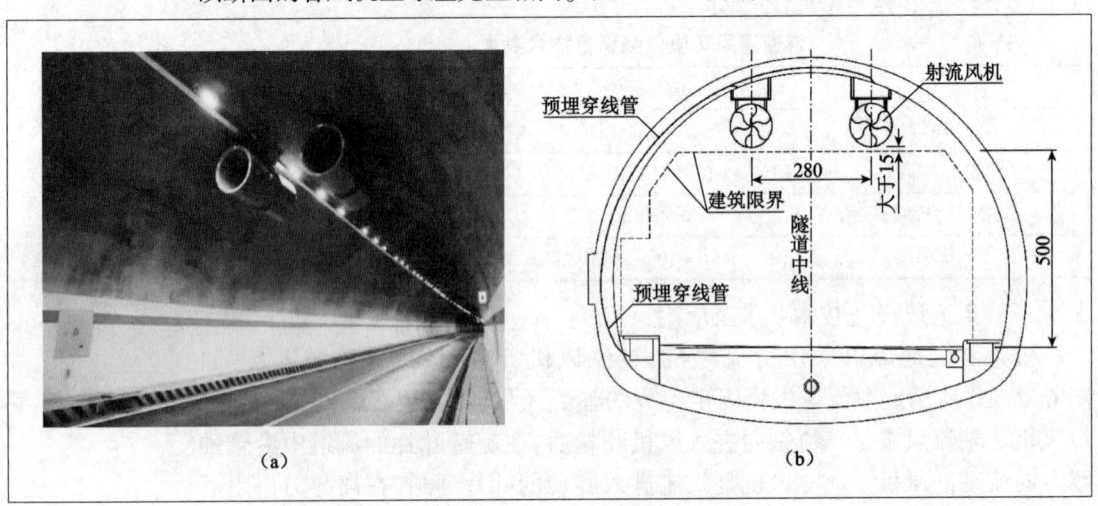

图 6.2.11 射流风机实物图及安装图(尺寸单位:cm)
(a)实物图;(b)安装图

射流风机在隧道纵向方向布置要求:射流风机口径不大于1 000 mm时,风机纵向间距小于120 m、口径大于1 000 mm时,风机纵向机间距大于150 m;长度不大于3 000 m的直线隧道,射流风机可布置在两端洞口段;特长隧道的射流风机宜在两端洞口段、洞内中部等位置不少于3段分布;长度大于2 000 m的曲线隧道,曲线段宜布置射流风机;单向交通隧道采用洞外变电所对洞内射流风机集中供电时,行车进口段第一组风机与洞口的距离宜取100 m;隧道曲线段内射流风机的纵向布置距离不宜大于100 m。

(2)轴流风机的选型与布置。

公路隧道轴流风机一般由叶轮、机壳、集流器、流线罩、叶片、扩散器、软连接、风阀等组成。轴流风机的构造形式有卧式和立式,目前我国多采用卧式风机。在设置条件有限、安装场地不足时,可选用立式风机。

轴流风机一般选用大风量、低风压、静叶可调的,实际工程中要结合隧道设计风量、风压、功率及效率选择风机型号。火灾排烟轴流风机的绝缘等级不低于F级,其他轴流风机的绝缘等级不低于H级;轴流风机的防护等级不低于IP54。

轴流风机一般2~3台并联设置,并联运行的各风机型号和性能参数应完全一致,且各轴流风机设置防喘振装置。同一送风系统或排风系统可备用1台同型号的轴流风机。图6.2.12为轴流风机控制柜及出风口。

(a) (b)

图6.2.12 轴流风机控制柜及出风口
(a)轴流风机控制柜;(b)轴流风机出风口

轴流风机的选型要满足不同运营期的要求,在轴流风机安装之前,对轴流风机的配置参数进行校验,是通风设计必不可少的环节。轴流风机的全压输出功率如式(6.2.10)所示,全压输入功率如式(6.2.11)所示,轴流风机所需配用的电动机输入功率如式(6.2.12)所示。

$$S_{th} = \frac{Q_a p_{tot}}{1\,000} \cdot \left(\frac{273+t_0}{273+t_1}\right) \cdot \frac{p_1}{p_0} \quad (6.2.10)$$

式中:S_{th}为轴流风机的全压输出功率(kW);Q_a为轴流风机的风量(m^3/s);p_{tot}为轴流风机的设计全压(N/m^2);t_1为风机环境温度(℃);t_0为标准温度(℃),取20 ℃;p_1为风机环境大气压(N/m^2);p_0为标准大气压(N/m^2)。

$$S_{kw} = \frac{S_{th}}{\eta_f} \quad (6.2.11)$$

式中:S_{kw}为轴流风机的全压输入功率,即轴功率(kW);η_f为风机的全压效率,可取80%。

$$M_1 = \frac{S_{kw}}{\eta_m} \cdot k_1 \qquad (6.2.12)$$

式中:M_1为电动机输入功率(kW);η_m为电动机效率(%),可取90%~95%;k_1为电动机容量安全系数,可取1.05~1.10。

3. 隧道通风的控制方式

隧道通风控制的目的是以公路隧道交通安全为前提,通过及时对隧道内空气中的有害物浓度、风速、风向等环境参数进行实时监测,根据需要进行通风控制。同时,通风控制是实现隧道通风系统节能运行的重要措施,通过控制通风设备的运行时间及数量达到节能的目的。

隧道通风系统的控制可分为手动控制和自动控制,根据《公路隧道通风设计细则》(JTG/T D70/2-02—2014),采用机械通风的隧道风机都需具备手动控制功能。高速公路和一级公路隧道以自动控制方式为主,二级、三级及四级公路隧道可采用自动控制方式。

公路隧道的通风控制方法可分为传统控制法和现代控制法,传统控制法可分为直接控制法、间接控制法、程序控制法、组合控制法;现代控制法有模糊控制法、神经网络控制法、模糊神经网络控制法等。

1)直接控制法

直接控制法是通过分布在隧道内各点的 CO/VI 检测器直接检测行驶车辆在洞内排放出的 CO 浓度和烟雾浓度,通过计算处理后,给出控制信号,启动分布在隧道相应点的风机,供给新鲜空气,达到稀释 CO 和烟雾浓度的目的。该控制方法简单有效,是我国隧道建设中应用最多最广泛的一种控制方法,如图6.2.13所示。

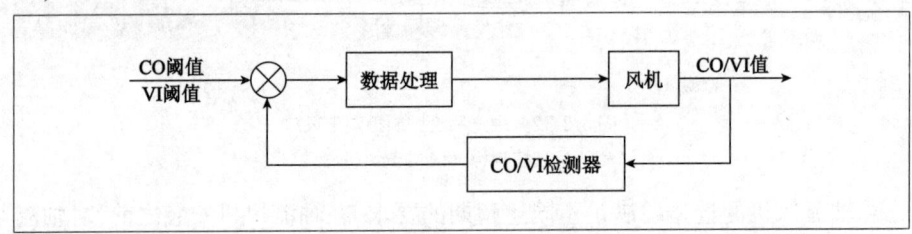

图6.2.13 隧道通风直接控制法

2)间接控制法

间接控制法是对隧道交通量和行车速度的参数进行采集后,通过计算处理,粗略地算出 CO 浓度和 VI 的值并与标准值进行比较,确定实施通风控制的方法。间接控制法是一种没有反馈参数的开环控制方法,控制精度和抗干扰性能不如直接控制,在实际工程中很少使用。

3)程序控制法

程序控制法是在通过统计获得经验数据的基础上,控制风机的启动与运行。程序控制法不考虑 CO 浓度、VI 及交通量的变化情况,按时间区间预先编制程序来控制风机运行,可靠性和运行效率比较低。

4)组合控制法

组合控制法如图 6.2.14 所示,它通过检测器直接检测被控量 CO 浓度、VI 和车流量,传入控制器,经过一定策略分析处理,从而控制风机的运行。组合控制法是一种比较完善、可靠、优越的方法。

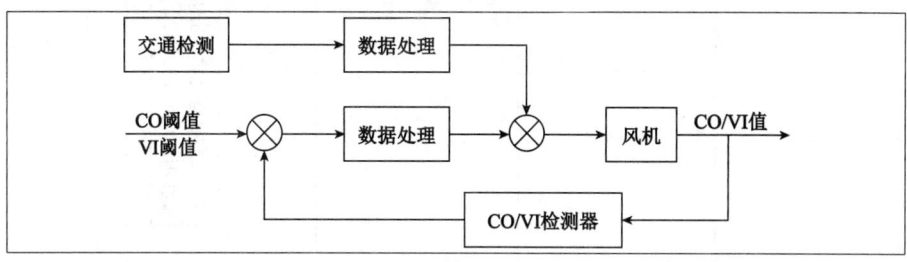

图 6.2.14　隧道通风组合控制法

5)现代控制法

传统的隧道通风控制系统建立在定量的数学模型基础上,但由于隧道内的环境参数,如 CO 浓度、烟雾浓度和风速主要受交通流量、隧道行车种类及气候条件等诸多因素的影响都是随机变化的,而且不同隧道内部形状参数相差很大,因此很难建立隧道数学模型。

模糊控制法是以 CO 浓度和 VI 作为模糊控制系统的两个模糊输入变量,以风机的启动个数作为模糊控制器的输出,通过相应模糊控制规则来实现隧道通风的自动控制。它克服了简单门限控制方式的缺点,缓解了风机频繁启停的问题。

神经网络控制法是指建立隧道通风控制的神经网络模型,利用隧道通风检测器采集的 CO 浓度和 VI 的数据,不断对模型进行优化,从而实现隧道通风的快速、准确控制。

模糊神经网络控制法把模糊控制和神经网络控制结合起来应用到隧道通风控制系统中,可有效发挥模糊控制和神经网络控制的各自优势,从而获得更理想的控制效果。

6.2.5　隧道通风系统案例分析

某隧道左线长 2 460 m,右线长 2 475 m,通过通风计算,左线正常运营时布设 8 台风机,总功率 296 kW,火灾工况下风机布设 10 台,总功率 370 kW;右线运营工况与火灾工况都是 8 台风机,总功率为 296 kW。选用叶轮直径为 1 120 mm,叶轮流量为 33.5 m³/s,出口风速为 34.0 m/s,轴向推力为 1 296 N,防护等级为 IP55,电动机功率为 37 kW,电动机绝缘等级为 H 级,电压 380 V,频率 50 Hz,通风方向可逆转,风机能在 280 ℃ 高温下连续工作 1 h,反、正向流量比为 100%,噪声为风口下 45°、10 m 处(野外)70 dB 的射流风机。

风机在隧道内的布设图如图 6.2.15 所示,左线 10 台,右线 8 台。为缩短供电距离,射流风机均靠近隧道内埋地式变压器位置布设,每两台为一组,采用上置式悬挂安装,通过预埋件安装于隧道拱顶。射流风机按距洞口大于 150 m,以洞内通风配电柜为中心向两侧 75 m(组间距离为 150 m)的原则布置,射流风机运行主风向与隧道行车方向一致。

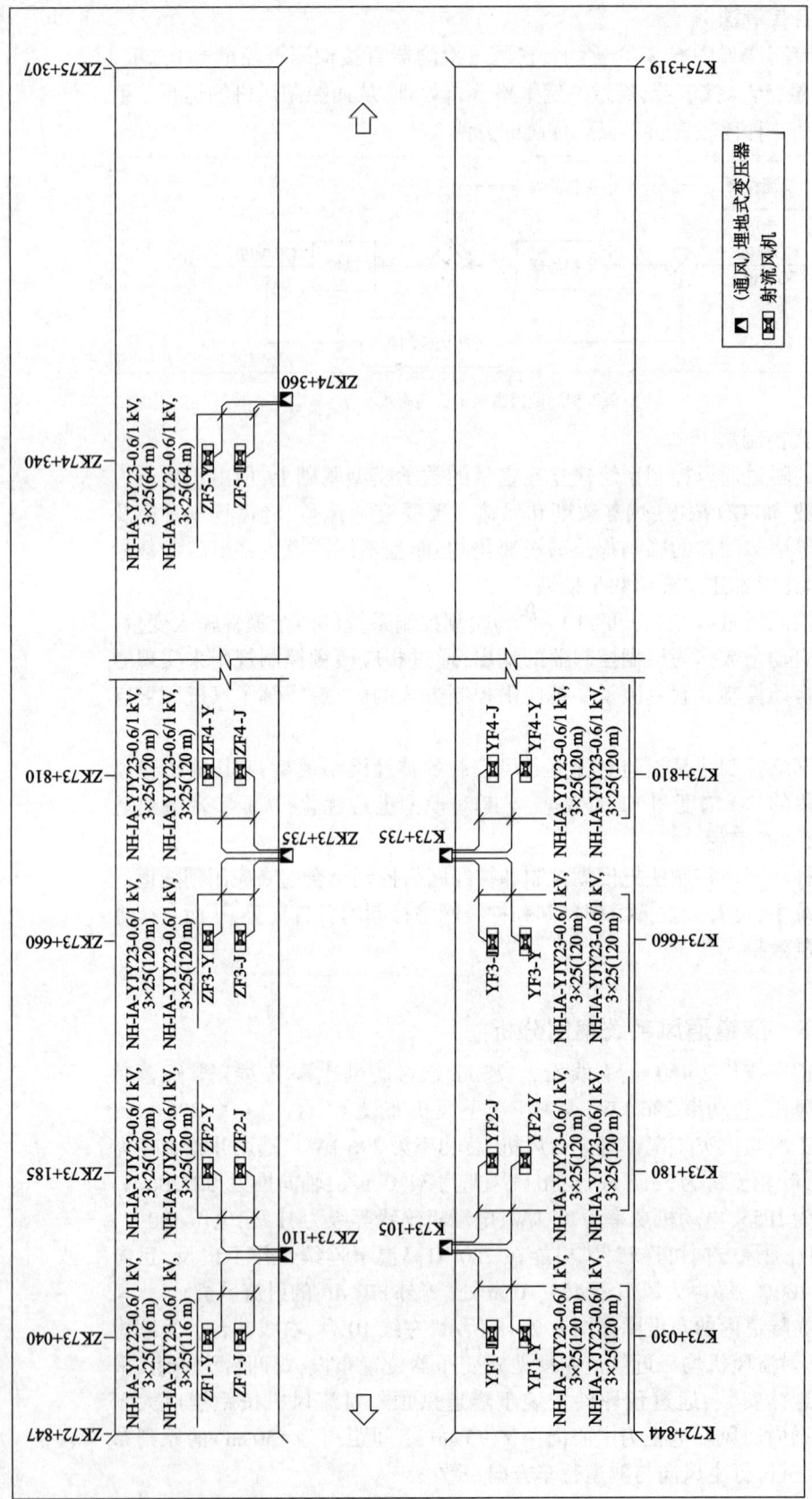

图6.2.15 风机在隧道内的布设图

隧道内射流风机均采用380 V电压等级、放射式配电方式,即每组风机的甲风机和乙风机由埋地式变压器低压侧配电柜引出的低压电力电缆分别供电。隧道通风系统以自动控制为主,手动控制为辅。

6.2.6 隧道通风系统检修维护与常见故障处理

1. 隧道通风系统检修维护

隧道通风设施的经常检修、定期检修主要项目及其检修频率见表6.2.15。通风设施检修按各种设备的操作规程和养护要求进行,并使主要性能指标达到要求。

隧道通风设施的经常检修、定期检修主要项目及其检修频率　　　表6.2.15

设施名称	检查项目	主要检查内容	经常检修 1次/(1~3)月	定期检修 1次/年
射流风机*	总体	风机运转过程中有无异响	√	
		风机运转时电流值是否在额定值内	√	
		风机反转是否正常	√	
		维护性开启频率	1次/15天	
	各安装部位	有无松动、腐蚀现象	√	
		安全吊链的松紧程度	√	
	叶片	叶片是否清洁,有无异响		√
	电动机	转动轴有无振动、异响、过热		√
		润滑油的检查、更换及轴承清洗		√
		电动机的拆卸检查、轴承清洗与油脂更换		√
		防护情况检查		√
		绝缘测试		√
		三相电流平衡试验		√
		运行中的电动机温升是否正常		√
	其他	拆卸组装后的风速及推力测试		√
轴流风机*	总体	运转状态有无异响和异常振动	√	
		各计量仪器、仪表读数是否正确	√	
		基础螺栓及连接螺栓的状态有无异常		√
		轴承温度、油温、油压有无异常		√
		振动测试有无异常		√
		逆转1 h以上的工作状况有无异常		√
		与监控测试联动试验		√
		手动旋转的平衡状态		√
		正、反转间隔一定时间的试验		√
		叶片安装状态检查		√
		维护性开启频率	1次/15天	

续上表

设施名称	检查项目	主要检查内容	经常检修 1次/(1~3)月	定期检修 1次/年
轴流风机*	减速机	油量是否正常	√	
		有无异响,油温是否正常		√
		润滑油老化试验		√
		更换油脂		√
	润滑油冷却装置	配管、冷却器、交换器、循环泵的状态	√	
		运转中有无振动、异响、过热现象	√	
	气流调节装置	动作状态有无异常	√	
		内翼有无损伤、裂纹		√
		密封材料状态		√
	动翼、静翼及叶轮	翼面有无损伤、剥离		√
		焊接部有无损伤		√
		检查叶轮液压调节装置		√
轴流风机及离心风机*	导流叶片及异型管	有无生锈、涂装剥离、螺母松动		√
	驱动轴	接头、齿轮润滑状态有无异常	√	
		传动轴的振动与轴承温度有无异常	√	
		加油脂		√
	电动机	运转中有无异响、振动、过热	√	
		连接部的工作状态	√	
		绝缘测试		√
		三相电流平衡试验		√
	消声器	清扫消声器内壁灰尘		√
		噪声检测		√
		吸声材料检查与变质材料更换		√
	其他	仪表的检查、校正和更换		√
		供油装置的检验		√
		必要时的金属探伤		√
		组装、检查后的试运转及风速、推动测试		√
CO检测器	分析仪及自动校正装置	确认分析仪的指示值是否正确	√	
		确认空气滤清器是否有污染	√	
		确认除湿装置的功能		√
		确认自动校正装置的功能		√
		检查通风装置的功能		√

续上表

设施名称	检查项目	主要检查内容	经常检修 1次/(1~3)月	定期检修 1次/年
CO 检测器	吸气装置	吸气泵的运转有无异响、过热、振动	√	
		外观有无污染、损伤	√	
		检查检测仪读数有无异常	√	
	采气口	隧道采气口滤清器的更换		√
	监控单元	按"VI 检测器"中"监控单元"执行		
	仪器标定	仪器整体检测精度		√
风速风向检测器	分析仪及自动校正装置	确认分析仪的指示值是否正确	√	
		确认自动校正装置的功能	√	
	监控单元	按"VI 检测器"中"监控单元"执行		
	仪器标定	仪器整体检测精度		√
VI 检测器	感光单元	外观有无污染、损伤	√	
		聚焦镜防护罩全面检查	√	
	监控单元	外观是否有污染、损伤	√	
		调整工作状态、透过率指标	√	
		计量仪、显示器、故障显示灯是否正常		√
		操作开关、继电器、电磁开关、配线断路器是否正常		√
		配线有无异常、污染、损伤、过热、松动、断线等		√
	仪器标定	仪器整体检测精度		√

注：带"*"的设施为关键设施。

2. 隧道通风常见故障及处理

1）射流风机常见故障及处理

（1）射流风机无法启动。

通常为软启动损坏，检查软启动，更换即可解决问题。

（2）射流风机手动、自动启动异常，风机不运转。

检查软启动器进线端三相电压是否正常。若不正常，则接触器坏。若正常，检查软启动出线端三相电压是否正常，三相电压不正常则软启动器坏，三相电压正常，则线路断路。

2）轴流风机常见故障及处理

（1）轴流风机启动柜启动时拉弧。

清理水电阻极板，更换纯净水，重新调配。

（2）轴流风机无法远程控制。

检查通信是否正常。若不通，排查光收发器是否正常，若不正常，更换光收发器，正常则排查 PLC（Programmable Logic Controller，可编程逻辑控制器）通信模块，故障则更换即可解决问题。

单元 6.3 隧道照明系统组成与应用

6.3.1 隧道照明的特点与视角现象

隧道照明直接影响隧道运营安全与运营节能。公路隧道管状结构决定了洞内外亮度相差悬殊,人的视觉对亮度悬殊大的光线有一定的适应过程,为保证行车安全,采用照明装置减少洞内外亮度的差异。

公路隧道设置照明系统,是为了把必要的视觉信息传递给驾驶人,防止因视觉信息不足而出现交通事故,从而提高驾驶安全性和增加舒适感。公路隧道照明与一般道路照明的显著区别在于不仅夜间需要照明,白天也需要照明,而且白天照明比夜间照明更为复杂。

驾驶人在白天从明亮的环境接近、进入和通过隧道的过程中,将发生种种特殊的视觉问题。主要视觉问题如下。

(1)白天进入隧道前的视觉问题。由于隧道内外的亮度差别极大,从隧道外部去看照明很不充分的隧道入口会看到黑洞(长隧道)及黑框(短隧道)现象,如图 6.3.1 所示。

(a)   (b)

图 6.3.1 隧道黑洞及黑框现象
(a)隧道黑洞现象;(b)隧道黑框现象

(2)白天进入隧道立即出现的视觉问题。汽车由明亮的外部进入即使是不太暗的隧道以后,因为急剧的亮度变化,人的视觉不能迅速适应,驾驶人要经过一定时间才能看清隧道内部的情况,这种现象称为"适应的滞后现象"。

(3)隧道内部的视觉问题。隧道内部汽车排出的废气如果不能迅速消散,就会形成烟雾,从而降低隧道内部的能见度,影响人的视觉。

(4)隧道出口处的视觉问题。白天,汽车穿过较长的隧道接近出口时,由于通过出口看到的外部亮度极高,出口看上去是个亮洞,出现极强的眩光,驾驶人在这种极强的眩光效应下会感到十分不舒服;夜间与白天正好相反,隧道出口看到的是黑洞,这样就看不出外部道路的线形及路上的障碍物,如图 6.3.2 所示。

图6.3.2 隧道出口处的视觉问题
(a)白天隧道出口眩光现象;(b)夜间隧道出口黑洞现象

6.3.2 隧道照明设置标准及隧道照明组成

1. 隧道照明设置标准

为保障隧道内驾驶人视觉需求,通过隧道照明系统改善隧道内亮度。隧道照明根据隧道长度、平曲线、竖曲线和交通量等要素,设置满足隧道路面平均照度(在路面上预先设定的点上测得的或计算得到的各点照度的平均值)、路面平均亮度(在路面上预先设定的点上测得的或计算得到的各点亮度的平均值)、路面亮度总均匀度(路面上最小亮度与平均亮度的比值)、路面中线亮度纵向均匀度(路面中线上的最小亮度与最大亮度的比值)、闪烁和诱导性的要求。

依据《公路隧道照明设计细则》(JTG/T D70/2-01—2014),根据隧道的等级及隧道长度确定是否设置隧道照明系统。长度 $L>200$ m 的高速公路隧道、一级公路隧道应设置照明;100 m $<L\leq 200$ m 的高速公路光学长隧道、一级公路光学长隧道应设置照明;$L>1\ 000$ m 的二级公路隧道应设置照明;500 m $<L\leq 1\ 000$ m 的二级公路隧道宜设置照明;三级、四级公路隧道根据公路功能及重要性、当地经济状况等实际情况确定是否设置;有人行需求的隧道,应根据隧道长度和环境条件设置满足行人通行需求的照明设施;不设置照明的隧道应设置视线诱导设施。

2. 隧道照明的组成

公路隧道根据行车方向分为单向交通隧道和双向交通隧道。为了满足驾驶人视觉从高亮度向低亮度,或从低亮度向高亮度变化适应的需求,同时满足隧道节能的要求,隧道照明采取分段设置。单向交通隧道照明系统由入口段照明、过渡段照明、中间段照明、出口段照明、洞外引道照明及洞口接近段减光设施组成,如图6.3.3所示,图中 S 为接近段起点,A 为适应点,P 为洞口,d 为适应距离,$L_{20}(S)$ 为洞外亮度,L_{th1}、L_{th2} 为入口段亮度,L_{tr1}、L_{tr2}、L_{tr3} 为过渡段亮度,L_{in} 为中间段亮度,L_{ex1}、L_{ex2} 为出口段亮度,D_{th1}、D_{th2} 为入口段对应分段亮度的长度,

D_{tr1}、D_{tr2}、D_{tr3} 为过渡段对应分段亮度的长度,D_{in} 为中间段长度,D_{ex1}、D_{ex2} 为出口段对应分段亮度的长度。

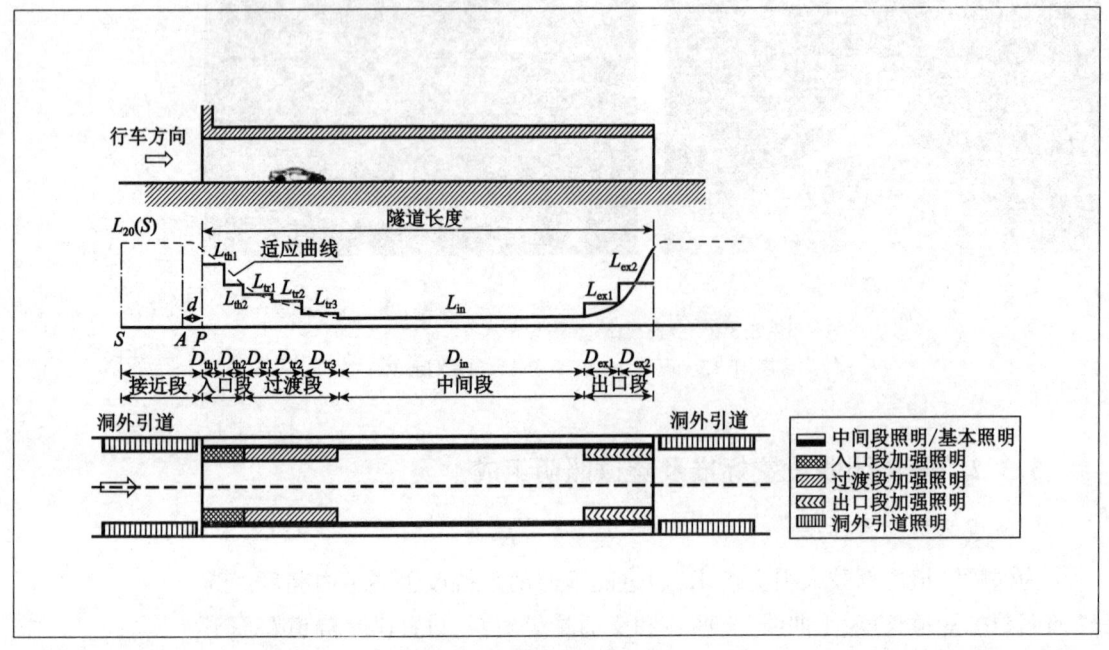

图 6.3.3　单向交通隧道照明系统分段图

（1）接近段。隧道照明接近段是隧道入口外一个停车视距长度段。这段道路是驾驶人视觉调节的阶段,也决定了隧道入口段的照明亮度要求。白天通过设置遮光棚、遮阳棚等减光措施,以降低隧道内外的亮度差;夜间在隧道入口接近段通过设置引导路灯以提前使驾驶人了解并适应隧道洞口条件,如图 6.3.4 所示。

(a)　　　　　　　　　　　　　　　(b)

图 6.3.4　隧道接近段
(a)隧道入口遮光棚;(b)隧道入口引导路灯

（2）入口段。入口段是进入隧道的第一照明段,是使驾驶人视觉适应由洞外高亮度环境向洞内低亮度环境过渡设置的照明段。白天驾驶人在入口段是一个"明暗"适应,需加强照明。夜间驾驶人在入口段是一个"暗明"适应,需适当降低隧道入口段亮度,从而保证驾驶人的安全舒适性和照明经济性。

(3)过渡段。过渡段是隧道入口段与中间段之间的照明段,是使驾驶人视觉适应由隧道入口段的高亮度向洞内低亮度过渡设置的照明段。入口段的人工照明环境,从技术和经济上都无法达到洞外亮度,视觉还将经历从洞外高亮度到洞内低亮度的突变,视功能下降和视觉适应滞后问题仍然存在。因此,通过设置亮度逐渐降低的入口段和过渡段照明,使驾驶人有足够的亮度变化适应时间。依据国际照明委员会有关标准规定的适应曲线,过渡段照明亮度可划分为 TR1、TR2、TR3 三个照明段。白天,驾驶人从入口段驶入中间段时,为了降低驾驶人的视觉差异,需要设置照明过渡段,从而满足驾驶人视觉认知的安全舒适性和照明经济性要求。夜间,入口段与中间段之间的亮度差异不大时,只需将过渡段亮度与入口段夜间亮度保持在一个水平上。

(4)中间段。中间段是沿行车方向链接入口段或过渡段的照明段,是为驾驶人行车提供最低亮度要求设置的照明段。车辆在隧道内行驶时,速度的增加使得眼睛的视界变窄,不易发现近处和两侧的物体,即产生"运动效应",并随着隧道长度的增加而增强。如果隧道内部不设照明,仅利用车灯照亮路面,隧道壁的微弱反射将形成"墙效应"。两种效应的叠加,会使驾驶人感到压迫感,带来安全隐患。因此,隧道中间段应设置适当的照明系统,以满足驾驶人的视觉功能和心理需求,保证行车安全。

(5)出口段。出口段是隧道内靠近隧道行车出口的照明段。白天,需要注重不同时段的"暗明"适应。夜间,需要注重"明暗"适应。白天,车辆通过较长的隧道接近隧道出口时,驾驶人的视觉逐渐接受洞外光线的影响,视觉产生明适应,造成"白洞效应",驾驶人看到的是一个刺眼的炫亮白洞,无法准确判别与前车的间距。当交通量较大时,行车间距缩短,当前方行驶的车辆挡住了出口处绝大部分投射入洞口内的光线时,驾驶人很难准确判断其前方行驶车辆的运行状况,且前车背后的小型车辆常难以发现、识认,容易发生车祸。因此,设置出口加强照明可消除这类视觉困难,降低发生在邻近出口处的危险性。

(6)疏散及诱导照明。当隧道内发生火灾时,产生的大量烟雾将笼罩在隧道顶部,并且随着气流方向向前推进。大量烟雾将会使隧道内亮度急剧下降,因此对人员、车辆的疏散极为不利,可能使疏散的人员及车辆发生二次灾害。基于上述原因,隧道内应设置疏散及诱导照明。一般采用 LED 光源,间距一般为 10 m,其中每 40 m 设一盏疏散指示灯,以便火灾状态下指示人员安全快速地离开现场。疏散灯为长明灯,不受控制;诱导灯正常情况下常亮,当发生事故时,通过隧道监控中心下发指令,将诱导灯调为闪烁状态以提醒驾驶人谨慎驾驶。

双向交通隧道照明系统由入口段照明、过渡段照明、中间段照明、洞外引道照明及洞口接近段减光设施组成,如图 6.3.5 所示。不同区段的视觉现象不同,应设置不同亮度,各区段的长短和亮度值随照明设计速度、隧道外亮度、设计交通量等不同而变化。

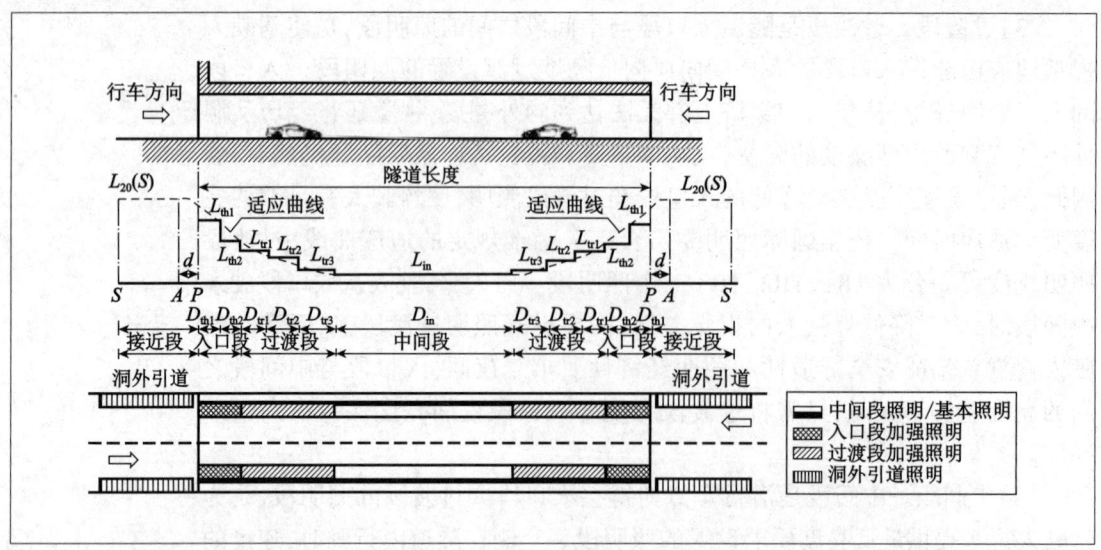

图6.3.5 双向交通隧道照明系统分段图

6.3.3 隧道照明计算

为保证隧道照明的合理性、科学性、经济性,对隧道照明入口段、过渡段、中间段、出口段各段的长度与亮度有一定的要求。隧道照明计算根据隧道确定的亮度、照明类型和布置方式,计算照明灯具的数量及功率,合理设计隧道照明。

1. 入口段长度与亮度计算

1) 入口段照明的长度

公路隧道入口段的后半段亮度偏高,所以入口段照明采用了分段设置的方法,分为TH1、TH2两个照明段。入口段两段的长度按式(6.3.1)计算,长度单位为米。

$$D_{\text{th}1} = D_{\text{th}2} = \frac{1}{2}\left(1.154D_s - \frac{h-1.5}{\tan 10°}\right) \tag{6.3.1}$$

式中:$D_{\text{th}1}$ 为入口段 TH1 长度(m);$D_{\text{th}2}$ 为入口段 TH2 长度(m);D_s 为照明停车视距(m),由隧道设计速度、隧道纵坡坡度决定,按照表6.3.1取值;h 为隧道内净空高速(m)。

照明停车视距 D_s(m) 表6.3.1

设计速度 v_t (km·h^{-1})	纵坡(%)								
	-4	-3	-2	-1	0	1	2	3	4
120	260	245	232	221	210	202	193	186	179
100	179	173	168	163	158	154	149	145	142
80	112	110	106	103	100	98	95	93	90
60	62	60	58	57	56	55	54	53	52
40	29	28	27	27	26	26	25	25	25
20~30	20	20	20	20	20	20	20	20	20

2)入口段照明的亮度

隧道入口段分为 TH1、TH2 两个照明段,各段对应的亮度由入口段亮度折减系数 k 值法计算,k 值取值与隧道设计小时交通量及隧道设计速度有关,按表 6.3.2 取值。入口段两段的亮度由式(6.3.2)和式(6.3.3)计算,式中洞外亮度按表 6.3.3 取值。表中天空面积百分比指 20°视场中天空面积百分比;南洞口指北行车辆驶入的洞口,北洞口指南行车辆驶入的洞口;东洞口与西洞口取用南洞口与北洞口之中间值;暗环境指洞外景物(包括洞门建筑)反射率低的环境;亮环境指洞外景物(包括洞门建筑)反射率高的环境;当天空面积百分比处于表中两档之间时,按线性内插取值。

$$L_{th1} = kL_{20}(S) \quad (6.3.2)$$

$$L_{th2} = 0.5kL_{20}(S) \quad (6.3.3)$$

式中:L_{th1} 为入口段 TH1 的亮度(cd/m^2);L_{th2} 为入口段 TH2 的亮度(cd/m^2);k 为入口段亮度折减系数;$L_{20}(S)$ 为洞外亮度(cd/m^2),按表 6.3.3 取值。

入口段亮度折减系数 k 表 6.3.2

设计小时交通量 N [veh·(h·ln)$^{-1}$]		设计速度 v_t(km·h^{-1})				
单向交通	双向交通	120	100	80	60	20~40
≥1 200	≥650	0.070	0.045	0.035	0.022	0.012
≤350	≤180	0.050	0.035	0.025	0.015	0.010

洞外亮度 $L_{20}(S)$(cd/m^2)   表 6.3.3

天空面积百分比	洞口朝向或洞外环境	计算速度 v_t(km·h^{-1})				
		20~40	60	80	100	120
35%~50%	南洞口			4 000	4 500	5 000
	北洞口			5 500	6 000	6 500
25%	南洞口	3 000	3 500	4 000	4 500	5 000
	北洞口	3 500	4 000	5 000	5 500	6 000
10%	暗环境	2 000	2 500	3 000	3 500	4 000
	亮环境	3 000	3 500	4 000	4 500	5 000
0	暗环境	1 500	2 000	2 500	3 000	3 500
	亮环境	2 000	2 500	3 000	3 500	4 000

对于不同长度的隧道,入口段亮度的取值如下。

(1)长度大于 500 m 的非光学长隧道及长度大于 300 m 的光学长隧道,入口段 TH1、TH2 的亮度按照式(6.3.2)和式(6.3.3)计算。

(2)300 m<L≤500 m 的非光学长隧道及 100 m<L≤300 m 的光学长隧道,入口段 TH1、TH2 的亮度宜分别按式(6.3.2)和式(6.3.3)计算值的 50% 取值。

(3)200 m<L≤300 m 的非光学长隧道,入口段 TH1、TH2 的亮度宜分别按式(6.3.2)和式(6.3.3)计算值的 20% 取值。

(4)当两座隧道间的行驶时间按设计速度计算小于 15 s,且通过前一座隧道的行驶时间大于 30 s 时,后续隧道入口段亮度应进行折减,亮度折减率可按表 6.3.4 取值。

后续隧道入口段亮度折减率 表6.3.4

两隧道之间行驶时间 $t(s)$	$t<2$	$2\leq t<5$	$5\leq t<10$	$10\leq t<15$
后续隧道入口段亮度折减率(%)	50	30	25	20

2.过渡段长度与亮度计算

过渡段照明亮度按渐变递减一般划分为 TR1、TR2、TR3 三个照明段。

1)过渡段长度计算

过渡段三个照明段的长度,其中 TR1、TR2 段的长度相当于 4 s 内的行驶距离,TR3 段长度相当于 6 s 内的行驶距离,各段长度按式(6.3.4)~式(6.3.6)计算,根据过渡段计算公式,在不同设计速度下各过渡段长度如表 6.3.5 所示。对于长度 $L \leq 300$ m 的隧道,可不设置过渡段加强照明;$300\ m < L \leq 500\ m$ 的隧道,当在过渡段 TR1 能完全看到隧道出口时,可不设置过渡段 TR2、TR3 加强照明。

$$D_{tr1} = \frac{D_{th1} + D_{th2}}{3} + \frac{v_t}{1.8} \quad (6.3.4)$$

$$D_{tr2} = \frac{2v_t}{1.8} \quad (6.3.5)$$

$$D_{tr3} = \frac{3v_t}{1.8} \quad (6.3.6)$$

式中:D_{tr1}、D_{tr2}、D_{tr3} 分别表示 TR1、TR2、TR3 各段的长度;v_t 为设计速度(km/h);$\frac{v_t}{1.8}$ 为 2 s 内的行驶距离。

过渡段长度 表6.3.5

设计速度 v_t (km·h^{-1})	D_{tr1} (m)			D_{tr2} (m)	D_{tr3} (m)
	隧道内净空高度 h(m)				
	6	7	8		
120	139	137	135	133	200
100	108	106	103	111	167
80	74	72	70	89	133
60	46	44	42	67	100
40	26	26	26	44	67

2)过渡段亮度

过渡段的三个照明段按照渐变递减,各段亮度按式(6.3.7)至式(6.3.9)分别计算。各段亮度分别是入口段第一段的亮度的倍数。当 TR3 的亮度 L_{tr3} 不大于中间段亮度 L_{in} 的 2 倍时,可不设置过渡段 TR3 加强照明。

$$L_{tr1} = 0.15 L_{th1} \quad (6.3.7)$$

$$L_{tr2} = 0.05 L_{th1} \quad (6.3.8)$$

$$L_{tr3} = 0.02 L_{th1} \quad (6.3.9)$$

式中:L_{tr1}、L_{tr2}、L_{tr3}分别表示各段的亮度。

3. 中间段亮度计算

中间段亮度一般保证隧道安全运行的最低亮度。中间段亮度值与隧道设计速度及隧道设计交通量有关,按照表6.3.6取值。对单向交通隧道且以设计速度通过隧道的行车时间超过135 s时,隧道中间段分为两个照明段,中间段第二照明段亮度可适当降低,与之对应的长度及亮度不应低于表6.3.7的规定。行人与车辆混合通行的隧道,中间段亮度不应小于2.0 cd/m²。

中间段亮度 表6.3.6

设计速度 v_t ($km \cdot h^{-1}$)	L_{in} (cd·m⁻²)		
	单向交通		
	$N \geqslant 1\,200$ veh/(h·ln)	350 veh/(h·ln) $< N <$ 1 200 veh/(h·ln)	$N \leqslant 350$ veh/(h·ln)
	双向交通		
	$N \geqslant 650$ veh/(h·ln)	180 veh/(h·ln) $< N <$ 650 veh/(h·ln)	$N \leqslant 180$ veh/(h·ln)
120	10.0	6.0	4.5
100	6.5	4.5	3.0
80	3.5	2.5	1.5
60	2.0	1.5	1.0
20~40	1.0	1.0	1.0

中间段各段长度与亮度 表6.3.7

项目	长度(m)	亮度(cd·m⁻²)	适应条件
中间段第一照明段	设计速度下 30 s 行车距离	L_{in}	—
中间段第二照明段	余下的中间段长度	$L_{in} \times 80\%$,且不低1.0 cd/m²	
		$L_{in} \times 50\%$,且不低 1.0 cd/m²	采用连续光带布灯方式,或隧道壁面反射系数不小于0.7时

4. 出口段长度与亮度计算

隧道出口段可划分为 EX1、EX2 两个照明段,每段长度宜取 30 m,与之对应的亮度按式(6.3.10)和式(6.3.11)计算。对于长度 $L \leqslant 300$ m 的直线隧道可不设置出口段加强照明;300 m $< L \leqslant 500$ m 直线隧道可只设置 EX2 出口段加强照明。

$$L_{ex1} = 3L_{in} \quad (6.3.10)$$
$$L_{ex2} = 5L_{in} \quad (6.3.11)$$

5. 应急照明与洞外引道照明

1) 应急照明

长度 $L > 500$ m 的高速公路隧道和长度 $L > 1\,000$ m 的一级、二级公路隧道应设置应急照明系统,应急照明亮度不小于表6.3.6所列中间段亮度的10%,且不低于0.2 cd/m²。

2)洞外引道照明

对于隧道外引道曲线半径小于一般值的路段,隧道设夜间照明且处于无照明路段的洞外引道、隧道与桥梁连接处、连续隧道间的路段,需设置洞外引道照明。洞外引道亮度与长度不低于表6.3.8所示值。

洞外引道亮度与长度　　　　表6.3.8

设计速度 v_t(km·h⁻¹)	亮度(cd·m⁻²)	长度(m)
120	2.0	240
100	2.0	180
80	1.0	130
60	0.5	95
20~40	0.5	60

6. 隧道照明计算

隧道路面的照明计算与隧道路面宽度、断面高度、照明设计速度、设计小时交通量、隧道路面、洞外亮度、交通特性、光源光通量、灯具布置方式等有关。根据隧道各段的设计亮度标准要求、照明类型和灯具布置方式、路面平均水平照度等可计算出照明灯具的数量及其功率。公路隧道照明设计应满足路面平均亮度、路面亮度总均匀度、路面中线亮度纵向均匀度、闪烁和诱导性要求。

1)路面平均水平照度计算

路面平均水平照度为在路面上预先设定的点上测得的或计算得到的各点照度的平均值。照度计算的方法有传统的经验表格法、等照度曲线法、利用系数法等,还有现代的数值计算法,传统的计算法精度不高。本节介绍利用灯具的光强分布表计算路面平均水平照度的数值计算法和利用灯具利用系数曲线图计算法。

利用灯具的光强分布表计算路面平均水平照度的数值计算法,通过计算预先设定各点的水平照度,然后求平均值。计算每一个预设点的路面水平照度,需要计算所有灯具在预设点的水平照度。因此,按式(6.3.12)计算某一个灯具在洞内路面计算点p产生的水平照度,按式(6.3.13)计算多个灯具在计算点p产生的水平照度,按式(6.3.14)计算路面平均水平照度。

$$E_{pi} = \frac{I_{cy}}{H^2}\cos^3\gamma \cdot \frac{\phi}{1\,000} \cdot M \qquad (6.3.12)$$

式中:E_{pi}为灯具在洞内路面计算点p产生的水平照度(lx);γ为p点对应的灯具光线入射角(°);I_{cy}为灯具在计算点p的光强值(cd);M为灯具的养护系数;ϕ为灯具额定光通量(lm);H为灯具光源中心至路面的高度(m)。

$$E_p = \sum_{i=1}^{n} E_{pi} \qquad (6.3.13)$$

式中:E_p为p点的水平照度(lx);n为灯具数量。

$$E_{av} = \frac{\sum_{p=1}^{m} E_p}{m} \quad (6.3.14)$$

式中:E_{av}为路面平均水平照度(lx);m为计算区域内计算点的总数。

利用灯具利用系数曲线图计算路面平均水平照度如式(6.3.15),其中ω为灯具布置系数,对称布置时取 2,交错、中线及中线侧偏单光带布置时取 1;η为利用系数,由灯具的利用系数曲线图查取;W为隧道路面宽度(m);S为灯具间距(m)。

$$E_{av} = \frac{\eta \phi M \omega}{WS} \quad (6.3.15)$$

2) 路面平均亮度计算

路面平均亮度指在路面上预先设定的点上测得的或计算得到的各点亮度的平均值。计算区域不小于灯具间距,纵向计算点间距不大于 1 m,横向计算点不少于 5 个;观察点距计算区域取 60 ~ 160 m,位于车道中线,距路面高度 1.5 m。灯具 i 在路面计算点 p 产生的亮度计算按式(6.3.16),式中 $r(\beta,\gamma)$为简化亮度系数,查表获得;β为观察面与光入射面之间的角度。数个灯具在计算点 p 产生的亮度计算按式(6.3.17)。计算区域内路面平均亮度计算按式(6.3.18)。

$$L_{pi} = \frac{I_{cy}}{H^2} r(\beta,\gamma) \quad (6.3.16)$$

$$L_p = \sum_{i=1}^{n} L_{pi} \quad (6.3.17)$$

$$L_{av} = \frac{\sum_{p=1}^{m} L_p}{m} \quad (6.3.18)$$

3) 路面均匀度计算

路面均匀度有路面亮度总均匀度和路面中线亮度纵向均匀度。路面亮度总均匀度指路面上最小亮度与平均亮度的比值。路面中线亮度纵向均匀度指路面中线上的最小亮度与最大亮度的比值。路面亮度总均匀度计算按式(6.3.19),U_0为路面亮度总均匀度,L_{min}为计算区域内路面最小亮度(cd/m²);路面中线亮度纵向均匀度计算按式(6.3.20),U_1为路面中线亮度纵向均匀度;L'_{min}为路面中线最小亮度(cd/m²);L'_{max}为路面中线最大亮度(cd/m²)。

$$U_0 = \frac{L_{min}}{L_{av}} \quad (6.3.19)$$

$$U_1 = \frac{L'_{min}}{L'_{max}} \quad (6.3.20)$$

6.3.4 隧道照明灯具选型与布置

1. 隧道灯具选型与灯具性能要求

1) 隧道灯具选型及特点

隧道灯具应根据隧道内环境温度和通风情况来选择,通常选用光效高、透雾性能和使用寿命长的灯具,一般有高压钠灯、荧光灯、LED灯等。

钠灯是指以金属钠蒸气为工作物质的照明装置;特点是灯光黄色、透雾能力强、显像指数低、光源利用率低、360°发光,需加反射装置、启动时间长。荧光灯也称日光灯,是利用汞蒸气在通电后释放紫外线,从而使荧光粉发出可见光的照明装置;特点是光源效率高、光色丰富、适用范围广、发光面积大、阴影少而宽、使用寿命不长、透雾性较差。LED灯是一种电致发光的半导体材料芯片照明装置;特点是能耗低、使用寿命长、显像指数高、光源利用率高、启动几乎没有延时、造价昂贵。

2) 隧道照明灯具性能要求

隧道内空气污染严重,烟雾大,透明度低,空气湿度大。因此选用可靠性高的封闭型和密闭型灯具,要求灯具性能满足:防护等级不低于IP65;具有适合公路隧道特点的防眩装置;光源和附件便于更换;灯具零部件具有良好的防腐性能;灯具安装角度易于调整;气体放电灯的灯具效率不应低于70%,功率因数不应小于0.85;LED隧道灯具的功率因数不应小于0.95。

2. 隧道照明灯具布置方式

隧道照明灯具布置方式与单位隧道长度需要的光通量、光源光效、光源功率、灯具类型及其配光特性等有关。

1) 灯具布置要求

合理的灯具布置应满足路面平均亮度及均匀度达到各段要求的标准;隧道左、右两侧墙面2 m高范围内的平均亮度,应不低于路面平均亮度的60%,使驾驶人能察觉墙壁的存在;灯具光轴应指向路面轴线,因为在隧道行驶的车辆习惯沿隧道中心线行驶;尽可能抑制眩光和频闪;隧道曲线段的照明灯具布置应为驾驶人提供良好的诱导性。

2) 灯具布置方式

按灯具安装在隧道的位置,灯具布置方式可采用中线形式、中线侧偏形式,也采用两侧交错和两侧对称等形式,如表6.3.9所示。各种布置方式隧道实物及隧道平面图,如图6.3.6所示。

照明灯具布置方式　　表6.3.9

布置方式	图示
中线布置	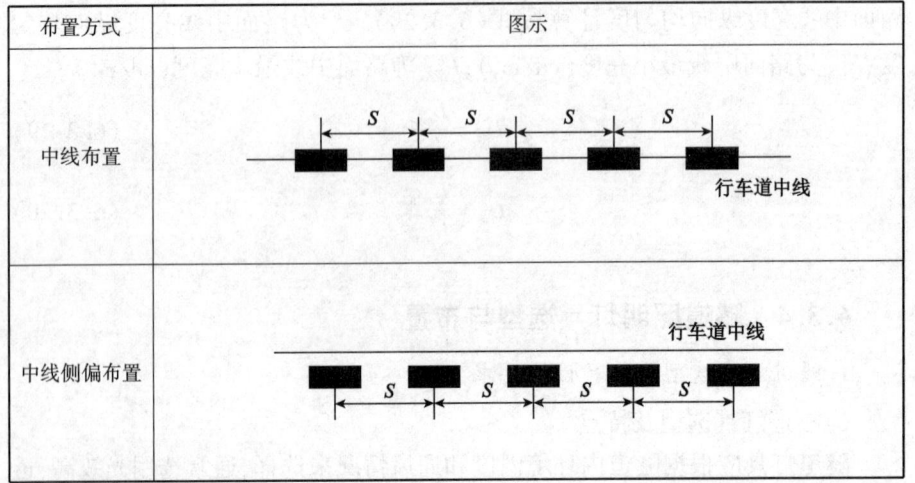
中线侧偏布置	

续上表

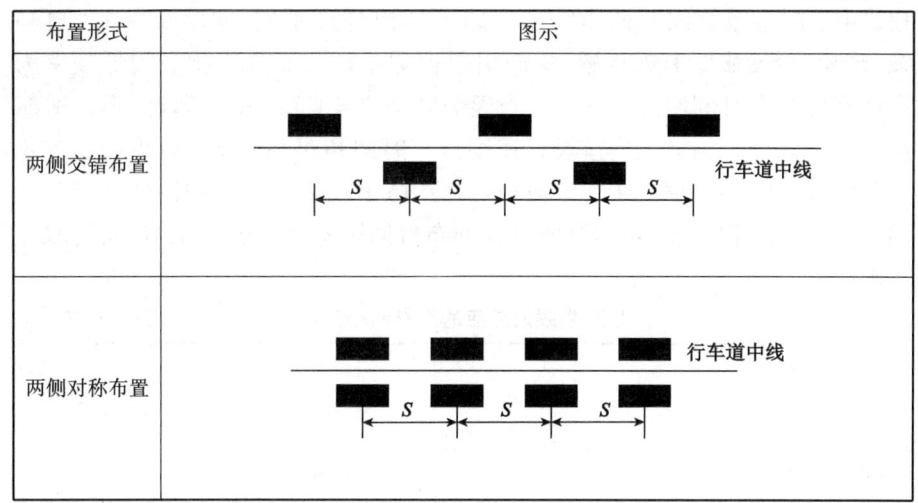

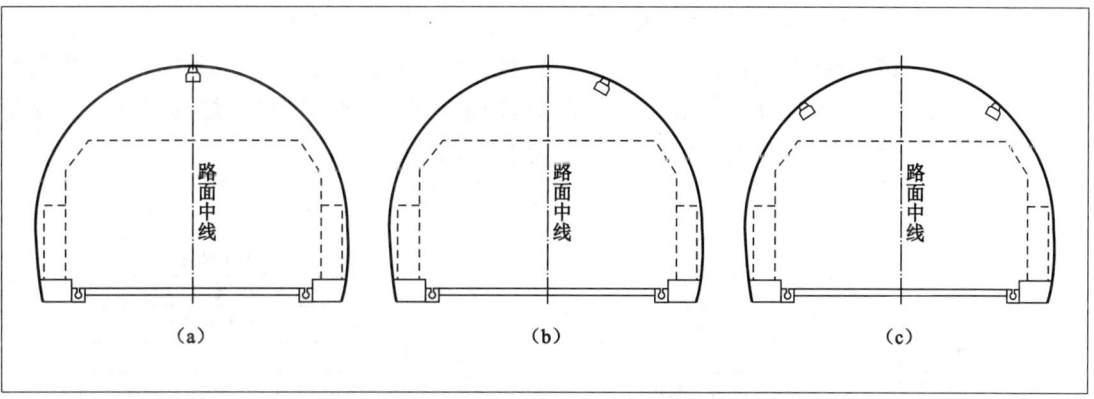

图 6.3.6 灯具布设形式示例图
(a)中线布置；(b)中线侧偏布置；(c)两侧交错或对称布置

照明灯具的布置形式影响照明系统的效率，中线布置、中线侧偏布置比两侧布置效率高，两侧交错布置比两侧对称布置效率高。在隧道有足够的净空高度，且顶棚不安装轴流风机或风机安装在顶棚两侧时，宜采用中线布置或中线侧偏单光带布置，沿隧道顶棚轴线采用贴顶或嵌入式安装一列或多列(2～4列)照明器，常采用纵向和横向都具有对称光强配光的管形灯具。中线布置比相同灯具两侧布置的效率高25%～40%，由于灯具基本连成一条线，照明的均匀性和诱导性也优于其他方式，但维修较为困难。采用中线布置、中线侧偏单光带布置布灯方式的隧道，宜选用逆光型照明灯具，以获得部分逆向照明。

当棚顶中线无法安装灯具时，在隧道两侧用贴顶式各装一条平行于道路轴线的灯带。为了保证获净空高度的要求，整个棚顶及两侧不能安装灯具时，只能在两侧壁约4 m高处用嵌入式安装照明器。采用两侧交错布置、两侧对称布置布灯方式的隧道，宜选用宽光带对称型照明灯具。

3)隧道照明灯具的安装要求

影响行车安全的灯具安装尺寸主要是高度 H 和间距 S。H 在隧道内的变化范围较小,S 随要求的亮度指标、安装高度、灯具类型、布置及控制方式而变化。由于隧道布灯间距的影响会在路面形成亮度不同、明暗交替的"斑马线"现象,会使眼睛有闪烁感,从而引起视觉不适与心理干扰。闪烁频率为设计速度与布灯间距之比 v_t/S。当闪烁频率在 4~11 Hz 之间时,不舒适感使人无法忍受。当隧道内按设计速度行车时间超过 20 s 时,照明灯具布置间距应满足闪烁频率低于 2.5 Hz 或高于 15 Hz。为防止频闪效应的产生,避免驾驶人感到不适,基本照明灯具的布置间距不宜在表 6.3.10 列的取值范围内。

易产生频闪效应的灯具间距范围　　　表 6.3.10

照明设计车速 v_t（km·h^{-1}）	120	100	80	60	40
灯具安装间距(m)	3.03~8.33	2.53~6.94	2.02~5.56	1.52~4.17	1.01~2.78

隧道照明线槽安装流程如图 6.3.7 所示,由开工准备、画线、固定卡箍定位、分线盒定位、打眼、线槽安装、视觉检查调整组成。隧道照明灯具安装流程如图 6.3.8 所示,由开工准备、现场调查、画线、灯具定位、灯具底座打眼及安装、灯具及角度调整器安装、视觉检查调整组成。

图 6.3.7　隧道照明线槽安装流程

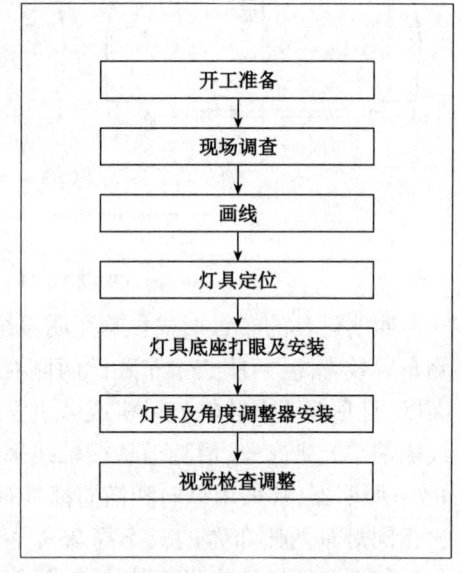

图 6.3.8　隧道照明灯具安装流程

6.3.5　隧道照明控制系统组成与控制方式

1. 隧道照明控制系统组成

隧道照明控制系统由亮度检测器、车辆检测器、隧道本地控制器、照明控制屏、中心计算机、照明配电柜、隧道内照明灯具等组成,如图 6.3.9 所示。亮度检测器检测隧道洞内洞外的亮度,车辆检测器检测隧道车流量,根据洞内洞外亮度、车流量控制隧道灯具的工作方式。隧道照明主要包括隧道主洞照明、紧急停车带照明、横通道照明、洞外引道照明、应急照明、轮廓诱导设施、避灾引导设施；根据各项照明要求设置照明灯具。照明灯具采用远程控制及现场控制。根据灯具布设的具体情况，设基本照明、应急照明、引道路灯、加强照明、避灾引导灯等回路供电。

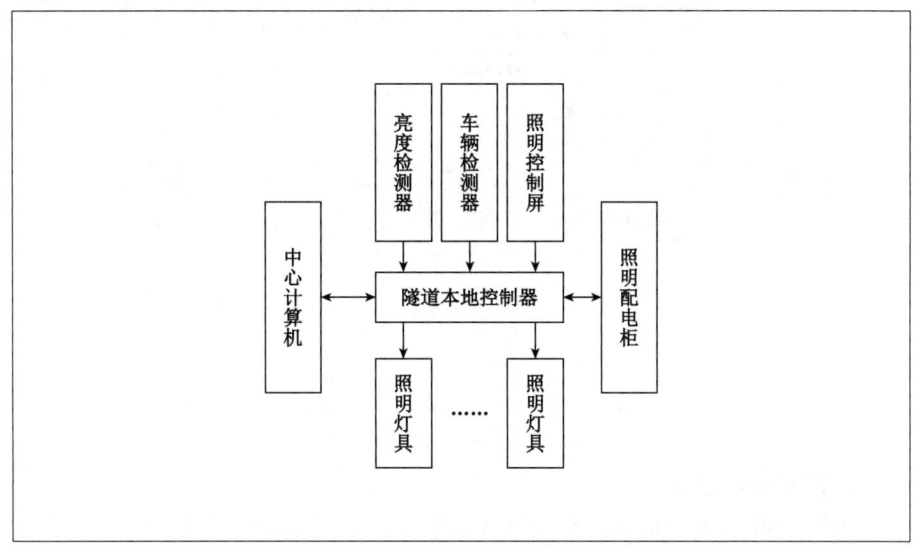

图6.3.9　隧道照明控制系统构成

亮度检测器主要由布置在隧道口外的亮度计（指向洞口）和布置在隧道口内的照度计组成。亮度检测器宜安装在隧道入口内、外。一般亮度计布置在隧道外，距离洞口一个停车视距（100~200 m）；照度计布置在隧道内，距离洞口 20~25 m。

如受隧道口外地形限制，可适当调整亮度检测器的设置位置，但不宜离洞口太远，一般不宜超过一个停车视距。选择亮度计位置时，应避免其他设施或构造物遮挡，严禁检测器正对太阳。

2. 隧道照明控制方式及控制方法

1）隧道照明控制方式

对隧道照明设施进行有效控制，不仅可以提高隧道运营安全水平，也能实现节能减排。隧道照明控制可分为正常和异常交通工况控制。控制方式分为手动控制、自动控制及智能控制。

手动控制方式是隧道管理人员根据洞外亮度、交通量等参数，人工选择控制方案。自动控制方式是照明控制系统根据不同季节、不同时间段内采集的洞外亮度、交通量等参数，预定不同时段照明控制方案，分时段自动调控照明亮度。智能控制方式是实时采集洞内外亮度、采用短时交通流预测理论，实现隧道内照明设施动态调光控制，达到安全、舒适、高效、经济的照明效果。隧道照明控制一般采用智能控制或自动控制为主、手动控制为辅的控制方式，手动控制的优先级最高。图6.3.10为隧道照明控制流程，首先判断是否为正常工况，异常工况时启动人行、车行横洞照明，正常工况时选择手动、自动、智能控制，根据不同控制方式控制灯具。

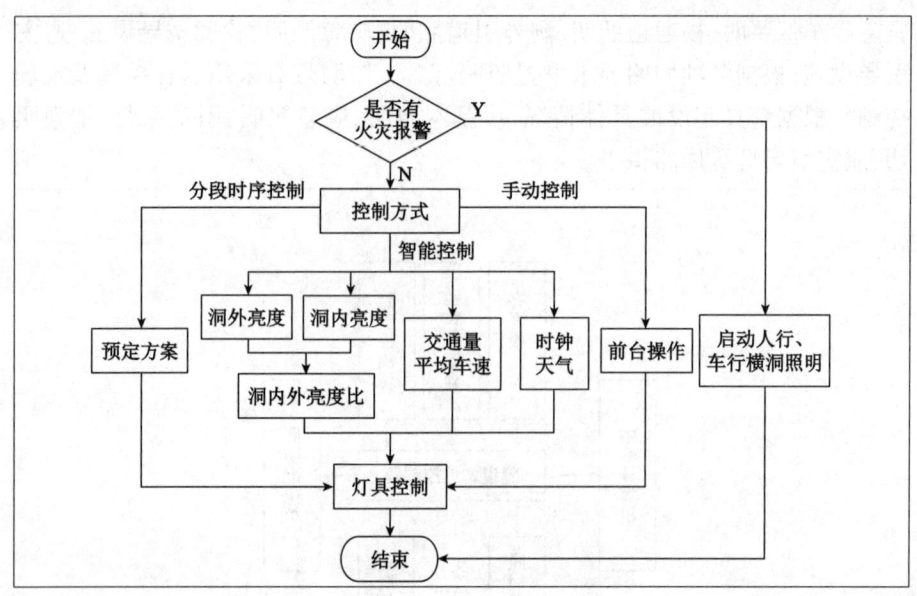

图6.3.10 隧道照明控制流程

2)隧道照明控制方法

公路隧道照明控制方法有分级控制和动态调光控制,都是对灯具的使用功率进行调整。分级控制亮度相对稳定,每级调整功率范围较大,而动态调光控制亮度相对变化多,每级调值较小。

(1)分级控制。

公路隧道照明灯具一般设基本照明和加强照明两组。基本照明一般分为2~3个独立回路,按中间段亮度要求沿隧道全程布置。加强照明灯具分成几个独立回路,回路数与调光级数(如分为晴天、云天、阴天、重阴天四级)相同,既可穿插在基本照明灯具的间隔中,也可与其平行布置成另一列,以满足入口段、过渡段、出口段的亮度调光要求。

分级控制是通过开启或关闭配电回路进行照明控制。因此,分级控制需要以照明灯具的合理布置为基础,其控制对象一般是不可连续调光形式的电光源,如高压钠灯、金属卤化物灯等,或者当动态调光失控时采取分级控制。分级控制可采取人工分级控制、时序分级控制和实时分级控制三种形式。

(2)动态调光控制。

动态调光控制是指根据隧道洞内、洞外亮度及隧道交通流量等参数的变化,动态控制隧道内灯具的照明亮度,控制周期以5~10 min为宜。动态调光控制可分大范围调光和小范围调光,控制对象是可连续调光的电光源,如LED灯、电磁感应灯、荧光灯等。

3)隧道照明控制系统分类

公路隧道照明控制系统主要包括集中式控制系统(Centralized Controlling Systen,CCS)、分布式控制系统(Distributed Control System,DCS)和现场总线控制系统(Fieldbus Control System,FCS)三种形式。

(1)集中式控制系统。

集中式控制系统是最常见的一种控制系统,即由中央照明监控计算机管理整个隧道照明系统,作为系统的集中处理单元,如图 6.3.11 所示。其优势在于可以充分发挥管理决策的集中性,缺陷在于一旦中央照明监控计算机出现故障,整个照明系统将全部瘫痪,容易造成隧道交通事故。由于中、短隧道监控点数较少,配以全套的控制设施较为浪费,故可直接由中央照明监控计算机对照明设施进行监管,以减少投资。

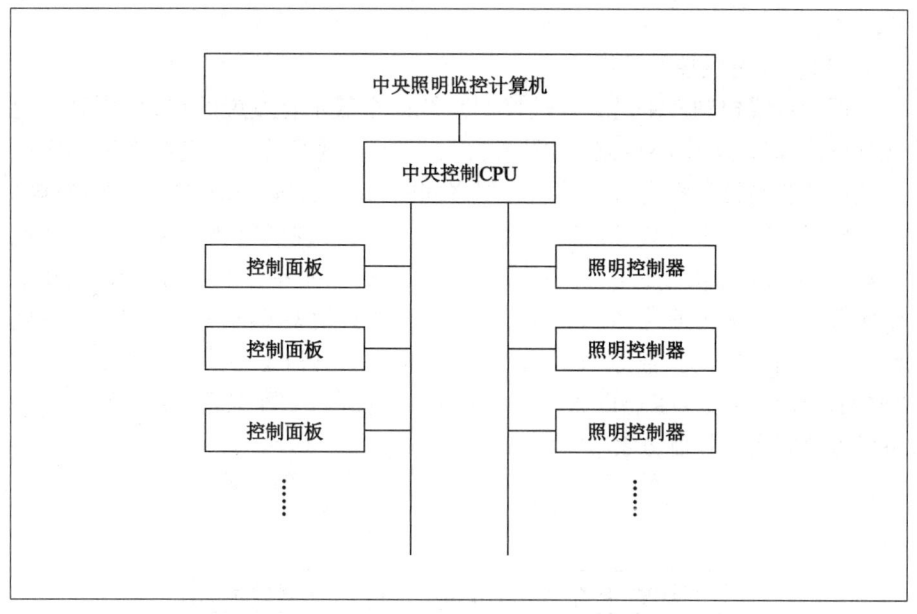

图 6.3.11 集中式控制系统

（2）分布式控制系统。

分布式控制系统也称集散式控制系统,由中心计算机管理整个系统,作为系统集中处理单元,各照明控制段由各自 PLC 控制,也可以由中心计算机来决策隧道各段的亮度值,如图 6.3.12 所示。

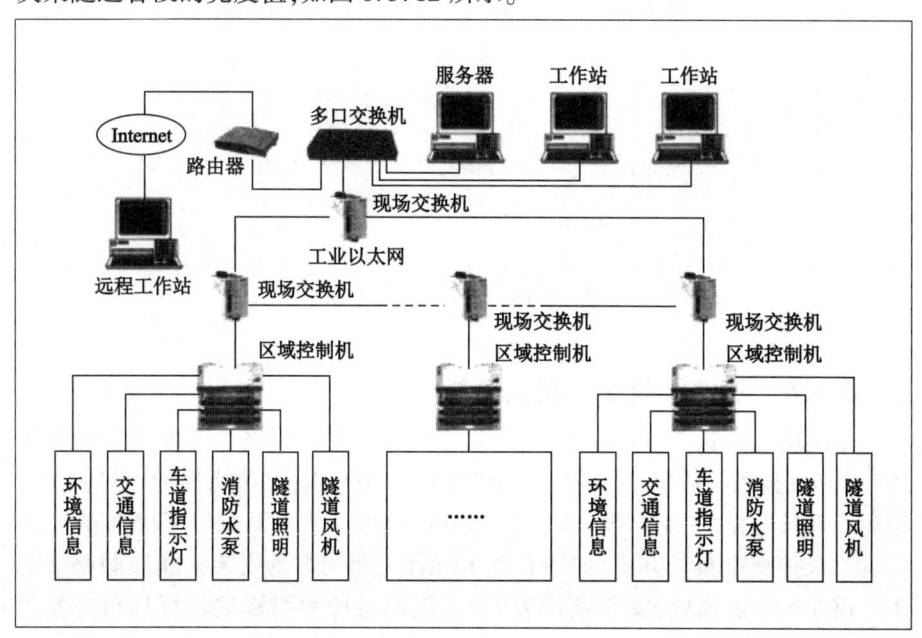

图 6.3.12 分布式控制系统

集散式控制系统的特点是以分散的控制适应分散的控制对象,可以充分发挥控制的分散性和管理决策的集中性,各控制部分相对独立。系统具有较高的稳定性、可靠性和可扩展性,某部分出现故障并不影响其他部分,系统仍然可以运行,具有分散控制、集中操作、分级管理、配置灵活、组态方便的特点。但中心计算机出现故障,整个系统将瘫痪,控制线路长造价相对高,比较适合长隧道。

(3)现场总线控制系统。

现场总线控制系统是分布式控制系统向全数字化发展的结果,依靠工业现场总线,实现无中心控制,如图 6.3.13 所示。现场总线是安装在工作区域的现场装置与控制室内自动控制装置之间的数字式、串行、多点通信的数据总线。现场总线技术以数字信号取代模拟信号,大量现场检测与控制信息就地采集、就地处理、就地使用,许多控制功能从中央控制室移至现场设备,这样不仅使系统集成大为简化,维护变得十分简便,而且使系统的可靠性进一步得到提高。现场总线的控制系统又分为全分布式控制和集中式现场总线控制。"照明监控计算机 + 工业以太网 + PLC + 照明控制柜/配电箱"是目前长大公路隧道照明主流控制方案。

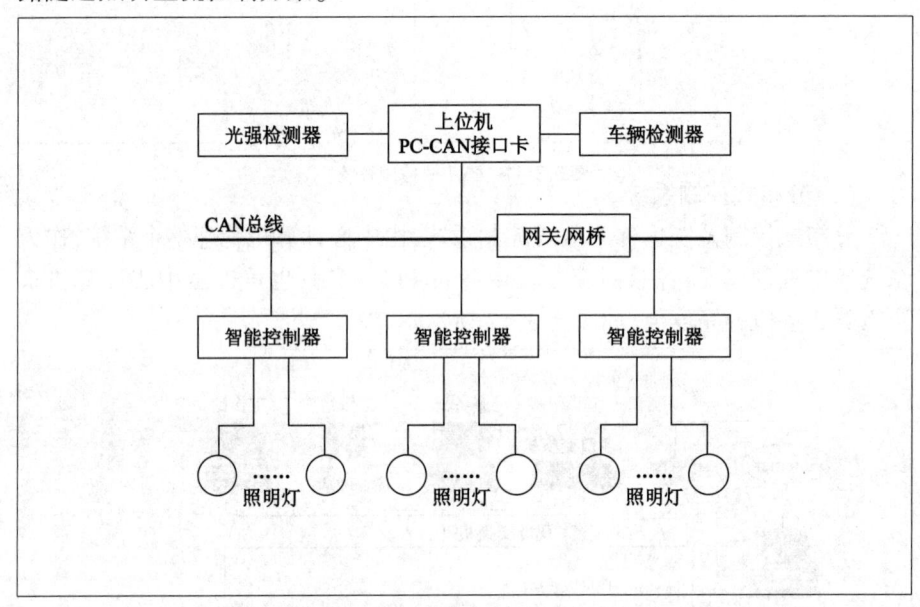

图 6.3.13　现场总线控制系统

6.3.6　隧道照明系统案例分析

某隧道左洞长 2 460 m,右洞长 2 475 m,照明采用整灯光效大于或等于 105 lm/W;显色指数 Ra≥70;色温为 3 500 ~ 4 000 K;噪声指标为距灯具 1 m 距离处灯具的噪声(A 声级)不大于 55 dB;功率因数大于或等于 95% 的 LED 灯具。双排交错布置方式,如图 6.3.14 所示,照明灯具安装在隧道洞壁上距车行道面 5.5 m 高处,安装倾角为 15°。隧道各段照明标准及灯具布置方式如表 6.3.11 所示。

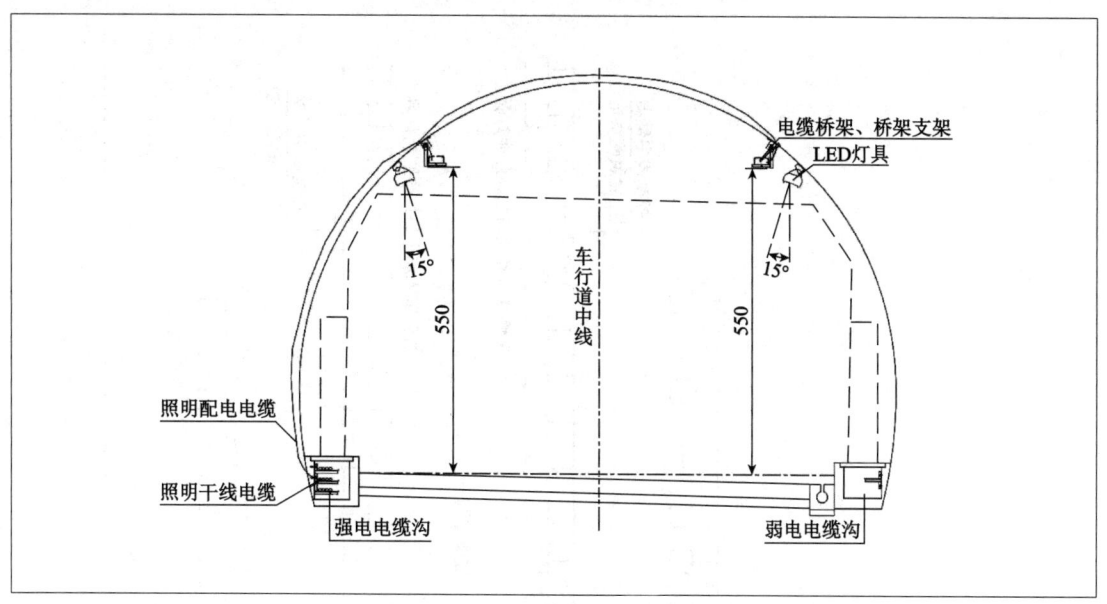

图 6.3.14　隧道主洞照明灯具安装与线缆敷设示意图(尺寸单位:cm)

隧道各段照明标准及灯具布置方式　　　　　　　　　　表 6.3.11

布置区段	照明标准 ($cd \cdot m^{-2}$)	灯具布置方式及照明效果
基本照明	2.5	基本照明采用 LED-70 W,6 m 交错布局。亮度 2.6 cd/m²
应急照明	0.2	取行车方向右侧 1/2 基本照明灯作为应急照明灯。亮度 0.6 cd/m²
入口Ⅰ段照明	90.7	入口Ⅰ段采用 LED-220 W 1 m 对称布局,遇基本照明不布。亮度 93.1 cd/m²
入口Ⅱ段照明	45.3	LED-70 W 6 m 交错布局,与基本照明对称;LED-140 W 1.2 m 对称布局,遇已布灯具不布。亮度 46.8 cd/m²
过渡Ⅰ段照明	13.6	LED-140 W 6 m 对称布局,开始偏移 3 m。亮度 12.9 cd/m²
过渡Ⅱ段照明	4.5	LED-70 W 6 m 交错布局,与基本照明对称。亮度 5.3 cd/m²
过渡Ⅲ段照明	2.5	与基本照明相当,取消
出口Ⅰ段照明	7.5	LED-140 W 6 m 交错布局,与基本照明对称。亮度 8.8 cd/m²
出口Ⅱ段照明	12.5	LED-140 W 6 m 对称布局,开始偏移 3 m。亮度 12.9 cd/m²

　　隧道 LED 调光控制系统连接如图 6.3.15 所示,采用车流量和洞外亮度调控的照明方式,车流量越大、洞外亮度越高,照明亮度越高,反之亦然。洞外车辆检测器安装在隧道洞口外 3 km 左右位置,洞外车辆检测器信号通过网络连接至调光控制器,车辆检测数据通过上位机调取,对于调光控制线缆距离较长的隧道,每 800 m 左右增加控制电缆中继器;调光控制器及相应设施两套,安装在配电室,当配电室无法安装时,安装在隧道洞口就近人行横洞处。

　　隧道照明智能控制整体结构如图 6.3.16 所示。隧道照明由两套 LED 照明智能控制器控制,分别安装在两侧隧道洞口就近人行横洞处。调光控制系统布局图如图 6.3.17 所示。

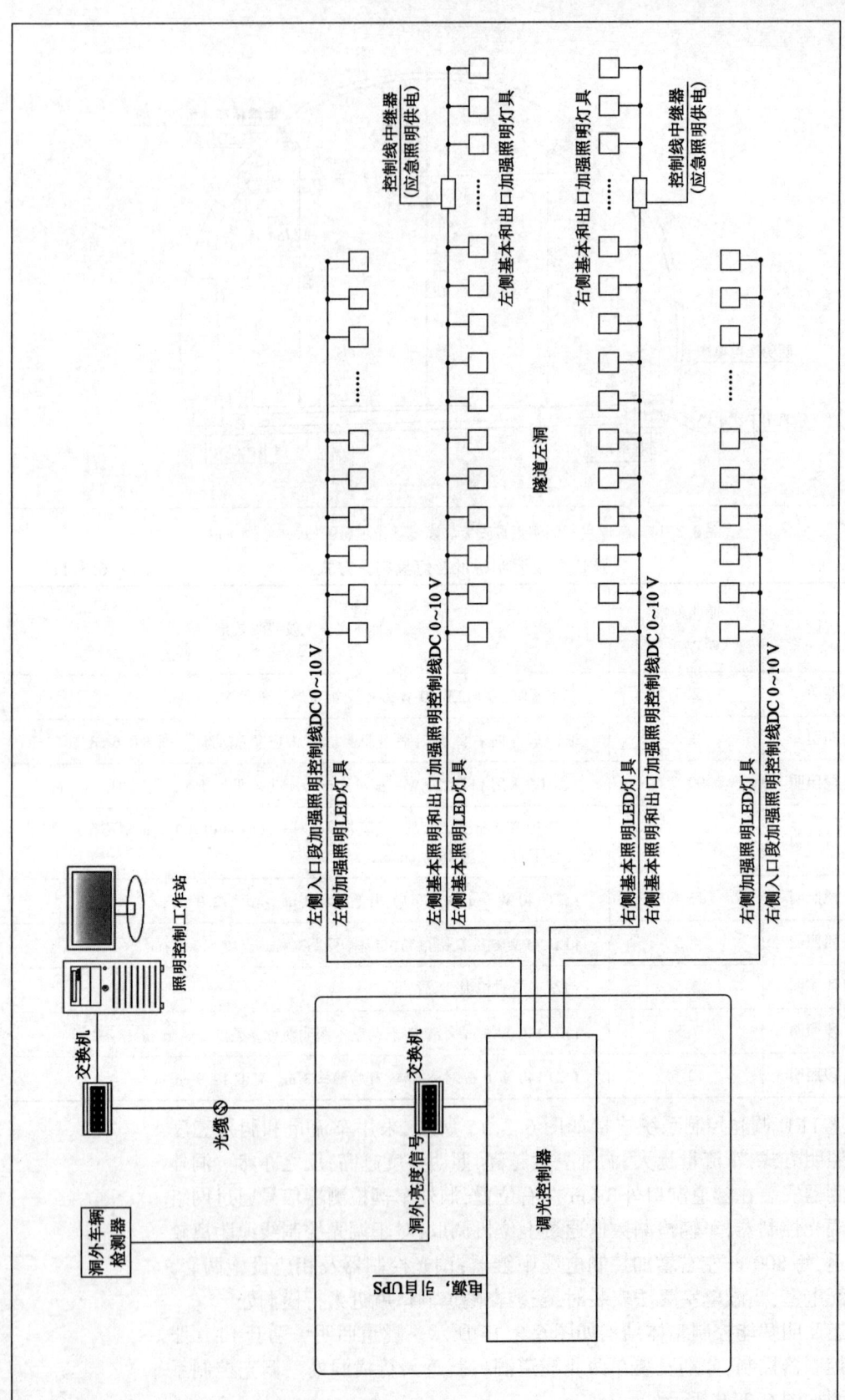

图6.3.15 隧道LED调光控制系统连接

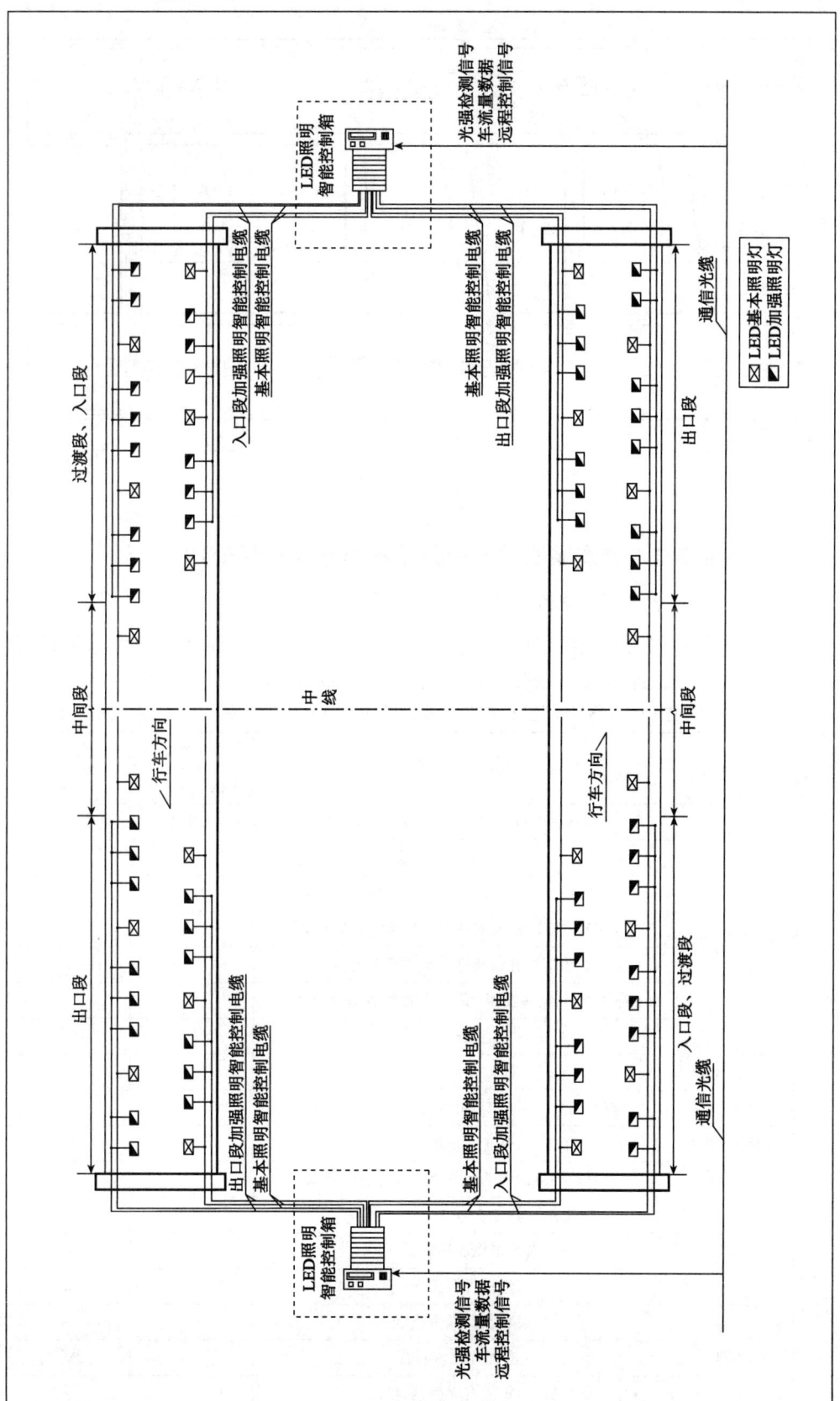

图6.3.16 隧道照明智能控制整体结构

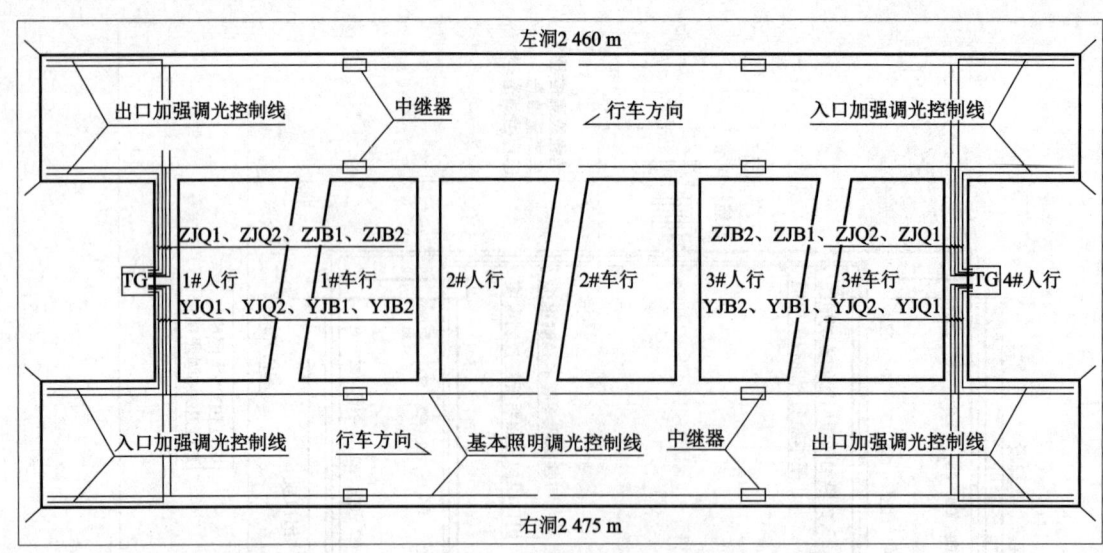

图 6.3.17 调光控制系统布局图

6.3.7 隧道照明设施检修维护与常见故障处理

1. 隧道照明设施检修维护

隧道照明设施经常检修、定期检修主要项目及其检修频率如表 6.3.12 所示。照明设施检修后,隧道路面亮度应满足设计要求。

隧道照明设施经常检修、定期检修主要项目及其检修频率　　表 6.3.12

设施名称	检查项目	主要检查内容	经常检修 1次/1~3月	定期检修 1次/年
隧道灯具	总体	电压是否稳定,灯具的亮度是否正常	√	
		灯具的损坏与更换	√	
		引入线检查,电磁接触器、配电箱柜是否积水	√	
		开关装置定时的准确性与动作状态有无异常	√	
		脱漆部位补漆及灯具是否修理更换		√
		补偿电容器、触发器、镇流器、接触器是否损坏		√
		绝缘检查		√
	各安装部位	有无松动、腐蚀		√
	密封性	灯具内是否有尘埃、积水,密封条是否老化		√
	检修孔、手孔	有无积水		√
	照度测试	灯具达到寿命周期后是否应进行照度测试	1次/半年	
洞外路灯	灯杆	外观有无裂纹,焊接及连接部位状况		√
		有无损伤及涂装破坏		√
		接地端子有无松动		√
	基础	设置状况是否稳定		√
		有无开裂、损伤		√
		锚具、螺栓有无生锈、松动		√

续上表

设施名称	检查项目	主要检查内容	经常检修 1次/1~3月	定期检修 1次/年
洞外路灯	灯体	有无损坏,亮度目测是否正常	√	
		防护等级检查	√	
照明线路*	总体	回路工作是否正常	√	
		有无腐蚀及损伤		√
		托架是否松动及损伤		√
		对地绝缘检查		√
亮度检测器	总体	有无误差	√	
		安装是否松动等	√	
		仪器检测精度标定		√

注:带"*"的设施为关键设施。

2. 隧道照明设施常见故障及处理

照明设施常见故障为断路器跳闸、线路短路、钠灯及镇流器故障,故障现象为照明熄灭。

(1)断路器跳闸故障检修:合闸后,检查断路器发热量,发热量大,需要更换断路器。

(2)线路短路故障检修:分段、逐一排查故障。

(3)钠灯及镇流器故障检修:根据故障比例,当达到一定比例后,需要封道维修。

单元6.4 隧道火灾报警与消防系统组成与应用

6.4.1 隧道火灾基础知识

隧道内,尤其是高速公路长大隧道内一旦发生火灾,若不能及时发现、及时扑灭,火势会很快蔓延,隧道内燃烧产生有毒气体和高温热浪,使隧道内环境急剧恶化,造成严重后果。因此,隧道火灾报警及消防系统是隧道机电重要组成部分。

1. 公路隧道火灾的起火原因与特点

隧道中火灾起因有很多种,常见的起火原因有汽车交通事故起火、汽车自燃起火、车上装载的易燃物品起火、紧急制动时制动器起火、隧道电气线路或电气设备短路起火、维修养护时动用的明火起火等。

公路隧道发生火灾一般具有烟雾大、温度高,成灾时间短,随机性,疏散困难,火灾扑救困难等特点。

(1)烟雾大、温度高。隧道内一旦发生火灾,由于隧道空间小,近似处于密闭状态,因此,产生的烟雾较大,燃烧产生的热量不易散发。大量的烟雾降低隧道的能见度,燃烧产生的有毒物质使人中毒而死亡。

(2)成灾时间短。由于隧道密闭,失火引发成灾的时间一般为5~10 min,较大火灾的持续时间与隧道内的环境有关,一般在30 min和几个小时之间。

(3)随机性。发生火灾的时间和地点都具有随机性,发生火灾的规模和形态等是不恒定的。

(4)疏散困难。隧道的横断面小,道路狭窄,发生火灾时除了人员的疏散困难,物资的疏散也极其困难,车辆一辆接着一辆,要在短期内疏散几乎是不可能的。

(5)火灾扑救困难。隧道发生火灾,消防人员很难接近火源扑救。如火灾发生在整条隧道中心,即使从隧道口救援到火灾现场有时也有几百米、几千米或更长距离,加之缺乏照明,扑救更加困难。隧道火灾将极大影响隧道内空气压力的分布,而隧道空气压力的变化可导致通风气流流动速度的变化,阻碍救火工作的进行。

2. 公路隧道火灾的分类

隧道火灾根据可燃物种类、燃烧状态、火灾规模等不同的因素有不同的分类方式。

1)按可燃物种类分类

按照可燃物的种类,公路隧道的火灾可以分为A、B、C、D、E五类,如表6.4.1所示。

火灾分类   表6.4.1

火灾种类	可燃物种类	举例
A类火灾	含碳固体可燃物	如木材、棉、毛、麻、纸张等
B类火灾	液体或可溶性固体	如汽油、炼油、柴油、甲醇、乙醚、丙酮等
C类火灾	可燃气体	如煤气、天然气、甲烷、丙烷、乙炔、氢气等
D类火灾	可燃的活泼金属	如钾、钠、镁、钛、锂、铝镁合金等
E类火灾	带电设备火灾	如电器、电子元件、电线电缆等

2)按燃烧状态分类

按火灾的燃烧状态不同,可将火灾分为阴燃火灾和明火灾。燃烧处于阴燃状态,无明显火焰的火灾,称为阴燃火灾。当燃烧地点通风不良,严重缺氧时,火灾处于阴燃状态。燃烧时有较长火焰的火灾,称为明火灾。公路隧道火灾通常为明火灾。

3)按火灾规模分类

按火灾燃烧的规模不同,可将火灾分为大型火灾、中型火灾、小型火灾。通常按照车辆燃油容量或火源放出的热量确定。

按照车辆燃油容量,一辆轿车(60 L汽油)着火,属小型火灾;一辆载货车(150 L汽油)着火,载有的木材或塑料制品引起大量烟气属于中型火灾;两辆载货车(包括两辆公共汽车)相撞起火(300 L汽油),属于大型火灾。

3. 火灾探测器的分类

火灾探测器是火灾自动报警系统的组成部分,它至少含有一个能够连续或以一定频率周期监视与火灾有关的物理或化学现象的传感器,并且至少能够向控制器和指示设备提供一个合适的信号,是否报火警或操作自动消防设备可由探测器或控制器和指示设备作出判断。

火灾探测器的种类按照不同的参数有不同的分类,按照其待探测的火灾参数不同可划分为感烟探测器、感温探测器、感光探测器和可燃气体探测器,以及烟温、烟光、烟温光等复合探测器,每个类型根据工作原理被分为若干种,如图6.4.1所示。

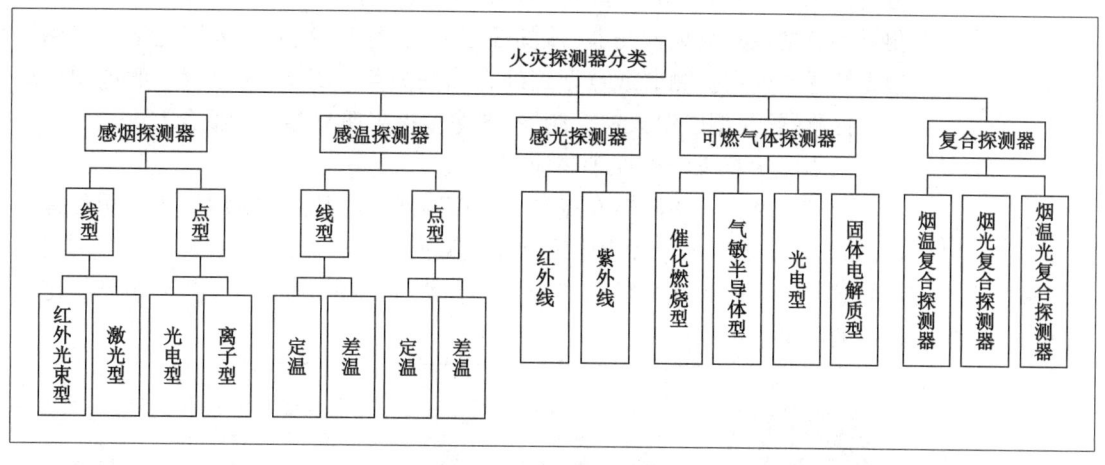

图6.4.1 火灾探测器分类

火灾探测器按感应元件的结构分为点型火灾探测器和线型火灾探测器;点型火灾探测器指对警戒范围中某一点周围的火灾参数作出响应的探测器;线型火灾探测器指对警戒范围中某一线路周围的火灾参数作出响应的探测器。

火灾探测器按操作后是否能复位分为可复位火灾探测器和不可复位火灾探测器。可复位火灾探测器指在产生火灾警报信号不再存在的情况下,不需要更换组件即可从报警状态恢复到监视状态的探测器;不可复位火灾探测器指在产生火灾警报信号不再存在的情况下,需要更换组件才能从报警状态恢复到监视状态或动作后不能恢复到监视状态的探测器。

6.4.2 隧道火灾探测报警系统设计及关键设施要求

根据《公路隧道设计规范 第二册 交通工程与附属设施》(JTG D70/2—2014),火灾探测报警设施设计包括报警区域和探测区域的划分、火灾探测器、手动报警按钮、火灾报警控制器、火灾声光报警器的设计等。

1. 报警区域和探测区域的划分

报警区域指将火灾自动报警系统的警戒范围按防火分区或楼层等划分的单元。探测区域指将报警区域按探测火灾的部位划分的单元。火灾自动报警系统指探测火灾早期特征、发出火灾报警信号,为人员疏散、防止火灾蔓延和启动自动灭火设备提供控制与指示的消防系统。

隧道报警区域根据排烟系统或灭火系统的联动需要确定范围,长度宜为50~100 m。隧道运营管理附属建筑报警区域按《火灾自动报警系统设计规范》(GB 50116—2013)确定。点型火焰探测器、图像型火灾探测器的探测区域的长度不大于报警区域长度;线型感温火灾探测器的探测区域长度按探测器保护区的长度确定。平行通道、隧道运营管理附属建筑分别单独划分探测区域。

2. 火灾探测器原理及要求

参考《火灾自动报警系统设计规范》(GB 50116—2013),对城市道路隧道、特长双向公路隧道和道路中的水底隧道,应同时采用线型光纤感温火灾探测器和点型红外火焰探测器(或图像型火灾探测器);其他公路隧道应采用线型光纤感温火灾探测器或点型红外火焰探测器。因此,隧道内一般选用点型火焰探测器、线型感温火灾探测器、图像型火灾探测器或其组合。

1)点型火焰探测器原理与应用

隧道点型火灾探测器有点型火焰探测器、点型感温探测器、点型感烟探测器,如图6.4.2所示。隧道主线常用点型火焰探测器,点型火焰探测器利用燃烧时放射出来的火焰光按周期变化具有特有的频率原理,选择火焰光的比较特殊的频带进行探测。

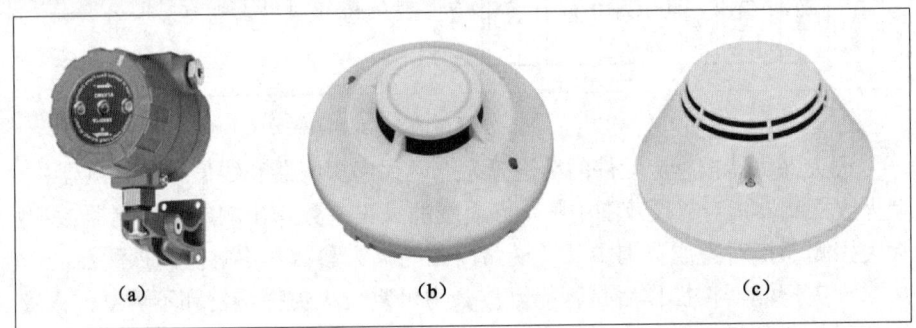

图6.4.2 点型火灾探测器
(a)点型火焰探测器;(b)点型感温探测器;(c)点型感烟探测器

燃烧的火焰辐射的光与自然光源(汽车灯光、自然光、荧光灯、钠光灯)相比具有两个不同,一是大多数光源发射的光是稳定的,而火焰发光是不稳定的、呈周期性变化,不同的燃烧媒介其光波的跳动频率是有差别的,其中汽油火焰的跳动频率一般为1~15 Hz;其二,一般光源发光光谱在红外波段逐渐衰减,呈下降趋势,而火焰发光强度在红外波段逐渐增大,呈上升趋势。

双波长火焰探测器利用这两个特点来识别火焰,如图6.4.3所示,汽车着火以后,汽油燃烧火焰辐射光通过探测器的透光窗进入探测器,分别经过不同的滤光片入射在长波探测器和短波探测器上。长波探测器探测1.7 m的光波,短波长探测器探测1.0 m的光波;为了模拟人眼的视觉,采用两对传感器。两种波长的探测器分别探测到1.0 m的光强值(P_β)和1.7 m的光强值(P_α)。在1.0~1.8 m光谱范围内汽车灯光、自然光、荧光灯、钠光灯及其他光源的曲线呈下降趋势,汽油燃烧曲线发光光谱呈上升趋势;即非火灾情况下测得值应该$P_\alpha < P_\beta$,对应火灾情况则是$P_\alpha > P_\beta$。通过两个光波长的强度进行比较判断,当这两个反映了汽油燃烧火焰的特征频率光波长功率差值超过设定的标准阈值,就可初步判断为有火灾发生。

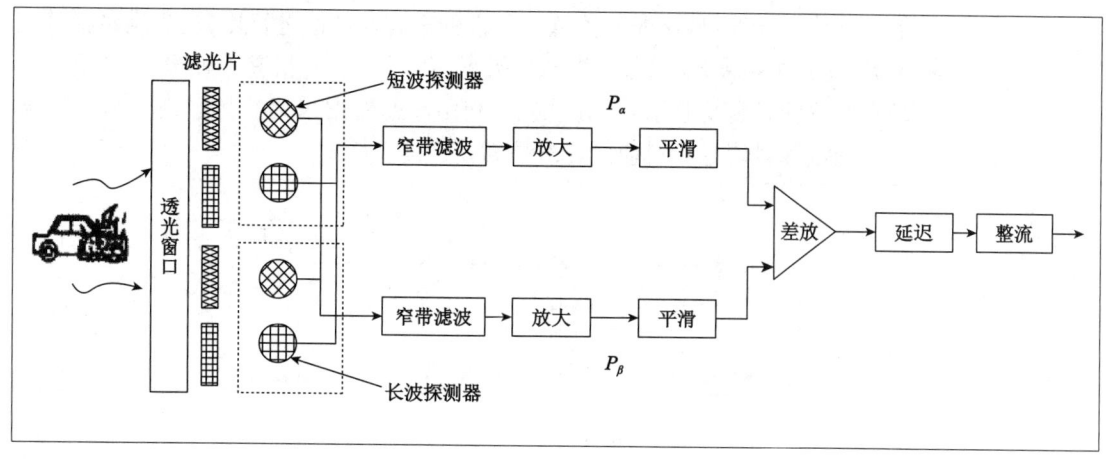

图 6.4.3 双波长火焰探测器原理图

同时,在探测器后面加上 1~15 Hz 频带的窄带带通滤波器,当汽油着火,则探测器输出 1~15 Hz 的电信号,经过放大、平滑、差放、延迟、整流后输出交流信号。由于经过差动放大电路,这个交流输出具有一个直流偏置,直流偏置由 P_α 和 P_β 的差值大小决定,只要对信号进行滤波就可以获得 P_α 和 P_β 的差值。这样,通过电路中加窄带滤波器的方法,保证了判断的准确性。

点型火焰探测器在单洞车行道少于四车道时,宜单侧设置;在单洞车行道为四车道时,应双侧交错设置。点型火焰探测器宜从隧道洞口顶部以内 10 m 处开始设置;设置在隧道侧壁,底部距检修道高差宜为 2.5~3.5 m;一般以 50 m 间距连续布置。

2)线型感温火灾探测器原理与应用

隧道常用线型感温火灾探测器有分布式光纤线型感温火灾探测器和光纤光栅线型感温火灾探测器。线型感温火灾检测器安装在隧道顶部。每根线型感温火灾探测器火灾探测保护车道的数量不超过 2 条;探测器宜从隧道洞口顶部以内 10 m 处开始沿隧道连续设置,设置在车道顶部,距隧道顶棚距离宜为 0.15~0.20 m。

(1)分布式光纤线型感温火灾探测器。

分布式光纤线型感温火灾探测器,主要由感温光纤、分布式光纤测温主机等组成,如图 6.4.4 所示,它是将整条传输光纤作为传感器,光纤的每一点作为探测部件,同时也是传输部件。

分布式光纤线型感温火灾探测器是依据光纤的 OTDR 和光纤的后向拉曼(Raman)散射温度效应进行工作的,工作原理如图 6.4.5 所示,大功率窄脉宽激光脉冲 LD 入射到传感光纤后,激光与光纤分子相互作用,产生极其微弱的背向散射光,散射光有三个波长,分别是瑞利(Rayleigh)、反斯托克斯(Anti-Stokes)和斯托克斯(Stokes)光;其中 Anti-Stokes 光温度敏感,为信号光;

图 6.4.4 分布式光纤线型感温火灾探测器

Stokes 光温度不敏感,为参考光。从传感光纤背向散射的信号光再次经过分光模块 WF,隔离 Rayleigh 散射光,透过温度敏感的 Anti-Stokes 信号光和温度不敏感的 Stokes 参考光,并且由同一探测器 APD 接收,根据两者的光强比值可计算出温度;将该温度信息与预设的报警参数值进行比较,当满足报警条件时,光纤主机发出火灾报警声光指示,并可向火灾报警控制器输出报警信息。位置的确定是基于 OTDR 技术,利用高速数据采集测量散射信号的回波时间确定散射信号所对应的光纤位置。

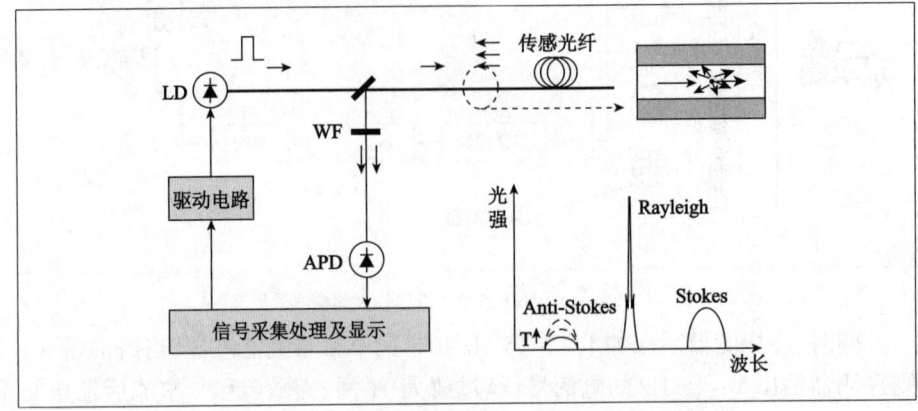

图 6.4.5　分布式光纤线型感温火灾探测器工作原理

（2）光纤光栅线型感温火灾探测器。

光纤光栅线型感温火灾探测器主要由测温主机（信号处理单元）、光缆接续盒、传输光纤、感温探测器等组成,如图 6.4.6 所示。

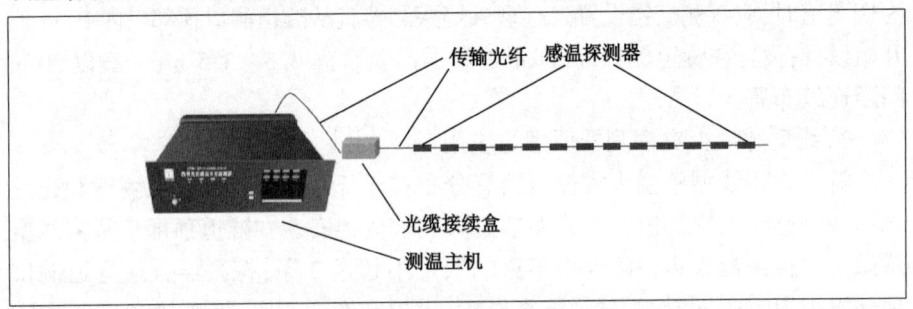

图 6.4.6　光纤光栅线型感温火灾探测器

光纤光栅感温探测器是具备一定光栅周期或纤芯折射率的光纤器件。当光源通过光栅时,会产生特定波长的反射光。当光纤光栅的温度发生变化时,将导致光栅周期或纤芯折射率产生变化,从而导致光栅反射光的波长发生变化,可以通过检测反射光波长的变化,实现温度测量,如图 6.4.7 所示。

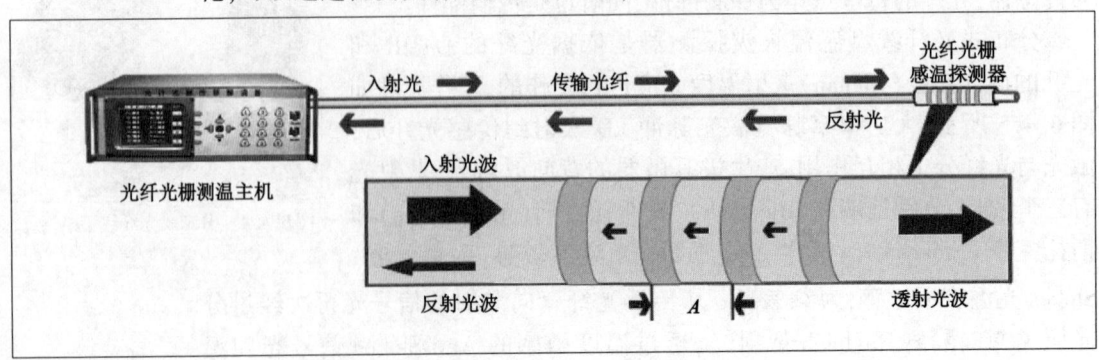

图 6.4.7　光纤光栅线型感温火灾探测器工作原理

3)图像型火灾探测器原理与应用

图像型火灾探测系统是一种基于视频监控的火灾图像识别系统,利用图像型火灾探测器对现场进行监控,对火灾信号进行采集、识别、分析,最终实现对火灾进行报警。

图像型火灾探测器通过采集现场的视频图像,通过视频专用电缆传输到图像型火灾探测系统主机上,由主机上的管理软件对现场视频图像进行分析、识别,如图6.4.8所示。如果图像中某一区域的灰度变化、闪烁频率、颜色和运动模式等参数符合火焰或烟雾的特有特征,则管理软件作出火警判别,并发出火警报警信号。

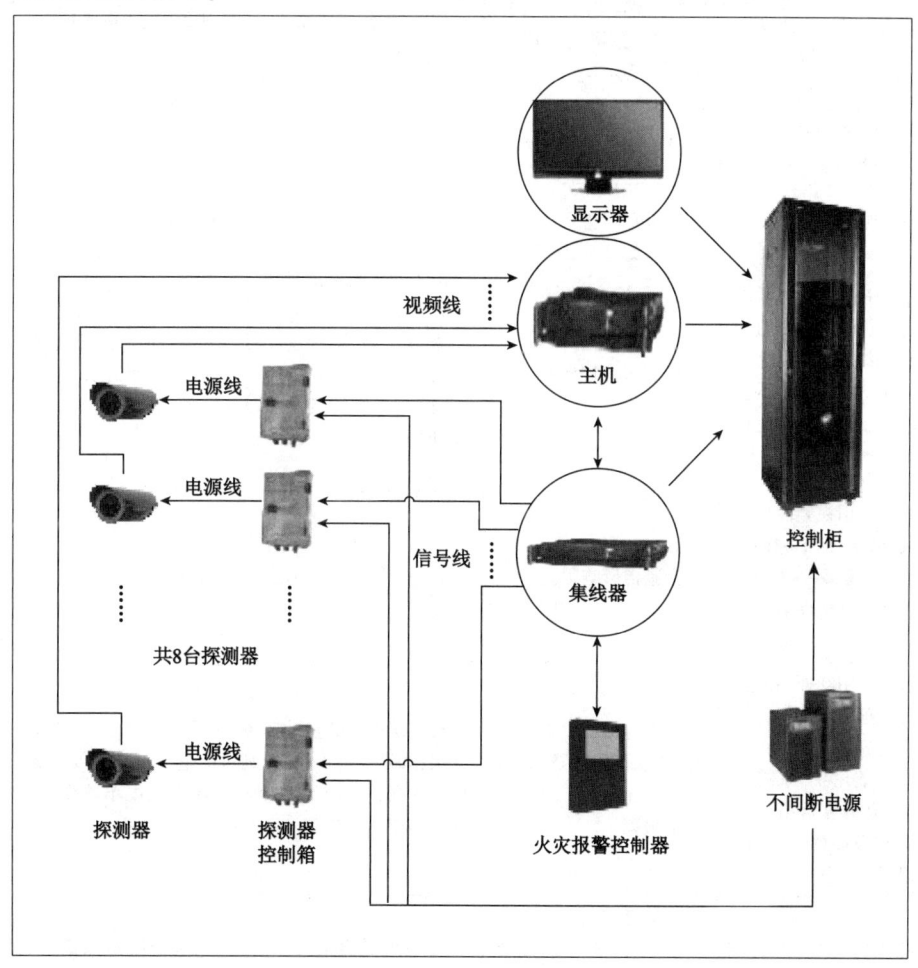

图6.4.8 图像型火灾探测系统结构

图像型火灾探测器在单洞车行道小于四车道时,宜单侧设置,且设置在隧道侧壁,底部距路面高差不小于4.5 m;在单洞车行道为四车道时,宜设置在隧道中线上方,底部距路面高差不小于5.2 m。图像型火灾探测器一般从隧道洞口顶部以内10 m处开始设置。

4)各种火灾探测器性能比较

各种火灾探测器在隧道中使用时有各自的优势和缺点,如表6.4.2所示。使用过程中应结合实际环境选用合适的火灾探测器。

各种火灾探测器性能比较　　　　　　　　表 6.4.2

性能	火灾探测器类别			
	图像型	双波长点型	光纤光栅线型	分布式光纤线型
产品外形	独立探头	独立探头	线性链路	线性链路
火灾早期烟雾探测能力	可以有效侦测早期烟雾,并且通过自学习和不同灵敏度的设置,可以有效地避免大型汽车排放物造成误报	红外双波长火灾探测器无法侦测烟雾,而隧道早期产生的烟雾会大大降低探测器的火焰探测性能	无法侦测烟雾	无法侦测烟雾
风速对火焰探测的影响	5 m/s 以下的风速对火焰有增强搅动的作用,效果反而更好,更大的风,会有较小的影响	0.2 MW 以下小火影响较大,会影响响应时间,大火影响小	影响较大,风速越大,影响越大	影响较大,风速越大,影响将更大
风速对火灾定位的影响	影响小,定位精度可达 100 m 距离 2.5 m 以内	只能定出报警区域	影响很大	
系统参数随季节调整的问题	不需要调整	不需要调整	原则上需要根据一年四季的环境温度调整	
火灾探测的稳定性问题	采用视频技术,可以稳定地获得隧道内的视频和光线变化,系统运行稳定,探测性能不会随温度变化、季节变化而变化	系统运行较为稳定	由于光纤光栅的制作工艺和封装工艺问题,随季节不同,温湿度不同,使用时间长短不同,探测器性能变化很大,时间长了有不报警的风险	随季节、温湿度等不同报警性能有所变化,探测性能不稳定
遮挡火焰探测能力	由于采用视频图像的频域分析技术,一方面可以侦测烟雾,另一方面可以很好地反映反射的火焰,受遮挡影响很小	受遮挡影响很大	有一定影响,尤其是车底盘下的火	
防误报能力	系统采用红外,彩色/黑白多频图像进行分析识别,并具有自学习、自适应功能,另外系统的烟雾、火焰复合报警模式具有极高的可靠性,防误报能力强	会因为隧道口太阳光被调制而误报警,如果降低灵敏度等级,则可能不报警	与系统设定的参数有关,如果设得灵敏了,则会误报,如果设得不灵敏,则可能造成不报警或很大的火才报警。由于一年四季环境温度不停变化,找到理想的参数有一定困难	
安装方式	隧道内 100~150 m 布设,安装于侧壁 5 m 以上	安装于隧道侧壁,距底部 2.7~3.5 m,综合盘离地 1.3~1.5 m,可实现 180°范围内任意角度调节	安装于隧道顶部,采用 T 形支架及钢绞线固定	安装于隧道顶部,采用 Z 形支架及钢绞线固定

3. 手动报警按钮

手动报警按钮是火灾报警系统中的一个设备类型,当发生火灾时在火灾探测器没有探测到火灾的时候人员手动按下手动报警按钮,报告火灾信号。隧道内手动报警按钮设置间距不大于 50 m,宜与消火栓等灭火设施同址设置,按钮距检修道高差为 1.3~1.5 m。手动报警按钮如图 6.4.9 所示。

4.火灾报警控制器

火灾报警控制器能接收、显示、记录和传递火灾报警等信息,并有控制自动消防装置的功能,如图 6.4.10 所示。火灾报警控制器能自动检测探测器、手动报警按钮、模块等设备的运行状态,当任一设备出现故障后,能准确报告故障设备的名称和位置并将之隔离,以确保系统的正常报警。

图 6.4.9　手动报警按钮

图 6.4.10　火灾报警控制器

室内的火灾报警控制器应设置在管理人员易于操作、视认方便的位置;安装在墙上时,控制器与门轴的距离不应小于 1 m,正面操作空间宽度不应小于 1.2 m。落地式安装的火灾报警控制器,正面操作空间宽度不应小于 1.2 m,设备侧面及后面的维修空间宽度均不应小于 1 m。设置在隧道内的火灾报警控制器应设有可靠的保护措施和明显标志。火灾报警控制器每一总线回路连接设备的地址码总数宜留有一定的余量,且不宜超过 200 点。

5.火灾声光报警器

火灾声光报警器在隧道内一般与手动报警按钮同址设置,火灾声光报警器如图 6.4.11 所示。设置火灾探测器且未设置有线广播的隧道应设置火灾声光报警器;同时设置火灾探测器和有线广播的隧道宜设置火灾声光报警器。火灾声光报警器设置于隧道中央控制室、隧道入口前方 100～150 m 处、隧道内各报警区域,设置高度不宜小于 2.5 m。

图 6.4.11　火灾声光报警器

6.4.3　隧道火灾报警系统应用

某单洞特长隧道根据监控等级设置光纤光栅线型感温火灾探测器与图像型火灾探测器,变电所内设点式火灾探测器。光纤光栅线型感温火灾探测器和图像型火灾探测器,在隧道拱顶和侧壁安装,能够实现对隧道现场的全天候、全程连续、无间断的火灾自动检测。当系统检测到火情并触发自动报警时,火灾报警系统须同时进行声、光报警,准确指示火灾发生的位置,并能够实现与隧道其他相关系统的联动控制及显示。

火灾报警控制器、光纤光栅线型感温火灾探测器信号处理主机安装在隧道管理所或者变电所的设备间内,火灾报警控制器和光纤光栅线型感温火灾探测器信号处理主机通过通信接口方式相连,火灾报警控制器通过串行通信接口与火灾报警工作站相连,将各类火灾报警信息传递给控制系统,以实现各系统的联动控制。光纤自动报警系统布局图,如图6.4.12所示。

隧道主线采用光纤光栅感温电缆,隧道控制室安装点型感烟探测器,隧道内手动报警按钮与声光报警器同位置安装,手动报警按钮在隧道内按50 m间距设置,在隧道变电所内根据需要也配置手动报警按钮。当人按下手动报警按钮时,火灾报警控制器应同时进行声、光报警,并准确指示被按下的手动报警按钮的位置,并能够实现与隧道其他相关系统的联动控制及显示。

点型感烟探测器根据需要安装在隧道变电所,能够实现对于保护区域内的火灾检测。当系统检测到火情并触发自动报警时,火灾报警控制器须同时进行声、光报警,准确指示火灾发生的位置,并能够实现与隧道其他相关系统的联动控制及显示。

图像型火灾探测系统布局图如图6.4.13所示。隧道图像型火灾探测器视频信号采用以太网技术传输,隧道管理站设置核心交换机,隧道内及洞口设置以太网传输链路连接洞内及洞口设置的交换机。隧道洞内图像型火灾探测器及其他区域监控摄像机均采用标准以太网接口,就近接入交换机。图像型火灾探测器除了具备通过以太网接口将报警信号传输至图像火灾管理系统实现报警、定位、录像、图像切换等功能,还应具备现场的报警输出开关量,并接入火灾报警总线,通过报警总线将报警信号接入火灾报警控制器。

6.4.4 隧道消防设施设置要求及应用

隧道消防设施与通道的设计主要包括消防灭火设施与通道的设计。消防设施与通道设计应遵循以人员逃生为主,车辆疏散、财产保全、灭火为辅;以自救为主,外部救援为辅的原则。

1. 消防灭火设施组成及应用

消防灭火设施主要包括灭火器、消火栓、固定式水成膜泡沫灭火装置、隧道消防给水设施及其他设施等。

1) 灭火器设置及应用

公路隧道内灭火器选用磷酸铵盐干粉手提式灭火器(ABC干粉灭火器),安装在隧道消防箱内,如图6.4.14所示,灭火剂充装量不小于5 kg且不大于8 kg。单洞双车道公路隧道在隧道一侧设置灭火器,单洞三车道公路隧道宜在隧道两侧交错设置灭火器,单洞四车道公路隧道应在隧道两侧交错设置灭火器。灭火器单侧设置间距不应大于50 m。灭火器应成组设置在灭火器箱内,每组所设灭火器具数宜为2~3具。

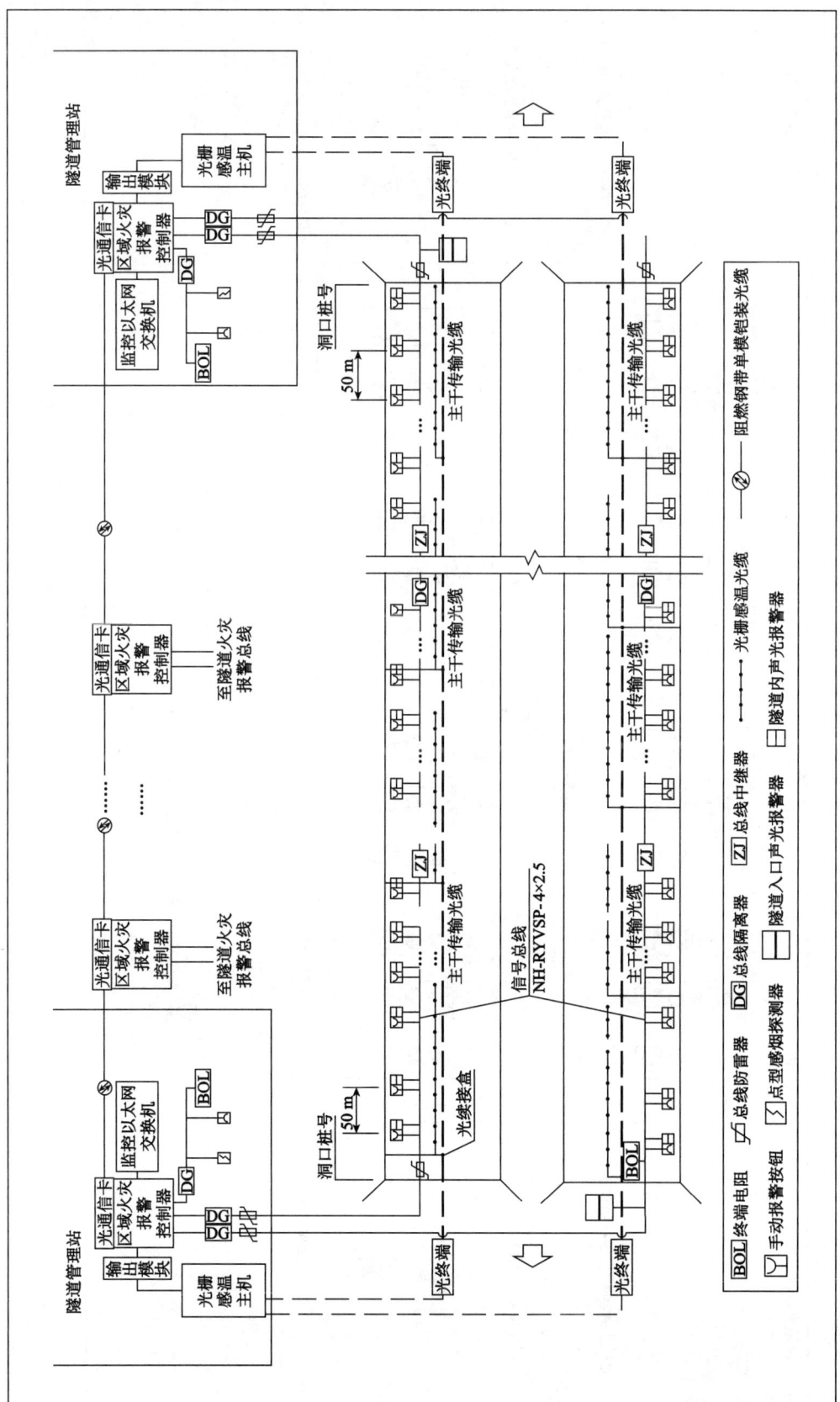

图6.4.12 光纤自动报警系统布局图

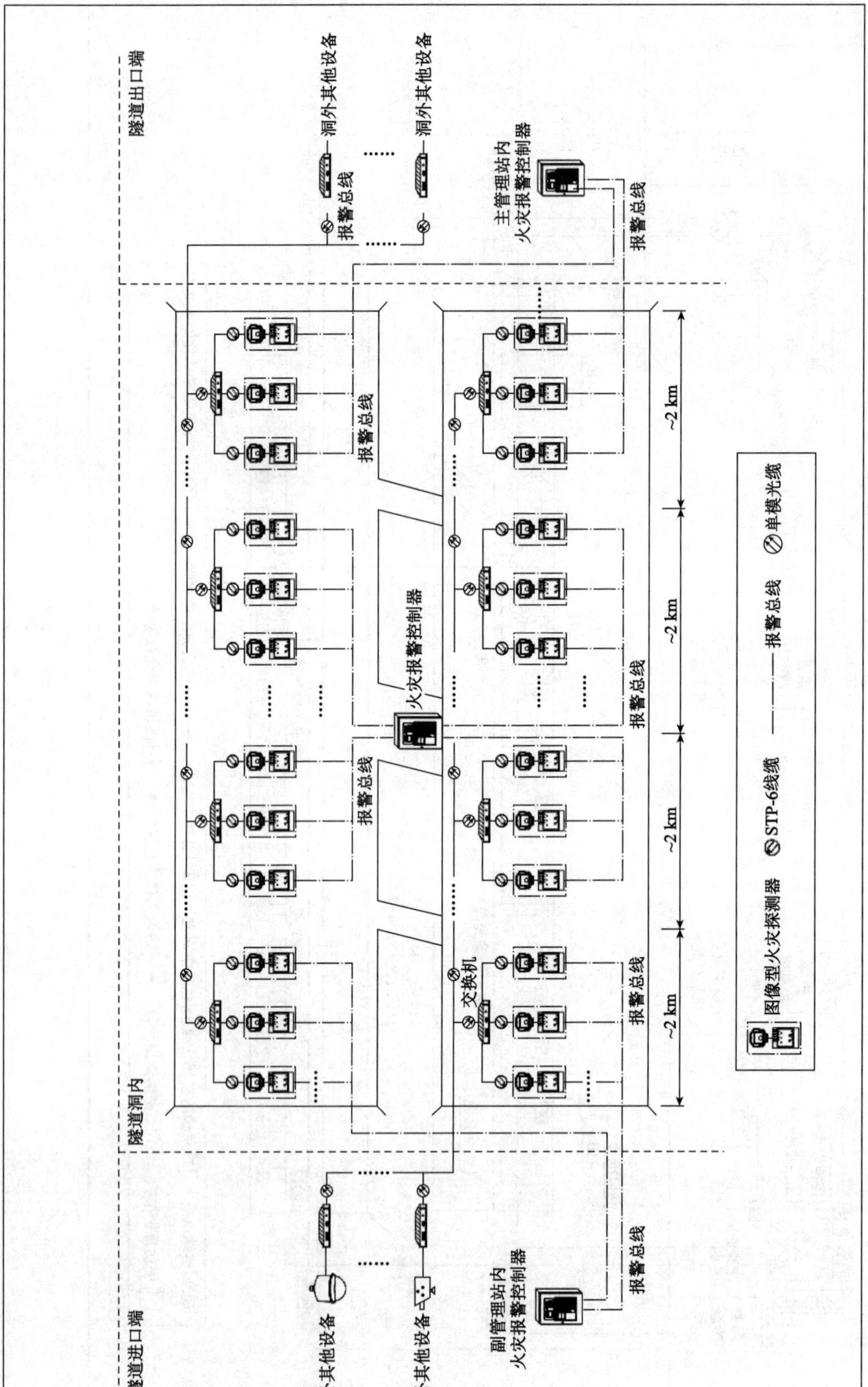

图6.4.13 图像型火灾探测系统布局图

图 6.4.14　隧道消防箱布局图

磷酸铵盐干粉手提式灭火器能扑灭各种油类、易燃液体、可燃气体和电气设备的初期火灾,能有效地扑救木材、纸张、纤维等 A 类固体物质引起的火灾,具有适应性广、低毒性、腐蚀性小、灭火性能好、操作简便等优点。

2)消火栓设置及应用

消火栓成组安装在消防箱内,如图 6.4.14 所示。消防箱宜固定安装在隧道沿行车方向的右侧壁消防洞室内,单洞双向通行隧道可按单侧布设。单洞双车道公路隧道消火栓间距不应大于 50 m,单洞三车道、四车道公路隧道消火栓间距不应大于 40 m。消火栓栓口离地面或操作基面高度宜为 1.1 m,其出水方向宜与设置消火栓的墙面呈 90°角,栓口与消防箱内边缘的距离不应影响消防水带的连接。

消火栓栓口直径应为 65 mm,水枪喷嘴口径不应小于 19 mm,水带长度不应超过 30 m;消火栓的水枪充实水柱长度不应小于 10 m。消火栓栓口处的出水压力大于 0.5 MPa 时,应设置减压设施。

3)固定式水成膜泡沫灭火装置设置及应用

固定式水成膜泡沫灭火装置与消火栓一同安装于消防洞室内,由固定的泡沫液消防泵、泡沫液贮罐、比例混合器、泡沫混合液的输送管道及泡沫产生装置等组成,并与给水系统连成一体。泡沫灭火装置可弥补灭火器喷射时间较短的缺点,增强行车人员对初期汽油类流淌火灾的自救扑灭能力。

固定式水成膜泡沫灭火装置选用环保型 3% 型水成膜泡沫液,泡沫罐宜选用不锈钢材质罐体,容积宜为 30 L。固定式水成膜泡沫灭火装置中的消防卷盘应选用长 25 m、口径 19 mm 的胶管;泡沫枪应为带开关的吸气型泡沫枪,口径宜为 9 mm。固定式水成膜泡沫灭火装置的泡沫混合液流量不应小 30 L/min,连续供给时间不小于 20 min,射程不应小于 6 m。

4)隧道消防给水设施设置与应用

隧道消防用水可采用市政自来水、地下水或地表水。当采用地表水时,应有保证枯水期时消防用水的措施。隧道消防用水量应按发生一次火灾的灭火用水量确定,且不小于表 6.4.3 的规定值。表中每支水枪最小流量为 5 L/s。

隧道消防用水量　　　　　　　　　　　　　　表6.4.3

隧道长度 L_{en} (m)	隧道内消火栓一次灭火用水量 ($L \cdot s^{-1}$)	同时使用水枪数量 (支)	火灾延续时间 (h)	用水量 (m^3)
$L_{en} < 1\,000$	15	3	2	108
$1\,000 \leqslant L_{en} < 3\,000$	20	4	3	216
$L_{en} \geqslant 3\,000$	20	4	4	288

隧道消防给水宜采用高位消防水池供水的常高压供水系统；当无条件设置高位水池时，可采用稳高压供水系统。供给隧道消防用水的消防水泵应采用自灌式引水，并在吸水管上设置检修阀门。消防水池的补水时间不宜超过48 h。消防水池应有一次消防用水不被其他用途占用的措施，消防水池应设水位遥测装置。隧道消防水池如图6.4.15所示。

图6.4.15　隧道消防水池

消防给水管道宜采用内外壁热镀锌钢管、无缝钢管或内外涂塑钢管，并宜采用沟槽式连接或丝扣、凸缘连接。双洞隧道的消防给水应采用环状供水管网。隧道内消防给水管道应设检修阀。设有消防给水设施的隧道，在洞口附近应设置室外消火栓和消防水泵接合器，其数量应根据隧道消防用水量计算确定。

2.通道设置与应用

隧道通道主要有人行横洞、车行横洞、平行通道、直接通向地面的横通道、地下建筑的进出口通道，在发生火灾等紧急情况时便于人、车逃生。双洞分离的公路隧道，双洞之间设置人行横洞、车行横洞，如图6.4.16所示。单洞双向通行的特长公路隧道，宜设置平行通道、人行横洞、车行横洞等，有条件的可设置通向地面的横通道。隧道内设置地下通风房、变配电所及其他管理用房等地下建筑时，地下建筑在隧道之间有至少两个进出口通道。

(a)　　　　　　　　　　　　　　(b)

图6.4.16　隧道人行横洞和车行横洞
(a)人行横洞；(b)车行横洞

3.隧道消防设施案例分析

隧道监控等级 B 级及以上,均设置消防设施和水成膜泡沫装置,采用 I 型消防箱作为消防设施,每个箱内放置 PMZ30 泡沫灭火装置一套,SNSSW65 双口减压稳压消火栓一套,MF/ABC 型便携式干粉灭火器4具;隧道监控等级 B 级以下采用 II 型消防箱,每个箱内放置 MF/ABC 型便携式干粉灭火器4具,如图 6.4.17 所示。

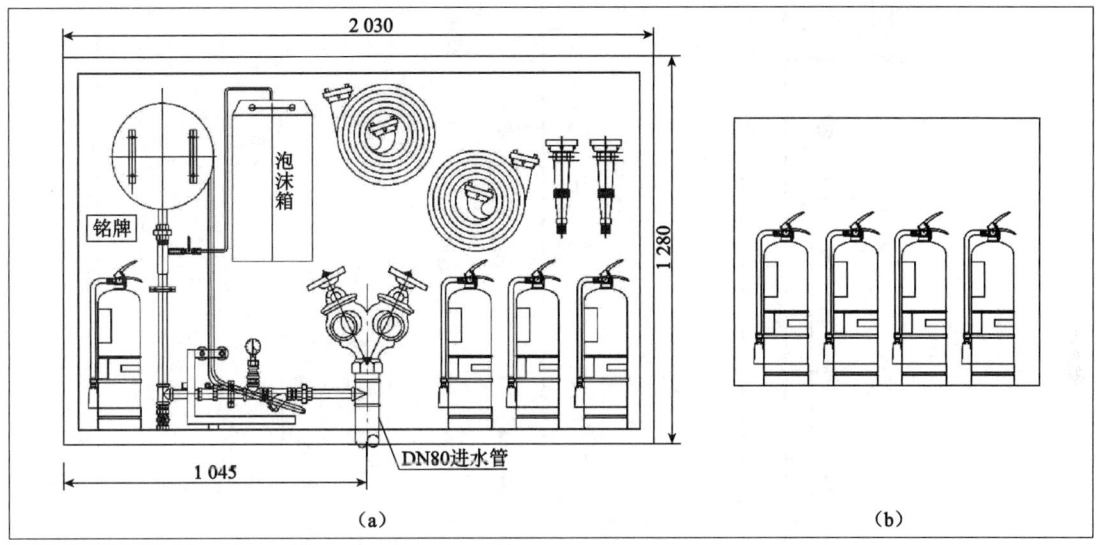

图 6.4.17　消防箱结构图(尺寸单位:mm)
(a) I 型消防箱;(b) II 型消防箱

某长隧道采用 I 型消防箱作为消防设施,消防设施平面布局图如图 6.4.18 所示。消防箱(I 型)设置于隧道行车方向右侧,布设间距为 50 m,L_1、L_2、S_1、S_2 表示隧道右线、左线第一个(或最后一个)消防箱距隧道洞口的距离。隧道洞口设置室外消火栓和水泵适配器,可在距离洞口 5~40 m 范围内,根据洞口实际地形条件选点设置。消防供水系统图如图 6.4.19 所示,消防主干管上每隔 250 m 左右设一个蝶阀,在管网低端设泄水阀,每隔 250 m 设一个柔性伸缩节补偿热变形。隧道采用单端供水,洞内预埋了横通水管的隧道,横通管道与隧道左右洞的消防主干管道相连。

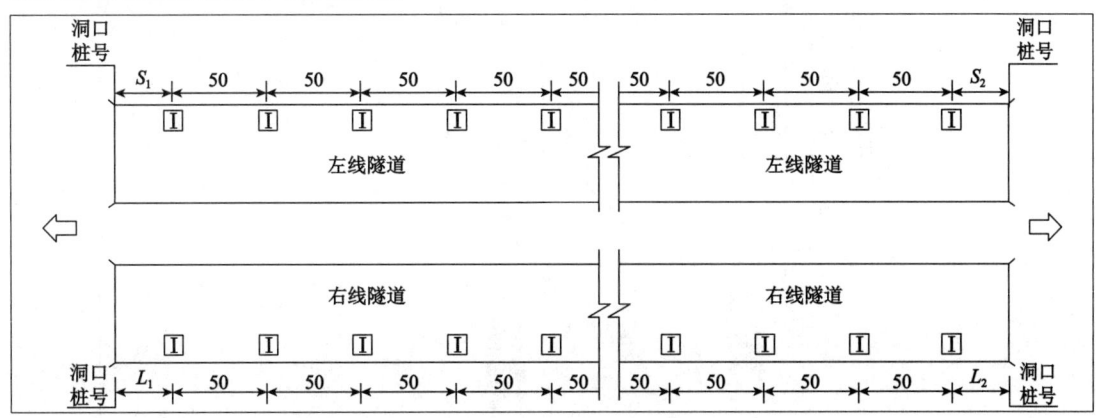

图 6.4.18　I 类隧道消防设施平面布局图(尺寸单位:m)

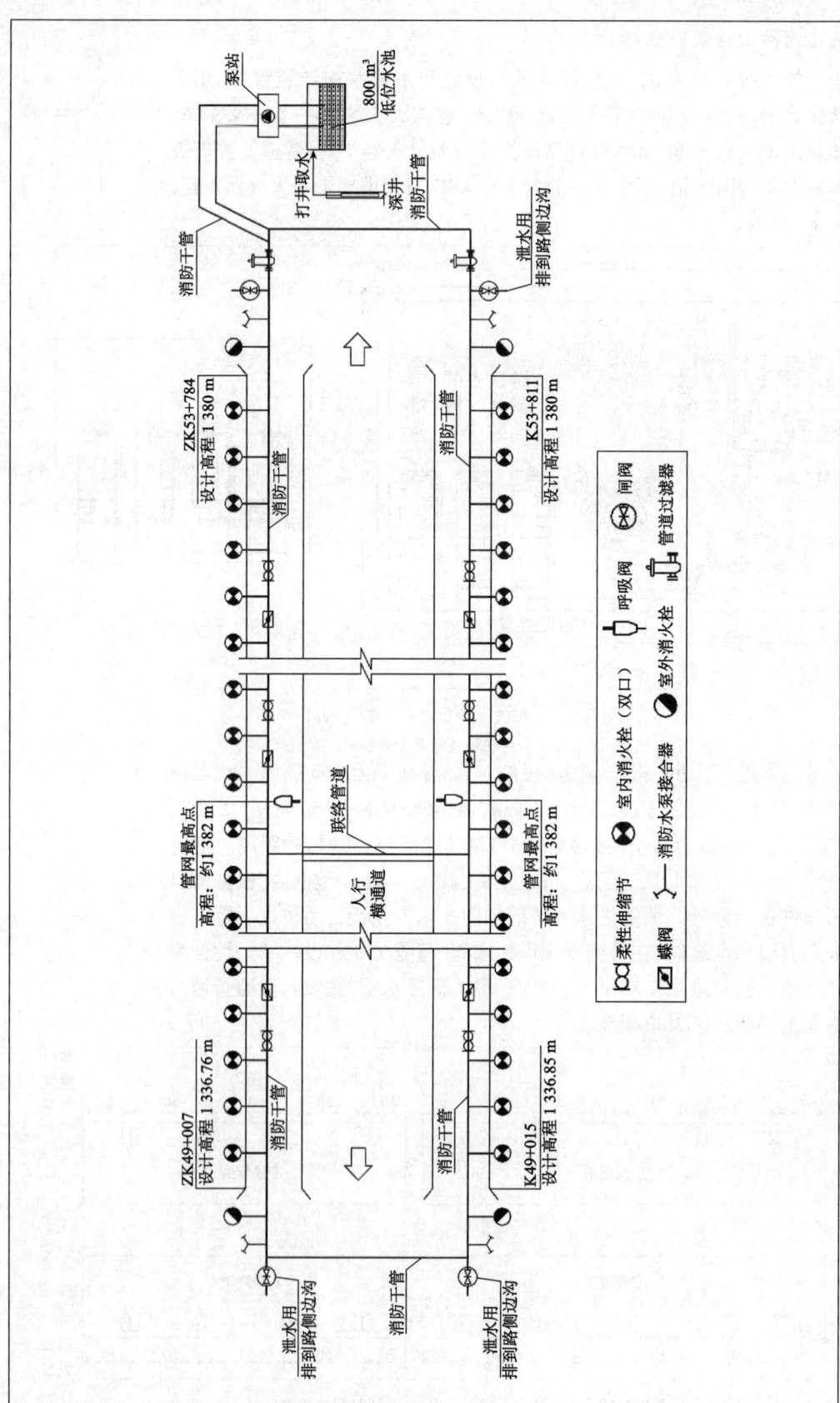

图6.4.19 消防供水系统图

6.4.5 隧道紧急电话及广播系统组成及应用

1. 紧急电话及广播系统功能与组成

高速公路隧道等级在 B 级及以上的隧道应设紧急电话与隧道广播系统。紧急电话与监控中心可直接对话,监控中心可以通过广播播放提醒信息。

紧急电话系统主要用于异常情况下语音信息的传递,主要由紧急电话主机、传输线路、紧急电话分机组成。隧道内外紧急电话实物如图 6.4.20 所示。

(a)　　　　　　　　　　　　　　　(b)

图 6.4.20　隧道内外紧急电话实物

(a)隧道内紧急电话;(b)隧道外紧急电话

广播系统主要用于异常情况下隧道内的语音提示信息的发布,主要由扩音器、扬声器、控制台、话筒、音响主机等组成。隧道内外广播实物如图 6.4.21 所示。

(a)　　　　　　　　　　　　　　　(b)

图 6.4.21　隧道内外广播实物

(a)隧道内广播;(b)隧道外广播

2. 紧急电话设施及广播设施设置与功能要求

1) 紧急电话设施设置与功能要求

(1) 紧急电话设施设置原则。

紧急电话主机设置在中央控制室,紧急电话分机设置于隧道入口、隧道出口、隧道内紧急停车带、人行横洞处。隧道内紧急电话分机宜设置在可容人的预留洞室,预留洞室配隔声门并设置照明;紧急停车带处的紧急电话分机可设置在电话亭内。隧道内自入口起 200 m 范围之内不设置紧急电话分机,隧道内紧急电话分机设置间距不宜大于 200 m。

(2)紧急电话主机功能。

紧急电话主机作用是汇接各紧急电话分机传输线路,控制各紧急电话分机的呼叫业务。紧急电话主机和紧急电话分机之间应能全双工通话;允许两处及两处以上紧急电话分机同时排队报警,并具有接警信息输出接口;具有自动检测系统的正常和故障状态、自动录音及回放、查询统计及打印功能。

2)广播设施设置与功能要求

隧道广播可采用有线广播方式或无线广播方式。当采用无线广播方式时,应在隧道进口前设置醒目标志告知隧道无线广播频率。

(1)隧道有线广播设施设置原则。

广播控制器设置在中央控制室,与中央控制室计算机相连接。扬声器设置在隧道入口、隧道出口处及人行横洞、车行横洞处,可在隧道内每隔 50 m 设置。

(2)隧道有线广播设施要求。

隧道有线广播设施具备全呼及分组群呼功能,具有自动故障检测功能,能显示系统各设备工作状态。

3. 紧急电话及广播系统案例应用分析

某隧道左线长 4 295 m,右线长 4 265 m,隧道紧急电话及广播系统布设如图 6.4.22 所示。系统采用全数字化 IP 网络技术,紧急电话分机可配置唯一的 IP 地址。隧道紧急电话系统既可向隧道管理站通报紧急事件信息,又可监听隧道内隧道广播效果。广播系统使用时不影响紧急电话的正常使用,隧道分机报警时,广播系统可以同时工作。网络信号传输利用视频传输光纤环网。

隧道内每隔 50 m 安装扬声器及紧急电话分机,紧急电话分机可带有摄像头,系统在通话的同时前置摄像头,能让值班人员观看分机前方图像,广播功放设在隧道紧急电话分机机箱上部,广播功放就地取用隧道内交流电源供电。隧道内紧急电话分机与扬声器安装位置如图 6.4.23 所示,紧急电话分机安装高度为离地面 1.2~1.5 m,扬声器安装高度为离地面大于 3.5 m。

隧道内选用 15 W 扬声器;隧道口选用 30 W 扬声器,隧道内左右线每 200 m 设置 1 个功率放大器;每个功率放大器驱动 4 个 15 W 扬声器,覆盖隧道约 200 m 长度。隧道紧急电话系统由控制台、功放设备、扬声器、广播电缆和隧道紧急电话分机等组成。控制台包括紧急电话集中控制器、控制工作站、组合播音设备、值班电话、前置功放等,主要进行播音、录音、紧急电话处理、系统控制和检测等功能操作。

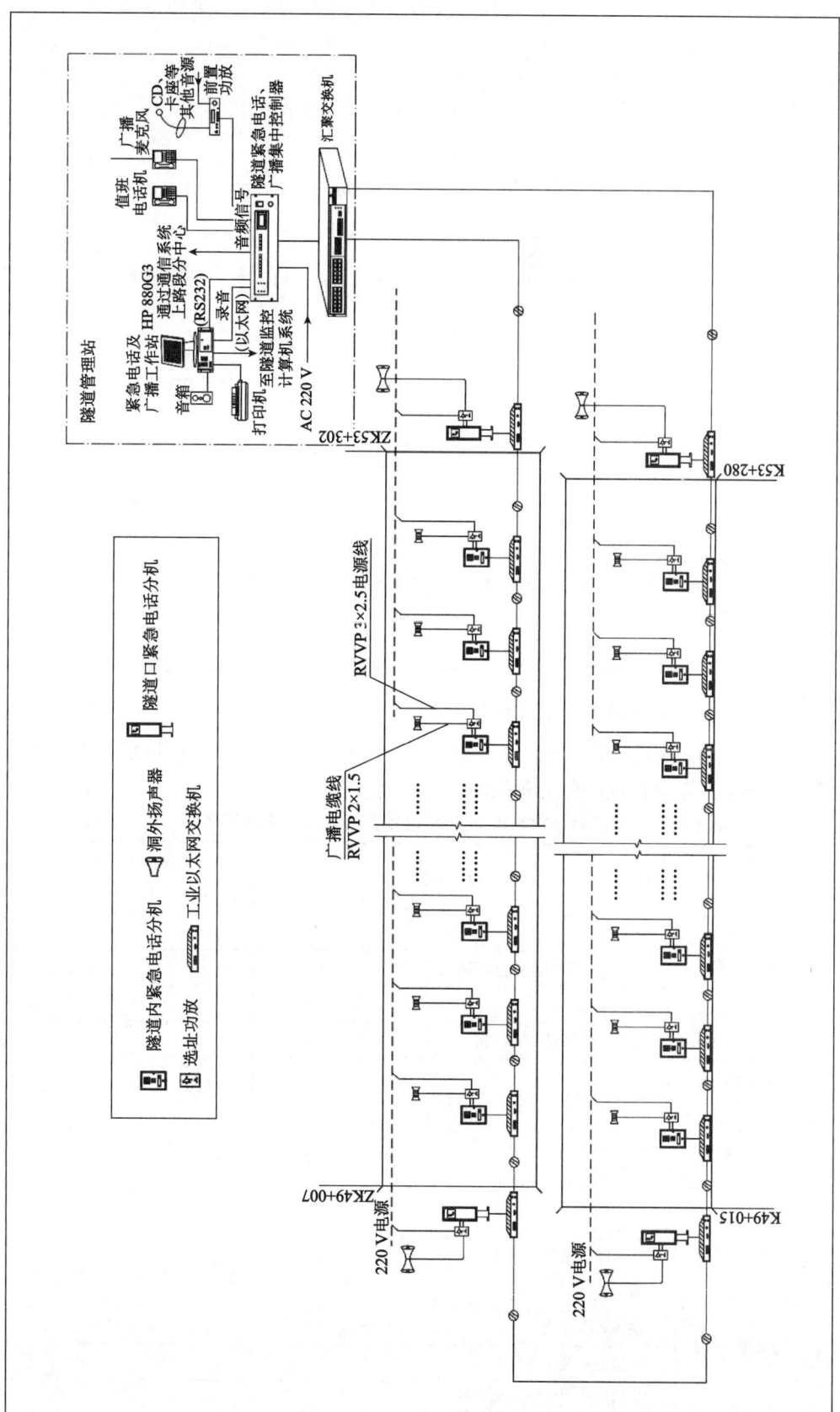

图6.4.22 隧道紧急电话及广播系统布设

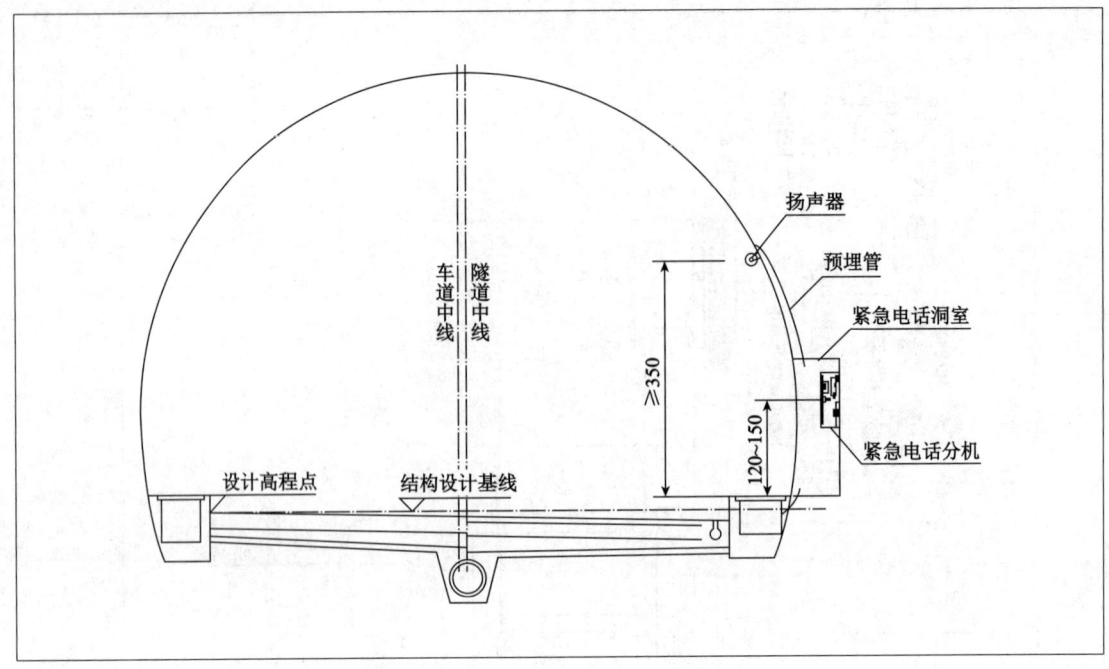

图 6.4.23 隧道内紧急电话分机与扬声器安装位置(尺寸单位:cm)

6.4.6 隧道消防报警系统检修维护与常见故障处理

1. 隧道消防报警系统检修维护

隧道消防报警设施经常检修、定期检修主要项目及其检修频率如表 6.4.4 所示。在检修期间应有相应的防灾措施。

隧道消防报警设施经常检修、定期检修主要项目及其检修频率　　表 6.4.4

设施名称	检查项目	主要检查内容	经常检修 1次/1~3月	定期检修 1次/年
火灾报警设施*	点型感烟、感温探测器	清洁表面	√	
		各回路的报警随机抽检试验		√
	双/三波长点型火焰探测器	清洁表面	√	
		各回路的报警随机抽检试验		√
	分布式光纤线型感温火灾探测器	清洁表面	√	
		各回路的报警随机抽检试验		√
	光纤光栅线型感温火灾探测器	清洁表面	√	
		各回路的报警随机抽检试验		√
	图像型火灾探测器	清洁表面	√	
		各回路的报警随机抽检试验		√
	手动报警按钮	清洁表面	√	
		检查防水性能	√	
		报警信号及传输测试		√
		各回路的报警随机抽检试验		√

续上表

设施名称	检查项目	主要检查内容	经常检修 1次/1~3月	定期检修 1次/年
火灾报警设施*	火灾报警控制器	清洁表面	√	
		检查防水性能	√	
		线缆连接是否正常	√	
		报警试验		√
液位检测器	总体	电极棒液位控制装置检查		√
		浮球磁性液位控制器检查		√
		超声波液位计检查		√
		仪器检测精度标定		√
消火栓及灭火器*	总体	有无漏水、腐蚀、软管、水带有无损伤	√	
		室外消火栓的放水试验及水压试验	√	
		泡沫消火栓的使用与防渣检查		√
		消水栓的放水试验及水压试验		√
		寒冷地区消防管道的防冻检修		√
		确认灭火器的数量及其有效期	√	
		灭火器腐蚀情况	√	
		设备箱体及标识检查	√	
阀门	总体	外观检查,有无漏水、腐蚀	√	
		操作试验是否正常	√	
		导通试验	√	
		保温装置的状况		√
水喷雾灭火设施*	总体	检查系统组件工作状态	√	
		检查设备外表	√	
		检查管路压力	√	
		检查报警装置	√	
		检查系统功能	√	
		清洗雨淋阀本体的密封圈		√
		检查阀瓣断头和锁紧销		√
		清洗控制阀和密封膜		√
		管网耐压试验		√
水泵接合器*	总体	清洁表面、内部	√	
		检查密封性	√	
		送水加压功能是否正常		√
水泵*	总体	运转时有无异响、振动、过热,压力上升时闸阀的动作是否正常	√	
		外观有无污染与损伤	√	

续上表

设施名称	检查项目	主要检查内容	经常检修 1次/1~3月	定期检修 1次/年
水泵*	总体	轴承部位加油与排气检查	√	
		启动试验与自动阀同时进行	√	
		紧固泵体各部连接螺栓	√	
		清除离心泵泵内垃圾	√	
电动机	总体	运转时有无异响、振动、过热	√	
		外观有无污染、损伤	√	
		电压、电流检测	√	
		启动试验	√	
		各连接部		√
		绝缘试验		√
给水管	总体	有无漏水,闸阀操作是否灵活	√	
		管支架是否腐蚀、松动		√
		洞外及隧道内水管有无防冻、防盐雾腐蚀		√
		管滤清器清洗		√
气体灭火设施	总体	与火灾报警控制器联动试验		√
		检查气溶胶		√
消防水池*	总体	有无渗漏水	√	
		水位是否正常及液位检测器是否完好	√	
		泄水孔是否通畅	√	
		水池的清洁		√
		寒冷地区保温防冻检查		√
电光标志*	总体	检查、调节 LED 集束像素管的发光亮度	√	
		检查显示功能是否正常	√	
		外观有无污染、破损、锈蚀,字迹是否清晰	√	
紧急电话及广播*	中波播音装置	行车接听试验	√	
		外观有无污染、损伤	√	
		电压及输出功率测定		√
		调制输入确认		√
		设备清洁		√
	扩音装置	外观有无污染、损伤	√	
		电压、电流测量		√
		确认输出功率		√
	操作平台	外观有无污染、损伤	√	
		紧急播音试验		√
		监控试验		√
		电流、电压测量		√

续上表

设施名称	检查项目	主要检查内容	经常检修 1次/1~3月	定期检修 1次/年
紧急电话及广播*	话筒	外观检查	√	
		紧急播音试验		√
	扩音器	安装状态检测		√
		接听试验		√
	紧急电话	外观有无污染、损伤	√	
		通话效果试验	√	
		内部检查		√
		测定输入、输出电流		√
		强制切断试验		√
		测定接地阻抗		√

注:带"＊"的设施为关键设施。

2. 隧道消防报警系统常见故障及处理

1)消防设施常见故障及处理

(1)有水无压故障。

检查相邻消防箱内水压情况,打开闸阀放水检查,水量较小,表明高位水池缺水,需抽水补充。

(2)灭火器压力指针指向黄色和红色区域。

指向黄色区域表示压力不足,指向红色区域表示压力过大,这两种情况均需要重新充装灭火器。另外,灭火器使用超过10年,必须整体更换。

(3)泡沫较少故障。

检查水成膜泡沫箱是否有锈穿或阀门松动,及时补充水成膜泡沫。比例混合器、管道堵塞,更换相应设施。

(4)高位水池无法正常蓄满水。

一般原因为管道有漏水,需逐一排查管道漏水情况,并修复。检查蓄水池是否有漏水,水泵是否有异常。

(5)车行横洞门无法控制。

开关按钮故障,更换开关;排查卷帘门控制器是否正常;排查电动机是否正常;排查卷帘门是有否卡壳情况。

(6)人行横道门异常故障。

主要故障有松动、垮塌,处理方式为对横通道门加固。

2)报警设施常见故障及处理

(1)感温报警系统故障。

上位机软件发生故障报警时,登录报警主机,检查温度曲线和报警日志,即可初步判断故障原因。常见故障为光缆断裂,需要封道查找光缆断点和熔接断点。

工作站无法与报警主机联通故障时,一般为光收发器故障,更换光收发器;检查机房温度是否超高,温度达到报警主机预警值后会停止运行,降低房间温度后重启主机和软件。

(2) 火灾报警系统故障。

手动报警按钮指示灯常亮时,根据报警主机查询手动报警按钮编号,再根据编号确定按钮位置,手动报警按钮上有指示灯,正常为闪烁状态,故障为常亮状态,如果故障,需要更换新的按钮,并对新的按钮编号。

本地主机有报警信号,但其他主机和监控软件无报警故障时,一是检查主机传输光板是否正常,若故障则维修或更换即可;二是检查主机之间的光缆是否断裂,若断裂需查找断点并熔接。

(3) 紧急电话及广播系统故障。

利用紧急电话报警软件可以查询隧道内所有紧急电话、广播故障情况,常见故障有电池欠压、通信故障、功放故障。

故障现象为通过软件自检后,显示电池欠压。用万用表检查电池是否电压不足,如果电压不足,需要更换电池。

故障现象为通过软件自检后,显示通信故障。通信故障一般由电池故障导致,更换电池;另一种情况就是由通信板卡故障导致,需维修或更换。

故障现象为通过软件自检后,显示功放故障。功放故障一般由线路和功放老化导致,需更换线路和相应配件。

单元 6.5 隧道监控系统组成与应用

6.5.1 隧道监控系统组成

高速公路隧道监控系统指对隧道交通和隧道内环境的监视、检测和控制。高速公路隧道监控系统包含交通监测设施、交通控制及诱导设施。

交通监测设施指用来监视隧道内交通运行情况和检测隧道内交通和环境参数的设备,包括摄像机、交通事件检测器、车辆检测器、VI 检测器、CO 检测器、风速风向检测器、亮度检测器、超高车辆检测器和火灾探测器等。

交通控制及诱导设施指用来对隧道内的交通及环境进行控制和诱导的设备,包括交通信号灯、车道指示器、可变信息标志、可变限速标志、隧道广播,以及通风设备与照明设备的控制装置等。交通控制及诱导设施通过收集和处理交通信息,并传送给中央控制室计算机,同时接收中央控制室计算机传来的有关信息或指令,对隧道交通进行控制与诱导的功能。

由于隧道通风系统、照明系统、火灾报警与消防系统前面已经讲过,因此本节交通监测设施主要包括车辆检测器、交通事件检测器、摄像机和视频监视控制设备等。

6.5.2 隧道监控主要设施布设及技术要求

1. 交通监测设施布设及技术要求

1) 车辆检测器布设及技术要求

隧道车辆检测器设置位置与数量一般根据控制管理对象对数据采集的要

求及控制方案的需求确定。一般设置在隧道出入口处,在隧道入口前设置车辆检测器时,设置在隧道入口前 200~300 m 处;在隧道出口后设置车辆检测器时,设置在出口后 200~300 m 处。

车辆检测器能检测每一车道的交通量和速度等基本交通参数,能检测出行车方向,能检测出二轮摩托车及以上的所有类型的机动车,能将拖挂车检测为一辆车。

2)交通事件检测器布设及技术要求

交通事件检测器一般宜设置在洞口、紧急停车带、横通道等区域。交通事件检测器能检测停车、交通堵塞、车辆行驶速度低于允许最低行驶速度、行人、车辆逆行、火灾、车辆掉物、车辆抛物等事件。

3)摄像机布设及技术要求

(1)摄像机的布设要求。

隧道摄像机设置于隧道内、隧道外及隧道附属管理建筑处。隧道内摄像机一般设在隧道车行通道、紧急停车带、车行横洞、人行横洞。隧道内摄像机直线段设置间距不大于 150 m,曲线段设置间距根据实际情况适当减小,应能全程连续监视隧道内车辆运行情况和报警救援设施使用状况。隧道外摄像机应设在距隧道口 100~400 m 处,能清楚地监视洞口区域的全貌和交通状况。

(2)摄像机技术要求。

隧道外摄像机应为配有光圈自动调节、变焦镜头、云台、全天候防护罩的低照度 CCD 彩色遥控摄像机。未设置隧道外引导照明的隧道,隧道外摄像机宜配置夜间补偿辅助光源。

隧道内摄像机应为配置有自动光圈、定焦距和防护罩的低照度摄像机,具有彩色/黑白、昼/夜自动转换功能。

设置于隧道洞口变电所、洞内变电所、地下风机房的摄像机应具有目标移动报警功能。

隧道内紧急停车带、车行横洞、人行横洞处摄像机应有遥控功能。

4)视频监视控制设备布设及技术要求

视频监视控制设备设置在中央控制室。监视器分辨率应高于摄像机;录像设备具有手动或自动控制功能,可进行长延时录像;具有计算机接口,能受中央管理计算机的控制;具有对视频信号进行多路分配的功能;能对现场视频信息进行一对一或一对多方式显示;能对多路视频信号进行选择显示;能根据隧道监控系统接收或监测到的紧急电话、火灾报警和交通异常信号等,自动对显示方式进行切换或将报警区域的相关视频信号优先切换至监视器。

2. 交通控制及诱导设施布设及技术要求

1)交通信号灯布设及技术要求

交通信号灯设置在隧道入口联络通道前 20~50 m 处,信号灯由红、黄、绿和左转箭头组成。隧道入口无联络通道时,交通信号灯设置在距隧道入口一个停车视距处,且信号灯为红、黄、绿三色信号灯。当后一隧道入口与前一隧道出口间距小于 500 m 时,两隧道间可不设交通信号灯。交通信号灯应显示清晰,有效显示直径不应小于 300 mm,动态视认距离不应小于 200 m。

2) 车道指示器布设及技术要求

车道指示器应设置在隧道内各车行道中心线的上方,如图6.5.1所示,且应设置在隧道入、出口及车行横洞等处。隧道内直线段车道指示器设置间距不应大于500 m,曲线段根据具体情况可缩设置间距。

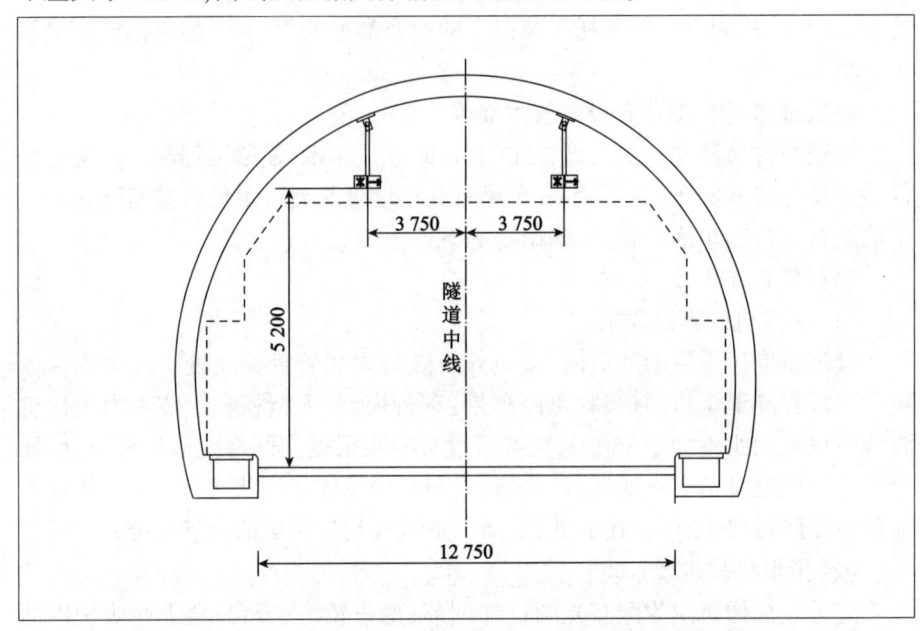

图6.5.1 隧道车道指示器设置图(尺寸单位:mm)

一般位置的车道指示器由红叉、绿箭两色灯组成。车行横洞处的车道指示器由红叉、绿箭两色灯和绿色左向箭头灯组成。车道指示器应具有双面显示功能,显示图案应清晰,动态视认距离不应小于200 m。方形车道指器有效显示尺寸不应小于350 mm×350 mm,圆形车道指示器有效显示直径不应小于300 mm。

3) 可变信息标志布设及技术要求

可变信息标志设置在隧道入口联络通道前200~300 m处。隧道入口无联络通道时,可变信息标志宜设置在隧道入口前200~300 m处。可变信息标志在特长、长隧道内,设置在车行横洞前10~30 m处。

隧道内可变信息标志版面亮度不应小于3 500 cd/m^2,隧道外版面亮度不应小于8 000 cd/m^2。版面亮度应能根据环境照度自动调节,无眩光现象,动态视认距离不应小于200 m,具有故障自检功能。隧道可变信息标志电气控制电路,如图6.5.2所示。

4) 可变限速标志布设及技术要求

可变限速标志一般设置在隧道入口前50~100 m处。可变限速标志可在特长、长隧道内设置,也可由洞内可变信息标志显示相应限速值代替。

隧道内可变限速标志版面亮度不应小于3 500 cd/m^2,隧道外版面亮度不应小于8 000 cd/m^2。版面亮度应能根据环境照度自动调节,应无眩光现象,动态视认距离不应小200 m,应具有故障自检功能。隧道可变限速标志电气控制电路如图6.5.3所示。

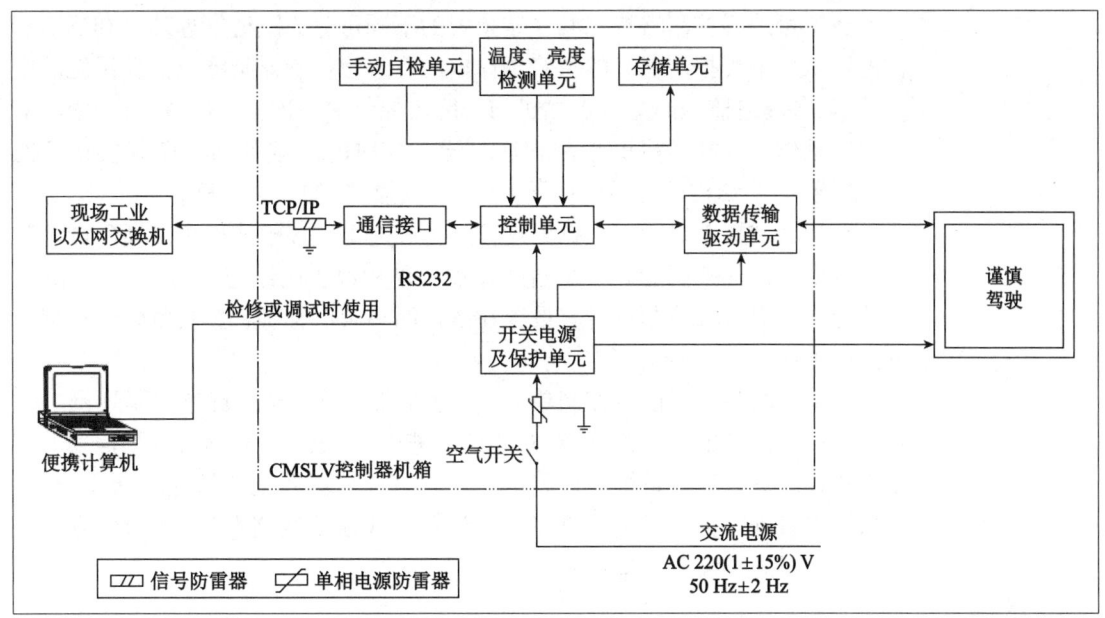

图 6.5.2　隧道可变信息标志电气控制电路

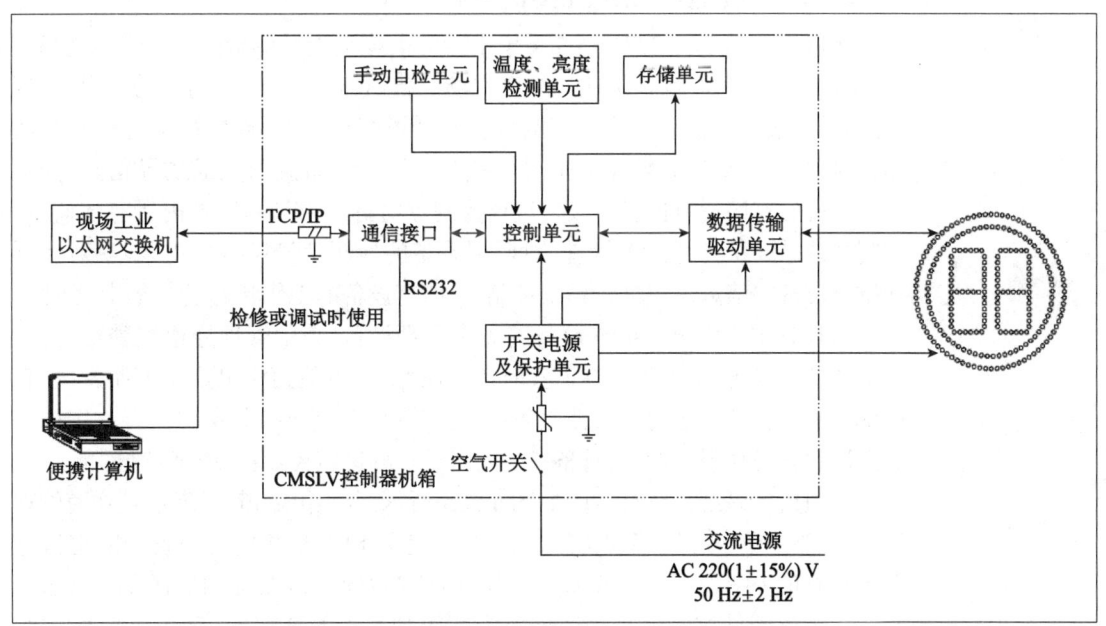

图 6.5.3　隧道可变限速标志电气控制图

5）交通区域控制单元设计及功能

隧道交通区域控制单元设备主要是隧道可编程控制器，如图 6.5.4 所示。隧道可编程控制器是隧道监控系统中区域控制器的中央处理单元，通过与交通监控设施（如车辆检测器、可变信息标志、通行信号灯等）、火灾报警设施、通风设施、照明设施、风速风向检测器、VI 检测器、温度检测器和有害气体浓度（或烟感）检测器等检测和控制单元的数据通信，完成系统的逻辑功能。

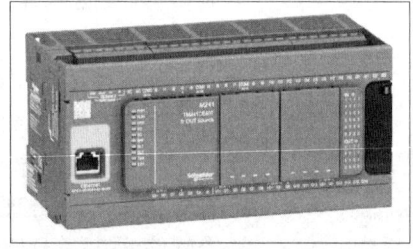

图 6.5.4　隧道可编程控制器

隧道可编程控制器按照其安装位置的不同可分为隧道管理站内和隧道洞内的区域可编程控制器。隧道管理站内的可编程控制器指隧道监控系统的中央节点,各隧道监控的主节点端机与公路监控分中心远程通信,执行分中心上位机的动作指令和本机的控制程序。隧道洞内的区域可编程控制器指环网(或总线)拓扑结构的隧道监控子系统(区域监控)的节点端机。

交通区域控制单元应根据处理信息量和隧道监控模式确定交通区域控制单元规模及处理控制能力。交通区域控制单元设置间距应按可靠、经济的原则确定。交通区域控制单元宜设置在隧道两端洞口、横通道内、紧急停车带端部或隧道侧壁的预留洞室内。

隧道内的各交通区域控制单元,宜通过光纤构成光纤自愈控制环网。收集区段内各设备的检测信息,对检测信息进行分析处理和存储,并将信息上传至中央控制室计算机系统。接收中央控制室计算机系统的信息或指令,对下端执行设备进行控制。在中央控制室计算机或通信线路发生故障时,应能按预设程序对现场设备实施控制。

6.5.3 隧道监控系统案例分析

某隧道左线长 4 777 m,右线长 4 796 m,隧道现场控制系统由隧道现场设备、隧道监控分中心设备组成。隧道现场设备由监测设备、控制和诱导设备、现场控制器、报警设备等组成。监测设备对隧道交通情况、环境情况进行实时监测,并将监测结果实时转化为信号。控制和诱导设备发布交通诱导信息,为引导交通流的有序运行提供手段。现场控制器对隧道内某一区域内所有的监测、控制和诱导设备进行集中管理,对监测设备的检测信号进行集中采集,对控制和诱导设备的信息发布进行集中控制,对所有设备的工作状态进行集中管理。

监控分中心内设置报警设备的集中管理设备,集中管理隧道报警信息;设置图像处理设备,集中管理隧道实时监控图像;设置隧道中央集中控制系统,直接统一集中管理隧道现场监控业务;在隧道洞口变电所控制室内设置一定规模的主控制设备和报警设备,具备在必要时进行隧道监控业务现场管理的能力。

隧道监控系统总体结构图如图 6.5.5 所示,分别由隧道现场设备、隧道管理站、路段监控分中心三层架构组成,根据隧道规模选配相应的设备。隧道机电设备断面布置图如图 6.5.6 所示。隧道管理站计算机系统构成图如图 6.5.7 所示。隧道区域控制器接线原理及安装图如图 6.5.8 所示,隧道内区域控制器采用工业 PLC 为核心,配置继电器、熔断器等电气元件,以及相应的现场控制箱;区域控制器由 CPU 模块、电源模块、通信模块、输入模块、输出模块、触摸屏等构成。

隧道视频监控系统布局图如图 6.5.9 所示,隧道视频监控系统由视频中央管理系统软件、视频管理服务器、视频存储服务器、视频监控工作站、拼接控制器、拼接屏、操作键盘、视频设备接入网关、视频汇聚以太网交换机、事件检测服务器、事件检测处理器、LED 汉字显示屏、外场摄像机等构成。视频中央管理系统软件、视频管理服务器、视频存储服务器、视频监控工作站、拼接控制器、拼接屏、操作键盘、视频设备接入网关、视频汇聚以太网交换机、事件检测服务器、事件检测处理器、LED汉字显示屏设置在路段管理处及隧道管理站的监控室和设备间内。外场摄像机设在隧道洞外、隧道内和变电所内。洞外设置快速球形摄像机和固定枪式摄像机,隧道管理站、变电所内设置半球摄像机,隧道内设置固定摄像机,每间隔约150 m设置1套。

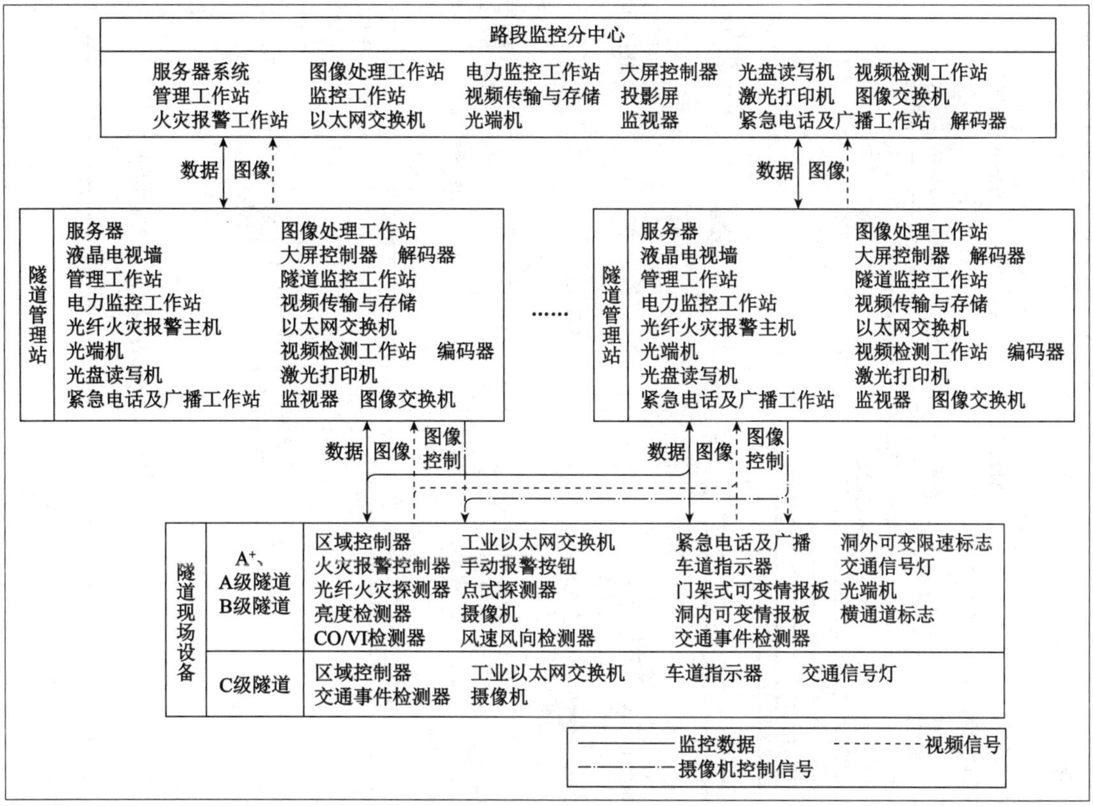

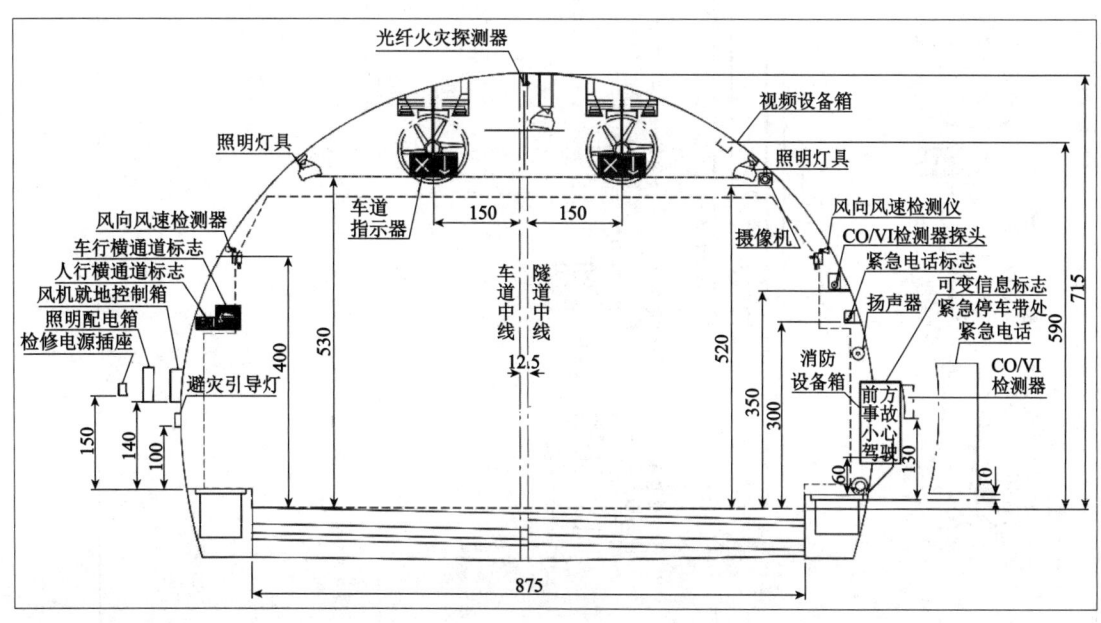

图6.5.5 隧道监控系统总体结构图

图6.5.6 隧道机电设备断面布置图(尺寸单位:cm)

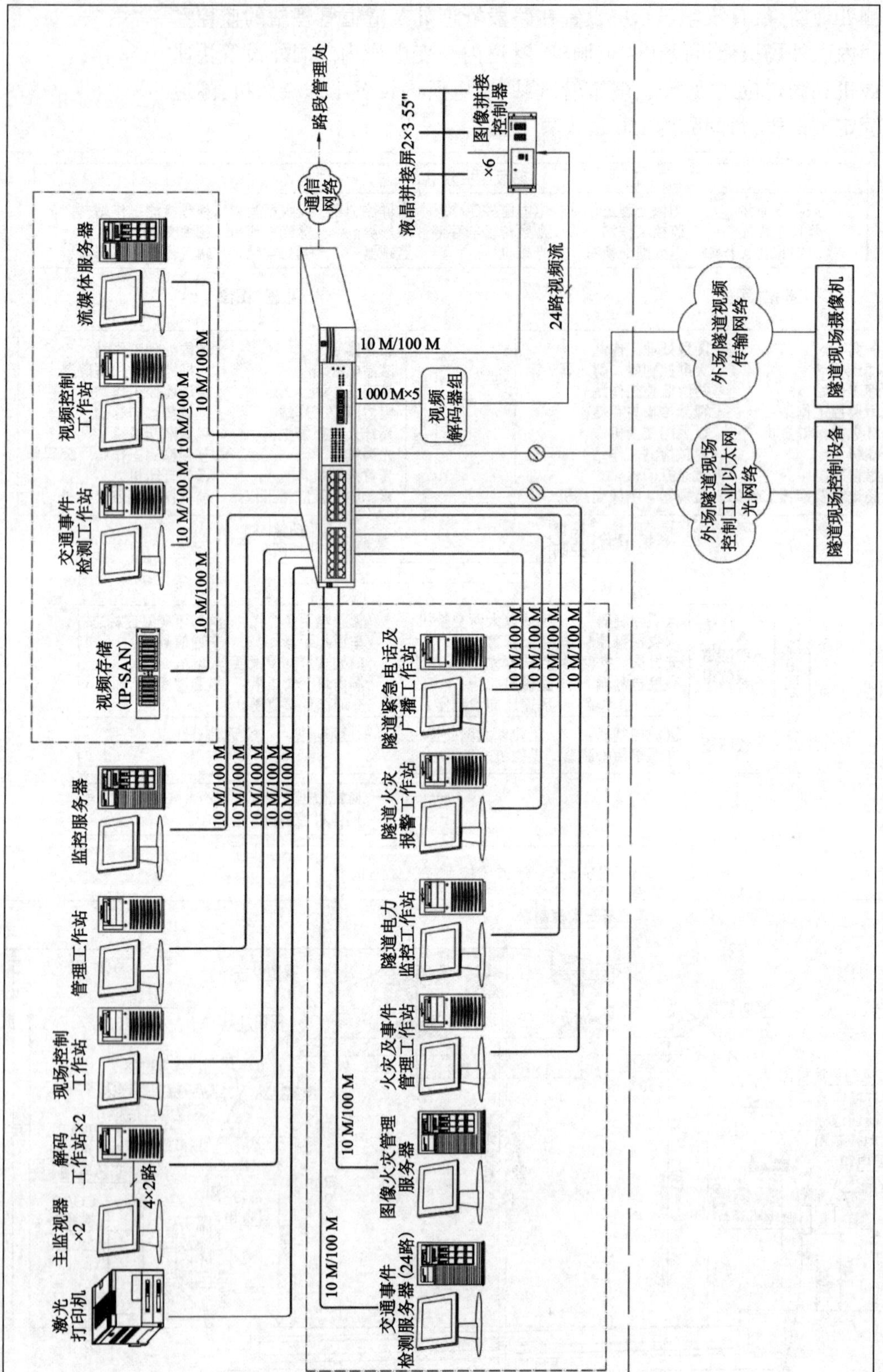

图6.5.7 隧道管理站计算机系统构成图

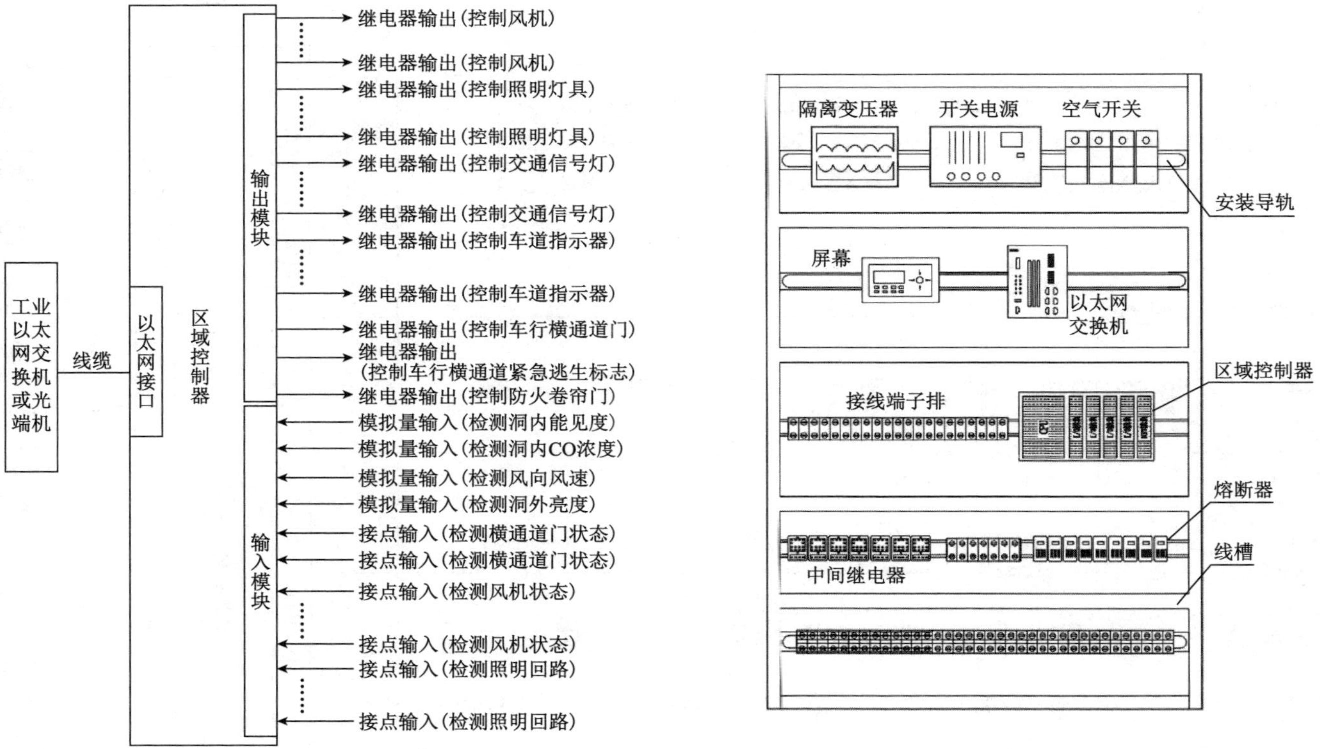

图6.5.8 隧道区域控制器接线原理及安装图

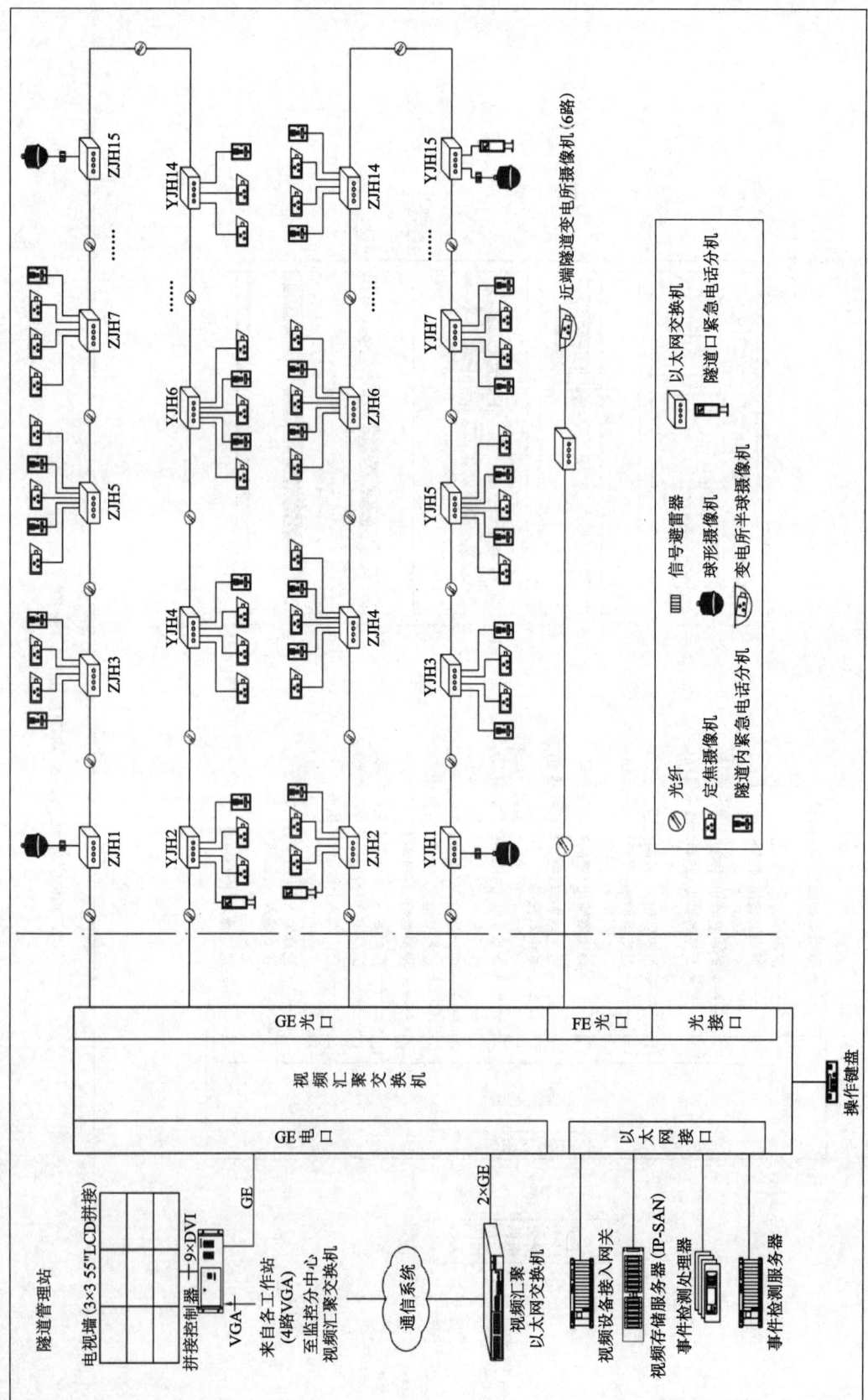

图6.5.9 隧道视频监控系统布局图

6.5.4 隧道监控系统检修维护与常见故障分析

1. 隧道监控系统检修维护

隧道监控设施经常检修、定期检修主要项目及其检修频率如表 6.5.1 所示。

隧道监控设施经常检修、定期检修主要项目及其检修频率　　　　表6.5.1

设施名称	检查项目	主要检查内容	经常检修 1次/1~3月	定期检修 1次/年
通信设施*	路由器、交换机	设备运行情况和网络运行数据检查	√	
		告警显示检查	√	
		路由器的路由表和端口流量检查	√	
		交换机的VLAN表和端口流量检查	√	
		散热风扇检查	√	
监控室设备及系统*	总体	各部位清洁检查	√	
		各部位的电压、电流检查		√
		发热检查		√
		病毒的防治	√	
		系统启动的动作确认		√
		控制软件维护与系统联动		√
		打印设备状况检查		√
		系统时钟检查	√	
		硬件设备运行状况检查	√	
		设备功能与工作状态检查	√	
		数据保存、备份设备检查	√	
车辆检测器*	检测单元	外观有无污染、损伤		√
		检查动作及调整灵敏度		√
		安装状态		√
	监控单元	外观有无污染、损伤	√	
		运行状态	√	
		各种测量数据可靠度	√	
		测量仪、显示器、故障显示灯有无异常		√
		测定传输电流		√
		电子线路板、继电器的安装状态		√
		柜内配线有无损伤、过热、松动、断线		√
		检测线圈绝缘电阻及电感量		√
闭路电视监控系统*	摄像机	外观有无污染、损伤	√	
		动作确认	√	
		电流电压测量		√
		调整聚焦及焦距		√

续上表

设施名称	检查项目	主要检查内容	经常检修 1次/1~3月	定期检修 1次/年
闭路电视监控系统*	安装部位	是否松动、锈蚀		√
	控制装置	外观有无污染、损伤	√	
		操作是否灵敏、正常	√	
		与紧急电话等的联动试验	√	
		与防灾控制的联动试验	1次/15天	
		电压、电流测量	√	
		机内维护		√
	编解码器	编解码是否正常	√	
	视频矩阵	视频切换、控制是否正常	√	
	操作台	外观有无污染、损伤	√	
		功能是否正常	√	
	监视器	外观有无污染、损伤	√	
		图像是否清晰、稳定	√	
	硬盘录像机	检查BNC接头	√	
		测试硬盘录像机的指标	1次/周	
交通事件检测器*	总体	外观有无污染、损伤	√	
		各种测量数据可靠度	√	
大屏幕投影系统	总体	亮度一致性	√	
		色彩、分辨率	√	
		经图像拼接控制器的视频图像	√	
		经RGB矩阵的PC信号质量	√	
		经网络的PC信号质量	√	
		对视频矩阵的调用、切换	√	
		开关视频、PC信号窗口	√	
		电源测试		√
		窗口缩放、移动、多视窗显示等	√	
		图像参数调整	√	
地图板	总体	日期、气象显示是否正确	√	
		其他显示功能是否正常	√	
		道路动态光带显示	√	
		亮度、色彩均衡和图像清晰度	√	
		电源测试	√	
		紧急电话摘、挂机信息显示		√
横通道控制箱*	总体	可编控制程序是否正确	√	
		自动及手动操作是否正确	1次/周	

续上表

设施名称	检查项目	主要检查内容	经常检修 1次/1~3月	定期检修 1次/年
交通控制和诱导设施	可变信息标志	外观检查	√	
		查找不良像素管	√	
		清洁像素管、电路板		√
		运行检测程序检测整体性能		√
		各接线端子是否松动		√
		更换像素管		√
		紧固连接螺栓		√
	可变限速标志	外观检查	√	
		查找不良像素管	√	
		清洁像素管、电路板		√
		运行检测程序检测整体性能		√
		各接线端子是否松动		√
		更换像素管		√
	车道指示器	外观检查	√	
		查找不良像素管		√
		清洁像素管、电路板		√
		各接线端子是否松动		√
		更换像素管		√
		紧固连接螺栓		√
	交通信号灯	外观检查	√	
		查找不良像素管		√
		清洁像素管、电路板		√
		各接线端子是否松动		√
		更换像素管		√

注:带"*"的设施为关键设施。

2. 隧道监控系统常见故障及处理

1) 单个摄像机无图像故障

检查中心光端机对应接口是否有图像,若有图像,则排查光端机到硬盘录像机之间的传输线路;若无图像,则为远端设备故障,需到现场排查。远端设备常见故障一般有电源、视频线、视频头故障,逐一排查。

2) 连续3个摄像机无图像故障

检查中心光端机是否故障,若故障,则更换中心光端机;若正常,则为远端光端机故障。一般光端机电源故障较为常见。

3) 连续多个(一般9个)摄像机无图像故障

一般故障原因为 UPS 对应空开跳闸,合上即可,若无法合上,再检查空开是否故障,若空开无故障,则故障为线路短路,需要逐一排查线路并排除故障。

4) 连续 16 个摄像机无图像故障

一般为硬盘录像机故障,首先检查供电是否正常,再检查硬盘是否故障,故障则更换即可恢复。

5) 单组(连续 16 个)数据量小、视频卡顿故障

一般为硬盘故障所致,更换硬盘即可恢复。

6) 切换键盘无法切换视频故障

一般为监控服务器软件不正常运行,重启软件即可修复。另外一种情况就是矩阵之间的通信故障,需要逐一排查传输系统。

单元 6.6 隧道供配电系统组成与应用

6.6.1 隧道供配电系统设计要求

隧道供配电系统包括供电系统和配电系统。为了能充分发挥公路隧道的优势,达到有效使用的目的,必须根据工程特点合理地选择安全、可靠、安装维护方便的设备。

1. 隧道供配电基本要求

供配电设施设计应遵循的原则:系统构成简单明确,电能损失小,便于管理和维护;根据工程特点、规模和发展规划,做到近远期结合;采用符合国家现行有关标准的先进、环保、可靠的电气产品。

供配电设施设计考虑节能措施,选用低能耗电气设备;合理设置配电级数,减少电能损失,配变电点宜靠近负荷中心;合理补偿无功功率,功率因数应达到 90% 以上;合理选择配电变压器的负载率,负载率宜取 70%~85%;合理选择线缆截面,降低电能线路损失;使三相负荷平衡;技术经济比较可行时,选用太阳能、风能等新能源。

2. 隧道供电设施要求

1) 隧道电力负荷分级

隧道电力负荷应根据供电可靠性和中断供电对人身生命、生产安全造成的危害及对经济影响的程度确定负荷等级。公路隧道重要电力负荷的分级如表 6.6.1 所示,分为特别重要一级负荷、一级负荷、二级负荷及三级负荷。表 6.6.1 中 a 表示一级负荷为特别重要负荷,b 指为消防管道维持正常水压的加压水泵,c 指除作为一级负荷以外的其他通风风机,d 指为高、低位水池补水的给水泵。

公路隧道重要电力负荷的分级 表 6.6.1

序号	电力负荷名称	负荷等级
1	应急照明设施	一级[a]
	电光标志	
	交通监控设施	

续上表

序号	电力负荷名称	负荷等级
1	通风及照明控制设施 紧急呼叫设施 火灾检测与报警设施 中央控制设施	一级[a]
2	消防水泵[b] 排烟风机	一级
3	非应急的照明设施 通风风机[c] 消防补水水泵[d]	二级
4	其余隧道电力负荷	三级

2) 隧道供电设计要求

为了保证隧道的安全运营,根据隧道机电设施的供电等级,对隧道供电设计要求如下。

(1) 隧道一级负荷应由双重电源供电。一级负荷容量不大时,应优先从邻近的电力系统取得第二低压电源,也可采用应急发电机组作为备用电源。

(2) 对于隧道一级负荷中特别重要负荷,应设置 UPS 或 EPS 作为应急电源,并不得将其他负荷接入应急供电系统。

(3) 隧道二级负荷的供电系统宜由两回路电源线路供电。

(4) 两回路电源线路供电的隧道,宜采用同级电压供电。当一路电源中断供电时,另一路电源应能满足全部一级和二级负荷的供电要求。

(5) 除一级负荷中的特别重要负荷外,不应按一个电源系统检修或发生故障的同时,另一电源也发生故障进行设计。

3) 隧道电压选择和电能质量要求

隧道最高一级的配电电压宜采用 10 kV,低压配电电压应采用 0.4 kV; 10 kV 系统配电级数不宜多于两级;正确选择变压器的变压比和电压分接头。

4) 隧道配电变压器设计要求

隧道配电变压器宜选用低损耗、低噪声、接线组别为 Dyn11 的环保节能型变压器;长期工作负载率不宜大于 85%;隧道的动力和照明共用变压器对照明质量及光源寿命有不利影响时,可设照明专用变压器;变压器低压侧电压为 0.4 kV 时,单台变压器容量不宜大于 1 250 kV·A,户外箱式变电所变压器单台容量不宜大于 800 kV·A。

3. 隧道低压配电系统设计要求

对隧道低压配电系统要求如下。

(1) 隧道内配电箱、柜的防护等级应达到 IP55。

(2) 隧道各类电力负荷应根据性质、功能的不同,各自设置单独的配电回路。

(3) 接地方式宜采用 TN-S 系统。由隧道配变电所至隧道内配电箱、柜或分配箱,宜采用树干式或放射式与树干式相结合的混合式配电。

(4)当用电负荷容量较大或用电负荷较重要时,宜采用放射式配电。隧道内宜设置供维修和养护作业用的配电回路,回路末端应设置漏电保护装置。

(5)隧道内用电设备端子处电压偏差允许值(以额定电压的百分数表示)宜按±5%验算。距隧道变配电所较远的电动机,当端电压低于额定值的95%时仍能保证电动机温升符合有关规定,且堵转转矩、最小及最大转矩均能满足传动要求时,电动机的端电压可低于额定值的95%,但不得低于额定值的90%。

4. 隧道应急电源要求

1)柴油发电机组设计要求

柴油发电机组宜选用高速柴油发电机组和无刷励磁交流同步发电机,并配备自动电压调整装置。选用的机组应装设快速自启动装置和电源自动切换装置,启动时间不应大于30 s。柴油发电机组应与市电联锁,不得与其并列运行;当市电恢复时,机组应自动退出工作,并延时停机。

2)不间断电源设计要求

当隧道用电负荷不允许中断供电或允许中断供电时间为毫秒级时,应采用在线式UPS供电,UPS维持供电时间不应小于30 min。对计算机供电时,UPS额定输出功率不应小于计算机各设备额定功率总和的1.2倍;对其他用电设备供电时,其额定输出功率不应小于最大计算负荷的1.3倍。UPS应具有手动、自动旁路装置。UPS应具有对电池组进行测量及显示的功能。

3)应急电源设计要求

隧道应急照明宜采用EPS供电,EPS维持供电时间不应小于30 min;EPS的额定输出功率不应小于应急照明额定功率总和的1.3倍。EPS用于照明电源装置时,切换时间不应大于0.2 s。

5. 电力监控系统要求

隧道电力监控系统应能满足公路隧道电气设备和线路的继电保护及电气测量要求,应具备电气设备的监视、测量、保护、控制、管理功能。设置中央控制管理设施的公路隧道设置电力监控系统,隧道电力监控系统宜采用分层分布式系统结构。隧道电力监控系统保护装置可按表6.6.2配置。

隧道电力监控系统保护装置配置 表6.6.2

名称		保护配置
10 kV配电线路		电流速断、过电流、低电压
10/0.4 kV配电变压器	干式变压器	电流速断、过电流、过负荷、温度、零序过流、单相接地
	油浸式变压器	电流速断、过电流、过负荷、温度、瓦斯
低压配电线路		短路、过负荷、电流速断

6.6.2 隧道接地与防雷设施要求

1. 接地设施

1) 隧道洞内接地设施设计要求

(1) 隧道接地装置宜利用隧道支护内锚杆、钢筋网等自然接地体。

(2) 应在隧道两侧电缆沟内分别设置一条贯穿隧道的接地干线,接地干线宜与隧道自然接地体重复接地,其重复接地间距不宜大于 200 m。

(3) 在隧道两端洞口附近应各设置一组接地装置。有监控设施的隧道,洞口接地装置接地电阻不应大于 1 Ω;无监控设施的隧道,洞口接地装置接地电阻不应大于 4 Ω。该接地装置应与隧道洞内的接地干线可靠连接。

2) 设备机房接地设施设计要求

(1) 监控通信室交直流工作接地、安全保护接地、防雷接地宜共用一组接地装置,其接地电阻值不应大于 1 Ω;防雷接地单独设置接地装置时,接地电阻值不应大于 10 Ω;交直流工作接地、安全保护接地共用一组接地装置时,接地电阻值不应大于 4 Ω。

(2) 变配电所交直流工作接地、安全保护接地、防雷接地宜共用一组接地装置,接地电阻不应大于 4 Ω。

(3) 设备机房的接地装置应优先利用建筑物的基础钢筋等自然接地体。

(4) 在设备机房预留不少于两处(对角线布设)接地汇流排,并应就近与建筑物柱、梁内主钢筋可靠电气连接。

(5) 室内金属管道、配电柜、机架等在正常工作情况下不带电的金属构件均应就近可靠接地。

(6) 进出设备机房的金属管、槽、线缆屏蔽层应就近与接地汇流排连接。

(7) 进出设备机房的电源和信号线缆,宜从同一个进线端点进入,并在入口处作等电位连接,机房内的供电线缆和数据、信号线缆应分别敷设于各自的金属线槽内或金属桥架内,金属线槽和桥架均应全程电气连通,并至少在其两端及穿越房间处与接地汇流排作等电位接地连接。

(8) 高压架空供电线路在进入变电所、配电房前应转用金属防尘罩或绝缘防尘罩电力电缆穿钢管埋地,其金属防尘罩或钢管应两端可靠接地。

3) 洞外设备接地设施设计要求

(1) 接地体宜为辐射状。防雷接地宜与其他接地分开设置,其电阻值不应大于 10 Ω。交直流工作接地、安全保护接地宜共用一组接地装置,其接地电阻值不应大于 4 Ω。

(2) 洞外设备顶部安装接闪器保护时,可利用支撑设备的金属构件作为引下线,并与设备基础钢筋连接。

(3) 金属线缆宜穿金属管或采用带屏蔽层的线缆埋地敷设,埋设深度不应小于 0.7 m,金属管应全线电气连通,屏蔽层或金属管两端应就近接地。

2. 防雷设施

1) 接闪器要求

(1) 中央控制室接闪器可采用接闪杆、接闪带、接闪网或其组合,其保护范围应按滚球半径45 m计算。

(2)洞口变电所可采用接闪杆、接闪带、接闪网或其组合,其保护范围应按滚球半径60 m计算。

(3)外场摄像机、立柱或门架式可变信息标志等外场设备宜采用独立接闪杆保护,其保护范围应按滚球半径60 m计算。

2)电源防雷设计要求

(1)机房宜采用专供线路供电,机房内电源配电箱入线侧应安装不低于C级的电源SPD,其电压保护水平应与被保护设备的耐压水平相适应。

(2)变电所、配电房处的高压柜入线侧、低压柜出线侧应分别安装适配的电源SPD,并可靠接地。

(3)在各配电箱(屏)处应预留等电位接地端子,并安装与其雷电防护分区相对应的电源SPD。

(4)洞外配电箱进、出线侧均应安装不低于B级的电源SPD,洞内配电箱入线侧宜安装不低C级的电源SPD。

(5)洞内监控设备的电源入线端应安装不低于C级的电源SPD。

(6)洞外监控设备的电源入线端应安装不低于B级的电源SPD。

(7)UPS、EPS的输入、输出端应分别安装B级或C级的电源SPD。

6.6.3 隧道供配电系统案例分析

某隧道群供电系统,隧道两端均为桥隧相连,在洞口设置变电所比较困难,因此采用10 kV埋地变分散供电方式,分区段集中设置中心变电所,向沿线各隧道及部分路段站点供电。某两个隧道距离较近,隧道长度及用电量信息如表6.6.3所示,在隧道A处建立隧道中心管理站,隧道A计算负荷为1 518 kV·A,一级负荷功率为873 kW;隧道B计算负荷是724 kV·A,一级负荷功率为418 kW。隧道供电电源为一路35 kV架空线路就近引入,另一路为中心变电所10 kV高压柴油发电机,双电源供电,以保障重要负荷用电,根据隧道用电量选用35/10 kV主变压器容量为2 500 kV·A,10 kV高压柴油发电机容量为1 400 kW。

隧道长度及用电量信息 表6.6.3

隧道名称		位置	长度(m)	供电方案	设备标牌负荷(kW)				计算负荷(kV·A)	一级负荷(kW)	35/10 kV主变压器容量(kV·A)	10 kV高压柴油发电机容量(kW)
					通风	照明	监控	其他				
隧道A	左线	ZK49+007~ZK53+784	4 777	埋地变分散供电	1 480	183	80	100	1 518	873	1×2 500	1×1 400
	右线	K49+015~K53+811	4 796									
隧道B	左线	ZK56+455~ZK58+656	2 201		666	133	40	40	724	418		
	右线	K56+489~K58+586	2 097									

1.供配电系统分析

隧道中心变电所结构如图6.6.1所示,两隧道连接处采用电缆分路器。

在各隧道左线、右线隧道内设置埋地式变压器,就近向隧道内照明、监控、通风等用电设施供电。每 2 处人行横洞旁设置一台小容量埋地变电源,用于向隧道基本照明、应急照明、检修插座、避灾引道灯、车行横洞门等回路供电,应急照明、消防指示灯、监控设施作为特别重要负荷,另设 UPS 供电。射流风机成组采用大容量埋地变电源供电,设置于人行横洞旁。

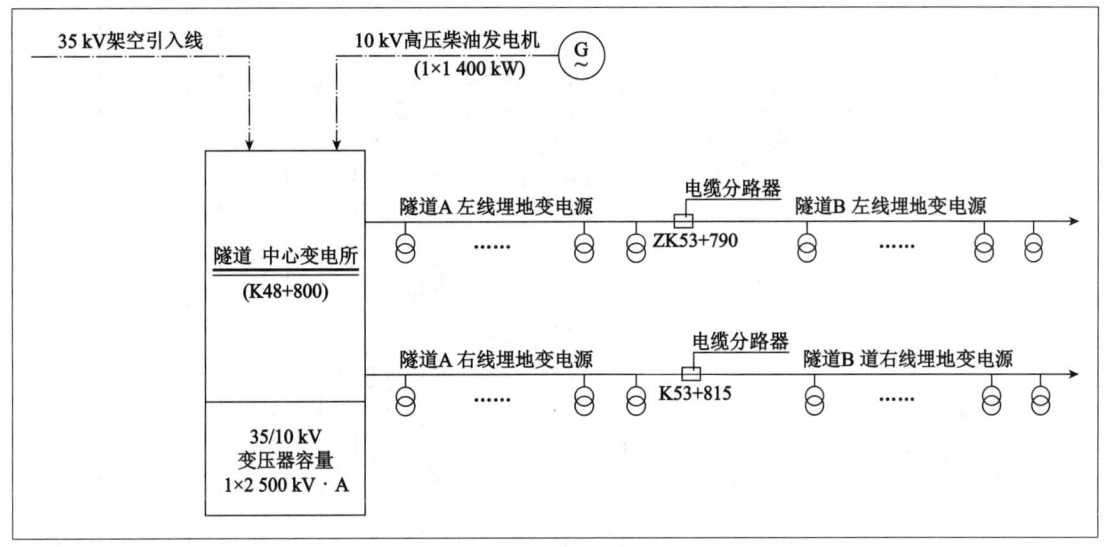

图 6.6.1 隧道中心变电所结构

中心变电所 35/10 kV 中,35 kV 一次接线由电源隔离进线柜、断路器进线柜、计量柜及变压器柜组成,各开关柜的组成及接线如图 6.6.2 所示,开关柜额定电压为 40.5 kV,主母线额定电流为 1 600 A,分支母线额定电流为 630 A。

二次回路中,10 kV 配电系统电源从主变压器(35/10.5 kV)及自备柴油发电机引入,变压器为主用,发电机为备用,进线断路器设互锁装置,以避免并列运行,如图 6.6.3 所示。10 kV 配电系统主要由 PT 柜、进线柜、柴油发电机进线柜、电容补偿柜、左线埋地变电源柜、右线埋地变电源柜及站用变电源柜组成。10 kV 电容补偿柜接线图如图 6.6.4 所示。

低压配电系统由变压器进线柜及出线柜组成,进线柜接线图如图 6.6.5 所示,出线柜接线图如图 6.6.6 所示。

隧道中心变电所 10 kV 供电系统图(隧道 A 段),如图 6.6.7 所示,高压配电系统向隧道左、右线分别馈出 1 路 10 kV 供电电缆。在左线、右线隧道内设置埋地式变压器,就近向隧道内照明、通风等用电设施供电。隧道 A 由 8 台 315 kV·A、4 台 160 kV·A、3 台 250 kV·A 及 10 个 50 kV·A 埋地式变压器组成。大容量埋地式变压器为射流风机供电,小容量埋地式变压器为照明、监控、消防等设备供电。

315 kV·A、250 kV·A 埋地式变压器为射流风机供电,160 kV·A、50 kV·A 埋地式变压器为照明配电。左、右线埋地变压器可采用低压联络,进线与联络进线间设置双电源自动切换开关,保证两路电源不会并列运行。隧道通风变压器配电接线图如图 6.6.8 所示;隧道照明变压器配电接线图如图 6.6.9 所示。

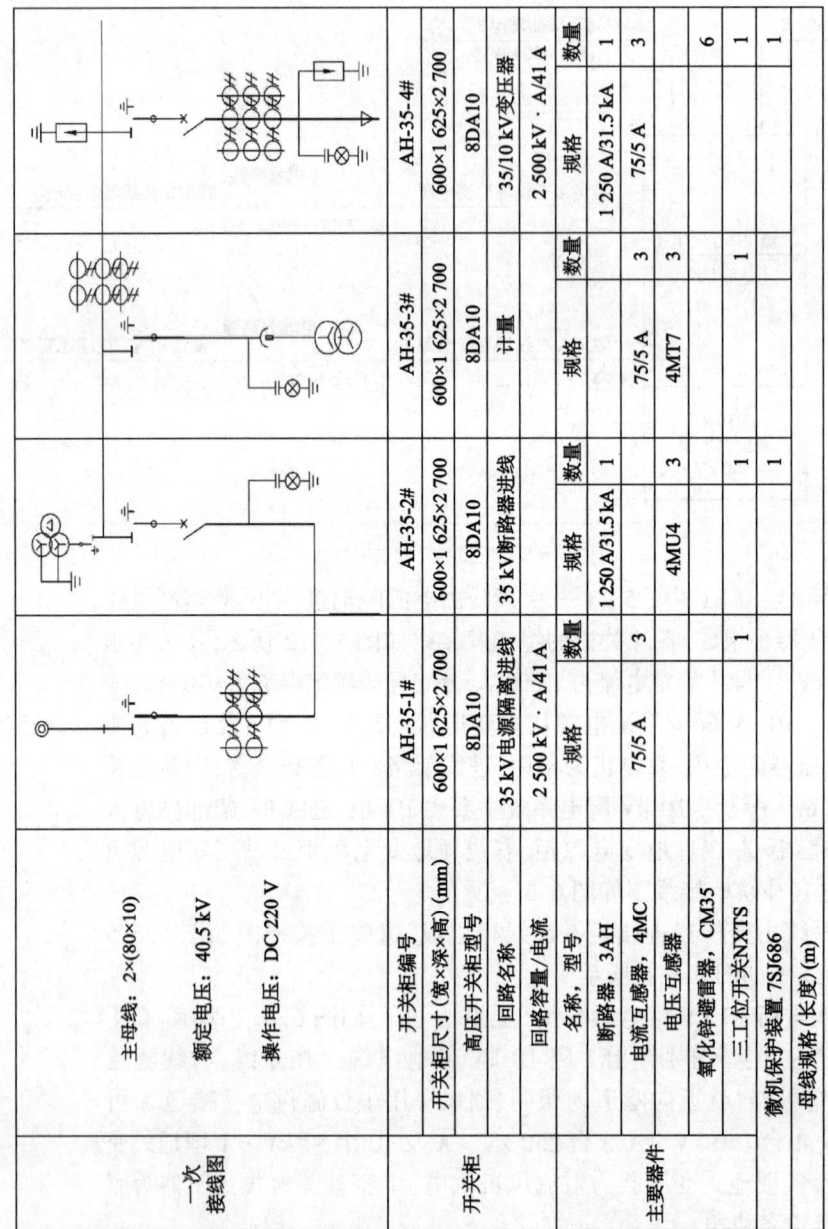

图6.6.2 中心变电所35/10 kV一次接线图

母线规格 -630 A														
10 kV主电路														
开关柜编号		AH1		AH2		AH3		AH4		AH5		AH6		AH7
开关柜型号		CM2		DM1-A		DM1-A		DM1-A		DM1-A		DM1-A		DM1-A
开关柜用途		PT柜		10 kV进线		10 kV柴油发电机进线		10 kV电容补偿		左线埋地变电源		右线埋地变电源		站用变电源
安装容量				2 500 kV · A		1 400 kW		600 kvar		1 410 kW		1 410 kW		100 kV · A
额定电流(A)		50		144		80.8		35		96		96		5.8
柜内主要设备	三工位隔离开关/负荷开关	配套	1	配套	1	配套	1	配套	1	配套	1	配套	1	配套	1
	隔离开关/负荷开关操作机构	CS	1	CS	1	CS	1	CS	1	CS	1	CS	1	CS	1
	断路器			真空断路器，630 A	1	真空断路器，630 A	1	真空断路器，630 A	1	真空断路器，630 A	1	真空断路器，630 A	1	真空断路器，630 A	1
	断路器操作机构			电动	1	电动	1	电动	1	电动	1	电动	1	电动	1
	下接地开关				1		1		1		1		1		1
	操作方式			DC	1	DC	1	DC	1	DC	1	DC	1	DC	1
	电流互感器 LZZJ1-			200/5	3	150/5	3	50/5	3	150/5	3	150/5	3	10/5	3
	电压互感器	VDSFT3-12/3 330TT	2												
	高压熔断器 FUSARC	XRNP-24 1 A	3												
	避雷器			HY5WS-17/50	3										
	综合保护装置			微机保护	1	微机保护	1	微机保护	1	微机保护	1	微机保护	1	微机保护	1
	带电显示装置			VPIS-Vo	1	VPIS-Vo	1	VPIS-Vo	1	VPIS-Vo	1	VPIS-Vo	1	VPIS-Vo	1
	加热器		1		1		1		1		1		1		1
柜体尺寸(宽×高×深)(mm)		375×1 900×1 135		375×1 900×1 135		375×1 900×1 135		375×1 900×1 135		375×1 900×1 135		375×1 900×1 135		375×1 900×1 135

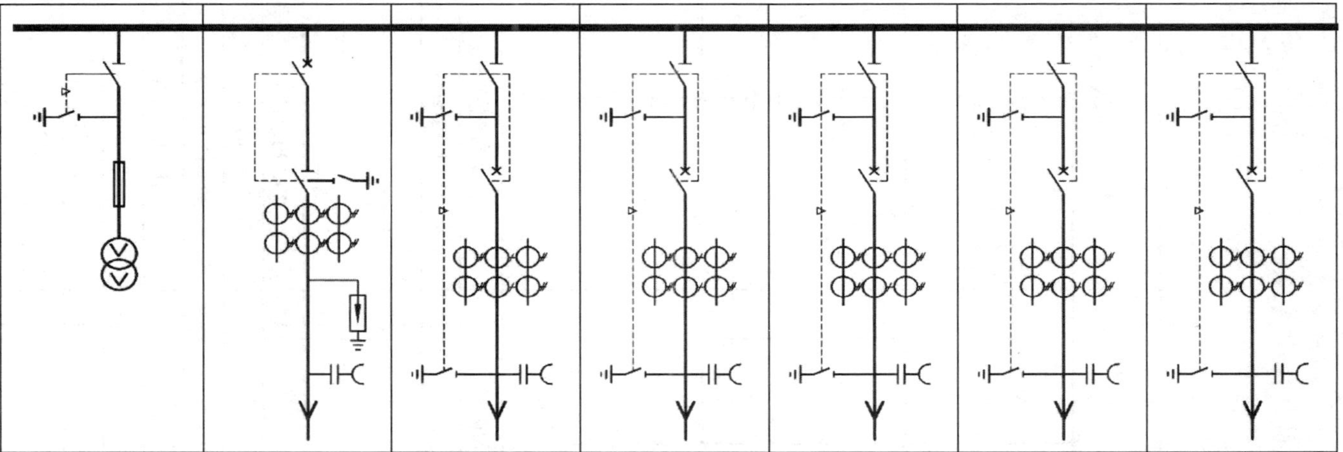

图6.6.3　中心变电所35/10 kV二次回路图

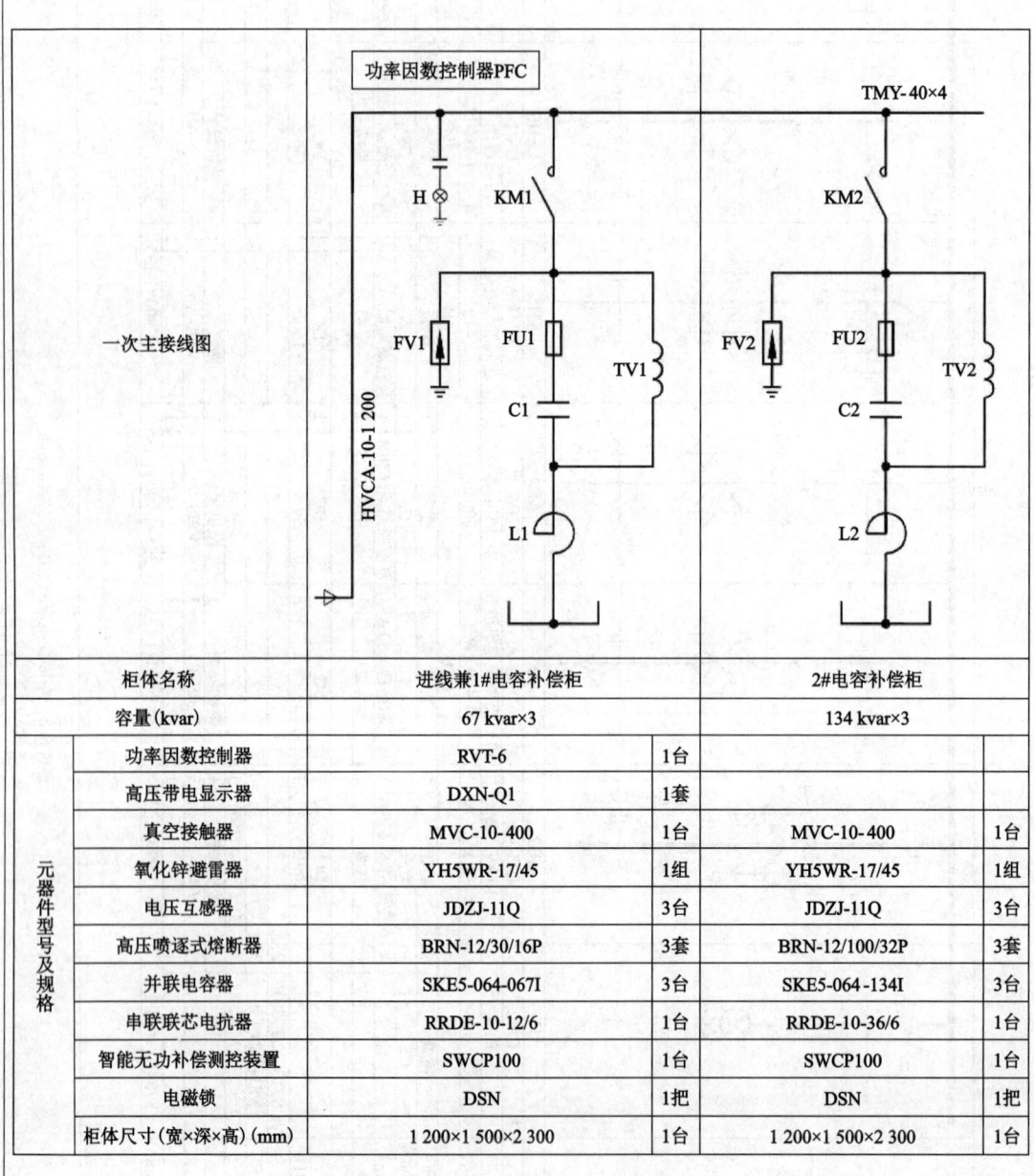

图 6.6.4　10 kV 电容补偿柜接线图

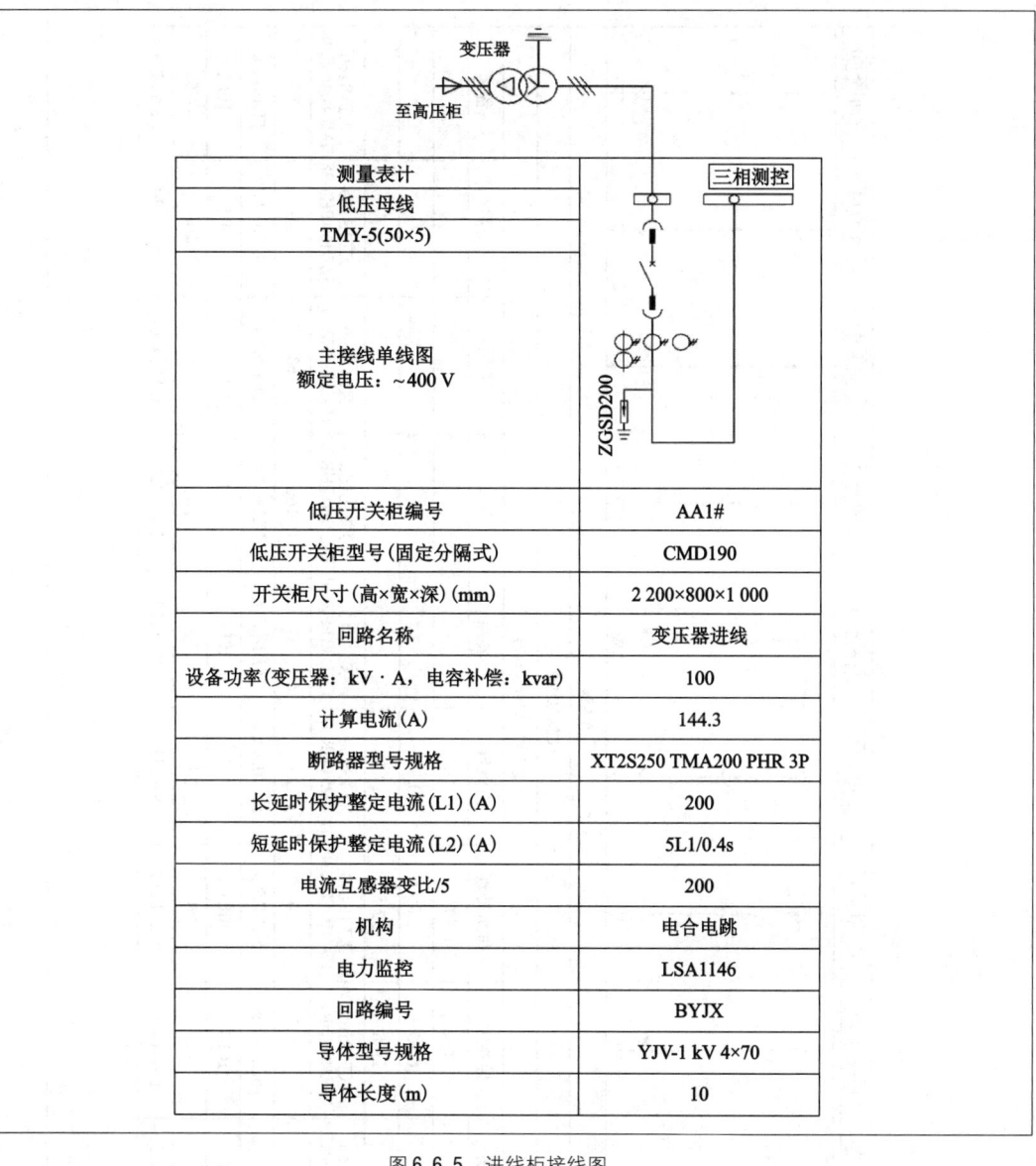

图 6.6.5 进线柜接线图

2.电力监控系统分析

本案例电力监控系统结构图如图 6.6.10 所示,隧道中心变电所及隧道 A、隧道 B 洞内人行横洞处的埋地变电力监控数据就近接入现场的隧道监控工业以太网交换机,利用监控网络提供的数据通道将电力监控数据传输至隧道路段管理所电力监控工作站计算机进行集中监控。整个隧道供电系统电气设备分散监控、集中管理。电力监控系统分为现场控制层、通信管理层及主控层。

现场控制层将所有监控单元相对独立,按一次设备对应分布式配置,就地分散安装在开关柜回路内,完成保护、监测、控制及通信等功能,同时具有动态实时显示开关设备状态、运行参数、故障信息、事件记录和保护定值等功能。各监控单元设备通过 RS485 接口接入现场总线。

测量表计	三相全电	三相全电	三相全电	三相全电	三相全电	三相全电	三相全电	三相全电	三相全电	三相全电
低压母线										
TMY-5(50×5)										
低压侧一次接线图 额定电压：~400 V	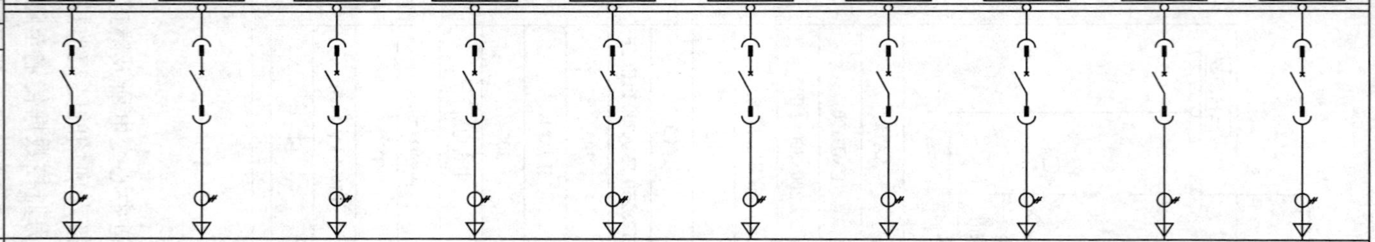									
低压开关柜编号	AA2#									
低压开关柜型号(固定分隔式)	CMD190									
开关柜尺寸(高×宽×深)(mm)	2 200×800×1 000									
回路名称	配电房负荷	水泵房	监控室	污水处理	直流屏	备用	备用	备用	备用	备用
设备功率(kW)	15	20	15	7	10					
功率因数	0.85	0.85	0.85	0.85	0.85					
计算电流(A)	26.8	35.8	26.8	12.5	17.9					
断路器型号规格	XT1S160 TMD40 PHR 3P	XT1S160 TMD50 PHR 3P	XT1S160 TMD40 PHR 3P	XT1S160 TMD16 PHR 3P	XT1S160 TMD25 PHR 3P	XT1S160 TMD80 PHR 3P	XT1S160 TMD160 PHR 3P	XT1S160 TMD80 PHR 3P	XT1S160 TMD160 PHR 3P	XT1S160 TMD80 PHR 3P
长延时保护整定电流(L1)(A)	32	40	32	16	25	63	160	63	160	63
短延时保护整定电流(L2)(A)	5L1/0.2 s		5L1/0.2 s	5L1/0.2 s	5L1/0.2 s	5L1/0.2 s	5L1/0.2 s	5L1/0.2 s	5L1/0.2 s	5L1/0.2 s
瞬动保护整定电流(L3)(A)	10L1	15L1	10L1	10L1	10L1	10L1	10L1	10L1	10L1	10L1
电流互感器变比/5	40	50	40	20	25	75	200	75	200	75
电力监控	LSA1420	LSA1420	LSA1420	LSA1420	LSA1420	LSA1420	LSA1420	LSA1420	LSA1420	LSA1420

图6.6.6　出线柜接线图

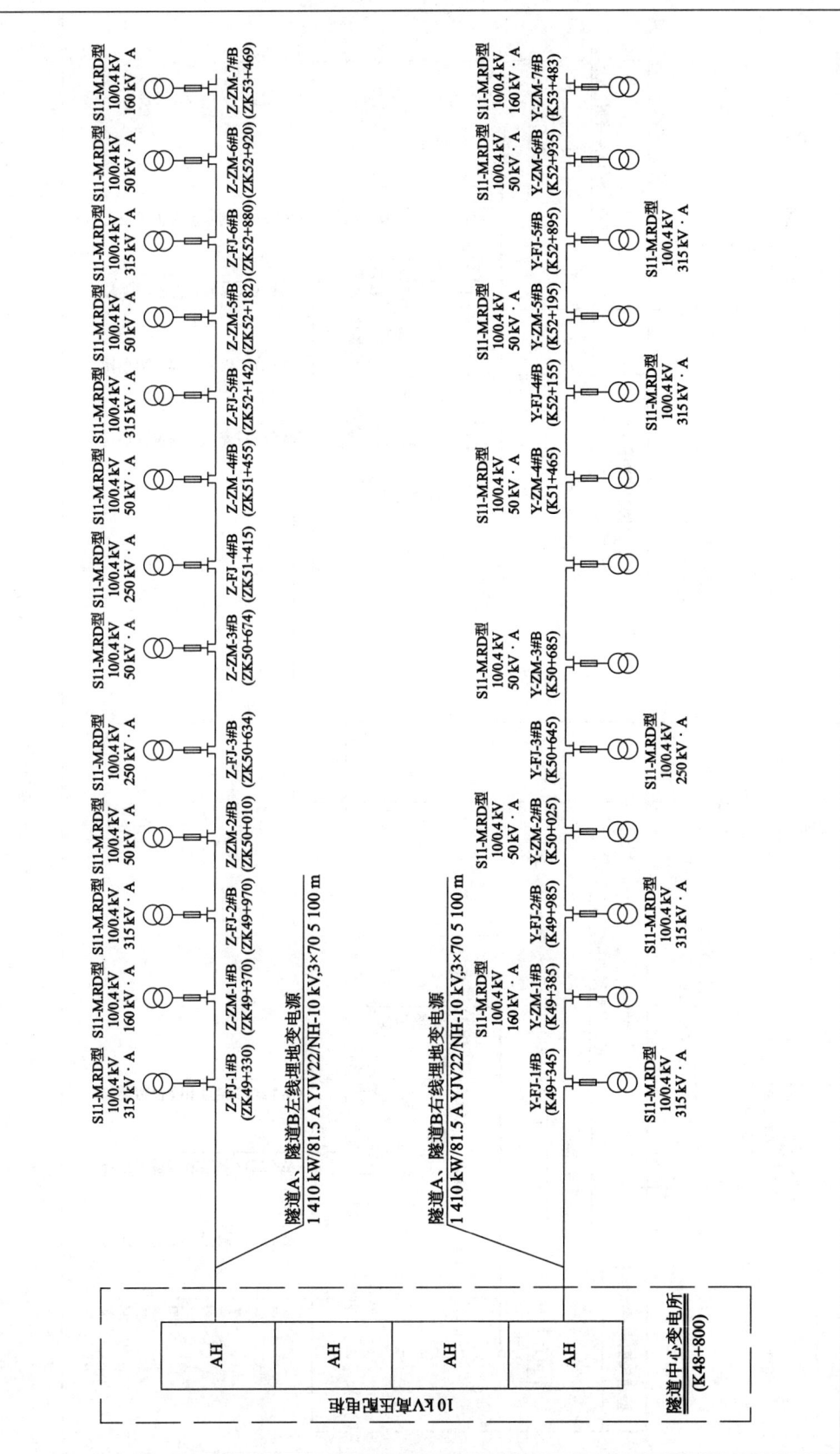

图6.6.7 隧道中心变电所10 kV供电系统图(隧道A段)

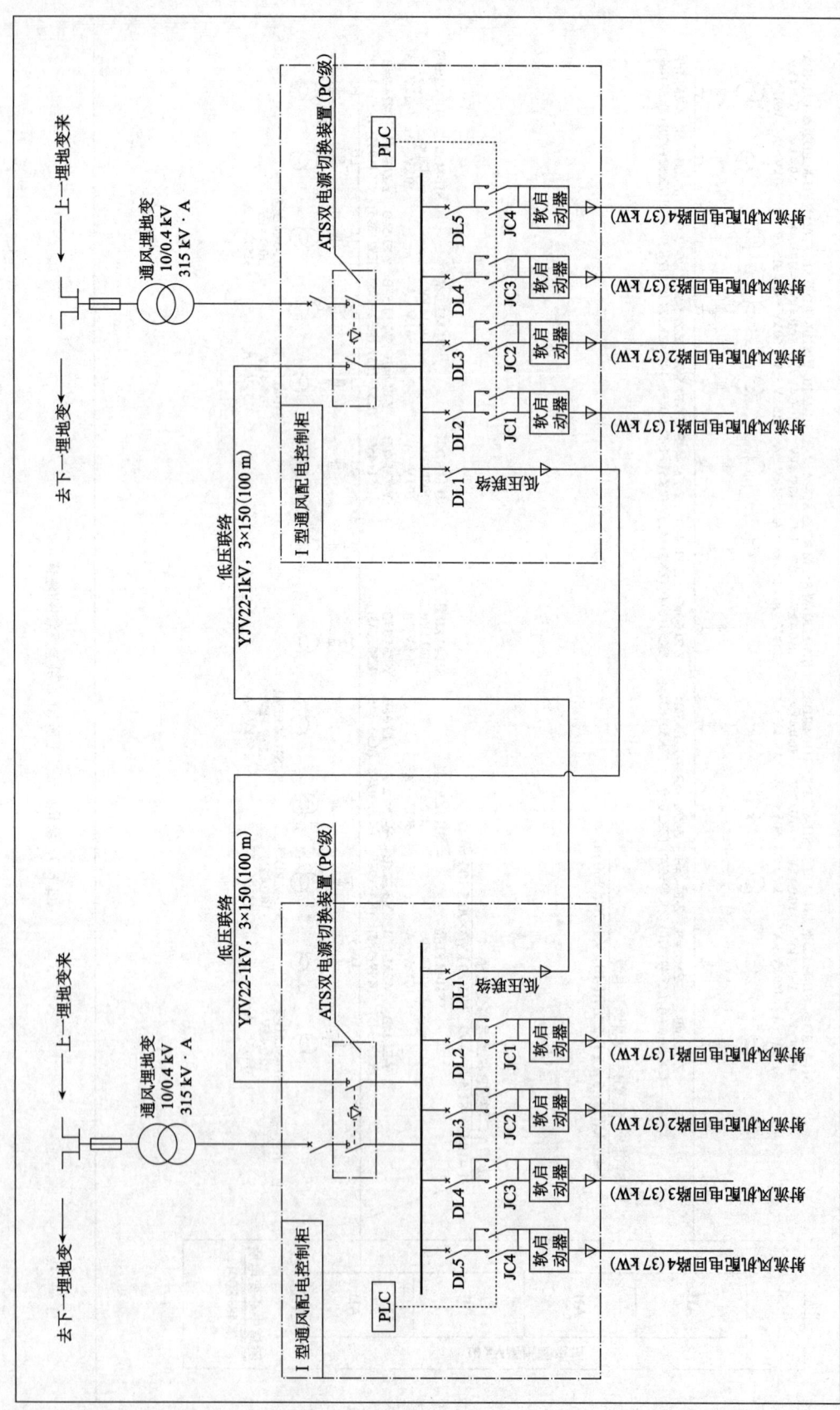

图6.6.8 隧道通风变压器配电接线图

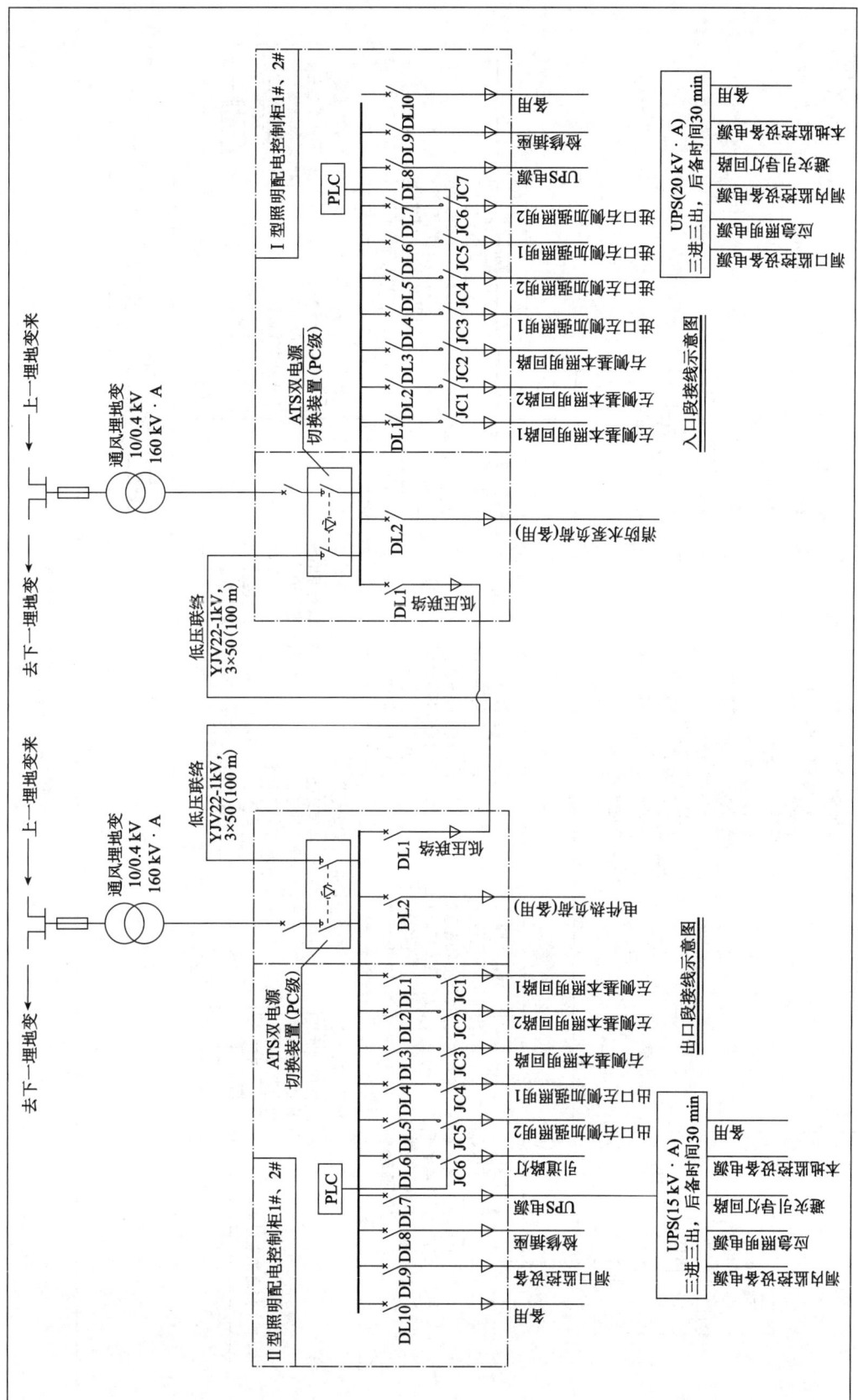

图6.6.9 隧道照明变压器配电接线图

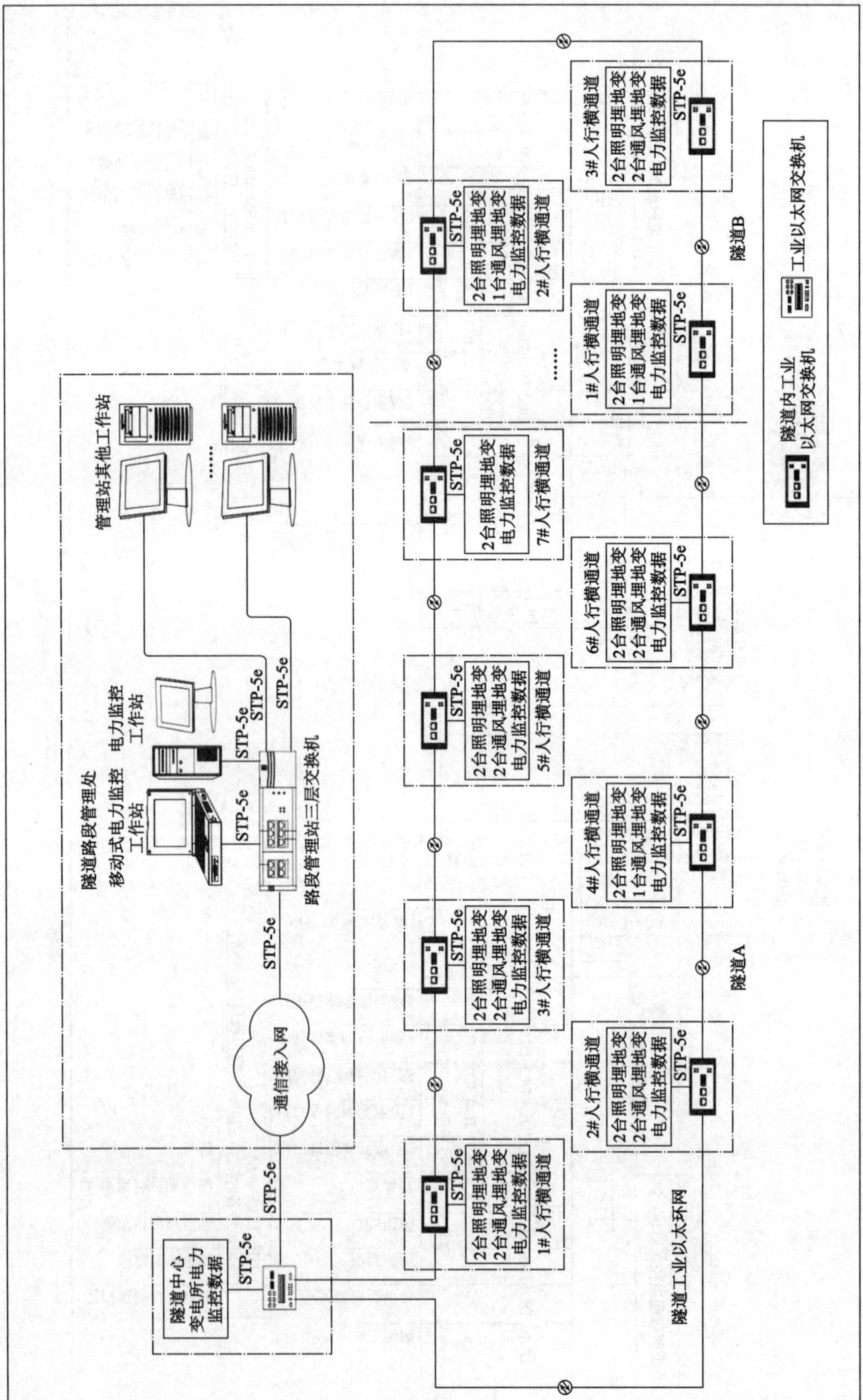

图6.6.10 本案例电力监控系统结构图

通信管理层完成主控层和现场控制层之间的网络连接、转换和数据、命令的交换，通信管理层设备将现场控制层的现场总线转换为TCP/IP形式，完成与主控层的通信。由于隧道供电系统中变电所间距离较远，因此在各隧道变电所及箱式变电所内均设置一台通信处理器，用以主控层设备与现场控制层设备的通信。通信处理器的以太网接口接入各隧道变电所内与隧道监控系统共用工业以太网交换机，将隧道管理站管理范围内的所有变电所的现场控制层数据信息上传至隧道管理站的电力监控工作站进行集中管理。

主控层由设置在各隧道管理站及监控分中心的电力监控工作站计算机、监控室内与其他系统共用的打印机等外设构成。选用专业的组态软件完成对供电系统的全部监控功能。

6.6.4 隧道供配电系统检修维护与常见故障分析

1.隧道供配电检修维护

隧道供配电设施经常检修、定期检修主要项目及其检修频率如表6.6.4所示。

隧道供配电设施经常检修、定期检修主要项目及其检修频率　　　　表6.6.4

设施名称	检查项目	主要检查内容	经常检修 1次/1~3月	定期检修 1次/年
高压断路器柜*	断路器触点、真空泡	触点有无烧损，接触是否紧密，动静触点中心是否相对		√
		触点或真空泡是否损坏		√
		操作机构是否正常，分、合闸时间是否符合生产厂规定		√
	"五防"功能	在断路器处于分闸位置时，手车能否抽出和插入		√
		在手车处于不同位置时一次、二次回路是否正常		√
		断路器与接地开关的机械联锁是否正常		√
		柜后的上、下门联锁是否正常		√
		仪表板上带钥匙的控制开关（或防误型插座）是否正常		√
	穿墙套管	穿墙套管有无破损		√
	排气通道	排气通道有无堵塞		√
	二次端子	端子有无污染、松动		√
	线圈	线圈绝缘是否良好		√
	分合闸试验	分、合闸能否正常进行		√
		电磁式弹簧操作机构有无卡塞，是否正常		√
	运行	电气整定值是否满足电力系统要求		√
		保护装置能否与中央信号系统协调配合		√
高压互感器与避雷器柜*	高压互感器	有无污染、裂痕，绝缘是否良好		√
	避雷器	避雷器外观有无损伤		√

续上表

设施名称	检查项目	主要检查内容	经常检修 1次/1~3月	定期检修 1次/年
高压互感器与避雷器柜*	避雷器	有无放电痕迹		√
		接地装置有无腐蚀		√
		预防性试验		√
高压计量柜	电流互感器	有无污染、损伤，绝缘是否良好		√
	计量仪表	计量仪表有无污染，计量是否准确	√	
		仪表检验按"电力电容器柜"中"仪表"执行		
高压隔离开关和负荷开关*	触点	有无污染、损伤	√	
		接触是否紧密	√	
		灭弧装置是否烧损	√	
	操作机构	操作机构有无污染	√	
		有无卡塞，转动是否灵活		√
	负荷开关	触点有无烧损，接触是否紧密，动静触点中心是否相对		√
		操作机构是否正常，分、合闸时间是否符合生产厂规定		√
		采用SF6绝缘和灭弧的装置应观测其壳体漏气率是否符合生产厂规定	√	
	高压熔断器	外观有无污染、烧伤痕迹	√	
		熔体是否熔断	√	
35 kV电力变压器*	总体	有无污染、漏油，油量是否足够	√	
		有无异常声响和过热	√	
		噪声是否符合要求	√	
		内部线圈直流电阻是否符合生产厂规定		√
		内部相间、线间及对地绝缘是否符合要求		√
		铭牌有无污染		√
		绝缘套管有无污染及裂痕		√
		接线端子有无污染、松动		√
		变压器油耐压测试		√
10 kV电力变压器*	总体	有无异常声响和过热	√	
		噪声是否符合要求	√	
		内部线圈直流电阻是否符合生产厂规定		√
		内部相间、线间及对地绝缘是否符合要求		√
		铭牌有无污染		√
		绝缘套管有无污染及裂痕		√
		接线端子有无污染、松动		√
		检查所有分接头的变压比		√

续上表

设施名称	检查项目	主要检查内容	经常检修 1次/1~3月	定期检修 1次/年
箱式变电所*	总体	箱体外壳有无污染、破损和锈蚀	√	
		室内温度和湿度是否符合要求	√	
		噪声是否符合要求	√	
		电缆进出线孔封堵是否密实	√	
		箱体周围接地电阻是否符合要求		√
		各电器连接是否可靠,有无松动、发热		√
电力电容器柜*	电力电容器	外观有无污染,接头有无松动	√	
		有无漏油、过热、膨胀现象	√	
		绝缘是否正常,有无击穿现象	√	
	接触器	有无机械卡塞,噪声是否符合要求	√	
		线圈直流电阻是否符合生产厂规定	√	
		触点有无烧损痕迹,闭合是否紧密,动静触头是否中心相对	√	
		能否正常动作	√	
		引线接头有无污染、松动	√	
	控制器	控制器能否正常工作	√	
	熔断器	有无烧伤痕迹	√	
		熔体是否完好	√	
	仪表	外表有无污染	√	
		仪表能否正常显示	√	
低压开关柜*	断路器	外观有无污染、裂痕	√	
		触点有无烧伤,接触是否紧密	√	
		有无明显的噪声	√	
		脱扣器是否正常	√	
		绝缘是否良好	√	
		整定值能否满足系统保护要求	√	
		引线接头有无污染、松动	√	
	接触器	按"电力电容器柜"中"接触器"执行		
	互感器	有无污染	√	
		绝缘是否良好	√	
		外部接线是否断开	√	
	熔断器	按"电力电容器柜"中"熔断器"执行		
	热继电器	外部检查: (1)继电器外壳是否清洁、完整、嵌接良好; (2)外壳与底座接合是否紧密牢固,防尘密封是否良好,安装是否端正	√	

续上表

设施名称	检查项目	主要检查内容	经常检修 1次/1~3月	定期检修 1次/年
低压开关柜*	热继电器	内部和机械部分检查： (1)热元件是否烧毁； (2)进出线头是否脱落； (3)接线螺钉是否拧紧； (4)触点是否烧坏或动触点杆的弹性是否消失； (5)双金属片是否变形； (6)动作机构是否卡死； (7)继电器内是否清洁； (8)整定把手是否能可靠固定在整定位置； (9)触点固定是否牢固		√
		校验： (1)一般性校验； (2)整定动作值与整定值误差不应超过±3%		√
	二次回路	端子排是否污染,接线是否松动	√	
	仪表	按"电力电容器柜"中"仪表"执行		
	双电源转换开关	外部检查： (1)转换开关外壳是否清洁、完整、嵌接良好； (2)外壳与底座接合是否紧密牢固,防尘密封是否良好,安装是否端正	√	
		内部和机械部分检查： (1)转换开关端子接线是否牢固可靠； (2)构件是否磨损、损坏； (3)转换开关端子有无锈蚀； (4)手柄转动后,静触点和动触点是否同时分合； (5)转换开关可动部分是否灵活,旋转定位是否可靠、准确； (6)开关接线柱相间是否短路； (7)控制是否达到要求； (8)各部件的安装是否完好,螺栓或螺钉是否拧紧,焊头是否牢固		√
配电箱、插座箱、控制箱*	箱体	接地是否良好	√	
	照明控制箱	可编控制程序是否正确	√	
		自动集控手动操作是否正确	1次/周	
	风机启动及控制柜	有无腐蚀及积水	√	
		接触是否良好	√	
电力线缆*	总体	外表有无损伤	√	
		电缆线间、相间和对地绝缘是否正常		√
		接头处是否正常,有无烧焦痕迹		√
		电缆沟是否干净,有无杂物垃圾,有无积水、积油,盖板是否完整		√
		高压架空线路和电缆线路及其附属设施巡查	√	
		高压架空线路及其附属设施登杆检查		√

续上表

设施名称	检查项目	主要检查内容	经常检修 1次/1~3月	定期检修 1次/年
电缆桥架、槽盒、托架及支架	总体	外表有无变形、断开		√
		各部件连接是否紧固		√
		有无腐蚀		√
		接地是否良好		√
变电所铁构件	总体	有无腐蚀		√
综合微机保护装置*	主站硬件设备	硬件设备运行状况检查	1次/天	
		系统时钟检查	1次/月	
		数据保存、备份设备整理	1次/天	
		缆线检查、接插件紧固	√	
		设备的避雷性能与接地电阻检测		√
	子站硬件设备	硬件设备运行状况检查	1次/天	
		缆线检查、接插件紧固	√	
		通信管理机设备的除尘、清扫		√
		设备的避雷性能与接地电阻检测		√
	主站软件系统	数据备份	1次/天	
		主站软件测试功能	1次/月	
		日志检查	1次/月	
		数据库检查	1次/月	
		记录异常情况,处理、系统优化与调整	及时处理	
		系统软件升级和补丁	1次/月	
		防病毒软件升级	1次/月	
直流电源、UPS、EPS*	箱体	清洁表面	√	
		检测、紧固连接端子	√	
		测量、记录输入输出电压	√	
		接地是否良好		√
	电池组	电池组外观有无污染损伤,电池的电解液是否正常,温度是否正常	√	
		电池的电压是否正常	√	
		电池的绝缘是否正常	√	
		进行一次容量恢复试验		√
	充电机及浮充电机	输出直流电压、电流是否正常	√	
		整流装置是否正常	√	
自备发电设备*	负荷运行30 min以上	启动、停止试验	√	
		油压、异响、振动、过热检查	√	
		额定转数及电压确定	√	
		预热的情况是否正常	√	

续上表

设施名称	检查项目	主要检查内容	经常检修 1次/1~3月	定期检修 1次/年
自备发电设备*	负荷运行30 min以上	各部分温度是否正常	√	
		各机械的动作状态是否灵活	√	
		自动调节励磁是否正常,响应时间是否正常	√	
	柴油发动机	外观有无污染、损伤	√	
		计量表有无异常、漏油、漏水	√	
		"三清"更换		√
		各部分加油	√	
		各部位有无松动	√	
	发电机	外观有无污染、损伤	√	
		给轴承加油	√	
		电刷的接触状态及磨损情况	√	
	接线	连接是否可靠		√
		绝缘是否正常	√	
		温度是否正常	√	
	启动装置	外观有无污染、损伤	√	
		空气压缩机的润滑油量	√	
		计量表是否正常	√	
		有无异响、振动	√	
		各部位有无污染、损伤,油量是否正常,有无变形、松动	√	
		是否更换润滑油		√
		附属装置是否正常		√
		直流电动机是否满足启动要求		√
		直流电动机是否正常		√
	燃料装置	外观有无污染、损伤	√	
		有无漏油,储留量	√	
		泵的运行状态是否正常	√	
		燃料滤清器的手动操作是否可靠	√	
		油位计及漏油开关的动作状态	√	
		给轴承部位加油		√
		储油槽的排水泵是否通畅		√
		各部分有无松动		√
	润滑油装置	外观有无污染、损伤	√	
		燃料滤清器手动操作是否正常	√	
		泵的运行状态有无异常		√
		油的黏度是否正常	√	

续上表

设施名称	检查项目	主要检查内容	经常检修 1次/1~3月	定期检修 1次/年
自备发电设备*	润滑油装置	保温装置的运行状态有无异常	√	
		除渣、放水		√
	冷却塔方式冷却装置	外观有无污染、损伤	√	
		冷却水量、水温是否正常,有无漏水	√	
		运行状态	√	
		浮球阀的工作状态是否正常		√
		轴承部位加油		√
	散热器方式冷却装置	外观有无污染、损伤	√	
		冷却水量、水温是否正常,有无漏水	√	
		风扇工作状态是否正常		√
		压力栓的工作状态是否正常	√	
	空气净化器或换气扇	外观有无污染、损伤	√	
		工作状况有无异常	√	
		排气颜色有无异常	√	
		排气管、支撑接头有无裂纹、腐蚀		√
		空气净化器有无污染		√
	减振装置	减振橡胶、锚具螺栓有无变形、损伤	√	
	控制台	外观有无污染、损伤	√	
		计量仪表、显示灯、故障显示器有无异常	√	
		操作开关、继电器、电磁开关、配线断路器等有无异常	√	
		柜内配线有无异常,有无污染、损伤、过热、松动、断线	√	
		电压、电流、电量测量	√	
		运行时间计量是否正常	√	
		供配电柜中定期检修项目		√
	配线管	各接头有无松动		√
	接地线	有无断线、连接部位状态、接地电阻是否正常		√
防雷接地设施*	防雷装置	电源和信号输入端的浪涌保护器是否完好		√
		雷雨季节加强浪涌保护器的巡查		√
		外部防雷装置安装是否牢固,连接导线绝缘是否良好		√
	接地装置	有无腐蚀		√
		接地电阻是否正常		√
		紧固接地连接		√
		保护处理接地连接段		√

注:带"*"的设施为关键设施。

2. 隧道供配电系统常见故障及处理

1）高压柜故障及处理

（1）误动、拒动故障。

操动机构及传动系统的机械故障会造成机构卡涩，部件变形、位移及损坏，分合闸铁芯松动、卡涩轴销松断、脱扣失灵等，逐一排查和处理。

电气控制和辅助回路故障造成二次回路接触不良，端子松动，转换开关烧损，辅助开关、微动开关失灵等，逐一排查和处理。

（2）开断与关合故障。

由灭弧室及波纹管漏气、真空度降低、陶瓷管破裂等引起，需更换陶瓷管。

2）低压馈线柜故障及处理

（1）观察母线和电气连接外，如发现母线过热变色应进行检修。

（2）观察面板上指示仪表、指示灯、信号电源、操作机构等是否正常，电气元件是否有异常声音、气味、变色、振动、发热等情况。

（3）无功功率补偿电容器的电压和电流不得超过其额定值，外壳膨胀的应立即停止使用并更换电容器。

3）变压器的故障及处理

（1）变压器绝缘电阻下降。

断开干式变压器三相的连接中性线（零排），用兆欧表检查问题出在哪一项，清洁绕组表面。

（2）变压器异常噪声。

①电压问题（电压升高）。

当电网发生单相接地或电磁谐振时电压升高，会使变压器过励磁，响声增大且尖锐，直接严重影响变压器的噪声。使用万用表对其低压输出侧电压进行测量，并判断出系统电压过高引起，在保证低压供电质量前提下，合理选择高压挡位调低电压。

②绕组过热。

及时调整负荷运行方式，降低变压器负载，增加配电室的通风效果，降低环境温度，以便于变压器的散热。

········《 技能训练 》········

请同学们完成本模块技能训练，见教材配套技能训练七。

········《 在线答题 》········

1. 请同学们扫描封面二维码，注意每个码只可激活一次。
2. 长按弹出界面的二维码关注"交通教育出版"微信公众号并自动绑定资源。
3. 公众号弹出"购买成功"通知，点击"查看详情"，进入后选择绑定的图书，即可进行在线答题。
4. 也可进入"交通教育出版"微信公众号，点击下方菜单"用户服务—图书增值"，选择已绑定的教材进行在线答题。

参 考 文 献

[1] 中华人民共和国交通运输部.高速公路交通工程及沿线设施设计通用规范:JTG D80—2006[S].北京:人民交通出版社,2006.

[2] 中华人民共和国住房和城乡建设部.供配电系统设计规范:GB 50052—2009[S].北京:中国计划出版社,2010.

[3] 中华人民共和国住房和城乡建设部.建筑物防雷设计规范:GB 50057—2010[S].北京:中国计划出版社,2011.

[4] 交通运输部公路科学研究院,北京交科公路勘察设计研究院.高速公路通信技术要求[M].北京:人民交通出版社,2012.

[5] 交通运输部公路科学研究院.高速公路监控技术要求[M].北京:人民交通出版社,2013.

[6] 中华人民共和国国家质量监督检验检疫总局,中国国家标准化管理委员会.高速公路隧道监控系统模式:GB/T 18567—2010[S].北京:中国标准出版社,2010.

[7] 中华人民共和国交通运输部.公路隧道交通工程与附属设施施工技术规范:JTG/T F72—2011[S].北京:人民交通出版社,2012.

[8] 中华人民共和国交通运输部.公路隧道设计规范 第二分册 交通工程与附属设施:JTG D70/2—2014[S].北京:人民交通出版社,2014.

[9] 中华人民共和国交通运输部.公路隧道照明设计细则:JTG/T D70/2-01—2014[S].北京:人民交通出版社,2014.

[10] 中华人民共和国交通运输部.公路隧道通风设计细则:JTG/T D70/2-02—2014[S].北京:人民交通出版社,2014.

[11] 全国交通工程设施(公路)标准化技术委员会.隧道环境检测设备 第2部分:一氧化碳检测器:GB/T 26944.2—2011[S].北京:中国标准出版社,2012.

[12] 全国交通工程设施(公路)标准化技术委员会.隧道环境检测设备 第3部分:能见度检测器:GB/T 26944.3—2011[S].北京:中国标准出版社,2012.

[13] 全国交通工程设施(公路)标准化技术委员会.隧道环境检测设备 第4部分:风速风向检测器:GB/T 26944.4—2011[S].北京:中国标准出版社,2012.

[14] 全国消防标准化技术委员会.标准化技术委员会.火灾声和/或光报警器:GB 26851—2011[S].北京:中国标准出版社,2012.

[15] 李彦宏.智能交通:影响人类未来10—40年的重大变革[M].北京:人民出版社,2021.

[16] 杨林,姜保军.交通供配电与照明技术[M].北京:人民交通出版社股份有限公司,2016.

[17] 孙学康,张金菊.光纤通信技术[M].4版.北京:人民邮电出版社,2019.

[18] 杨志伟,罗宇飞.高速公路机电系统管理[M].北京:机械工业出版社,2004.

[19] 河南交通投资集团有限公司.新收费模式下高速公路运营管理标准化手册:机电系统管理维护与故障分析[M].郑州:郑州大学出版社,2020.

技能训练工作页

技能训练一　常用电气仪表使用

1. 训练目的

了解万用表、互感器、接地电阻测试仪等常用电气设备测量仪表的工作原理,并能够熟练使用。

2. 实践训练内容(实训表1)

实践训练内容　　　　　　　　　　　　　　　　实训表1

仪表	功能	使用方法	测量应用
万用表			
电流互感器			
电压互感器			
接地电阻测试仪			
全站仪			
经纬仪			
照度计			

技能训练二　高速公路路段供配电图纸识读

1. 训练目的

(1)了解高速公路路段供配电图纸的作用。

(2)掌握识图步骤,能正确识读高速公路路段供配电图纸。

2. 图纸的作用

在高速公路机电工程中,所有与工程相关的人员,如设计人员、招投标人员、施工人员、监理人员、业主、预算管理人员等都需要能看懂图纸。通过图纸,了解和掌握工程的范围、规模和采用的技术路线,以及采用哪些设备材料和工程机械设备完成相关的施工过程。

一般工程项目要进行二阶段施工图设计:初步设计和施工图设计。对于技术含量较高的工程项目在初步设计和施工图设计之间增加一次技术设计,即三阶段施工图设计。

(1)初步设计:根据批复的可行性研究报告,拟订修建原则,选定设计方案(对主要系统应进行方案论证,并给出推荐方案)、拟订施工方案(需给出关键设备材料的比选方案)、计算工程数量及主要材料数量,编制设计概算,提供文字说明及图表资料。

(2)技术设计:对重大、复杂的技术问题通过科学试验、专题研究,加深勘探调查及分析比较,解决初步设计中未解决的问题,提出修正的施工方案,编制修正概算。

(3)施工图设计:进一步对审定的修建原则、设计方案、技术决定加以具体和深化,最终确定各项工程数量,并编制施工图预算。

3. 识图步骤

识读图纸,首先要熟悉图纸中的图形符号和文字符号的意思,具有相关的专业基础知识。具体识图步骤如下。

(1)详读图纸说明。通过图纸的标题和有关说明,从整体上理解图纸的概况和所要表述的重点。

(2)识读概略图和框图。通过概略图和框图,掌握图纸的总结架构。

(3)识读电路图。掌握图纸的具体组成。

4. 高速公路路段供配电图纸识读

供配电系统一般包含收费站和隧道的供电,互通立交附近路段上监控设施用电一般从就近的收费站或隧道取电。下列是某收费站供配电图纸(实训图1~实训图6),分析各图纸的作用和设备组成。收费站负荷统计如实训表2所示。

收费站负荷统计　　　　　　　　　　　　　　　　　　　实训表2

负荷名称	供电等级	设备有功功率(kW)	cosφ	tanφ	变压器负荷容量统计					柴油发电机选择		备注
					计算有功功率(kW)	补偿后无功功率(kvar)	计算视在功率(kV·A)	变压器容量(kV·A)	变压器负荷率(%)	总一级负荷(kW)	柴油发电机组容量(kW)	
应急电源	一级	25	0.85	0.62	363.0	272.1	453.7	630	72%	229.5	280	收费站隧道管理站
广场负荷	二级	30	0.85	0.62								
收费棚负荷	二级	25	0.85	0.62								

续上表

负荷名称	供电等级	设备有功功率（kW）	cosφ	tanφ	变压器负荷容量统计					柴油发电机选择		备注
					计算有功功率（kW）	补偿后无功功率（kvar）	计算视在功率（kV·A）	变压器容量（kV·A）	变压器负荷率（%）	总一级负荷（kW）	柴油发电机组容量（kW）	
办公楼负荷1	二级	70	0.85	0.62	363.0	272.1	453.7	630	72%	229.5	280	收费站隧道管理站
配电房	二级	15	0.85	0.62								
污水处理	三级	7	0.85	0.62								
消防水泵	二级	83	0.85	0.62								
办公楼负荷2	三级	350	0.85	0.62								

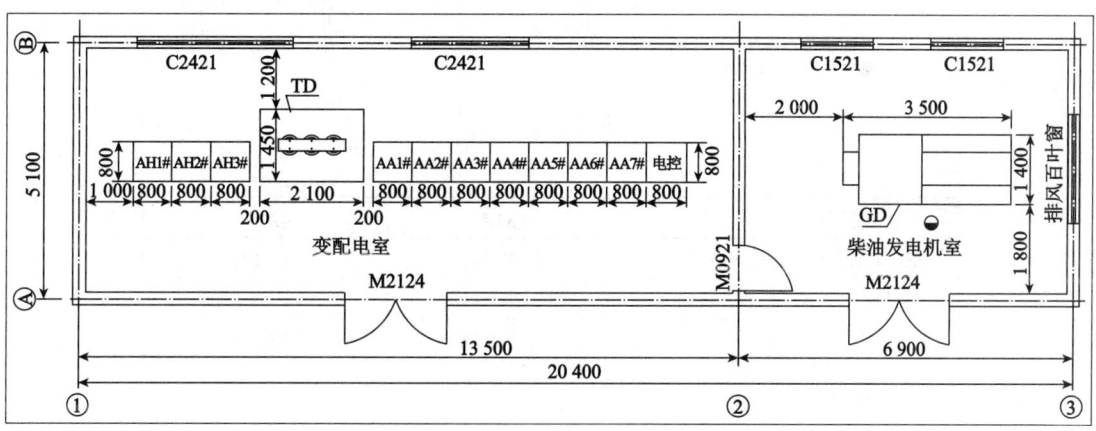

实训图1 收费站变电所平面图（尺寸单位：mm）

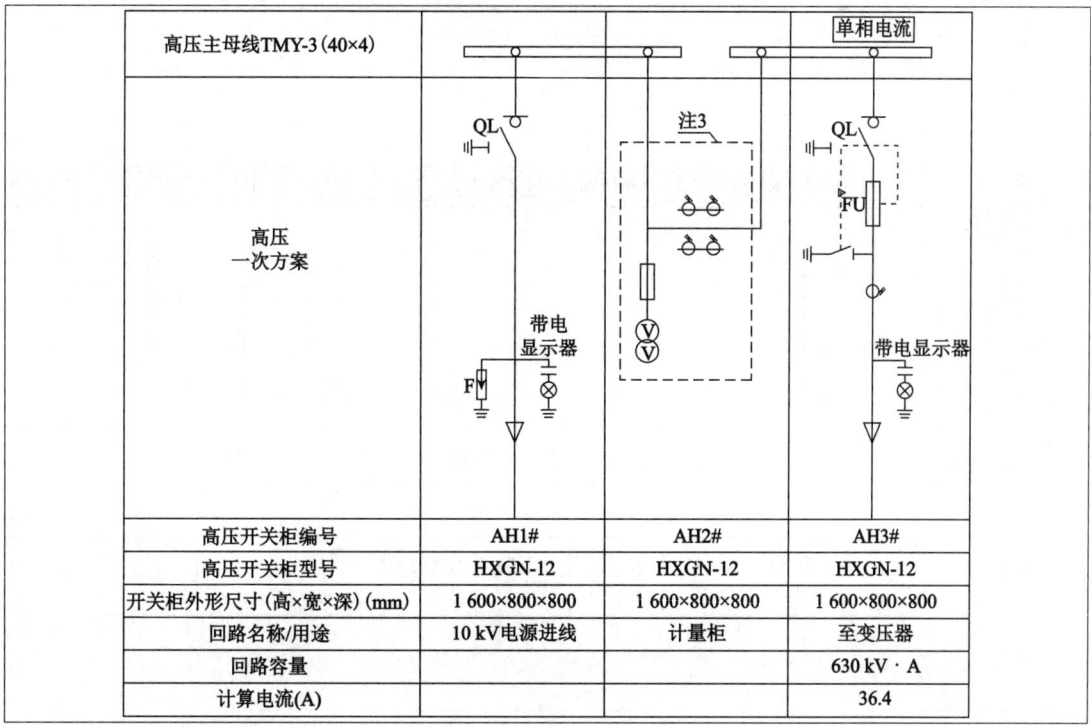

实训图2 变电所高压主接线图

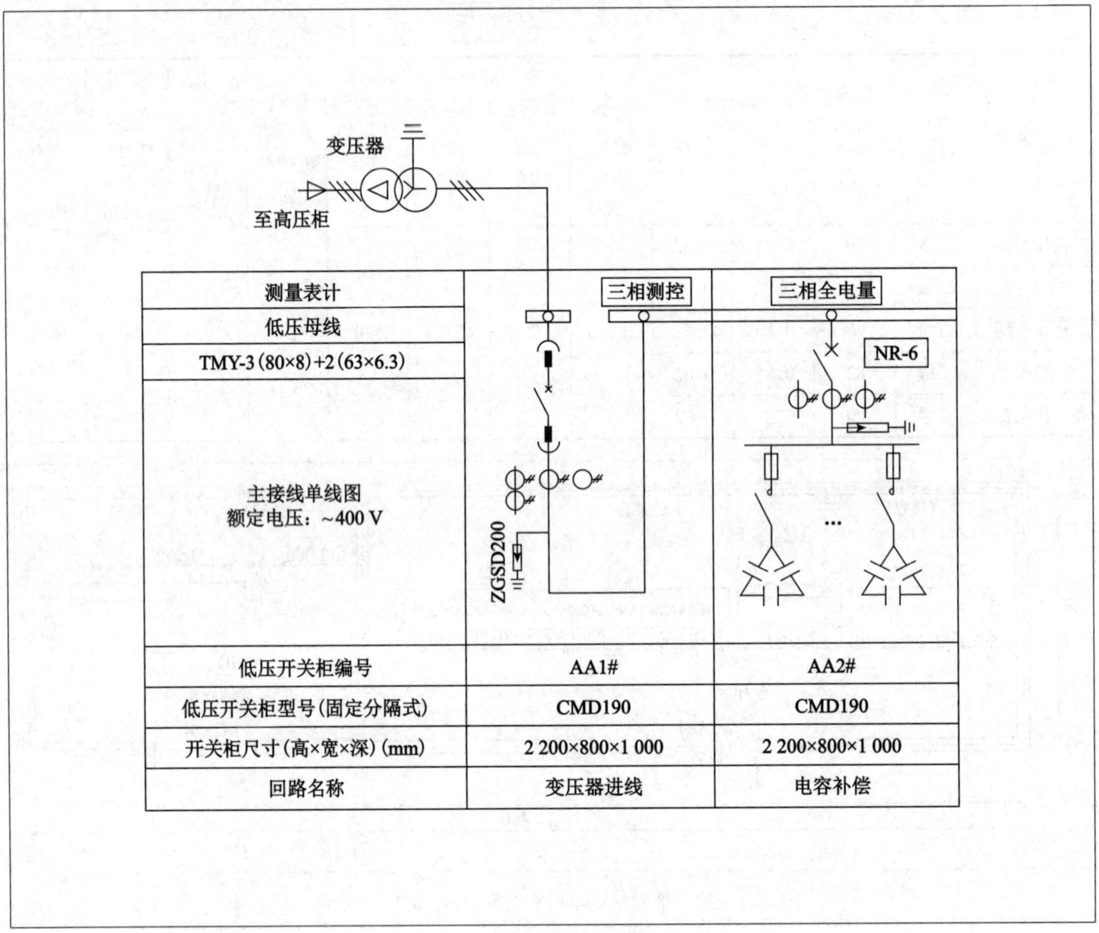

实训图 3　变电所低压主接线图 1

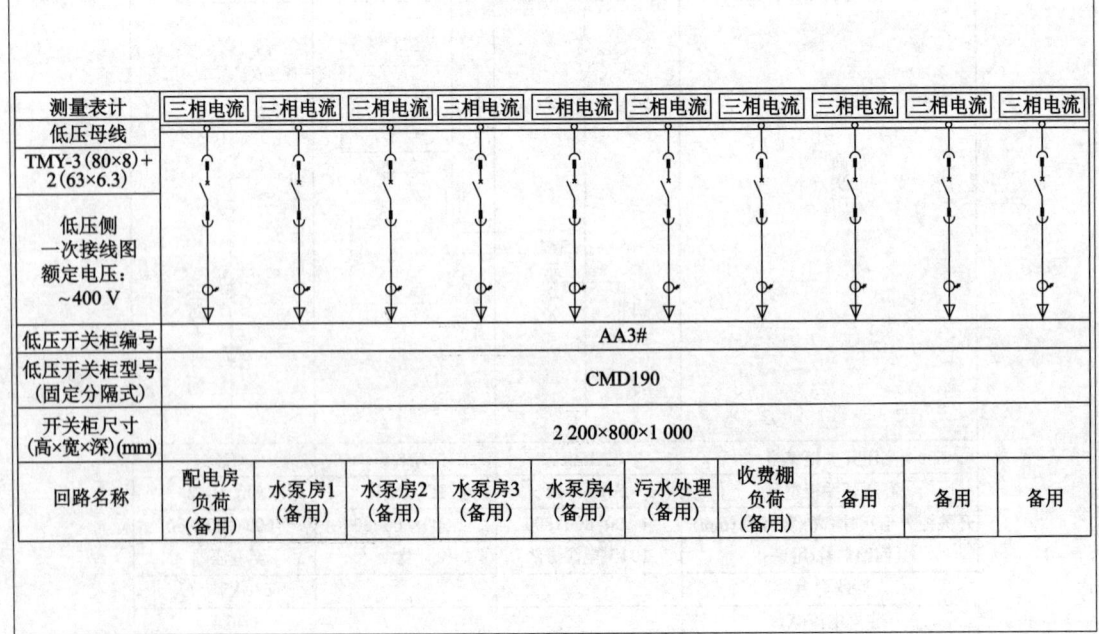

实训图 4　变电所低压主接线图 2

测量表计	三相电流	三相电流	三相电流	三相电流	三相电流	三相电流	三相电流	三相电流
低压母线 TMY-3(80×8)+ 2(63×6.3) 低压侧一次接线图 额定电压: ~400 V								
低压开关柜编号	AA4#							
低压开关柜型号（固定分隔式）	CMD190							
开关柜尺寸（高×宽×深）(mm)	2 200×800×1 000							
回路名称	办公楼负荷1	办公楼负荷2	隧道管理站照明	隧道管理站动力	备用	备用	备用	备用

实训图 5　变电所低压主接线图 3

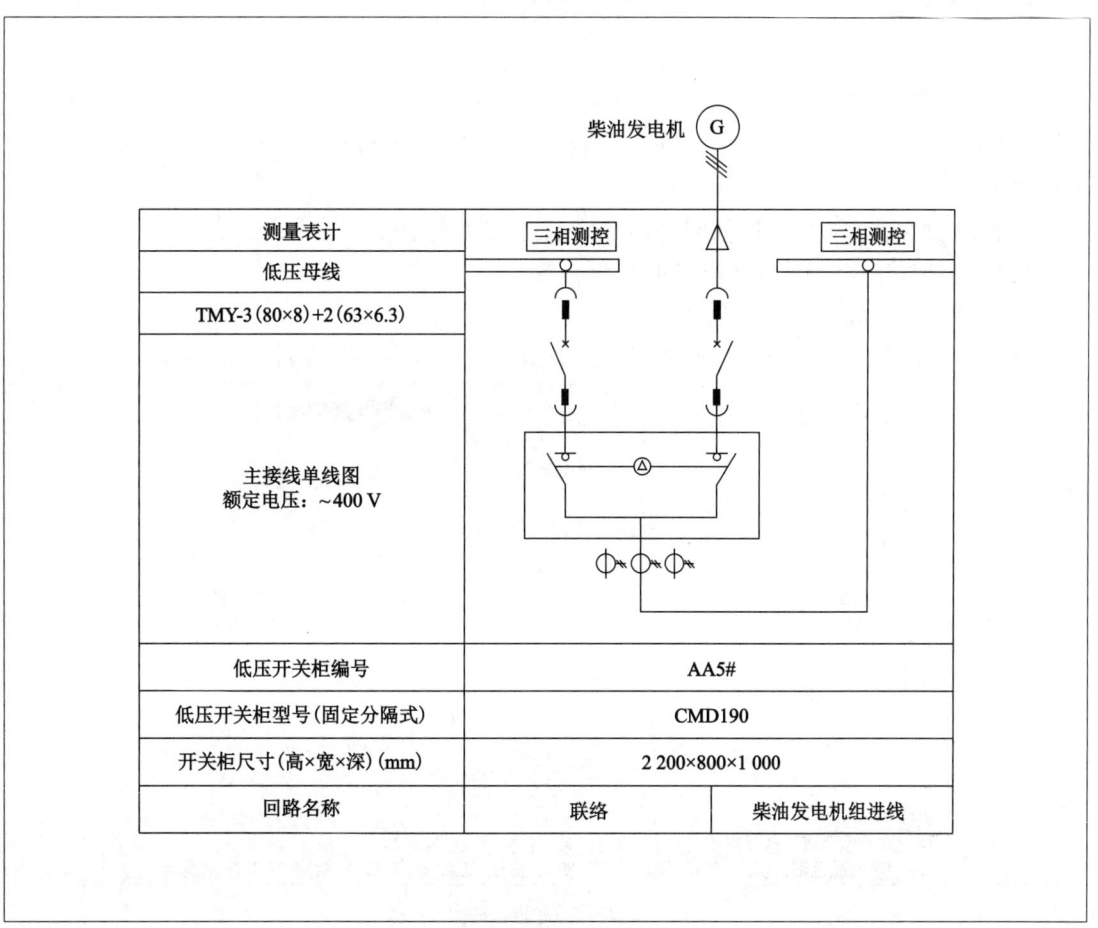

实训图 6　变电所低压主接线图 4

技能训练三 光纤熔接技术

1. 训练目的

(1)能熟练使用光纤熔接机。

(2)能规范进行光纤熔接操作。

(3)能按照要求完成光纤熔接任务。

2. 材料准备

(1)24芯单模室内光缆2根,用尼龙扎带和粘扣固定在台面,如实训图7所示。在中间做一个圈,同时考虑熔接机和工具等位置,方便快速操作。

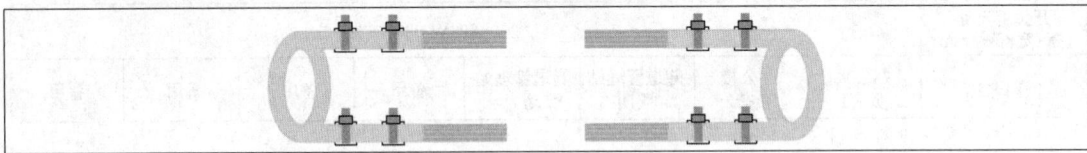

实训图7 光缆在台面固定方式

(2)光缆开缆,剥去光缆两端外皮。

(3)在光缆的一端熔接1条SC尾纤,并且连接红光光源。

(4)准备操作工具和无尘纸等。

3. 光纤熔接要求

将两根光缆环形接续,将光缆按照光纤的色谱顺序,依次熔接,连接串成一条通路。具体要求如下。

(1)使用熔接机熔接光纤,及时清洁熔接机,保证熔接合格。

(2)每个熔接点必须安装1个热收缩保护管。

(3)正确使用和清洁光纤切割刀。

(4)如实训图8所示,将熔接好的光纤整齐放在台面,不要放在熔接机托盘中。

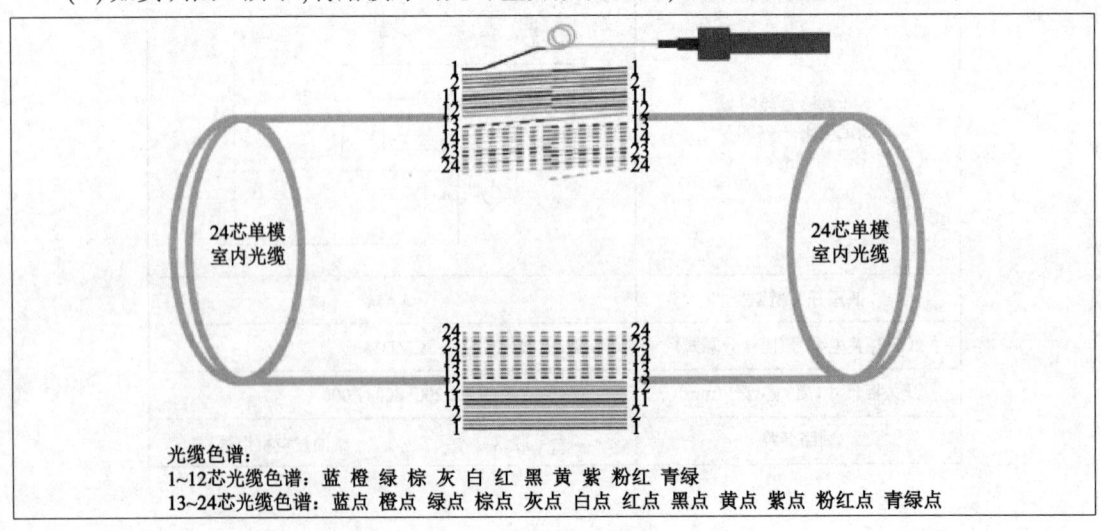

实训图8 光纤熔接图

(5)测量光纤熔接的衰减率,判断焊接质量。

技能训练四 视频监控系统搭建及操作

1. 训练目的

(1) 按照实训图9并结合监控系统要求及设备放置的位置,制作合适数量及长度的网线。

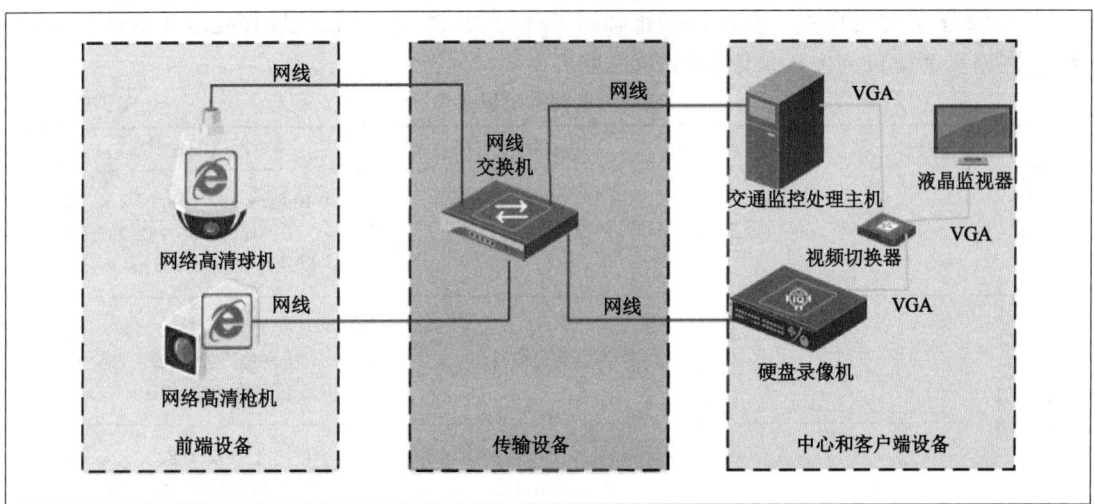

实训图9 监控系统组成

(2) 按照实训图9连接监控系统硬件。
(3) 能正确设置网络摄像机的参数。
(4) 按照要求熟练操作硬盘录像机。
(5) 按照要求熟练操作监控主机中的监控控制软件。

2. 监控系统的搭建

某高速公路监控中心对管辖道路进行监控管理,现要求对监控中心附近A、B两路高清视频信号送至监控中心,其中A路需要定向监控过往车辆,B路需要对路口进行全景监控。设备清单如实训表3所示。

设备清单　　　　　　　　　　　　　　　　　　　　实训表3

序号	硬件设备及软件	数量	备注
1	网络高清枪机	1套	
2	网络高清球机	1套	
3	网络交换机	1个	
4	监控处理主机	1台	
5	液晶监视器	1台	
6	监控处理软件	1套	
7	硬盘录像机	1台	
8	视频切换器	1台	
9	电源	1套	
10	超五类网线及水晶头	1套	网线4 m,超五类水晶头12个
11	工具箱	1套	自带

3. 操作要求

(1) 网线制作。根据项目需求和实训图9,制作合适长度的T568B网络直通线缆,并正确连接监控子系统各设备。

(2) 网络监控系统搭建。按照实训图9,正确连接网络高清球机、网络高清枪机、网络交换机、监控主机及硬盘录像机等设备。

(3) 设备IP地址设置。系统连接正确后,按照实训表4要求设置监控处理主机、网络高清球机、网络高清枪机和硬盘录像机的IP地址。

系统设备网络配置要求 实训表4

序号	设备名称	网络配置要求
1	监控处理主机	IP地址:192.168.×××.10 子网掩码:255.255.255.0 默认网关:192.168.×××.1
2	网络高清枪机	IP地址:192.168.×××.11 子网掩码:255.255.255.0 默认网关:192.168.×××.1
3	网络高清球机	IP地址:192.168.×××.12 子网掩码:255.255.255.0 默认网关:192.168.×××.1
4	硬盘录像机	IP地址:192.168.×××.13 子网掩码:255.255.255.0 默认网关:192.168.×××.1

注:×××用工位号来表示。

(4) 摄像机设置。将网络高清枪机、网络高清球机图像添加至监控主机客户端软件(Smart PSS),监控设备实行分组管理:网络高清枪机和网络高清球机分为同一组,组名为"网络摄像机",网络高清枪机命名为"路口A网络枪机×××",网络高清球机命名为"路口B网络球机×××"。校正系统及网络高清枪机、网络高清球机的日期和时间,并分别设置其录像计划,周一到周五07:00—22:00定时录像,周六和周日全天24 h录像。

(5) 录像及存储。使用Smart PSS手动录像功能操作网络高清枪机进行视频录像(录像时间大于或等于30 s),并保存到指定文件夹("D:\录像\")。

(6) 抓图及存储。使用Smart PSS手动抓拍功能操作网络高清球机进行图像抓拍(抓拍3个不同的角度),并保存到指定文件夹("D:\抓图\")。

(7) 硬盘录像机操作。切换硬盘录像机显示画面为4画面显示,显示顺序第一通道为"路口A网络枪机×××",第二通道为"路口B网络球机×××";摄像机名称和录像时间日期等信息叠加到图像中。

(8) 球机云台操作。网络高清球机设置3个不同的预置监控点,并能自动在这3个监控点来回切换,要求每个监控点停留时间为5 s,切换速度为中。

技能训练五　ETC车道收费系统天线调试

1. 训练目的

(1)掌握 ETC 天线结构及工作原理。

(2)掌握 ETC 天线的应用。

(3)熟悉 ETC 天线安装要求。

2. ETC 天线分析

1) ETC 天线功能与原理

ETC 天线是一个微波收发模块,负责信号和数据的接收/发送、调制/解调、编码/解码、加密/解密。ETC 天线以 5.8 GHz 微波、无线 DSRC 协议的通信方式与两片式 OBU 及 IC 卡进行数据交换,实时采集和更新标签和 IC 卡中的收费信息,并通过串行口与计算机和网络通信。ETC 天线电路原理框图如实训图 10 所示。

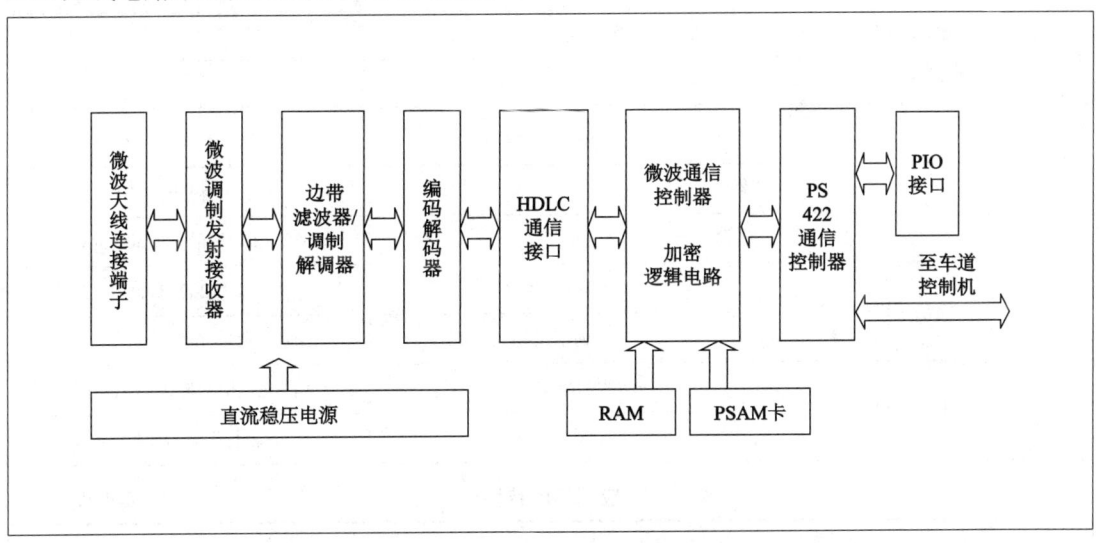

实训图 10　ETC 天线电路原理框图

2) ETC 天线特点

ETC 天线的机械特性如实训表 5 所示,微波链路特性如实训表 6 所示,电气特性如实训表 7 所示,应用环境特性如实训表 8 所示。

机械特性　　　　　　　　　　　　　　　　　　实训表 5

参数	规格
外形尺寸	300 mm ×250 mm ×100 mm
质量	5 kg
外壳材料	底座为防雨防潮密封机壳,表面喷塑深灰色,天线整流罩为改性 PC 塑料
颜色	底座为深蓝色/深灰色,天线整流罩为深蓝色/深灰色
安装位置	倒 L 形支架、天棚吊装或侧杆
安装方式	顶挂或侧挂

微波链路特性 实训表6

参数	规格	
信号调制方式	AM(下行)	AM(上行)
编码方式	FM0(下行)	NRZI(上行)
频率	5.830/5.840 GHz	5.790/5.800 GHz
发射功率EIRP	≤33 dBm,可通过软件调整	
天线极化	右圆极化	
天线波束宽度	半功率波瓣宽度(HPBW)20°(X轴),40°(Y轴)	
微波通信距离	0~10 m	
微波通信区域调整	通过调整安装角度,在高度为5.5 m时,可形成宽度2.5~3.25 m,长度4~8 m的通信区域	
微波通信检错	CRC16循环冗余校验	
通信加密	TDES加密算法	
位误码率B.E.R	10^{-6}	

电气特性 实训表7

参数	规格	
电源	DC+28 V(最大1 300 mA)	
通信接口	RS232/422	115 200 Baud
	通信检错	BCC
电气接口	车辆检测器输入接口	4路光电隔离输入,TTL电平
	控制输出接口	2路继电器输出,24 V,1 A

应用环境特性 实训表8

参数	规格
工作温度	-40~70 ℃
存储温度	-60~80 ℃
抗电磁干扰	10 V/m,0.1~1 000 MHz AM调幅电磁波
可靠性	平均无故障工作时间≥70 000 h
工作寿命	15年
RSU记录暂存容量	8 000条

3) ETC天线安装

ETC天线采取L形门架安装和吊装式安装,如实训图11所示。RSU安装在离地面5.5 m高的支架上,天线发射轴与垂线夹角为40°左右可调。在离地面1 m高的平面上,形成一短轴为4 m,长轴为12 m的椭圆,圆周上的微波信号功率比圆心上的微波信号功率约弱6 dB。ETC天线在车道的布局如实训图12所示。

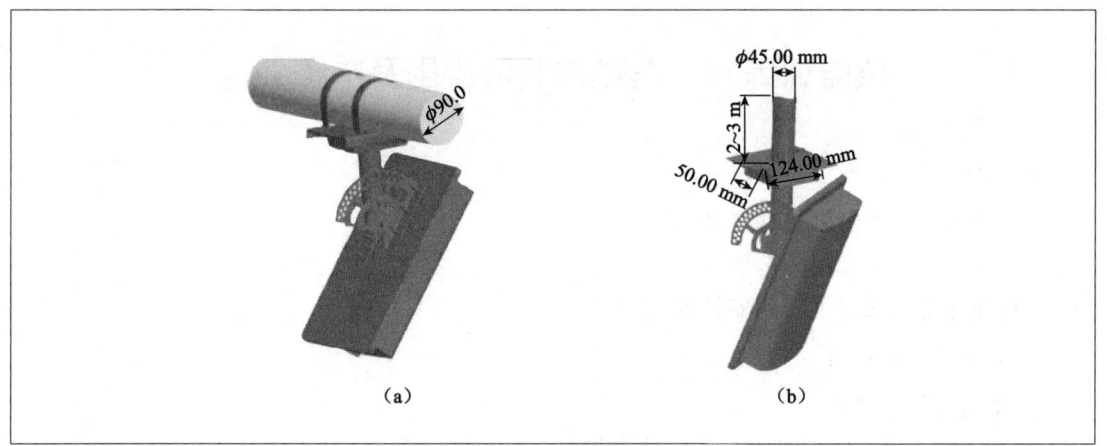

实训图 11　ETC 天线安装示意图
(a)L 形门架安装示意图;(b)吊装式安装示意图

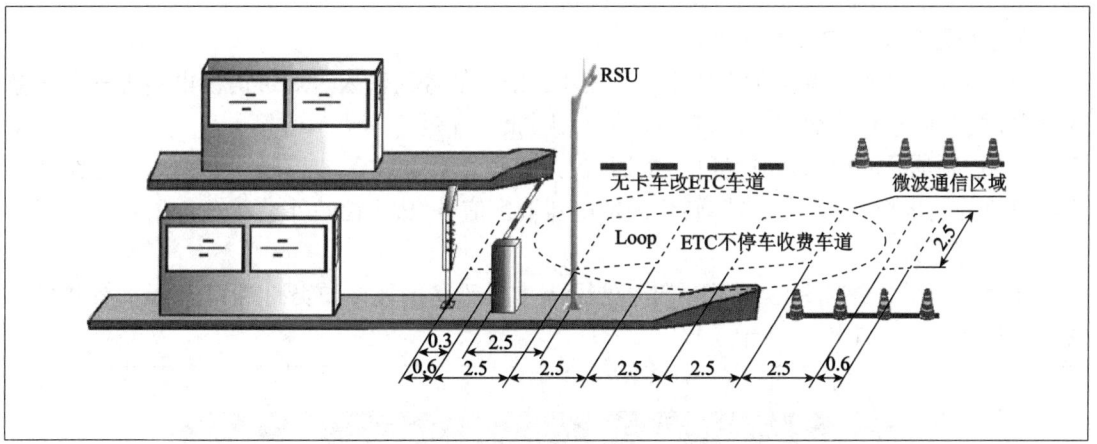

实训图 12　ETC 天线在车道的布局(尺寸单位:m)

3. 操作要求

(1)实现 ETC 天线的安装。

(2)完成 ETC 天线功率的调试。

(3)实现 OBU 与 RSU 的通信。

技能训练六　车道控制器应用及故障处理

1. 训练目的

(1) 熟悉车道控制器的功能及接口。

(2) 能熟练安装车道控制器。

(3) 能熟练处理车道控制器常见故障。

2. 车道控制器介绍

1) 车道控制器功能

车道控制器是输入设备信号的采集和控制信号的输出设备,其工作原理是通过与车道计算机连接的数字IO卡(PCI1730卡),把外设的输入信号转化为数字信号并传输给车道计算机;并且把车道计算机的输出信号转化为继电器输出信号,从而控制外设的动作。

车道控制器主要完成以下功能。

(1) 输入信号的采集,如线圈检测器、红外光栅等信号的输入。通过内部电路把外设的输入信号(模拟信号)转化为车道计算机能够辨认的数字信号。

(2) 控制信号的输出,如栏杆机、交通灯、声光报警器等设备的控制。通过内部电路把车道计算机的输出指令(数字信号)转化为继电器输出信号,从而控制外设动作。

2) 电气连接

车道控制器如实训图13所示,车道控制器与其他设备的连接如实训图14所示。各接口定义如实训表9~实训表12所示。

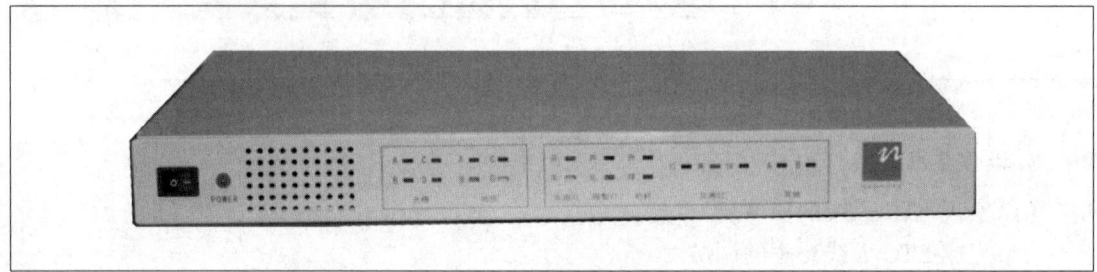

实训图13　车道控制器

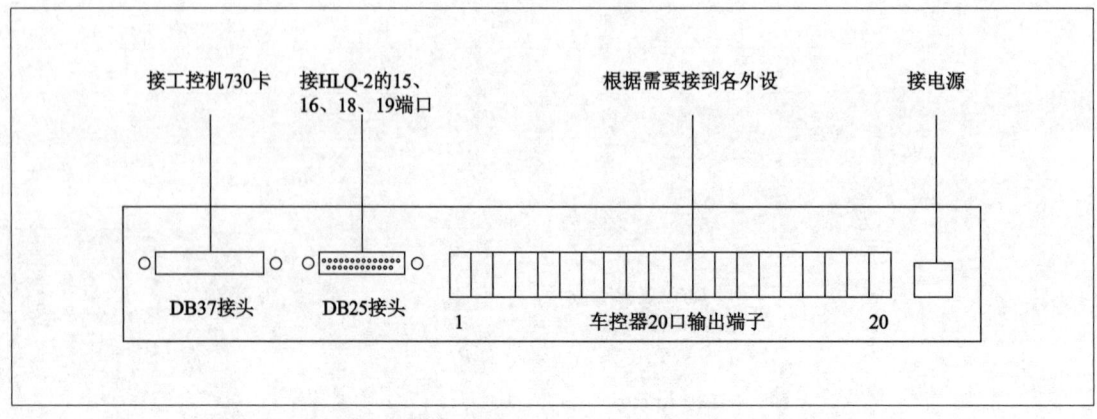

实训图14　车道控制器与其他设备的连接

计算机接口(DB37 接头)   实训表 9

PIN	定义	I/O 通道	PIN	定义	I/O 通道
1	光栅 A	IDI_0	20	中断	IDI_1
2	光栅 B	IDI_2	21	光栅 C	IDI_3
3	光栅 D	IDI_4	22	地感 A	IDI_5
4		IDI_6	23	地感 B	IDI_7
5		IDI_8	24	备用	IDI_9
6		IDI_10	25	备用	IDI_11
7		IDI_12	26	备用	IDI_13
8		IDI_14	27	备用	IDI_15
9	GND		28	GND	
10	GND		29	GND	
11	备用	IDO_0	30	备用	IDO_1
12	其他 A	IDO_2	31	其他 B	IDO_3
13	其他 D	IDO_4	32	交通灯(绿)	IDO_5
14	其他 C	IDO_6	33	交通灯(红)	IDO_7
15	备用	IDO_8	34	闪光报警	IDO_9
16	交通灯(黄)	IDO_10	35	声响报警	IDO_11
17	栏杆降	IDO_14	36	车道灯(开)	IDO_13
18	栏杆升	IDO_16	37	车道灯(关)	IDO_15
19	VCC				

注:其他 A 和其他 B 输出为 220 V,其他 C 和其他 D 输出为 5 V($I_o<0.5$ A)或 24 V($I_o<0.5$ A)。

输入接口(DB25 接头)   实训表 10

PIN	定义	PIN	定义
1	光栅 A −	14	光栅 A +
2	光栅 B −	15	光栅 B +
3	光栅 C −	16	光栅 C +
4	光栅 D −	17	光栅 D +
5	地感 A −	18	地感 A +
6	地感 B −	19	地感 B +
7	地感 C −	20	地感 C +
8	地感 D −	21	地感 D +
9	GND1	22	GND1
10	GND1	23	GND1
11	备用	24	备用
12	VCC1	25	VCC1
13	VCC1		

输出接口　　　　　　　　　　　　　　　　　　　　　　　　　实训表 11

PIN	定义	PIN	定义
1	交通灯红 L 端	11	N2 端
2	交通灯红 L 端	12	其他 AL 端
3	交通灯红 L 端	13	其他 BL 端
4	N 端	14	N3 端
5	N1 端	15	其他 DL 端
6	车道关闭灯(红叉)L 端	16	其他 CL 端
7	车道打开灯(绿箭)L 端	17	栏杆臂升
8	报警 N 端	18	栏杆臂降
9	声响报警 L 端	19	栏杆 COM
10	闪光报警 L 端	20	栏杆 0 V

注：L 端/N 端为市电 AC 220 V 的 L、N；其他 C、D 输出为 5 V 或 24 V，由跳线决定。

跳线的定义　　　　　　　　　　　　　　　　　　　　　　　　实训表 12

跳线	对应输入端	跳线	对应输入端
JP1	地感 A	JP5	光栅 A
JP2	地感 B	JP6	光栅 B
JP3	地感 C	JP7	光栅 C
JP4	地感 D	JP8	光栅 D
JP1-1，J1-2	EXT 5 V	JP1-3，J1-4	EXT 24 V

注：跳线用来设置其他 C 和其他 D 输出电压为 5 V 或者 24 V；选择 +5 V 和 +24 V 的跳线不要同时插上。

3. 车道控制器安装步骤

(1)把车道控制器的内部跳线设置好。

(2)把车道控制器固定在机柜上。

(3)把外设(栏杆机、声光报警器、通行灯、天棚灯)的线缆接到机柜底板的接线端子，再从接线端子接至车道控制器的输出端口；同样，把车辆检测器的线缆接至机柜底板的接线端子，再从接线端子接到车道控制器的输入端口(DB25)。

(4)把车道控制器的电源线接好。

(5)用专用线缆把车道控制器的 DB37 口与车道计算机连接起来。

4. 常见故障及处理

(1)故障 1：加电后，车道控制器的指示灯没有亮。

可能原因及处理：车道控制器的指示灯没亮，说明车道控制器没有电。首先应检查有没有电源输入；如果有电源输入，则检查车道控制器的开关是否坏了。

(2)故障 2：用铁板分别压抓拍线圈和落杆线圈，车道控制器相应的提示灯不亮。

可能原因及处理：可能车道控制器电源开关没打开；车辆检测器输出到车道控制器的线路有问题；车道控制器的熔断器中的熔体熔断了，须更换。

(3)故障 3：在别的 ETC 车道能正常过车的车辆，驶入并已压到抓拍线圈，OBU 已完成交易，系统提示升杆，实际栏杆臂没有升起。

可能原因及处理：栏杆机可能没调试好，或者栏杆机的电源没开；车道控制器的保险管烧了；DB37 线缆没有接好；车道控制器输出到栏杆机的控制线没接好；车道控制器坏了，须更换。

技能训练七 隧道通风系统控制

1. 训练目的

(1)了解隧道机电系统实训平台的组成。
(2)掌握 PLC 在隧道机电系统中控制原理。
(3)能分析隧道风机控制原理,并实操运行。

2. 隧道实训平台认识

1)隧道模型

隧道实训平台具有隧道通风系统、照明系统、监控系统、消防报警系统仿真功能。隧道实训平台如实训图 15 所示,隧道监控软件界面如实训图 16 所示。

实训图 15　隧道实训平台

实训图 16　隧道监控软件界面

2)PLC 控制系统

隧道 PLC 控制系统主要包括隧道通风系统、照明系统、消防系统、交通控制系统,如实训图 17 所示。隧道通风系统主要设备有两台轴流风机、一氧化碳(CO)及能见度(VI)模拟检测器、风速(WS)检测器、风机控制箱等设备。隧道照明系统主要设备有洞外亮度传感器、洞内亮度传感器、光亮度模拟检测器、LED 无级调光模块、LED 灯应急照明灯、三防灯、顶棚灯、照明控制箱等。隧道消防系统主要设备有温度传感器、烟雾传感器、手动报警按钮、火焰探测器、消防箱(含消防栓、水带、水枪、手提式 CO_2 灭火器、手提式干粉灭火器等设备)、警示灯等。隧道交通控制系统主要设备有车辆检测器、车道指示器、交通信号灯、可变信息标志、各种标志(如可变限速标志、限高标志、隧道标志等)等。

3. 隧道机电系统控制分析

1)风机控制原理及接线

隧道风机控制原理图如实训图 18 所示。1 号风机采用开关直接控制,2 号风机采用开关直接控制和变频器变频控制两种方法。其中,V-U、V-V、V-W、000 为风机控制箱输入的三相四线交流电源,V-A、V-B、V-C 为变频器输出的 AC 380 V 三相电压;V-V/U、V-V/V、V-V/W 为 1 号风机的控制电压,V-VA/U、V-VB/V、V-VC/W 为 2 号风机的控制电压。

KM2 和 KM3 为 1 号风机远程 PLC 控制与本地控制对应的接触器,KM2 为远程 PLC 控制、KM3 为本地控制;KM4 和 KM1 为 2 号风机本地控制与远程 PLC 控制对应的接触器,KM4 为本地控制,KM1 为变频器输出控制。因此 1 号风机不能进行调速控制,只有两种状态,开启或停止。2 号风机本地控制只有开启或停止。但切换为远程时,2 号风机改为变频器控制,所以可以实现无级调速。

实训图17 隧道PLC控制系统结构图

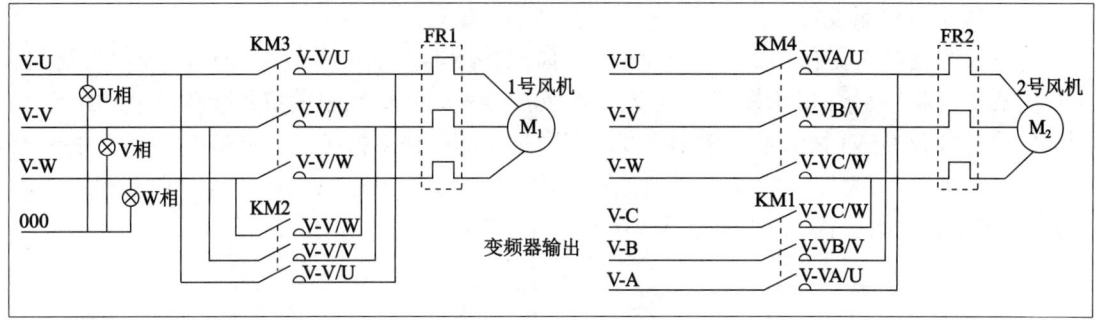

实训图18　隧道风机控制原理图

风机控制方式连接图,如实训图19所示,1号直接控制,2号连接变频器。风机控制线路如实训图20所示。SH为风机本地/远程切换开关,ST1、ST2分别为2号、1号风机的启动按钮,STP1、STP2分别2号、1号风机的停止按钮;KM2、KM3、KM4为常开触点,将风机的工作状态反馈给PLC。

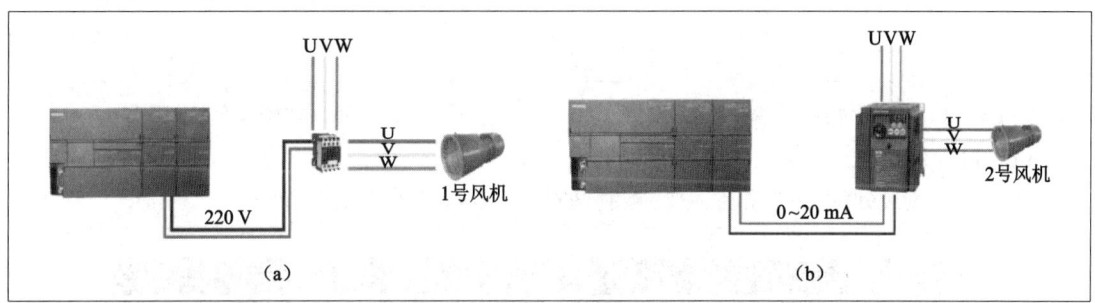

实训图19　风机控制方式连接图
(a)1号风机控制方式;(b)2号风机控制方式

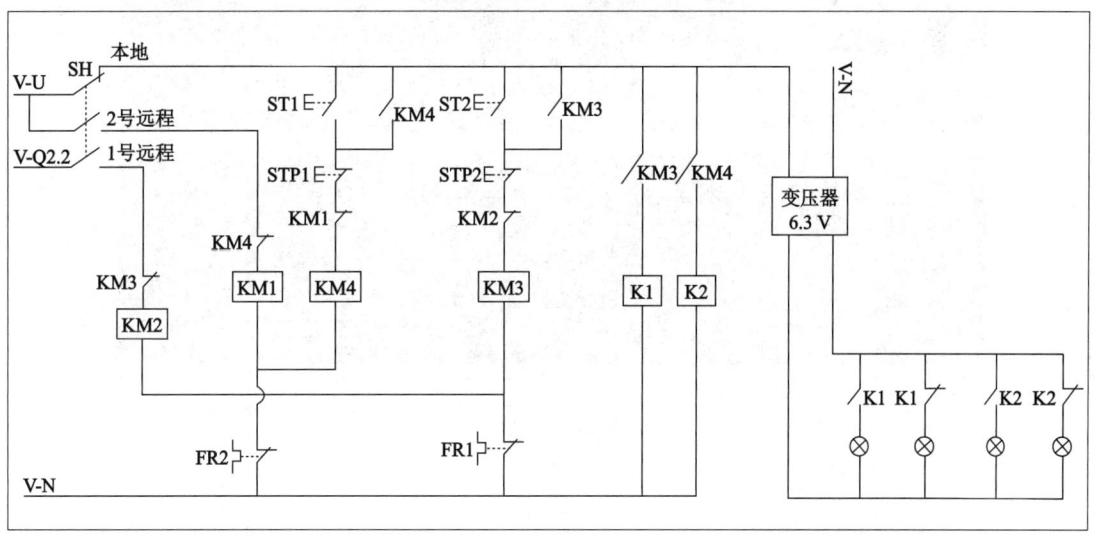

实训图20　风机控制线路

为了保证系统的安全性和可靠性,风机的手动/自动控制带有互锁功能,并在风机三相输入端增加了FR1和FR2两个热过载继电器,以防止风机过载或缺相造成电动机损坏。在风机控制柜中,KM2与KM3利用交流接触器的常闭触点实现了互锁,KM1与KM4同样也实现了互锁,防止误操作导致控制风机的两个接触器同时接通。

2) 通风系统检测设备

通风检测设备主要有CO/VI检测器、风速风向检测器。本平台使用CO/VI模拟检测器，由检测器外壳和CO/VI情景模拟板组成，其中检测器外壳主要用来模拟实际隧道中CO/VI检测器的外形，而CO/VI情景模拟板则主要用于通过手动操作来模拟实际隧道中CO/VI输出值的大小。实训图21为CO/VI情景模拟板面板及接线端子。风速风向检测器为自动测定隧道内风向、风速数据的装置，本平台使用WD4110风速检测器，如实训图22所示。

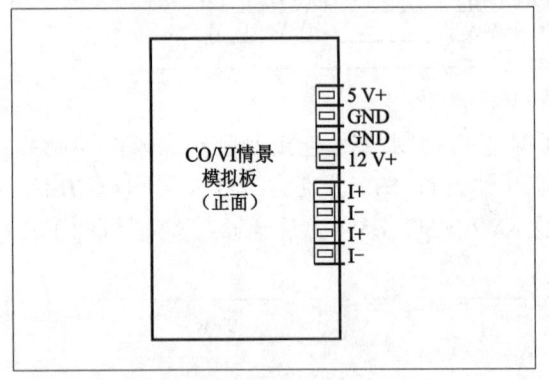

实训图21　CO/VI情景模拟板面板及接线端子

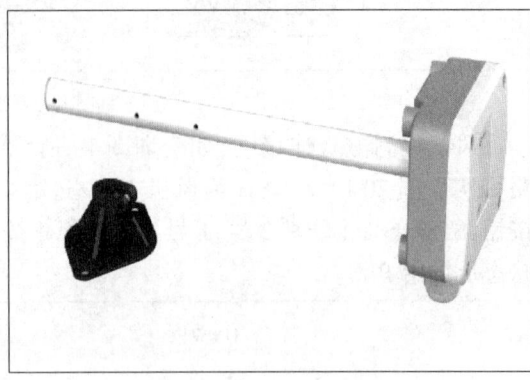

实训图22　WD4110风速检测器

3) 风机控制模式

风机控制模式分为自动控制、手动控制两种，如实训图23所示。

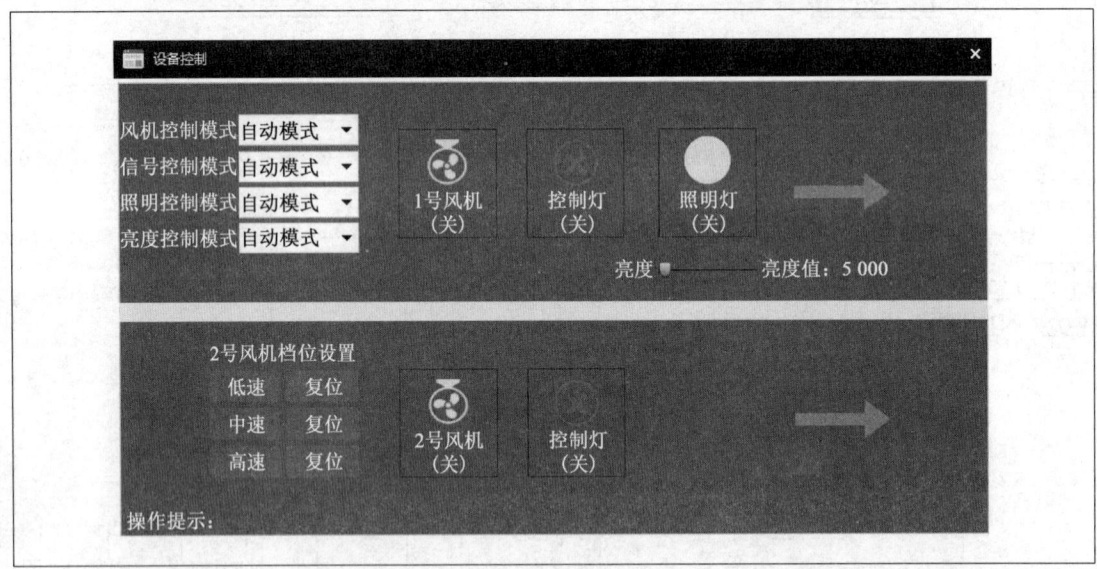

实训图23　风机控制模式

4. 实践操作

(1) 实现风机的本地控制。

(2) 实现风机的远程手动控制。

(3) 实现风机的远程自动控制，改变CO和VI的值，观察风机的运行方式。